ビッグデータ・
リトルデータ・
ノーデータ

研究データと知識インフラ

クリスティン L. ボーグマン [著]
佐藤義則・小山憲司 [訳]

勁草書房

BIG DATA, LITTLE DATA, NO DATA
by Christine L. Borgman

Copyright © 2015 by Christine L. Borgman

Japanese translation published by arrangement with The MIT Press
through The English Agency (Japan) Ltd.

はじめに

　ビッグデータは現在大きな関心を集めているが、学術的探求のためにはリトルデータも同じく重要である。データの絶対量が増大する中で、個々の観測を点検する能力は低下している。観測者は関心対象の現象からさらに一歩前に進まなければならない。新たなツールと新たな視点が求められている。しかし、ビッグデータは必ずしもより良いデータではない。観測者がデータの原点から離れれば離れるほど、どのように収集されたか、どのように処理、整理、変換されたか、どんな仮定や目的を念頭に置かれたか、といったそれらの観測が意味することを判定するのが難しくなるはずである。研究者はたいてい、自らきっちりと点検を行えるより小さな量のデータを好む。データが見つかっていないまたは見つけられない場合、研究者はデータを全く持たないと言えるだろう。

　研究データは、開発される商品の枠をはるかに超えるものであるが、商品未満のものでもある。資金提供機関、雑誌、および研究機関のデータ管理計画、データ公開要求や善意に基づく方針は、分野を超えたデータあるいはデータ活動の多様性をおよそ考慮に入れていない。データが何であるかの例をリスト化する以外にデータを定義しようと努める方針はほとんどない。学術活動に携わる多くの利害関係者の競合する誘因や動機を考慮する方針はさらに少ない。データは同じ時にさまざまな人々にとってさまざまなものであり得る。データは、管理、蓄積、交換、結合、マイニング、そしておそらくは公開される資産であり得る。データは、管理、保護、または破壊される負債でもあり得る。データは慎重なまたは内密の扱いが必要で、公開されれば高いリスクを伴うものであり得る。その価値は直ちに明らかになることも、ずっと後でなければわからないこともあるかもしれない。一部には無期限にキュレートする投資に見合うものがあるが、多くは一時的な価値しか持たない。数時間あるいは数ヶ月の内に、技術進歩や研究の最前線はある種の観測が持つ価値を消し去ってしま

i

う。

　学問におけるデータの役割を理解するための第一歩は、データは決してモノではないことを認識することである。データは独自の特質を備えた自然のオブジェクトではない。むしろ、データは、研究または学問のために現象の証拠として用いる、観測、オブジェクトあるいは他の実体の表現である。それらの表現は、研究者、状況、そして時を経て変化する。科学、社会科学、人文学の全般で、研究者は多くの場合それらのデータが何かについての合意のないまま、データの作成、利用、分析、解釈を行う。何かをデータとして概念化することそれ自体が学術的行為である。学問には、証拠、解釈、議論が必要である。データは目標に対する手段であり、その目標とは一般に雑誌論文、図書、会議論文、あるいは学術的承認に値する他の産物である。データを考慮に入れない研究はほとんどない。

　ガリレオはノートにスケッチした。19世紀の天文学者はガラス板に撮影した。現在の天文学者はフォトン（光子）のデータ取得にデジタル機器を用いている。一般消費者向けカメラで撮られた夜空のイメージは、スペースミッションによるイメージと調整可能である。データ記述とマッピングのための表現について、天文学者の合意が形成されているためである。天文学は、標準化、ツール、アーカイブにたくさん投資してきたので、数世紀にわたって収集された観測結果を統合できる。しかし、天文学の知識インフラは完全にはほど遠く、十分に自動化されていない。情報専門家が、天文学やその他のデータの組織化とアクセスの一元化に重要な役割を担っている。

　文献とデータの関係は多様であり、この点が学術コミュニケーションの枠組みの中で研究データが活発に研究されている所以である。データの作成は計画的、長期的で、時の経過と共に価値が高まる資源の山を蓄積するかもしれない。また、発生の時点で入手可能であれば何であれ現象の標徴を捉える、その場しのぎで偶然に頼るものかもしれない。天文学、社会学、民族学のいずれであれ、どれだけ首尾よく研究プロトコルを明確化できたとしても、データのコレクションは次のデータの選択に影響を与える各局面の知見と共に確率的かもしれない。どんな分野においても、研究者に成るためにはデータの評価方法を学び、信頼性と妥当性を判定し、研究室、現場、またはアーカイブの状況に適

応するための方法を学習することが不可欠である。知見を報告する文献は、その知見を当該領域の文脈に組み入れると共に、読者の専門知識に加える。そこでは、議論、方法、結論を理解するために必要な情報が提供される。研究の追試のために必要な詳細は、読者はその分野の方法に通じていることを前提としているため、多くの場合省略される。追試と再現性はデータ公開の一般的な論拠であるが、選り抜きの分野でのみ妥当で、そしてそれらの分野においてさえ達成が難しい。どの学術生産物が保存に値するかを決定するのは、より難しい問題である。

　データ管理、公開、共有のための方針は、学術研究におけるデータの複雑な役割を覆い隠し、領域内および領域間の活動の多様性をほぼ無視している。データの概念は、科学、社会科学、人文学の各領域でそして各領域内で、大きく異なっている。ほとんどの分野では、データ管理は教わるよりも身に付けるものであり、このことがその場限りの解決をもたらしている。研究者は多くの場合、自らのデータの再利用に大きな困難を感じている。そうしたデータを見知らぬ他者の予期せぬ目的のために役立てるのはさらに困難である。データ共有は、数分野だけで規範となっているにすぎない。実践するのがきわめて難しく、誘因はごく少なく、そして知識インフラへの大規模な投資が必要であるからである。

　本書は、学者、研究者、大学の管理者層、資金提供機関、出版者、図書館、データアーカイブ、政策担当者をはじめとする広い範囲の利害関係者を読者として想定している。第Ⅰ部では、データの概念、学術、知識インフラ、研究活動の多様性に関して議論を呼び起こすよう、四つの章でデータと学問についての枠組みを明確化する。第Ⅱ部は三つの章から構成され、それぞれで科学、社会科学、人文学におけるデータの学問を調査する。これらの事例研究は並列構造となっており、それにより領域を超えた比較がもたらされる。まとめの部は、三つの章でデータに関する政策や実践を扱い、なぜデータの学問があまりに多くの困難な問題を提示するのかを探る。これらには、データの公開、供給、再利用、クレジット、帰属、発見、何をなぜ保持するのかといった問題が含まれる。

　学問とデータには、長く、撚り合わさった歴史がある。どちらも新しい概念

ではない。新しいのは、学術のプロセスからデータを抽出し、それらを他の目的に活用しようという取り組みである。研究データの利用に関連するコスト、便益、リスク、報奨は、競合する利害関係者の中で再分配されつつある。本書の目標は、そうした関係者間に、より確かな情報に基づく充実した議論を呼び起こすことにある。問われているのは、学問の将来である。

クリスティン L. ボーグマン
Los Angeles, California
May 2014

ビッグデータ・リトルデータ・ノーデータ
研究データと知識インフラ

目　次

はじめに

第 I 部　データと学問

1 章　挑戦的課題 (provocations) ·· 3
はじめに　3／ビッグデータ、リトルデータ　5／ノーデータ　11／挑戦的課題　15／まとめ　18

2 章　データとは何か？ ·· 19
はじめに　19／定義とターミノロジー（専門用語）　20／まとめ　33

3 章　データの学問 ··· 36
はじめに　36／知識インフラ　38／社会的側面と技術的側面　41／オープン・スカラーシップ　45／コミュニケーションの集中　55／まとめ　62

4 章　データの多様性 ·· 64
はじめに　64／学問領域とデータ　65／サイズ問題　67／いつデータが？　73／まとめ　93

第 II 部　データの学問の事例研究

第 II 部　はじめに　96

5 章　科学におけるデータの学問 ··· 99
はじめに　99／天文学　101／センサネットワークの科学技術　127／まとめ　144

6章 社会科学におけるデータの学問 ……………………………… 147

はじめに 147／インターネットサーベイとソーシャルメディア研究 151／社会技術研究 170／まとめ 186

7章 人文学におけるデータの学問 ……………………………… 191

はじめに 191／古典芸術と考古学 195／仏教研究 220／まとめ 236

第Ⅲ部 データ政策と実践

8章 データの共有、公開、再利用 ……………………………… 243

はじめに 243／研究データの需要と供給 245／研究者の動機 255／知識インフラ 267／分野別知識インフラ 274／まとめ 284

9章 データのクレジット、帰属、発見 ……………………… 288

はじめに 288／原則と問題 290／理論と実践 293／まとめ 321

10章 何を保持するか、そしてその理由は？ ……………… 324

はじめに 324／挑戦的課題の再考 326／まとめ 344

参考文献 347

訳者解説 409

索　引 415

第Ⅰ部

データと学問

1章

挑戦的課題

データの価値はその利用にある。

——National Research Council, *Bits of Power*

はじめに

よく知られているように、デレク・デ・ソラ・プライス（Derek de Solla Price）は 1963 年に「リトルサイエンス」と「ビッグサイエンス」を対比した。アルビン・M・ワインバーグ（Alvin M. Weinberg）（Weinberg 1961）はその少し前に、社会がその大志に向かって取り掛かる壮大な取り組みを指してビッグサイエンスと命名した。ワインバーグが言及した 20 世紀の科学の記念碑には、巨大ロケット、高エネルギー加速器、研究用の高中性子束炉が含まれていた。それらは、エジプトのピラミッド、ヴェルサイユ、あるいはノートルダムに比肩し得る「我々の時代の象徴」であった。これはスプートニクの時代であり、巨額の資金が科学事業に流れ込んだ時であった。プライスとワインバーグはビッグサイエンスの軌跡に疑問を抱き、ビッグサイエンスとリトルサイエンスの相対的価値（プライス）、ビッグサイエンスが財政投資に見合うかどうか、そしてビッグサイエンスが科学を全般的に駄目にしているのではないか（ワインバーグ）とさえ問うた。

「ビッグデータ」は、「ビッグサイエンス」が 50 年前にそうだったように、誇大表現を獲得した。ビッグデータは *Science*、*Nature*、*Economist*、*Wired Magazine* の表紙を飾り、*Wall Street Journal*、*New York Times*、その他の有名、無名の出版物の一面を飾った。ビッグサイエンスが宇宙の神秘を明らかに

しようとしたように、ビッグデータは世の中のビットの流れに埋もれている宝を明らかにすることが期待されている。ビッグデータは現代ビジネスの油であり（Mayer-Schonberger and Cukier 2013）、連携の接着剤であり（Borgman 2007）、そして研究者間の衝突の源である（Edwards et al. 2011; Edwards 2010）。

　データは油のようには流れず、接着剤のようには貼る力を持たず、マッチのようには摩擦で火を起こさない。データの価値は「力のかけら」（National Research Council 1997）を動かす、利用に潜んでいる。言明されていない暗黙の疑問は「データとは何か」である。定義に関する唯一の了解は、どんな単一の定義も十分ではないということである。データにはたくさんの種類の価値があり、それらはデータが収集、キュレート、または亡失されてから長い期間を置いた後に明らかになるのかもしれない。データの価値は、場所、時間、文脈で大きく変化する。通常、適切なデータを持つことは、より多くのデータを持つよりも良い。ビッグデータは関心を集めているが、わずかな滴りのようなデータも同じように貴重である。相応しいデータが存在しない、存在するが見つけられない、存在するが所有者による支配のために入手できない、公開猶予期間、技術的障害、キュレーション不全による劣化、データを持つ者が共有できないまたは共有しない等のいずれの理由であれ、データが無いこともたびたびあることである。

　データはデジタル形式および物質の形式で大幅に増加している。ビッグデータは、より大規模に新たな質問を実行可能、思考可能にする。研究者は初めて、n＝all（サンプル数＝すべて）のデータセットでの質問が可能になっている（Edwards et al. 2013; Mayer-Schonberger and Cukier 2013; Schroeder 2014）。しかし、デジタルデータは、何百年にもわたって生き延びてきた物質的な証拠の材料よりもずっと壊れやすい。紙、パピルス、絵画と違って、デジタルデータは、それらを構築するために使用した技術的装置が無ければ解釈できない。ハードウェアやソフトウェアは直ぐに進化し、デジタル記録が新たな版に移行されなければ読めなくなってしまう。デジタル記録には説明書が必要であり、それらはスプレッドシートの行と列の説明だけでなく、データを入手した手続きの説明がなければならない。同様に、標本、スライド、見本は、それらの説明書を通してのみ解釈可能であるかもしれない。将来的な利用のために、データ

のキュレーションに計画的な投資がなされなければ、多くは直ちに姿を消してしまうだろう。

それがデータの力であり、壊れやすさと相まって、学術コミュニケーションにおける魅力ある研究トピックにしている。データが孤立している場合には価値あるいは意味が無い。データは資産にも、負債にも、あるいはその両方にもなり得る。データは、人々、実践、技術、機関、物質、そして関係性の生態系としての知識インフラの中に存在する。このインフラのすべての部分が、利害関係者、技術、政策、権力の変化に伴って流動的である。そのほとんどが、現在および将来の研究者だけでなく、研究者が構築した知識の活用を望む者にとっても危機に瀕している。

ビッグデータ、リトルデータ

本書のタイトル「ビッグデータ・リトルデータ・ノーデータ」は、プライスの遺産と、知的資源の保存と管理に関する学問のすべての分野における懸念を呼び覚ます。データは、学問の入力、出力そして資産である。データはどこにでもあるが、多くの場合短命である。「データとは何か？」という問いは多くの場合「いつデータが？」という問いになる。なぜなら、何らかの現象がデータとして扱い得るとの認識それ自体が学術活動だからである（Borgman 2007, 2012a; Bowker et al. 2010; Star and Bowker 2002)。

データの名目的定義を、『オックスフォード英語大辞典』に見いだすことができる。(1)「情報の細目の一つ；デイタム（datum）；データのセット」、(2)「集合的に扱われる（主として数値の）情報の関連項目。一般に科学的活動で入手され、引用、分析、あるいは計算に用いられる」、(3)「コンピュータによって操作が実行され、集合的に扱われる量、性質、またはシンボル。また、（非技術的な文脈では）デジタル形式の情報」。これらの定義は狭くそして回りくどく、学問におけるデータの豊かさと多様さの捕捉、あるいはそれらが基づく認識論的、存在論的前提の明確化を行えていない。2章は、データの概念の詳説にあてる。

データの特徴は、より大規模な社会的、技術的傾向と相まって、学術コミュ

ニケーションにとって、データがより有用で、より価値の高い、そしてより問題を孕んだものであるという認識の高まりをもたらしている。

大きいこと

デレク・デ・ソラ・プライス（Price 1963）は、リトルサイエンスとビッグサイエンスの重要な違いは質的であることを見出した。彼の考えでは、ビッグサイエンスとは情報を個人的に交換し、当該分野の専門的活動を管理するコミュニティ関係を構成する見えざる大学（invisible college）によって支配されるものであった（Crane 1970; Furner 2003b; Lievrouw 2010）。リトルサイエンスは、より小さなコミュニティで、より小規模に実施され、そこには研究課題や研究方法に関する合意が少なく、インフラも整備されていない。科学の運営およびすべての形式の学問は、プライスの観察以来かなり変化した。彼は最初の近代科学史研究者の一人で、彼の見方は第二次世界大戦後の研究事業の成長にかなりの影響を受けた（Furner 2003a, 2003b）。今日の研究活動の多くを占める、分散型でデータ駆動型の、そしてコンピュータを駆使した実践は、1981年のプライスの死の時点ではほとんど見られなかった。しかし、リトルサイエンスとビッグサイエンスには質的な違いがあるという彼の洞察は、ビッグデータの時代においても真実のままである。

ビッグデータとリトルデータは、妙にビッグサイエンスとリトルサイエンスに似ているだけである。プライスは、プロジェクトのサイズではなく、事業としての科学の成熟度によって区別した。現代科学のあるいは彼の用語に拠れば、ビッグサイエンスは、国際的な連携作業、およびお互いが知り合いであり、公式、非公式な手段で情報交換する研究者達の見えざる大学を特徴としている。リトルサイエンスは、研究課題を理解するための理論と方法を発展させるための、300年にわたる独立した小規模な作業である。リトルサイエンスは、よく小さな科学と呼ばれるが、多様な方法、多様なデータ、局所的な管理と分析という特徴を持つ（Borgman, Wallis, and Enyedy 2007; Cragin et al. 2010; Taper and Lele 2004）。プライスが記したように、ほとんどは性質的に小規模なままだろうが、リトルサイエンスの分野はビッグサイエンスになり得る。

ビッグデータとリトルデータの間の区別は、何かがビッグになるたくさんの

方法ゆえに疑わしい。2013 年になって初めて、『オックスフォード英語大辞典』はビッグデータ「典型的にはその取り扱いと管理がロジスティックス上の大きな挑戦となる程の、きわめて大きなサイズのデータ。（また）そうしたデータを含めたコンピュータ処理の一分野」を用語に加えた。ビッグデータの他の定義は、絶対的サイズではなく相対的規模に関わっている。ビクター・メイヤー‐ショーンベルガー（Viktor Mayer-Schonberger）とケネス・クキエ（Kenneth Cukier）（Mayer-Schonberger and Cukier 2013）は、ビジネスや行政での取り組みを考察し、小さな規模では成し得ない、大きな規模から抽出し得る洞察の観点からビッグデータの可能性を検討している。学問の世界では、ビッグデータはある事象について、前例のない規模あるいは観点でデータ利用を可能にする研究である（Meyer and Schroeder 2014; Schroeder 2014）。

　データは、それによってなし得ること、明らかにされる知見、そして消費者の購買行動であれ新薬の発見であれ、対象事象に関連して求められる分析の規模の点で、ビッグあるいはリトルである。量、多様性、［流通の］速度（velocity）、あるいはこれらの組み合わせ（Laney 2001）という、どのデータがビッグたり得るかを判断するための初期の定義が今も有用である。これらの次元のいずれかにおけるかなりの増大が、研究や学問の規模に変化をもたらし得る。

　データの遍在もその大きさに寄与している。日常生活のより多くの部分に情報技術が適用されるにつれて、人間の行動の足跡を容易に捕捉できるようになっている。わずか 20 年前には、遠隔通信によるアクセスは電話回線を有する世帯の比率で測られた。現在では、それぞれが固有の識別番号を持つ複数の通信装置を有し得る。発展途上国においてさえ、モバイル通信技術の指数関数的な増大のおかげで、情報の電子的な配信が可能である。しかし、これらの遍在する機器は電話をはるかに超えている。それらは、検知、通信、計算を行える。テキスト、画像、音声、ビデオを記録し、配信できる。足跡が時間と場所の座標で記録され、行動の連続的記録が形成される。建物、自動車、公共の場所にも同様の技術が備えられている。これらの軌跡は、社会活動に関する豊かなモデルを構築するために組み合わせることができる。データおよびそれらの利用は、プライバシーに関する法律あるいは情報政策が追いつけない速度で急増している。

メディアのハイプ・サイクルや学術的な言説におけるデータ概念の隆盛は、データ情報源の遍在と現在デジタル形式で入手可能な大量のデータを反映したものである。長い間予想されてきたクリティカルマスが、科学、医学、ビジネス、その他で達成された。ビジネスの用語で言えば、ビッグデータはあるアイデアが人気度の閾値を超え急速に広がる「転換点（tipping point）」に到達した（Gladwell 2002）。すべてのセクターで、デジタルデータは生成、マイニング、流通がより容易になった。

　新たな研究課題の設定、新たなトレンドのマッピング、かつては決して捕捉できなかった現象の捕捉という能力は新たな産業を生み出した。そして、この産業は学術的な関心事と両立することも、しないこともある。

オープンであること

　ソフトウェア、政府、規格、出版、データ、サービス、知識の共同生産のオープンモデルに向かう傾向は、すべてのセクターの利害関係者間の関係を変化させた（Benkler 2007; Hess and Ostrom 2007a; Kelty 2008; Raymond 2001）。オープン化は、情報の流れ、システムとサービスのモジュラー性、および相互運用性を促進すると主張されている。しかし、オープン化は、「フリー・ソフトウェア」運動から明らかなように、経済的、社会的コストを必要とする。オープンは、リチャード・ストールマン（Richard Stallman）（Stallman 2002）の区別を想起すれば、無料のビールよりも自由なスピーチにより近い。

　オープンアクセス出版は、通常、2002 年のブダペスト宣言から始まる。その源は、1970 年代の電子出版実験に遡る（Budapest Open Access Initiative 2002; Naylor and Geller 1995）。データへのオープンアクセスは、さらに古い起源を持つ。ワールド・データセンター・システム（World Data Center system）は、1957～1958 年の国際地球物理学年の観測プログラムで収集されたデータのアーカイブと提供のために、1950 年代に設立された（Korsmo 2010; Shapley and Hart 1982）。CODATA はデータの管理と利用における協力を推進するために国際科学会議（International Council for Science）によって 1966 年に創設された（Lide and Wood 2012）。2007 年には、公的資金に由来する研究データへのアクセス原則が、OECD によって成文化された（Organisation for Economic

8　　第 I 部　データと学問

Cooperation and Development 2007)。研究データへのアクセスの政策報告書は急増し続けている（Arzberger et al. 2004; National Research Council 1997; Esanu and Uhlir 2004; Mathae and Uhlir 2012; Pienta, Alter, and Lyle 2010; Wood et al. 2010）。オープンアクセス出版とオープンデータについては、3章でより詳しく検証する。

オープンアクセスは、部分的には情報資源の商品化への流れに対する反応である。この傾向は知的財産権と情報経済に関する政策転換に起因するものであるが、クリティカルマスは新たな市場に繋がった。医療記録、消費者の行動、ソーシャルメディア情報の検索、学術出版、ゲノムは、十分な量のデータが市場を形成し動かしている領域の例である。これらのデータの中には、全体がビジネスセクター内で交換されるものもあるが、多くは研究とビジネスの関心の両方にまたがっている。学術研究によるデータが商業的価値を持つこともあるし、商業的データが学術的探求に寄与することもあり、新たな連携と新たな緊張関係をもたらしている（Lessig 2004; Mayer-Schonberger and Cukier 2013; Schiller 2007; Weinberger 2012）。

オープンアクセスは、データの商品化と相まって、研究政策の転換に影響を与えている。政府、資金提供機関、雑誌は、研究者にデータの公開を奨励または要求している（Finch 2012; National Science Foundation 2010b; National Institutes of Health 2003; Research Councils UK 2012a）。出版物とデータへのオープンアクセスは、多くの分野で学術コンテンツの流れを加速させると共に、利害関係者の緊張関係の一因になっている。

情報の流れは、今まで以上に強く技術インフラに依存している。電気通信網は、有線、無線とも容量と浸透度の面で拡大を続けている。情報、ツール、サービスの需給を支えるための技術投資が衰えることなく続いている。しかし、技術投資は直接的には情報交換の向上につながらない。技術インフラは、民間会社、政府機関、あるいは学術機関を問わず、スパイ行為の標的でもある。知的資産のプライバシー、秘匿性、匿名性、管理は危機に瀕している。学問その他での、ネットワーク上でのデータ移動には、セキュリティ、権利、防護、相互運用性、政策面での微妙なバランスを伴う。

ロングテール

「ロングテール」は、研究領域あるいは経済セクターのデータの入手可能性と利用を特徴づける人気のある方法である。この用語は、*Wired* 誌の記事で、クリス・アンダーソン（Chris Anderson）（Anderson 2004）によって、実店舗とオンラインストアにおける商品市場を表すために作られた。統計的分布である冪法則はよく知られている。アンダーソンのモデルでは、流通の約 15% は曲線の先頭にあり、残りの 85% は後部に位置する。学術研究に当てはめて考えれば、少数の研究チームがきわめて大量のデータを扱い、きわめて少量のデータしか処理しないチームもある。そして多くはその中間を占める。曲線の右端では、数多くの研究者が必要最小限のデータで研究を行っている（Foster et al. 2013）。

ロングテールはすべての分野または研究チームで使用されているデータ量の範囲を示す有用な簡略表現である。また、科学分野での天文学、物理学、ゲノミクス、社会科学でのマクロ経済学、そしてデジタル人文学の幾つかの領域といった数分野だけが絶対的な感覚できわめて大きな量のデータと共に活動しているという事実を強調するのにも効果がある。総じてデータ量は分野全体で不均一に分布している。

ロングテール・メタファーの弱点は、いかなる分野あるいは個人のデータ活動も二次元上に位置付けられるという発案にある。学術活動は、扱うデータ量以外にも無数の要因によって影響を受ける。一般に研究課題が方法およびデータの選択を促すが、その逆も真であり得る。データの入手可能性が、調査可能な研究課題と適用可能な方法を促すのである。データの選択は、理論、専門知識、研究室、装置、技術的・社会的ネットワーク、研究現場、スタッフ、その他の設備投資といった、個々の研究者が自由に使える他の資源にも掛かっている。

しかし、学問におけるデータ流通のロングテールに関して、一つの普遍的原理を主張できる。曲線の先端で活動する少数の研究者によって使用されるデータは量的に巨大かつ多様性に欠ける傾向にあるということである。大容量のデータを生成するビッグサイエンスの分野では、共通の装置（例. 望遠鏡、DNA シーケンサー）やフォーマット（例. メタデータ、データベース構造）に関する

合意がなければならない。これらのデータは、コンテンツおよび構造の面で均一となる傾向がある。データ構造を標準化する力は、共有のインフラ、ツール、サービスの発展を促進する。反対に、分布のしっぽに向かえば向かうほど、そして活動がスモールサイエンスあるいは性格的に小規模な学問であればあるほど、コンテンツ、構造、表現の多様性が大きい。一人または少人数のチームで活動するそうした小規模な学問分野では、宇宙望遠鏡、リニアコライダー（電子・陽電子衝突型線形加速器）、あるいはデータの大量デジタル化プロジェクトに依存しなければならない大規模な学問分野の研究者よりもよりずっと容易に、手近な問題に自らの研究方法、データ収集、機器、分析を適応させることができる。そうした柔軟性の不都合な点は、共有のインフラの土台を成す規格の欠如および共有データ情報源を整備、維持するためのクリティカルマスの不足である。

現在の科学活動の大多数、および学術活動全般の大多数は、通常は最小限レベルの研究資金を基にした、個人あるいは少数の研究者によって行われている（Heidorn 2008）。これらのチームの中には、とても大きく、分散型で、国際的なビッグサイエンスの共同研究のパートナーになっているものもある。彼らはビッグデータを生成または分析し、それらのデータをコミュニティのリポジトリを通じて交換することもある（National Science Board 2005; Olson, Zimmerman, and Bos 2008）。しかし、これらの個人やチームの多くは、探索的、局所的で、多様な研究を行い、そして共通のコミュニティ資源を持たない。

ノーデータ

研究者、学生、政府、民間企業および一般国民がほぼすべてのトピックに関するデータの存在と入手可能性を当然視するようになるにつれて、データの不在がより明らかになりつつある。研究課題を処理するために利用できるデータの量、速さ、多様さは分野によってとても大きく異なる。データが豊富な分野は多くの場合、データ情報資源を共同管理し、それが共通の方法、ツール、インフラを促進する。どんな個人またはチームが分析できるよりもずっと巨大なデータと共に、共有データはマイニングや結合を可能にし、他の方法よりも多

1章　挑戦的課題　　11

くの目をデータに向けることが可能になる。データが少ない分野では、データは方法と理論を駆動する可能性を持つ「たからもの（prized possessions）」（Sawyer 2008, 361）である。ロングテールのメタファーの場合と同様に、データが豊富か不足かという二分法は、研究の取り組みで用いられているデータ情報源の複雑さを単純化し過ぎている。以下は少ないながら、特定の研究課題あるいは研究プロジェクトのためには、データが不在または最小限のデータしか利用できない可能性があることの理由である。

データが入手不能

　ほとんどの分野では、研究者は新たなデータ生成の見返りを受ける。研究者は既存のデータの再分析のために資金を獲得するよりも、観測、実験、サーベイ、モデル、エスノグラフィ、その他の手段を介して新たな何かを研究する方が資金の獲得がより容易である。研究者はデータが存在しないトピックを追求することで競争的有意性を得る。研究者がデータの再利用のために検索を行う領域の例として、天文学、ソーシャルメディア、都市や気象のモデリング、生物科学の「ドライラボ」研究等がある。

　関連のデータが存在しても、それらを公開する義務が無い主体によって保持されていたり、あるいは法律によって公開が禁じられているかもしれない。そうしたデータとしては、業務記録、製法特許、博物館のキュレーション記録、教育記録、そして研究に役立つ可能性を持つその他の形式の無数の情報が挙げられる。これらのデータの中には、ライセンスあるいは個人の身元の匿名化といった条件の下に利用可能なものもある。研究、政府、ビジネスにおけるオープンデータへの動きは、以前には独占所有物と見なされていたデータの利用可能性をもたらした。

　薬や他の医学的介入の臨床試験に関するデータにはとりわけ異論が多い。これらのデータは、高い金銭的かつ競争的価値を有する。それらはまた臨床ケアでも重要な役割を果たす。それらは公共的利益になるので、患者はこれらのデータや知見へのアクセスの拡大を求めている。臨床試験データの選択的な公開と報告は公共政策の懸案事項となった。本書では詳細には取り上げないが、臨床試験のような生物医学データは、オープンアクセスに向けた政策転換と利害

関係者間の関係の変化の最前線に位置している（De Angelis et al. 2005; Edwards et al. 2009; Fisher 2006; Goldacre 2012; Hrynaszkiewicz and Altman 2009; Kaiser 2008; Laine et al. 2007; Lehman and Loder 2012; Marshall 2011; Prayle, Hurley, and Smyth 2012; Ross et al. 2012; Wieseler et al. 2012）。

6章で検討するように、社会科学や人文学におけるヒト被験者のデータもとても慎重な取り扱いが求められ、公開されない場合がある。総合社会調査のように妥当な程度にまで匿名化され得るデータは、再利用のために最も利用可能としやすい。エスノグラフィその他の質的データは、それらを収集した調査担当者やチームを超えて利用可能とされることはめったにない。

データの非公開

データへのオープンアクセスは幾つかの学問領域では長い歴史があるが、データ公開に対する積極的な態度は普遍的とは言い難い。領域によっては、データ公開の不履行は科学上の不法行為と見なされる。他の領域では、8章で見るようにその逆が不正行為である。例えば化学では、再利用のためのデータの収集と蓄積の活動は、「切手蒐集」として矮小化されてきた（Lagoze and Velden 2009a, 2009b）。データは、および取引、物々交換の対象として、連携者または資金提供者との交渉力として活用される貴重な資産になり得る。ひとたび一般に公開されれば、研究者はそれらのデータを誰が、どのように、いつ、なぜ利用するかに関する支配力を失う。研究者は多くの場合、自分の研究に悪影響を及ぼすであろう、データの選択的利用、誤用、誤解釈を懸念している（Hilgartner and Brandt-Rauf 1994）。

研究資金申請の一部としてデータ管理計画を要求するという最近の政策転換は、データ公開に向けた歩みである。しかし、これらの政策でデータへのオープンアクセスを義務付けているものはほとんどない。むしろ、どんなデータを収集するか、それらのデータをどのように管理するか、およびそれらのデータを他者に利用可能とする際の条件を明確にしなければならない。同様に、少数ではあるがより多くの雑誌が、彼らの論文中で報告されたデータを公開するよう要求するようになっている。データ公開は、コミュニティアーカイブまたは機関リポジトリへの登録、雑誌論文の補足資料としての収録、所属機関のウェ

ブサイト、あるいは要請に応じた提供といったさまざまな仕組みで起こり得る（Alsheikh-Ali et al. 2011; Wallis, Rolando, and Borgman 2013）。

分野によっては、研究者は公開前にデータを支配できる公開猶予期間（占有期間とも呼ばれる）を与えられている。研究者がデータを支配できる期間は、一般に数ヶ月から数年の範囲である。その期間の長さには、データの分析とその知見の発表のためには十分に長く、コミュニティに対しデータ公開を奨励するためには十分に短いことが含意されている。資金提供機関または雑誌が研究者にデータ公開を要求する場合、知見の出版時あるいはその後に要請があった時点でそうするのが一般的である。公開猶予期間または占有期間を越えてしまっていなければ、あるいは臨床試験データの公開等で他の規則が適用されなければ、研究者は出版よりも前にデータ公開を期待されることはめったにない。

スティーブ・ソーヤー（Steve Sawyer）（Sawyer 2008）の言うデータが少ない領域では、データの保留は一般に認められている行動である。例えば、人文学の研究者は、珍しい写本、手紙その他の情報源へのアクセスを可能な限り制限することができる。社会科学では、資料、研究施設、関連データへのアクセスを制限しても良い。物理学や生命科学では、研究者は研究施設、種、観察記録、実験結果へのアクセスを制限することができる。国は先住民の研究者や彼らの研究パートナーだけにアクセスを許すことで、遺跡発掘現場、文化遺産資料、その他のデータ情報源を秘蔵してしまうかもしれない。貧しい国の研究者は分野を問わず、滅多にない貴重な海外旅行から持ち帰った資源の宝庫を保護するかもしれない。

多くの分野の研究者はキャリアの全般を通じて、データセットまたは他の情報資源のマイニングを続けるかもしれないが、データに関して「完成」ということはないだろう。データセットの中には、種あるいは現象の継続的観察のように時間と共により貴重となるものもある。研究者のノート、記録、資料は他の研究者にとって貴重なデータとなり得るが、もしアーカイブに提供されるとしても、そのキャリアの終わりにのみ入手可能とされるかもしれない。

データが使用不能

自分自身の利用のためにデータを記録することさえ難しい。他者の発見、検

索、解釈、再利用に役立つ方式でデータを記録することはさらに難しい。他者に対してデータを有益なものとするための取り組みに投資する動機は、8章、9章で論じるように、無数の社会的、技術的、政治的、経済的、そして文脈上の要因によって異なる。

データを公開することとデータを使用可能とすることはかなり異なる問題である。データの解釈に必要な情報は、4章および事例研究で詳しく説明するように、研究課題、研究分野、データを再利用する者の専門知識と資源によって異なる。コードブック、モデル、それにデータの収集、クリーニング、通常の分析方法の詳細が解釈のために必要である。さらに、デジタルのデータセットは、統計ツールであれ、装置に固有のプログラムであれ、芸術から動物学の範囲の領域における応用に適したソフトウェアであれ、特定のソフトウェアによってのみ開くことができる。そうしたソフトウェアの多くは独占的なものである。データの起源や変換に関する情報は、再利用の際にきわめて重要となることがある。時間、理論、分野、他の距離の尺度のいずれに関してであれ、再利用が発生点から離れれば離れるほど、データセットの解釈あるいは再利用のための価値の評価がより難しくなる。

記録のための専門知識が手元にある間にデータがすぐに記録されなければ、データは間もなく有用でなくなってしまうかもしれない。同様に、データセットを作成、分析した際に用いたハードウェア、ソフトウェアのバージョンとの同期がすぐにとれなくなってしまう。

データキュレーション問題の核心は、どんなデータが保存に値するか、なぜ、誰が、誰に対して、どれくらいの期間保存するかという疑問である。データキュレーションのためにどのような責任が、研究者、コミュニティ、大学、資金提供機関、あるいは他の利害関係者の肩にかかるのか。これらの疑問については10章で詳述する。

挑戦的課題

ここまでで明らかなように、データは大衆紙あるいは政策表明で示唆されるよりも、さらにずっと複雑である。それは、研究や学問に限定した場合でも、

大きくて扱いにくいままである。研究データに関する文献が急速に増加しているが、各々の雑誌論文、会議論文、白書、報告書、声明は、象のように巨大な問題のほんの一部分を扱っているにすぎない。本書は、データの全体像を、さまざまな学問分野からの例を引きながら、社会的、技術的、政策的観点から評価するものである。ここでは、先に概要を示した傾向によって例示されるように、デジタル化時代においてより一般的な学術的探求方式が採られなくなった領域（Borgman 2007）を取り上げ、この間のデータに対する関心の急激な拡大を扱う。

　本書の目標は野心的であるかもしれないが、学問の世界におけるデータの性質、役割、活用に関し、さらに多くの疑問が残っている。理論、証拠、実践は深くもつれ合っている。可能な限り、交差する点を特定し、もつれを解消する。ここで提示する議論は、予測可能な将来において学術研究と高等教育事業において危機に瀕するものについての重大な懸念に基づいて、現在の問題を探求するものである。本書は、学術関連のさまざまな利害関係者間の深い会話を挑発するよう意図した次の六つの挑発的課題で構成される。

1. データの再現性、共有、再利用は、数十年、場合によっては数百年にわたって議論されてきた問題である。誰が研究データを所有、管理、利用、維持するかといった問題の処理は、その価値がどのように、そして誰によって活用され得るかを決定する。
2. 文脈や時を超えた知識の移転は難しい。データの形式や表現によっては、分野、文脈、時を超えた共有が可能なこともあり得るが、多くの場合はそうではない。どんな特徴が重要か、どれがそうでないかを理解することが、学問の実践と政策の担当者に情報を提供するために、そして知識インフラに対する投資を導くために必要である。
3. 学術出版の機能は、形式および分野の増殖にもかかわらず、依然として安定している。データは、学術コミュニケーションにおいて雑誌論文、図書、会議論文が担っている役割とは異なる目的を果たす。データを出版物として扱うことには、新たなモデルの学術コミュニケーションの探求をだしにして、既得権者の役割を強調するリスクがある。学術におけるデータ

の機能は、多様な利害関係者の視点から検証されなければならない。

4. 学術の成果は、オープンアクセス出版、オープンデータ、オープンソース・ソフトウェアといった動きを通じて、より広範に流通しつつある。学術に関するデータと出版物の異なる目的は、流通の誘因、手段、実践に影響を与えている。データへのオープンアクセスの提供は、研究者、図書館、大学、資金提供機関、出版者、その他の利害関係者に影響を与えるが、そのことはほとんど理解されていない。

5. 知識インフラは、オープンアクセス、データ駆動型研究、新技術、ソーシャルメディア、そして実践および政策面での変化に適応するよう進化し続けている。利害関係者の中には得をする者も、損をする者もいる。コスト、便益、リスク、責任は再配分されつつある。新たな種類の専門知識が必要となっているが、その有用性は文脈および研究領域によって異なることになるだろう。

6. 知識インフラは、研究者の世代を超えて発展し、変化する。設計面と政策面における長期的視点が必要であるが、研究資金提供は短いサイクルで運営されている。今日、明日、その後の研究データの受入、維持、活用のためにインフラに対する相当の投資が必要である。それらの投資は、今日行う選択が明日およびその後にどのようなデータや情報資源が利用可能となるかを決定するので、議論を引き起こすことになろう。

　これらの挑戦的課題を 10 の章にわたって、三つの部分に分けて検討する。最初の四つの章では、六つすべての挑戦的課題の前提を説明し、データと学問に関する概観を提供する。二つ目の部分は三つの事例研究の章から構成される。科学、社会科学、人文学における複数の事例を検討し、それぞれが挑戦的課題に関する証拠を提供する。データ政策と実践が三つ目の部分であり、分野や文脈を超えてデータの入手可能性と利用の比較分析（8 章）、データのクレジット、帰属、発見に関する問題の調査（9 章）、何をなぜ保持するのかという疑問に対するまとめ（10 章）を提供する。最後の部分では、処理すべきさらなる課題を提示し、これらの挑戦的課題の学術実践および研究政策への関連を示す。

まとめ

　健全な知的コミュニティは、高エネルギー物理学や高地のチベット文化研究においても同様に、研究者の活発な知識の探求次第である。課題は、それぞれが学問に貢献するアイデア、問い、方法、情報源の多様性に寄与する知識インフラを整備することである。領域を超えて、ビッグデータへの熱狂がより小規模な学問を危機に追い込むと学者達は考えている（Alberts 2012; Berlekamp 2012; Gamazon 2012; Meyer 2009; Sawyer 2008; Siminovitch 2012）。

　本書は「データ」というブラックボックスを開け、その形成、理論、実践、政策、価値、誘因、動機を調べるために中を覗き込む。データ自体は、すごく刺激的なテーマというわけではない。しかし、それは学術実践の根本的変化、およびそれらが技術、教育、および政策とどのように関わっているかの確認を行うためにはきわめて有用な環境である。六つの挑戦的課題は、議論に参加するすべての利害関係者と共に、研究データに関する会話を拡大、進化させることを意図したものである。これらの挑戦的課題のいずれにも、単純なあるいは明確な答えは無い。疑問の多くは、多くの場合日常的に、個別的に処理されるだろう。それらのすべてが、今後においてどのように学問が実践されるのかに影響する。本書の中心はそこにある。

2章

データとは何か？

はじめに

　最近の人気のある概念ではあるものの、データは新たな用語ではない。『オックスフォード英語大辞典』では、データは 1646 年の神学理論での使用から始まり、この時点で複数形であった。ダニエル・ローゼンバーグ（Daniel Rosenberg）（Rosenberg 2013）による 18 世紀コレクション・オンライン（ECCO; Eighteenth Century Collections Online）（Gale Cengage Learning 2013）におけるデータの使用の分析から、17 世紀以降の言及の着実な増加が示された。最古の使用はラテン語においてであり、数学と神学を通じて英語に入った。単数、複数の使用は 18 世紀を通じて議論された。データは、(1)議論の基礎として受け入れられた一連の原則、あるいは、(2)特に聖書を出典とする事実のいずれかとして用いられた。ローゼンバーグは、18 世紀後半になって、データが実験、観測その他の調査から収集された科学的証拠の形式での事実という意味を含むようになったことを明らかにした。Google Books のオンライン・コーパスの検索から、20 世紀の文献における着実な成長が明らかとなったが、これらの分析は ECCO の分析程には決定的ではなかった。

　ローゼンバーグの通時的な分析は、英語の使用という制限はあるものの、データがその本質とは関係のない修辞上の用語として使われ続けていると結論付けた。データは真実でも、現実でもない。データは、真実または現実を主張するために用いられる議論の事実、証拠資料、あるいは本源となる可能性を持つ。データ、情報、知識の三区分（Machlup and Mansfield 1983）は、これらの複雑な構成概念の関係を単純化し過ぎている。メドーズ（Jack Meadows）

（Meadows 2001, 3）は「私達が基礎データと見なすものの中には必ず自由裁量の要素が含まれる」と論評している。マイケル・バックランド（Michael Buckland）の意見は、データという用語の曖昧さに最も近い「主張された証拠」というものである（Buckland 1991, personal communication 2006; Edwards et al. 2007）。

「データとは何か」という疑問は、1章で記したように「データはどんな時に」としてより良く扱える。学問におけるデータの役割に関する興味深くかつ重要な疑問は、何かがデータに成るプロセスを扱うものである。個人、チーム、コミュニティがデータをどのように生成、選択、あるいは利用しているのか。これらの決定のうちのどんな要因がデータ自体と関連しているのか。どれが研究課題または研究方法と関連しているのか。どの機能が、データがどのように表現されるかに関わるのか。これらの結果は、分野、領域、研究課題によってどのように変化するか。データの概念は研究プロジェクトまたはデータの存続期間を通してどのように展開するのか。これらすべての疑問が、より多くのデータ、あるいはデータとして扱い得るより多くの信号がデジタル形式で入手可能となる中で、どのように変化しているのか。

データは、自らの本質を備えた純粋または自然なオブジェクトではない。データは文脈に存在し、文脈や見る者の視点から意味が獲得される。それらの文脈と意味をどの程度説明できるかが、二つ目の挑戦的課題に組み込んだようにデータの移転可能性に影響を与える。本章では、理論上および操作上の用語でデータを定義する取り組みを調査し、本書全体を通じての実用的な定義を示して締め括る。

定義とターミノロジー（専門用語）

学術文献、政策表明、大衆紙には、用語を定義しようという試みがほとんどないままにデータに関する議論があふれている。ローゼンバーグ（Rosenberg 2013）が論評するように、科学史や認識論でさえ付随的な方法でのみデータに言及している（Blair 2010; Daston 1988; Poovey 1998; Porter 1995）。科学における意味を解釈する他の基礎的な著作は、データそれ自体にほとんど注意を払わ

ずに事実、表現、記載、出版物について議論している（Bowker 2005; Latour and Woolgar 1986; Latour 1987, 1988, 1993）。人文学では、科学や社会科学では研究者によってデータに分類されるであろう事実、数値、文字、シンボル、その他の実体を使用しているにもかかわらず、この用語はめったに言及されない。人文学がますますデジタルコレクションに依拠し、他の領域からツールをさらに取り入れ、そしてデジタルオブジェクトに対する独自の分析方法を整備する中で、データに対する考え方はより明確になりつつある（Borgman 2009）。

　データとは、定義するのがよりいっそう難しいより広い概念である情報の形式である。認識論的、存在論的問題が山積みであり、その結果として多くの図書が情報と知識について詳説している（Blair 2010; Brown and Duguid 2000; Burke 2000, 2012; Day 2001; Ingwersen and Jarvelin 2005; Liu 2004; Meadows 2001; Svenonius 2000）。バックランド（Buckland 1991）は、プロセスとしての情報、知識としての情報、またはものごととしての情報を区別している。ドナルド・ケース（Donald Case）（Case 2002, 2012）は、さまざまな情報の定義を収集し、それらが不確実性、物性、構造とプロセス、志向性、真実性にいかに対処しているかによってグループ分けした。ジョナサン・ファーナー（Jonathan Furner 2004a）は、情報の定義を選択するために、一貫性、節約原理、効用という三つの評価基準を適用した。彼はその後、情報の概念に関して広範囲で有用な、記号論的、社会認識論的、認識様態的という三つの群を特定した（Furner 2010）。

　データという概念は、それだけで一冊の本で詳説するのに値する。学術コミュニケーションの文脈におけるデータ分析のためには、より狭いアプローチで十分であろう。この概説では、学術コミュニティにおけるデータの作成、利用、受容に関する共通点と相違点を調査するために有用な定義、理論、概念に制限する。

例示による定義

　データはほとんどの場合、事実、数字、文字、シンボルといった例示によって定義される（National Research Council 1999）。例示のリストは、ある概念に何が含まれ何が含まれないかに関し明確な境界を設けないので本当の定義では

ない。ピーター・フォックス（Peter Fox）とレイ・ハリス（Ray Harris）（Fox and Harris 2013, 10）による定義は典型的である。「"データ"には少なくとも、デジタルの観測記録、科学的モニタリング、センサからのデータ、メタデータ、モデル出力とシナリオ、質的または行動観察データ、可視化、行政上の目的または商業目的で収集された統計データが含まれる。データは一般に研究プロセスへの入力と見なされる」。

　ポール・ウーリー（Paul Uhlir）とダニエル・コーヘン（Daniel Cohen）（Uhlir and Cohen 2011）は、データ政策の文脈で、データの例に広範囲の属性を含めている。

　　　この文書において「データ」という用語は、広く包括的であるよう意図されている。文献のデジタルによる表現形（テキスト、音声、静止画、動画、モデル、ゲーム、シミュレーションを含む）に加え、分光学、ゲノム配列、電子顕微鏡データをはじめとするさまざまなタイプの研究室におけるデータ、リモートセンシング、地理空間、社会経済データのような観測データ、人間または機械によって生成または蓄積された他の形式のデータといった、役立てるためには一般にコンピュータ装置やソフトウェアの手助けを必要とするデータやデータセットにも及ぶ。

　ウーリーとコーヘンの定義は、データは人々または機械によって生み出され得ることを受け入れ、データ、コンピュータ、モデル、ソフトウェアの間の関係を認めている。しかし、いかなるリストもせいぜい、データが何らかの時点で、誰かに対し、ある目的で何をなし得るかの出発点に過ぎない。

　ホルヘ・ルイス・ボルヘス（Jorge Luis Borges）（Borges 1999）は、リストによるものごとの定義がなぜ不出来なのかに関し、最も魅力的な説明を提供した。彼は 1942 年のエッセーで、*Celestial Empire of Benevolent Knowledge* という中国の百科事典と推定される本の中での動物の分類を提示した。「(a)皇帝に帰属するもの、(b)バルサム香で防腐処理したもの、(c)訓練されたもの、(d)乳離れしていない仔豚、(e)人魚、(f)架空のもの、(g)はぐれ犬、(h)上記の分類に含まれているもの、(i)狂ったように震えているもの、(j)数えきれないもの、(k)ラ

クダの毛で作ったきわめて細い筆で描かれたもの、(1)など（エトセトラ）、(m)つ
ぼを壊したばかりのもの、(n)遠くからだとハエのように見えるもの[1]」。ミシ
ェル・フーコー（Michel Foucault）（Foucault 1994）、ジョージ・レイコフ
（George Lakoff）（Lakoff 1987）および他の哲学者や研究者の思考は、ボルヘス
の分類方式による巧妙な批判に影響を受けてきた。

操作的定義

　データの最も具体的な定義は、操作的な文脈の中に見出せる。大規模なデー
タコレクションの管理に責任を有する機関は、どのような実体をどのように扱
うかについて明確にしなければならないが、しかしこれらの定義のうちデータ
とデータでないものの間にはっきりとした境界線を描いているものはほとんど
ない。

　データアーカイビングの原則で最も良く知られているのは、OAIS（Open
Archival Information System）参照モデルのそれである（Consultative Committee
for Space Data Systems 2012）。推奨される実務に関するこの合意文書は宇宙科
学コミュニティに由来し、データアーカイビングのガイドラインとして、科学
および社会科学において広く導入されている。OAIS 参照モデルでは、データ
は例示と共に一般用語で定義されているが、データセット、データユニット、
データ形式、データベース、データオブジェクト、データエンティティ等とい
うように修飾語句として使われている。

> *データ：　コミュニケーション、解釈、処理に適した形式化された方式で
> の、情報の再解釈可能な表現。データの例として、ビット列、数値の表、
> ページ上の文字、人間の会話の音声記録、月の岩石標本等が挙げられる
> （Consultative Committee for Space Data Systems 2012, 1-10）。*

　OAIS モデルは、データと情報を次のように区別している。

1）　ホルヘ・ルイス・ボルヘス、中村健二訳『異端審問』晶文社、1982、p. 156.

情報： 交換され得る各種の知識。交換において、情報はデータとして表される。一つの例は、セ氏温度による温度観測を表す数値としてのビット列の読み取り方の説明を伴ったビット列（データ）である（the Representation Information）、（Consultative Committee for Space Data Systems 2012, 1-12）。

　データ・ドキュメンテーション・イニシアティブ（Data Documentation Initiative; DDI）は、ライフサイクルを通じてデータを管理するための一連のメタデータ標準である（Data Documentation Initiative 2012）。DDI は、社会科学その他でデータ記述のために用いられているが、データそれ自体は定義していない。XML で表現される DDI のメタデータ仕様は、DDI の利用者がデータと見なすデジタルオブジェクトであれば何にでも適用され得る。

　DDI の開発パートナーには、政治・社会調査のための大学連合（Inter-University Consortium for Political and Social Research; ICPSR）が含まれる。ICPSRは 1960 年代初めから社会科学の研究データをアーカイブしてきた先導的な国際センターである。ICPSR は、貢献者にデータと見なすかどうかの判断を委ねている。デポジット希望者への説明書には、次の案内が記されている。

*　ICPSR は、量的データに加えて保存および提供を目的とした質的な研究データ（書き起こしや音声メディアを含む）を受け入れる。ICPSR はデジタル保存に取り組み、研究者がウェブサイト、地理空間データ、生命科学データやデジタル・ビデオといった新たな形式でのデータのデポジットを検討するよう促している（Inter-University Consortium for Political and Social Research 2012, 4）。*

　したがって、大量のデータを収集しキュレートする機関でさえ、自分達が何を受け入れ、受け入れないかに関する明確な定義を押しつけないかもしれない。データは、アーカイブが新たな形式のデータの出現に対応できるよう、曖昧な概念のままにされている。

カテゴリ定義

操作的および一般的な研究の文脈では、有益な方法でグループ化することでデータのタイプが区別されることもある。例えば、データアーカイブは加工の度合いによってグループ化するかもしれない。科学政策のアナリストは、その起源、価値、あるいは他の要素によって分類するかもしれない。

加工度　最も個別的なデータのカテゴリに、NASA の地球観測システムデータ情報システム（NASA's Earth Observing System Data Information System; EOS DIS）がある。表 2.1 に見られるように、共通の起源を持つデータがどのように扱われているかによって区別が行われている（NASA's Earth Observing System Data and Information System 2013）。

これらの明確な区別が、実用上必要である。EOSDIS のデータ生成物は「装置の最大解像度の生データ」であるレベル 0 に端を発する。レベル 0 のデータ生成物は既に、伝達用の中間生成物を除去されている。したがって、それらは装置から直接伝えられる信号ではない。

次のレベルのデータ生成物である 1A は、最大解像度で、時間基準、装置のパラメータその他の情報に関するメタデータが付加されたものである。レベル 1B では、データ生成物はさらにその機能を備えた機器のセンサ単位に分割される。レベル 2、3、4 ではより多くのメタデータの付加、データ生成物と標準的な時空グリッドとの調整、データのモデルへの集約のためにさらなる処理が行われる。表 2.1 に示されるように、すべての機器は少なくともレベル 1 の、ほとんどの機器がレベル 2 または 3 の、幾つかの機器がレベル 4 にまで処理されたデータ生成物を有する。

NASA の機器から得られるようなデータの処理段階は、機器の性能やデータの用途といった多くの要素に左右される。ほとんどの科学者は、他の現象モデルと比較できるようレベル 4 のデータを求める。そうしたデータ生成物は機器間やミッション間で最も比較可能なものとなる。科学者の中にはレベル 0 のデータ、または場合によっては自分でデータのクリーニングが行えるよう、コミュニケーション用の中間生成物を取り除かないより一層の生データを求める者もいる。理論を検証する場合、外れ値、校正、欠損値の補完、天候や技術上

表 2.1　NASA EOSDIS の処理レベル

データの処理レベル

EOSDIS のデータ生成物は、レベル 0 からレベル 4 までのさまざまなレベルで処理される。レベル 0 の生成物は、機器の最大解像度の生データである。データは高いレベルで、より有用なパラメータや形式に変換される。すべての EOS 機器はレベル 1 の生成物を有しなければならない。ほとんどはレベル 2 とレベル 3 を、多くはレベル 4 の生成物を有する。	

データの レベル	説明
レベル 0	再構成された、未処理の装置からの最大解像度のデータ本体。すべての伝達用の人為的生成物（同期フレーム、通信ヘッダー、重複データ）は除去済。（多くの場合、EOS データ・処理システム（EDOS）はこうしたデータを、より高いレベルの生産物を生み出すために、科学データ処理セグメント（SOPS）または SIPS による処理のための生産データとしてデータセンターに提供する。）
レベル 1A	再構成された、未処理の、装置からの最大解像度のデータ。時間参照が行われ、レベル 0 のデータには適用されない放射計測キャリブレーションと幾何学的キャリブレーションの係数やジオファレンスの変数（例. プラットフォームの位置換算表）が計算され追加された補助的情報が付属する。
レベル 1B	処理済でセンサ装置に送られたレベル 1A データ（すべての機器がレベル 1B のソースデータを持つわけではない）。
レベル 2	レベル 1 のソースデータと同じ場所、同じ解像度で生成された地球物理学的変数。
レベル 3	統一的時間・空間グリッドスケール上にマッピングされた変数。通常、何からの完全性と一貫性を備える。
レベル 4	モデル出力または低いレベルのデータ（例. 複数の測定から得られた変数）の分析結果。

（出典）Jillian C. Wallis による表を翻訳

　の例外等を説明するための方法について自分自身で判断することを望むかもしれない。地球外知的生命体探査（search for extraterrestrial intelligence; SETI）といった全く知られていないパターンの検索を行う場合、研究者は最も未加工

で可能な限り広い範囲の信号を望む（Anderson et al. 2002; Sullivan et al. 1997）。

　これらの処理レベルは、データがどのようにキュレートされ将来の利用のために維持されるかに重大な影響を与える。NASA のミッションの場合のように、特に複製できない観測データに関しては、データは各レベルで管理される必要があるかもしれない。もしデータが最低レベルでのみ維持されるのであれば、データをより高次のレベルへ変換するための処理アルゴリズムと説明が求められるかもしれない。物理学、化学、生物学の多くの領域においては、最も未加工の計測データは維持するには大量にすぎるため、キュレーションの対象はプロジェクトの知見を説明する最も加工された生産物になっている。観測データのクリーニング、校正、整理のために用いられるパイプライン・ソフトウェアは、機器、コンピュータ技術、研究課題の進展、エラーの発見、そして分析方法の向上に伴って絶えず改訂されている。機器から得られるデータは複数回処理される可能性があり、それは複数のデータ公開につながる。バージョン管理は大規模な観測データアーカイブの管理の不可欠な一部である。

データの出所と保存の価値　特定のシステムと目的のために開発されたものではあるが、NASA の処理レベルは他の運営環境でのデータ分類のためにも使用されている。科学政策の文脈では、さらに一般的なグループ化が必要とされる。米国科学委員会（US National Science Board）によって公表された区分は、科学、社会科学、技術で用いられるデータを表すよう意図されている。人文学、芸術、医学、保健は米国科学委員会の権限の範囲外であるが、これらのデータ区分ではそうした領域での利用が考慮されている。データの出所は、どのデータが保存に値するか、そしてデータをどれだけの期間キュレートすべきかに関する運営上の決定に影響を与える可能性がある（National Science Board 2005）。

　米国科学委員会の三区分の第一にあたる*観測*データは、通常は機器による、事実または現象の出現の認識、メモ、記録からもたらされるものである。科学における例として、衛星、センサネットワーク、手帳とペンのいずれかによる天候、植物、動物の観測・観察が挙げられる。社会科学では、企業の自己報

告、オンライン・インタビュー、エスノグラフィのいずれであれ、経済指標やインタビュー等が含まれる。これらの観測・観察はいずれも特定の場所と時間に関連付けられているかもしれないし、あるいは複数の場所と時間を含むかもしれない（例．分野横断的研究、または長期にわたる研究）。観測・観察データは最も複製が難しいため、保存対象として最も重要と考えられている。

　*計算データ*はコンピュータモデル、シミュレーション、あるいはワークフローの実行の産物である。それらは物理学や生命科学で最も一般的であるが、社会科学や人文学にも見られる。物理学者は宇宙を、経済学者は人々と市場の関わり合いを、そして古典学者は古代の都市と遺跡をモデル化する。将来において計算モデルを再利用するためには、ハードウェア、ソフトウェア、入力データ、中間段階に関する広範囲の記述が求められるかもしれない。モデルへの入力が保存されることもあるし、モデルからの出力が保存されることもある。必要に応じてモデルを再度実行できるようアルゴリズムだけが現場に保持されることもある。

　第三の区分である*実験データ*は、仮説の検証または立証、あるいは新たな法則の発見または検証のための、制御された条件下での手法の結果である。例として、電子・陽電子衝突型線形加速器や研究室または現場において制御された心理実験が挙げられる。実験が再現可能であるよう設計されているなら、それらのデータは保存よりも再現の方が容易かもしれない。実験の条件が再現できないのであれば、データも保存される必要が生じるだろう。

　『長寿命のデータに関するレポート（Long-Lived Data report)』は、キュレーションに関しそれぞれが異なる要件を持つという、これらのデータの三区分の政策的含意を強調している。また、三つの出所のタイプのそれぞれでデータのレベルを区別している。データは「未加工の形式」で集められ、その後の一連のバージョンを通じて精製されるかもしれない。多くの環境で、複数の形式でのデータ保存が当然とされる（National Science Board 2005, 19-20)。レポートでは、これらの区分の境が穴だらけであることを認めている。例えば、観測データは実験とコンピュータによるモデル化で使用される可能性があり、実験やモデルによる知見は観測データの収集方法の精緻化のために用いられる。ポール・N・エドワーズ（Paul N. Edwards)（Edwards 2010)は、気候研究において

28　　第 I 部　データと学問

データの流動性が高まった100年間の過程を記録し、観測データとモデル間の相互作用について分析している。

　歴史記録、野外記録、手書きノートといったさまざまな種類の記録が、観測、実験、コンピュータによるデータと関連付けられている。記録は、法律、文書館、データ処理、日常語における広範な使用にもかかわらず、めったに定義されないもう一つの基本用語である。『オックスフォード英語大辞典』に拠れば、記録（名詞形）は、事実の証明または証言であり、証人、証拠、あるいは立証という意味を含む。「記録上」または「記録の」という意味で使用される場合、その主旨は知識または情報として保存された事実あるいは状況にある。この意味での記録は、14世紀に遡るとても古い用語である。

　記録は、観測、実験、コンピュータ処理、またはこれらの区分からもたらされる結果に容易には当てはまらないデータの形式を包含する、第四の区分のデータ元として有用である。ほとんどのすべての現象または人間の活動の記録は、研究のためのデータとして扱われ得る。それらには、行政、ビジネス、公的・私的活動の書類、図書その他の文章、記録資料、および録音録画、ガラス板、パピルス、楔形文字、竹等の形式の資料が含まれ得る。信頼できる記録は、再現することができず、したがって保存の価値が高いという点において、観測データに似ている。

コレクション　デジタルデータのコレクションを分類する取り組みも、データの起源とコミュニティにとっての価値を明らかにする。同じ米国科学委員会レポートで確立されたコレクションの三つの機能分類は広範囲で適用されている (Cragin and Shankar 2006; National Science Board 2005)。これらは、秩序の度合いが高まる順に、研究データコレクション、情報資源またはコミュニティのデータコレクション、参照データコレクションである。同じデータが複数のコレクションに組み込まれ、それぞれで異なって表現されることもあろう。物理的コレクション vs デジタルコレクション、デジタル記録 vs デジタル化された記録、代理 vs フルコンテンツ、静止画像 vs 検索可能な表現、検索可能な文字列 vs 拡張コンテンツ等、コレクションに関する多くのより細かな区別が可能である。これらの区別については、人文学データの文脈において議論を展開

2章　データとは何か？　　29

する 7 章に委ねる。

　米国科学委員会の三つの区分の最初の*研究データコレクション*は、一つ以上の研究プロジェクトからもたらされるものである。これらのデータには最小限の処理またはキュレーションが行われ、仮に形式や構造に関するコミュニティの基準が存在していたとしても、そうした基準には従っていないかもしれない。これらのコレクションは通常、研究グループのために研究グループによって整備され、プロジェクトが終われば保存されない可能性がある。数千ものこうしたコレクションが存在する。例として、「雪面上の流動」、特定の酵母のゲノム、その他小規模なコミュニティに特有かつ重要なコレクション等が挙げられる（National Science Board 2005, appendix D）。

　継続的なニーズに応える研究データコレクションは*情報資源またはコミュニティのデータコレクション*となるかもしれない。これらのコレクションは、新たな基準の採用または開発のいずれであれ、コミュニティ向けの基準の確立に繋がるかもしれない。資源に関するデータコレクションはそれなりの資金を集めるかもしれないが、コミュニティあるいは資金提供機関の当座の優先度を越えてそれらを継続する約束があるわけではないだろう。この種の例には、特定のマラリア原虫のゲノムに関する PlasmoDB から、全米科学財団（National Science Foundation）と 22 の国際パートナーが支援する国際深海掘削計画（Ocean Drilling Program）までの拡がりがある。

　第 3 の区分である*参照データコレクション*は、大規模なコミュニティに役立つ、しっかりとした基準に準拠し永久に維持されるものである。これらのコレクションは大きな予算、多様かつ分散的なコミュニティ、そして確立された管理の仕組みを持つ。この区分の例として、タンパク質構造データバンク（Protein Data Bank）、SIMBAD 天体データベース、ICPSR のコレクションに含まれる参照データといった、不可欠なコミュニティ資源である大規模な国際的コレクションが挙げられる（Protein Data Bank 2011; Genova 2013; National Science Board 2005; Inter-University Consortium for Political and Social Research 2013）。

　これらデータコレクションの三区分は、コミュニティによるデータおよびそこから生じる共有への投資の程度を評価するのに有用である。コミュニティの

30　　第 I 部　データと学問

データシステムは、ネーサン・ボス（Nathan Bos）とその仲間によって見出された七つのタイプの連携の一つである（Bos et al. 2007; Olson, Zimmerman, and Bos 2008）。

概念的区別

　区分間のこれらの違いがどれだけ鮮明に見えようとも、すべてはある程度まで恣意的である。すべての区分および区分の名称は、基準と命名に関する決定の結果である。温度、高さ、地理空間位置といった最も具体的な測定基準でさえ人間の考案である。同様に、フィートやインチ、メートルやグラム、セ氏温度、カ氏温度という測定の仕組みも数世紀に及ぶ折衝を反映したものである。重量や測定単位の基本定数は、国際標準化機関の権限によって絶えず改訂が行われている（Busch 2013; Lampland and Star 2009; Lide and Wood 2012; Meadows 2001）。

　重量も測定単位も、多くの面に応用されている。原子量の測定のための尺度は、食料品店の場合よりもはるかに正確である。水質基準は、政府が飲料水へ適用する場合とサーファーが海水に適用する場合では著しく異なる。人の身長は、診療所とスポーツの試合では異なる精度で測定される。さらに広範な事情が、研究や学問においてデータの区分がどのように区別されるのかを左右する。

科学と社会科学　NASA は、実用上の目的から生データと加工データに明確な区別を行っているが、他でも言及されているように生データは相対的な用語である（Bowker 2005, 2013; Gitelman 2013）。何が「生」であるかはどこで調査が開始されるかによって決まる。NASA の多数のミッションからレベル 4 のデータプロダクトにまとめ上げる科学者にとって、開始時点のデータが生データかもしれない。その対極には、機器が最初に信号を検知した状態からデータの起源を逆向きに辿る方法がある。機器は、ある条件の下である現象を検知するために計画、設計されている。そして、そうした計画と設計上の決定が、何が検知できるかを具体化する。最も生の形式のデータの特定は、どんな知識を探し求めるのかに関する認識論的選択への無限後退に陥る可能性がある。

2章　データとは何か？　　31

調査やインタビューの形式で観察記録を収集する社会科学者にとって、生データは、インタビュー対象者またはインタビュー担当者によって作成される記入様式かもしれない。こうした記入様式は一般に不完全あるいは曖昧な回答だらけかもしれない。また、回答者が選択肢の番号を間違えてしまったり、あり得ない生年を入力してしまったりした場合には、エラーが含まれる。そうしたエラーは、同様の回答を取り出せるよう回答を比較することや、変数を数字の範囲に限定することで検知される。その他にも、回答者が混乱して、またはいたずら心ででたらめに回答してしまうことがある。

　この種のデータの精製は科学に負けないくらいの技であり、かなりの方法論的、統計的専門知識が必要とされる（Babbie 2013; Shadish, Cook, and Campbell 2002）。精製されたデータは、そこから研究結果が引き出される分析の基礎となる。欠測データの処理、欠損値の補完、異常値の除去、変数の変換、および他の一般的なデータ精製と分析ステップの実行をどのように行うかの決定は、必要最小限度で記録されるかもしれない。これらの決定は、知見、解釈、再利用、再現に顕著な影響を与える（Blocker and Meng 2013; Meng 2011）。

人文学　人文学においては、データの意味はとりわけ曖昧である（Borgman 2009; Unsworth et al. 2006）。一次情報源と二次情報源の区別が、科学と社会科学における生データと加工データのグループ分けに最も類似している。一般的な用語法で言えば、*一次情報源*は歴史上の写本あるいは彫像といった原資料あるいは元となるオブジェクトであり、*二次情報源*はその実体に関する分析あるいは関連する作品である。あまり多くは使われない用語の*三次情報源*は、目録や索引のような編集物である。これら三つの用語の使用法は、人文学の内でそして図書館、文書館の実務で大きく異なる（University of Maryland University Libraries 2013）。7 章で詳しく検討するように、一次情報源ももはや存在しない原本の代替物である可能性があり、あるいは原本を読みやすくするようにした編集物であるかもしれない。

　人文学における歴史研究の方法の多くは、数百年前の図書、論文、その他の重要な資料が時を超え文化や文脈の間でコピー、解釈、翻訳、伝達されてきた中で、それらの資料間の関係を特定することに充てられている。一次情報源

は、遺失、破壊、あるいは荒廃から長い時間を経ているかもしれない。二次情報源は、無名のたくさんの異形に拡がり、多様な目的のために多様な方法で分割および結合されてきたかもしれない。何が一次情報源であるかの選択は、文脈およびそれぞれの出発点によって左右される。ある研究者にとっての二次情報源が他の研究者には一次情報源であるかもしれない。

　人文学におけるデータに関する重要な特徴は、知識の表明において不確実性をどのように扱うかにある（Kouw, Van den Heuvel, and Scharnhorst 2013）。不確実性は、認識的、統計的、方法論的、社会文化的のいずれであれ、多様な形式で具体化される（Petersen 2012）。例えば、両義性と多様性は歴史記録における不確実性の元になっている。

　人文学の研究者が統計ツールや地理情報システムといった別の探求方式のために開発された技術を適用するにつれて、彼等は自らの方法をツールに合わせるかツールを自らの方法に合わせるかという板挟みに陥っている。新たなツールは新たな表現と解釈をもたらしている。集合的には分野毎に、および個々の研究者がそれぞれに、不確実性がどれだけ許容されるか、そして探求において何が「真実」を構成するかを評価している。研究方法やデータの表現に内在するのは、どのようにして不確実性を減少させるかに関する選択である。

まとめ

　データという語の使用は5世紀目を迎えているが、合意された定義は未だに得られていない。データは純粋な概念でもなければ、それぞれの本質を備えた自然のオブジェクトでもない。最も包括的な概要は、データは研究または学術の目的で現象の証拠として用いられる、観測、オブジェクト、その他の実体の表現であるというものである。実体（entity）とは、『オックスフォード英語大辞典』に拠れば「実在する何か」であり、たんなる機能、属性、関係等とは区別されている。それらの実体は、紙またはパピルス上のテキストのように物質的存在を持つかもしれないし、あるいはセンサからの信号またはオンラインサーベイの回答記録のようにデジタルであるかもしれない。実体は、現象の証拠として用いられる時にのみデータになり、そして同じ実体が複数の現象の証拠

2章　データとは何か？　　33

となり得る。古い家族のアルバム、または高校の卒業記念アルバムの写真は、研究者がそれらをある期間の髪形と衣服スタイルの証拠として用いる場合は、データとなるかもしれない。別の研究者は、それらを家族集団形成あるいは社会的アイデンティティの証拠として用いるかもしれない。ビジネスと航行の目的で集められた古い航海日誌中の天候記録は、現在では気象変動を研究するためのデータとして使用されている。特許の記録は、あるファウンド・オブジェクト[2] がいつどこで製造されたかに関する証拠の情報源であるかもしれない。

データと見なしても良い実体のリストは定義として不十分であるが、そうした「定義」は学術文献および政策文書に溢れている。ある状況において何がデータで何がデータでないかを明確化する方法で概念を固定できないことが、データ管理計画、オープンデータ方針、データキュレーションといった事項についての混乱の大きな源となっている。先に引用した OAIS の定義「コミュニケーション、解釈、処理に適した形式化された方式での、情報の再解釈可能な表現」のように、具体的で境界が明確な定義が運用上の文脈で最も多く見られる。データの起源あるいはコレクションのタイプといったカテゴリ定義も、それらが整備された文脈の中で有用である。しかし、研究データに関連する局所的および世界規模の問題を好転させるためには、一般的定義に関する合意が必要である。

データという語は、本書を通じて可能な限り一貫して用いられている。実体としてのデータを指す場合は、学術コミュニケーションの文献で良く用いられている編集使用標準（Bryson 2008）に従って複数形で使用する。このことは、データは複数形の名詞であり、複数形の名詞および集合名詞は英語圏において異なる文法上の形式を得ていることを受け入れるということである。データは概念を指す場合、単数形で使用される。例えば、"*data* is not a new term"、あるいは "big data is the oil of modern business" といった用法である。しかし、データという語の使用は多くの場合微妙で暗示的であり、文脈や使用者によって異なる。特に事例研究では、使用は対象分野の慣例に従う。概念としての使用でない限りあるいは慣例についての注記が無ければ、データは*研究また*

---

2) 訳注：造形芸術に使用される素材

34 　第 I 部　データと学問

は学術目的での現象の証拠として利用される実体を指す。

3章

データの学問

はじめに

データの学問（data scholarship）とは、データと学問の一連の複雑な関係の枠組みを表すために作成された用語である。データは一つの形をとるか、あるいは大衆的な出版物に由来すると思われるが、その中で何らかの現象の証拠として使用される学術的文脈から独立している。研究者、学生、およびビジネス・アナリストは現在では同じ様に、充分なデータと探求のための適切な技術が新たな仮説と新たな形式の証拠の入手を可能にしていると認識している。データによってなし得ることのなかにはきわめて貴重なものもある。しかし、一連のデータがいかに貴重か、あるいはそれらが貴重となるためにはどのような方法によってかを判定することは、かなり最近まで非常に困難であった。

データの学問の考え方は最初に、2000 年代の初頭に始まった政策主導の中で、e サイエンス、e ソーシャルサイエンス、e ヒューマニティーズ、e インフラストラクチャ、サイバー・インフラストラクチャといった「データ集約型研究（data intensive research）」として組み立てられた（Atkins et al. 2003; Edwards et al. 2007; Hey and Trefethen 2005; Unsworth et al. 2006）。最初の三つの用語は、結果的に集合的な e リサーチに融合した。デジタルな社会調査に関する英国のプログラムは、e ソーシャルサイエンスへの初期的な投資を強化し、それが社会科学におけるデータ集約型研究と e リサーチをもたらした（Digital Social Research 2013）。e サイエンスは、「人文学のための e サイエンス」と典型的に示されるように、多くの場合すべての領域におけるデータの学問を集合的に指す（Crane, Babeu, and Bamman 2007）。サイバー・インフラストラクチ

36　　第 I 部　データと学問

ャは、明らかにデータの学問とこれらの活動を支える技術的枠組みに対するアメリカ的概念のまま生き残っている。

　歴史的に、学問（scholarship）とは学習や博識に関する学者の到達を意味してきた。学問は、知的問題についてどのように学び考えるか、そしてどのように証拠を解釈するかを含む内面の活動である。『オックスフォード英語大辞典』に拠れば「理論、トピックその他に関する知識への貢献を目指した系統立った調査あるいは探求」とされる研究（research）は、学問の一つの形式あるいは行為である。学問という用語は人文学において好まれる一方で、科学や社会科学においては、研究と学問は多くの場合互換的に使用されている。学問はより広い概念で、かつ学術コミュニケーション（scholarly communication）とより密接に繋がっている。後者の用語は、学者間の研究、出版、ピアレビューのような関連の活動といった公式のコミュニケーション、そして協力、個人間のやり取り、会話、発表等といった非公式のコミュニケーションを包含する。

　個人および個々の学会は、自分達の目的のために自分達のデータをどのように活用するかを知っているかもしれないが、近接するコミュニティからのどんなデータあるいは方法が自分達に価値をもたらすかについてはほとんど知らないし、逆の場合もそうである。ずっと大きな量のデータへのスケールアップは、方法および問いに質的な違いをもたらす。古いアプローチはもはや実行可能ではないが、それでも古いデータは多くの場合新たなデータと結合されなければならない。専門知識は、領域または方法を超えて簡単には移転できないかもしれない。これらの課題に対する反応はたくさんある。どんな形式であっても広くデータを公開する者もいるだろう。自分が予想できない方法での他者による価値の抽出を許さずに、データを永久に貯め込む者もいるだろう。多くは、誤用、誤解釈、法的責任、功績の欠如、制御不能、データの共同貯蔵場所の汚染、手強い課題である持続可能性といったリスクによって無力化されている。現在は、データ処理に伴う一部の問題だけが明らかになりつつある。これらの問題のうちの幾つかは、解決に向けて進展させるよう充分に理解され始めているが、そのほかは解決困難のように見える。

　学者はデータへの対応を、研究教育事業のための資源が減少する中でのさらなる個人的責任と見なすかもしれないが、データの学問は知識インフラに深く

組み込まれている。データにまつわる不安は、データの所有、管理、アクセス、データをコンテクストおよび時間を超えて伝える難しさ、学術コミュニケーションの形式や分野による違い、技術・実践・政策面での大きな転換、データやその他の学術コンテンツの長期的な持続可能性の必要性に関する懸念から生じている。ほとんどが、学者、学生、および学問が実践されるより広範な社会にかかる問題である。知識インフラは、社会的、技術的相互作用、オープン・スカラーシップの影響、学術コミュニケーションの形式の統一を評価するための枠組みを提供する。

知識インフラ

知識インフラ（knowledge infrastructure）という用語は、情報、インフラ、インターネットに関するそれ以前の進展に基づいている。インフラに関する学問それ自体が花開き、インターネットは大学における日常生活に組み込まれ、そして情報は依然として流れ続けている。*情報インフラ*（information infrastructure）という用語は、情報世界の包括的な見方の提案から技術的通信を意味するものへと使用法が狭まった。同様に、*全米情報基盤*（national information infrastructure）および*地球情報基盤*（global information infrastructure）は現在では、1990年代の政策枠組みを指す（Borgman 2000, 2007; Busch 2013; Kahin and Foray 2006; Wouters et al. 2012）。

インフラは設計されるものではなく、また完全に理路整然としたプロセスでもない。むしろ、それらは生態系あるいは複雑な適応システムとしてこそ理解されるべきである。それらは社会的プロセス、技術的プロセスを通して相互に作用する多くの部分によって構成され、成功の程度はさまざまである。ポール・エドワーズ（Paul Edwards）（Edwards 2010, 17）は*知識インフラ*を「人間の世界や自然界に関する特定の知識を生成、共有、維持する人々、人造物、組織の頑強なネットワーク」と定義した。これらのネットワークには、技術、知的活動、学習、連携、それに人類の知識および記録された情報への分散型のアクセスが含まれる。こうした考え方に関する最近のコミュニティにおける探求では、三つのテーマが扱われてきた。知識インフラがどのように変化している

のか？　知識インフラが権威、影響力、権力をどのように強化あるいは再配分しているのか？　私達はどのようにしたら現在（および今後）の知識インフラを最も良く、学習、理解、想像できるのか（Edwards et al. 2013）？

　データは、常に動いており静的な形式に固定することが困難であるように見える情報の形式である。多数の団体が分野、領域、時代を超えたデータの解釈について協議しているように、暗黙の了解と共通基盤の境界も変化しつつある。知識の基準は決して安定したことはないが、ビッグデータの時代にそれを明確化するのはさらに困難になっている。コンピュータによる結果を充分に説明できないのであれば、何かを「知る」ことの意味とは何なのだろうか。データを文脈を超えて移転する際にデータの起源についてどれだけ知ることができるのか、あるいはどれだけ知るべきなのか。協力者間での情報の交換に潜在する「信頼の枠組み（trust fabric）」は、未知の他者との交換で再現することは難しい。異なるコミュニティや長い時間を置く場合はなおさらである。移転は技術を介して行われることもあるが、科学者、図書館員、アーキビスト、あるいは研究従事者における他の新興の職種であれ、多くは人間の仲介者の専門知識次第であろう。営利事業もこのスペースに参入しつつある。

　知識インフラは、4章でさらに詳述するように、「知識コモンズ」フレームワークと重なり合う。コモンズも複雑なエコシステムであり、「社会的ジレンマ[1]が生じやすい、一群の人々によって共有される資源」（Hess and Ostrom, 2007a, 3）と簡潔に定義される。これらの複雑な生態系が権威、影響力、権力を強化または再配分している例は、本書全体に織り込まれている。ビッグデータの分析のスキルを備えた人はより高く評価されている。新たな形式のデータを探求する資源を持つ研究者も利益を得ている。データマイニングやクラウドソーシングといった新たな形式の知識は、知的な縄張りの再配置と再形成に役立っている。

　インフラへの大規模な投資は、上げ潮がすべてのボートを引き上げる限りにおいて、すべての人にとって好ましい。上げ潮という喩えは、知識ギャップ理

---

1)　社会において、個人の合理的な選択（個人的合理性）が社会としての最適な選択（社会的合理性）に一致せず乖離が生ずる場合の葛藤（ジレンマ）のこと。

論（knowledge gap theory）（Ettema and Kline 1977; Tichenor, Donohue, and Olien 1970）、メディア・リテラシー（Jenkins et al. 2009）、マシュー効果（Merton 1968, 1988, 1995）といった他の社会的、経済的傾向によって弱められる。一般的に、富めるものは益々富むと言える。新たな技術と新たな情報を活用するより高い能力を持つものは差別的な利益を得る。マシュー効果は学術に適用するものであり、元々はノーベル賞受賞者に関する研究で定式化された。最高の評判を受けている個人や学術センターは認識と資源を不釣り合いな程に受け取る傾向がある。名声が定まった卓越した研究センターによる新たな発見は、あまり有名でないセンターによる場合よりも多くの関心を得るだろう。反対に、低い序列の機関や発展途上国の研究者は、一般に技術革新を有効に活用するためのスキルや資源をより少なくしか持たない。

　不可視性は、少なくとも二つの点でインフラのデザインと管理面の懸案事項である。一つは、故障発生の場合のみ可視化されるというインフラの特徴的な性質である（Star and Ruhleder 1996）。人々は配電網であれ二つの装置間の相互運用性であれ、そのインフラが機能停止するまで、どれだけインフラに依存しているか気づかないことが多い。二つ目は、配電網、科学機器のネットワーク、あるいは研究データの分散型リポジトリであれ、インフラを維持するために必要な目に見えない作業量である。これらのインフラの利用から利益を得ている人は、すべての部分が一体となった円滑な機能の維持に含まれる裏方の努力に気づかないことが多い。目に見えない作業が知識インフラの顕著な特徴なのである。なぜなら、学術情報の記録、組織化、管理の労働は、他者がそれを発見し活用するために不可欠だからである。目に見えない作業は、連携、ツールの開発、データの共有と再利用や他の多くのインフラ部品における接着剤と摩擦の両方である（Bietz and Lee 2009, 2012; Birnholtz and Bietz 2003; Borgman 2003; Edwards et al. 2011; Ehrlich and Cash 1999; Lee, Dourish, and Mark 2006; Paisley 1980; Ribes and Jackson 2013; Star and Strauss 1999）。

　*知識インフラ*は新たな用語かもしれないが、考え方はそうではない。最古の知的探求以来、学者は直面するデータの氾濫、洪水または津波で溺死するのを避けるために、泳ぎ方あるいはより良いボートの作成法を学んできた。アン・ブレア（Ann Blair）（Blair 2010）が *Too Much to Know* で記しているように、

少なくとも紀元1世紀以来、学者は情報に圧倒されていることに不満を語ってきた。夥しい量の図書に対する懸念は近世以前にかなり生じた。13世紀半ばまでに、情報問題への解決策が形作られようとしていた。タイトルページ、用語索引、名詩選（florilegia）等であった。名詩選は文字通り「選り抜きの花々」であるが、ある主題に関する図書の最良の節の編集物であった。ブレアは、初期の学者がいかにして個別に洗練されたノート作成や組織化の仕組みを通して、読書と解釈に対処してきたかを探求している。プライス（Price 1975）が*Science since Babylon* で記しているように、索引・抄録サービスの成長は19世紀半ば以来の雑誌の成長と平行して生じた。その後ずっと、著者、出版者、索引作成者、図書館、書店、そしてその他の利害関係者は変化を続けてきている。

社会的側面と技術的側面

データの学問では、社会的側面と技術的側面の間に緊張が張り詰めている。それらは反射的で相互に影響を与えるため、これらの要素はめったに分離できない。ツールはデータ作成を可能にするが、どんなデータを集められるかを想像する能力がツールを可能とする。そうした長期にわたる論争を解決しようとするのではなく、挑戦的課題の前提は学問の社会的要素と技術的要素が分離できないことにある。データもツールももう一方がなければ理解できない。それらの意味は、両者の関係の中にある（Bijker, Hughes, and Pinch 1987; Bijker 1995; Hughes 1989, 2004; Latour and Woolgar 1979; Latour 1987, 1988, 2003; Meyer and Schroeder 2014; Schroeder 2007）。

ブルーノ・ラトゥール（Bruno Latour）（Latour 1987）は、科学の実践がいかに技術と結びついているかを説明するためにテクノサイエンスという語を作成した。ラトゥールは、哲学者として学術的探求のほとんどの形式を包含する方式で「科学」を用いる傾向がある。北米の業界用語では、科学は高い頻度で社会科学や人文学と区別されている。工学、医学、法律学、教育学の専門研究から分野別のトピックを分離するなど、更なる区分も可能である。そうした区分は、学科といった機関内の境界を特定するのに有用ではあるが、知識および学

間の観点では恣意的なものである。科学は、学術的知識および実践という全般的関連で使用されることがある。事例研究におけるように、分野による区分が有用な場合、社会科学と人文学が引き合いに出される。

　科学の歴史と哲学に関するより大きな疑問が、データへの関心が上昇する中で浮上している。科学は高額の公的投資である。第二次世界大戦以来、特に冷戦の終結以来、公衆は研究の方向性に関するより大きな説明責任や発言権、そして研究結果へのより多くのアクセスを求めてきた（Kwa 2011; Latour 2004）。科学的事業と公衆の関係が変化する中で、社会科学者は学術的取り組みを研究対象にしたがるようになっている。科学者や他の研究者も、意見を述べる機会が得られること、研究に対する外部の観察から利益を得ることの両面から進んで研究対象とされるようになった（Salk 1986）。1950 年代初め以来、より多くの研究が科学・技術の歴史、哲学、社会調査を扱うようになってきた（Hackett et al. 2007; Latour and Woolgar 1986; Lievrouw and Livingstone 2002; van Raan 1988; Woolgar 1988）。同様に一連の研究が社会科学や人文学における学術実践の研究を引き起こした。

コミュニティと連携
　データに関する政策、実践、規格、インフラは通常、それらのデータに関連するコミュニティに委ねられている。データ管理計画が典型的な例である。「何がそうしたデータを構成するかは、ピアレビューの過程およびプログラム管理を通して共通の利益を有するコミュニティによって決定されるだろう」（National Science Foundation 2010a）。同様に、デジタル・アーカイビングの方針は「特定のコミュニティ（designated community）」の観点で構成される（Consultative Committee for Space Data Systems 2012）。データは、分野間の境界に弱い繋がりで存在する「境界オブジェクト」とされることが多い（Star and Griesemer 1989）。データが連携において果たす役割を検証することで、境界、作用域、コミュニティにおける合意と不一致が見えてくる。

　データの収集、作成、分析、解釈、管理には専門領域の知識が必要である。多くの種類の専門知識が求められる。その中には、理論的なものもあれば実務的なものもあり、社会的なものもあれば技術的なものもある。こうした専門知

識の一部は容易に教えられたり、図書、雑誌、資料から学ぶことができるが、そのほとんどは表現することが難しい深く埋め込まれた知識である。最も有名な「暗黙知」はそれ自体が複雑な構成概念であるが、データの活用に最も重要な専門知識は、コミュニティ間および文脈間で最も移転しにくいものであることが多い（Agre 1994; Collins and Evans 2007; Darch et al. 2010; Duguid 2005; Polanyi 1966; Schmidt 2012）。

コミュニティは社会科学で周知の理論的構成概念である。科学や学術の社会研究では、実践コミュニティと認識的文化（epistemic cultures）が中心概念である。*実践コミュニティ*は、知識がグループ内でいかに学習、共有されるかを説明するジーン・レイブ（Jean Lave）とエティエンヌ・ウェンガー（Etienne Wenger）によって提唱された概念である（Lave and Wenger 1991; Wenger 1998）。この概念はその後かなり研究され拡張された（Osterlund and Carlile 2005）。対照的に、認識的文化は分野でもコミュニティでもない（Knorr-Cetina 1999）。それらは、知識を構成するプロセスに関連する一連の「準備や仕組み」以上のものであり、個人、グループ、人工物、技術を含む（Van House 2004）。実践コミュニティと認識的文化に共通するのは、知識が状況に位置付けられ、局所的なものであるという考え方である。ナンシー・ヴァン・ハウス（Nancy Van House）（Van House, 2004, 40）はこの考え方を簡潔にまとめている「"どこでもない所からの見方"はない。知識は常に、場所、時間、条件、実践、理解に位置付けられている。単一の知識でなく、複数の知識があるのである」。

知識と表現

データを一次産品とする努力にもかかわらず、データは関心を集めたり注意を逸したりする話題という意味でのみ「きらきら輝くオブジェクト」である（Schrier 2011; Starke 2013）。信号、録音、ノート、観測、標本、その他の実体は、研究分野、領域、専門分野内での長期の文化的プロセスを通してデータとして見なされるようになった。科学の実務上のドキュメンテーションは「インスクリプション（inscription）」として知られている（Latour and Woolgar 1979, 1986; Latour 1988; Lynch and Woolgar 1988a, 1988b）。各々の分野で、データと

見なされているものを記述、説明、表現するために、それぞれのインスクリプションが整備されている。データを表現するための共通の方法（メタデータ、マークアップ言語、フォーマット、ラベリング、名前空間、シソーラス、オントロジー等）が分野内でのデータ交換を容易にしている。共通の表現形式によってコミュニティの境界を定義できる。同様に、それらの境界は、競合する表現形式を用いている分野間でデータを移動させたいと考える人には障害になることもある。さまざまな病気、薬、植物、動物、現象が、多くの異名で通っている。複数の情報源からのデータを結合する能力は、こうしたインスクリプションに掛かっている。

　データ、証拠の基準、表現形式、研究実践は、深く絡み合っている。コミュニティ間の違いは、連携のために外部のデータ情報源を利用または統合するために、あるいはあるコミュニティから別のコミュニティに実践を強いるために、試みが為されるときにのみ明白になることが多い。二つ目の挑戦的課題に組み入れたように、文脈や時間を超えての知識の移転は難しい。データは他の知識の形式と比べ移動しやすいということはない。データの意味は取り巻く仕掛け（ソフトウェア、ハードウェア、方法、説明書、出版物など）次第であるので、多くの場合データは最も難しいものの一つである。

　雑誌論文、会議論文、図書、その他の出版ジャンルは、独立的な単位として、少なくとも洗練された読者によって解釈可能であることが意図された情報パッケージである。それらは学術的知識の表現であり、多くの場合、頒布、発見、交換に適した形式のデータの表現を含んでいる。学術出版物が表現される形式は、数百年の間に進化した。現在では学術図書の構成要素として受け入れられているタイトルページ、著作者の表示、目次、索引、その他の特徴は、徐々に開発されたものである。これらの特徴の中には著者の表示のように、パリの *Journal des Scavans*、ロンドンの *Transactions of the Royal Society* という 1665 年の学術雑誌の最初の創刊において図書から論文へと移転されたものもある。それ以来、学術出版の周りに拡張する知識インフラが出現した。出版社、ピアレビュー、書誌的引用、索引・抄録サービス、情報検索システム、雑誌のインパクトファクターといった評価メトリクスはすべて、9 章で詳しく見るように知識インフラの一部である。

理論、実践、方針

　データの学問は、理論、実践、方針を超越する概念である。狭い意味でのデータ方針は、研究者がデータと見なす対象、確保する対象、集める対象、いつ誰と何を共有するか、そしていつどれくらいの期間デポジットするかといった事項について研究者が行う一連の選択である。広い意味でのデータ方針は、データと見なす対象、研究者に確保を求める対象、研究者にいつ、どのように、誰に向けて公開を求めるか、誰にどれくらいの期間収集を求めるか、そしてこうした要求が資金申請、報奨、データリポジトリの提供にどのように実装されるか、といった事項について政府や資金提供機関が行う一連の選択である。中間のデータ方針は、研究機関、大学、出版社、図書館、リポジトリ、その他の利害関係者がデータと見なす対象やそれらのデータの収集と提供における各々の役割に関して行われる選択である。同様に、これらは、研究資金、知的財産権、革新、経済、ガバナンス、プライバシーに関するより大規模な方針に左右される。

　学術コミュニケーションの流れの改善を目的とする政府、資金提供機関、雑誌、機関の方針は、情報を一次産品とし交換する能力に関して、仮定の単純化を行うことが多い。通常はコミュニティや分野全域での公平さの推進が意図されるが、領域間の理論、実践、文化の実質的な違いに対する敬意に欠けた方針は、不十分な導入、逆効果、あるいは対象者による無視をもたらす可能性が高い。個々のコミュニティは、例えばデータがどのように収集、管理、共有されるかを統制する各々のモラルエコノミーを持つかもしれない（Kelty 2012; Mc-Cray 2000）。事例研究および 8 章で詳述するように、データ管理計画やデータ共有のための現在の政策では、知識インフラの複雑で高価な側面であるデータ再利用またはアクセス維持のための方法ではなく、データ公開に焦点を当てる傾向がある。

　オープン・スカラーシップ

　オープンアクセス、オープンソース、オープンデータ、オープンスタンダード、オープンリポジトリ、オープンネットワーク、オープンビブリオグラフィ

…。このリストはいつまでも続く。オープンアクセス運動は、1章で紹介したように1970年以降進行してきた。現在の知識インフラは、研究に対するオープンアクセスの発展によって形作られ、そしてオープンアクセスの発展を方向付けている。発展とは、システム間、ツール間、サービス間の相互運用性を向上させる仕組み、分散型のコンピュータネットワークや技術の進歩、そしてほぼ遍在するインターネットへのアクセスのことである。

オープンスカラーシップは、データスカラーシップよりも簡単に定義できるわけではない。オープン・スカラーシップは、オープンサイエンスに最も近いと見なされている。ここでの議論の目的のために、オープンスカラーシップは、オープンアクセス出版、オープンデータ、データ公開、データ共有と関連した方針と実践を含むものとする。オープンスカラーシップに対する期待には、研究の加速化、新たな問いと調査形式の振興、詐欺や不正の最小化、技術的、科学的能力を備えた従事者の増加の促進、研究・教育への公的投資の活用等が挙げられる（Daivid, den Besten, and Schroeder 2010; Esanu and Uhlir 2004; Nielsen 2011; Boulton et al. 2012; Uhlir and Schröder 2007）。

しかし、オープンスカラーシップのような用語を単独で使用することには、これらオープンアクセスのたくさんの形式のかなりの違いを覆い隠してしまう危険がある。三つ目の挑戦的課題として以下に詳説するように、学問において出版物とデータはそれぞれ明確に異なる役割を果たしている。出版物のオープンアクセスとオープンデータに共通しているのは、情報流通の向上、知的情報資源の利用に関する制約の最小化、研究実践の透明性の拡大という意図である。異なっているのは、学術に対する価値の種類、関連する一連の利害関係者、文脈や時間を超えた移転可能性である。

研究知見に対するオープンアクセス

学問は、1665年の最初の雑誌の出現に伴い、私的な書簡のやり取りと会合の領域からオープンな流通へと移行した。読者は、図書館、書店、個人購読を通じて、図書、雑誌、その他の出版物を利用した。書簡、下書き、原稿、プレプリントの私的な交換が並行して継続した。

研究結果に対するオープンアクセスは、1991年の arXiv の開始によって大

きく躍進した。arXiv は当初は xxx.lanl.gov のアドレスで知られ、ワールドワイドウェブより以前から存在した（Ginsparg 1994, 2001）。それ以来の 20 年以上の間に、arXiv は他の科学分野に拡大し、ロスアラモス国立研究所からコーネル大学へ移され、参加機関から幅広い支援を得た。利用は、指数関数的に上昇し続けている。月に 8,000 以上の論文が arXiv に投稿され、2012 年だけで600 万件以上の論文がダウンロードされた（ArXiv.org 2013）。

　arXiv の立ち上げからの幾つかの教訓が、現在のデータへのオープンアクセスを考えるために重要である。一つは、このシステムが高エネルギー物理学におけるプレプリント交換の文化からの帰結であったということである。それは、見えざる大学（Crane 1972）の名で知られる近しい仲間のネットワーク内での情報流通を支援する既存の知識インフラの上に築かれたのである。

　二つ目の教訓は、物理学の学術コミュニケーションの利害関係者としての著者、出版者、図書館、読者の関係を変化させることで、arXiv が知識インフラを破壊したことである。研究者も学生も同様に、豊かな国でも貧しい国でも、正式な出版日よりもかなり早く論文にアクセスできた。物理学の雑誌編集者や出版者は、その迅速な普及を前に arXiv の存在を容認するしかほとんど選択肢が無かった。かつては、そうした投稿が「事前掲載（prior publications）」に当たるとの理由で、多くの雑誌がオンライン上に掲載済の論文の検討を拒否した。同様の方針は、現在も多くの分野に依然として残っている。

　三つ目の教訓は、arXiv の成功が他の分野に直ちには、あるいはあまり良く移転しなかったということである。他の研究分野におけるプレプリントサーバは量的にそして人気の面で上昇しているにもかかわらず、arXiv のように研究実践に深く根ざしたものは生まれなかった。しかし、arXiv でさえ、対象とする物理学、数学、天文学、その他の領域のすべてに根付いているわけではない。専門領域によっては至るところで利用されているが、他の専門領域では少しばかり使われているに過ぎない。

　出版物のオープンアクセスは、これら初期の教訓の上に構築された。オープンアクセスは単純な概念だが、一般に誤解されている。その少なくない部分はたくさんの利害関係者の利益の競合に起因する。ピーター・スーバー（Peter Suber）（Suber 2012a, 4）の定義は、「オープンアクセス文献は、デジタルでオ

3章　データの学問　　47

ンラインの、無料の、そしてたいていの著作権やライセンスの制限から自由なものである」と最も簡潔である。スーバーが取りあえず指摘しているように、研究文献および学術文献のオープンアクセスは、他の形式のコンテンツのオープンアクセスとはかなり異なる領域で動いている。文献のオープンアクセスが依拠する一つの原則は、出版者といった別の団体へ権利を移転しない限りおよび移転するまでは、著者が自らの著作の著作権者であることである。二つ目に、研究者は研究論文の執筆に対し報酬を受けることはめったに無い。研究者は自らの著作を、収益を損なうことなく広く頒布することができる。それは、他のほとんどの著者、芸術家、または創作者には当てはまらない。学術に関する著者は、収益よりも影響あるいは効果のために研究論文を書く。できるだけ広範な読者に届くことが研究者の最大の関心事項の一つである。学術研究のための主たる資金源は、大学からの給与と研究助成金である。また、研究者の出版物が最大の影響度を達成することが、研究者を雇用し資金提供を行う機関の最大の関心事項の一つである。

　文献に対するオープンアクセスは、複数のガバナンスモデルの下、数多くの手段で達成され得るし、そしてさまざまな呼び名がある（例. グリーン、ゴールド、グラティス、リブレ等）。これらのモデルに共通しているのは、前述の二つの原則に依拠していることである。著者は通常著作権を保持するか、あるいはオープンアクセスによる頒布のために著作の利用を許諾する。また、著者は、その著作の創作者としての帰属を明示される権利を保持する。著者が一般に直接的収益を受け取る学術書、教科書、その他に対するオープンアクセスに対しては、異なる考え方が適用される（Budapest Open Access Initiative 2002; Directory of Open Access Journals 2013; Howard 2013a; Jacobs 2006; Laakso and Björk 2013; Leptin 2012; Pinter 2012; Research Councils UK 2013; Suber 2012a; Van Noorden 2013b; Wickham and Vincent 2013; Wilbanks 2006; Willinsky 2006）。

　2000 年代半ば以降、ますます多くの世界中の研究大学が、所属教員の雑誌論文に対するオープンアクセス方針を採択してきた。米国では、ハーバード、MIT、カルテック、カリフォルニア大学等である（Harvard University 2010; MIT Libraries 2009; Caltech 2013a; Office of Scholarly Communication 2013）。一般に、これらの方針では、大学に通常は公共的リポジトリを通じて著作を供給

する非排他的権限を与える。出版物のオープンアクセスに向けた劇的な変化が2012年と2013年に生じた。2012年には、英国研究委員会（Research Councils of the United Kingdom; RCUK）が、全体および部分的に資金提供を行ったすべてのピアレビューを受けた雑誌論文と会議論文は、2013年4月以降オープンアクセス雑誌に投稿されるべきと発表した。それ以来、この方針における「オープンアクセス雑誌」の定義についてはとりわけ異論が多く、何度も修正および説明がなされてきた。それには、公開猶予期間、一連のビジネスモデル、そして何らかの一時的な助成金が含まれる（Research Councils UK 2012a, 2012b）。2013年には、米国政府の管理部門が、連邦政府からの資金提供を受けた結果としての出版物へのオープンアクセスに関する同様の方針を告知した。これは、国立衛生研究所（National Institutes of Health; NIH）と Pubmed Central によって確立された公開猶予期間と方針を全般的に踏襲したものである（Office of Science and Technology Policy 2013; Holdren 2013b）。欧州連合、オーストラリアや他の国が同様の方針について議論を行っている。

　これらのさまざまなプロジェクト、ビジネスモデル、そして新たな出版の分野が、学術雑誌文献への広範なパブリック・アクセスをもたらした。公開猶予期間を考慮すれば、約半数の雑誌論文が発行から1年以内にオンラインで自由に利用可能となり、そしてその比率は増加の見通しである（Laakso et al. 2011; Van Noorden 2013a）。悪魔は細部に宿る（物事は細部が難しい）と言うが、学術雑誌論文へのオープンアクセスは規範に成りつつある。しかし、利害関係者間の緊張は消え去っていない。著者達は、これらのオープンアクセス方針が適用されないオンライン上に、論文、会議論文、その他の著作を投稿し続けており、幾つかの出版者は自らが排他的著作権者である著作へのアクセスに対する規制に、より積極的になっている（Howard 2013b; SHERPA/RoMEO 2014）。

データへのオープンアクセス

　資金提供機関によるデータへのオープンアクセス方針の多くは、出版物へのオープンアクセス方針とリンクしている。英国の方針は、この関係について最も明確である（Research Councils UK 2012b, 1）。「政府は、透明性およびオープンデータへの包括的な関与に呼応して、出版された研究成果が自由に利用可能

3章　データの学問　　49

であることを確実にする責任を有している」。RCUK のオープンアクセス雑誌での公開方針は、著者にその論文に関連するデータの入手方法を明記するよう義務付けているが、一方でそうすることの複雑さを認めている（Research Councils UK 2012b, 4）。「研究者にデータへのアクセス問題を確実に検討するようにさせること…。しかし、本方針ではデータが必ずオープンにされることを要求しているわけではない。例えば商業的な秘密保持あるいはヒト被験者の識別可能性に由来するデータの合理的な秘匿性など、データの利用を排除するにやむを得ない理由があると考えられる場合、これらは報告に盛り込まれるべきである」。

　米国の NIH は、自らの研究資金提供の結果としての出版物を PubMed Central にデポジットすることを求めている。また、NIH は研究資金申請の際にデータ管理計画も要求している（Basken 2012; National Institute of Health 2013; PubMed Central 2009; Zerhouni 2006）。全米科学財団（National Science Foundation; NSF）はデータ管理計画を要求しているが、オープンアクセス出版を求めてはいない。しかし、後続のオープンアクセス出版に関する米国連邦政府方針が、研究開発に年間 1 億ドル以上支出している NSF、NIH および他の連邦政府関係機関に適用されることになろう。その方針では、各機関が科学出版物およびデジタルの科学データに対するオープンアクセス計画を整備するよう指示している（Holdren 2013b; Burwell et al. 2013）。

　しかし、雑誌論文へのオープンアクセスとオープンデータは、スーバー（Suber 2012a）の原則の両方に関して異なっている。著者は少なくとも当初においては雑誌論文の著作権者であるが、データに関してはめったに同じことにはならない。9 章でさらに論じるように、誰が著者として相応しいかの判定は、分野内および分野間でかなり議論された問題である。ひとたび確定すれば、一定の権利と責任が著作の著者のものとなる。誰がデータの「著者」としてふさわしいかの判定は、ほとんどの連携作業においてほとんど検討されてこなかった問題である（Wallis 2012）。個人やグループがデータの権利を割り当てている場合でさえ、その権利と責任は不明なままであるかもしれない。多くの形式のデータが研究者によって作成され管理されているが、所有は異なる問題である。データ形式の中には、著作権で保護され得ない事実と見なされるものもあ

る。研究者は他の団体が所有する、あるいは共有の情報資源から入手したデータを使用する。ある種のデータ、ヒト被験者の機密記録といったデータは学者によって管理されるが公開され得ない。権利に関する方針は、機関、資金提供機関、契約、法制、その他の要因によって変わり得る。

　スーバーの二つ目の原則は、学術的な著者は雑誌論文および他の多くの形式の出版物を、収益のためではなく影響力のために執筆するというものである。学者、その雇用主、そしてその資金提供者は、出版物を可能な限り広範に流通させたいという意欲を持っている。このいずれの状況もたいていのデータには当てはまらない。雑誌論文は読者への供給のためにパッケージ化されているが、データは学術活動のプロセスから切り離すのが難しい。データの公開には、多くの場合、研究実施と公表物の執筆に対するかなりの投資が求められる。データは、研究生活の過程全般を通して蓄積される貴重な資産であり、仮に公開する場合でも注意深く行われるべきである。

　データに対するオープンアクセスのガバナンスモデルは、4 章と 10 章でより詳しく論じるようにせいぜい発生期の段階である。RCUK の方針が引用したように、「自由に利用可能（freely accessible）」は、1 章で引用したストールマンの金言に倣えば、無料のビールではなく言論の自由という意味に近いようである。いかなるコモンズに関しても取り組むべき重要な問題は、公平性、効率性、持続可能性である（Hess and Ostrom 2007a）。少数の分野だけが、データの受入、管理、アクセス提供のためのリポジトリ活用を通じて公平性と効率性を処理する方法を見出した。分野によっては私的な交換で十分である。他の分野は研究図書館の支援を頼りにしようとしている。いずれの場合も、持続可能性が問題である。長期間の資金供与を受けているリポジトリもあるが、その他は短期間のみである。誰に対しても無料でデータを提供するリポジトリもあるが、その他は資金提供を行っているコンソーシアムのメンバーのみにデータを提供している。8 章で論じるように、私的交換あるいは研究チームのウェブサイト上での公表によって共有されるデータは、短期間のみ利用可能であるかもしれない。

　したがって、オープンデータは学術文献に対するオープンアクセスとは実質的に異なる。データが「オープン」であることが何を意味するかについての意

見の一致はほとんどない。ピーター・マレイ‐ラスト（Peter Murray-Rust）とヘンリー・ラーズパ（Henry Rzepa）（Murray-Rust and Rzepa 2004）による最も古い構想は、その後の考え方のほとんどを包含している。二人の化学者とも、自由なアクセスと構造化データをマイニングする能力に関心があった。分子のような実体がアルゴリズムによってその構造を特定できるような方式で表現されれば、マイニング、抽出、操作のためのデータとして有用となる。それらの同じ分子がテキストファイル中にイメージとしてのみ表現される場合は、その構造を特定するためには人間の眼が必要である。オープンデータは、彼らの用語では「デーチュメント（datument）」であるが、コンピュータで読めるよう構造化され、自由にアクセスできるデータである。

　マレイ‐ラスト等は後に、オープン知識財団（Open Knowledge Foundation）の後援の下、オープンデータの簡明な法的定義を整備した。それは「誰もが最大でも帰属表示（attribute）および／または継承（share alike）だけで、自由に利用、再利用、再配布できる場合、一まとまりのデータまたはコンテンツはオープンである」というものである（Open Data Commons 2013）。ビジネスの文脈では、「オープンデータ：機械可読の情報、特に政府機関のデータで、他者が利用可能となっている」（Manyika et al. 2013）と定義はより曖昧である。*OECD Principles and Guidelines for Access to Research Data from Public Funding*（Organization for Economic Co-operation and Development 2007）では、8章で説明するように、13の原則の観点からデータへのオープンアクセスをまとめている。英国王立協会の *Science as an Open Enterprise* という報告書（Boulton et al. 2012, 14）では、オープンデータを「知的開放性（intelligent openness）の基準に適合するデータ。データは、アクセス可能、利用可能、理解可能でなければならない」と定義している。生物医学のデータへの影響としては、費用と便益のトレードオフ、データ公開の契機と時期、データの品質保証の手段、含めるデータの範囲、機密保持、プライバシー、セキュリティ、知的財産権、裁判管轄権等が挙げられる（Boulton et al. 2011）。

　オープン化はデータ作成の容易化をもたらすことができる。例えば、テキストへのオープンアクセスは、それらのテキスト中の実体をデータとして扱うことを可能にする。テキストマイニングの技術を用いて、特定の分子、天体、人

物、場所、出来事、あるいはその他の実体を記述しているすべての論文または図書を見つけることが可能となる。公表文献のデータベース、データアーカイブ、デジタル化図書のコレクションは、データマイニングの観点からは良く似たものになりつつある（Bourne et al. 2011; Bourne 2005; Crane 2006; Murray-Rust et al. 2004）。しかし、4章で検討するように、それらは知的財産権の観点からはかなり異なるものである。

　オープンデータはまた、その記述対象のオブジェクトがオープンであるかどうかにかかわらず、研究オブジェクトの表現をデータとして扱う能力を含むことがある。一つの例は、出版物、データセット、その他のコンテンツに対するオープン・タグまたは注釈（annotation）の作成である。注釈および書誌は記述対象のアイテムに価値を付加し、それらの発見可能性を高める。注釈の共有に対する関心は電子図書館研究の初期に生じ、方式の競合および注釈システムの相互運用性に向けた標準化作業をもたらした（Foster and Moreau 2006; Hunter 2009; Phelps and Wilensky 1997, 2000）。Procite、BiblioLink、Ref-Works、EndNote といった初期の個人的な書誌管理ツールは単著論文および手元にあるファイルに基礎を置いていた。2000 年代初めまでに、個人が Delicious や Flickr といったソーシャルネットワーク上でタグを共有するために、ウェブサイト、イメージ、出版物やデータにタグや注釈を付与することを始めた。2000 年代後半までには、個人書誌管理とオープンな注釈付与が合流した。Zotero、Mendeley、LibraryThing やその他のツールは、書誌、タグ、メモの共有を可能にしている。オープンな書誌の動きは、国立図書館がオープン利用に向けた目録レコードの公開を開始したことで大きく勢いづいた（Open Bibliography and Open Bibliographic Data 2013）。より多くの書誌レコードがオープンに利用可能になるに従って、それらはマイニング対象のデータとして扱われ得る。注釈ツールはますます多様なデータのタイプをサポートしている（Agosti and Ferro 2007; Das et al. 2009; Kurtz and Bollen 2010; Renear and Palmer 2009; Rodriguez, Bollen, and Van de Sompel 2007）。

オープン技術
　オープンな学問は、閉じられた世界からオープンなネットワークと技術への

40 数年にわたる移行の一部である。インターネットの起源および軌跡の歴史は、この移行の物語である（Abbate 1999; Goldsmith and Wu 2006; Kraut et al. 2002; Levien et al. 2005; MacLean 2004; O'Brien 2004; Odlyzko 2000; National Research Council 2001; Zittrain 2005）。コンピュータネットワークは、研究と軍事目的に役立てるために政府による資金提供を受けて発展したと一般に認められている。1960 年代後半の最初のネットワークの国際相互接続から 1990 年代初めの政策転換まで、インターネットは政府契約によって研究、高等教育、軍事のコミュニティにのみ利用可能とされた。これらは、全米研究教育ネットワーク（National Research and Education Networks; NRENs）として知られるようになった。当初は高価なコンピュータ利用をネットワーク上で共有するために整備されたが、インターネットの可能性は電子メール、ファイル転送等の機能を含み拡大した。Telenet や Tymnet といった並列の民間パケット交換ネットワークが、ビジネス活動および書誌データベースのような新たな情報サービスを支援して、民間企業に生活必需品としての通信をもたらした（Borgman, Moghdam, and Corbett 1984; Borgman 2000）。

　1993 年から 1994 年の政策転換は、*全米情報基盤*と*地球情報基盤*の名の下で、政府と民間の相互接続を可能にした。これが生活必需品としてのインターネットの始まりであり、通信ネットワークの政府所有あるいは保護されたシステムから商業的運営への転換であった。インターネットは、相互接続および政府機関および民間企業による一様のサービス提供に「オープン」であると宣言された。ネットワークのオープン化は、最初のワールドワイドウェブと最初のブラウザによるインターフェースと同時に生じた。その後の 20 年間に、インターネットの技術、能力、利用者コミュニティは、当初の設計者の途方もない予想さえも超えたものに成長した。しかし、新たなビジネスモデルは利害関係者のバランスの中で変化し、セキュリティとプライバシーの予期せぬ課題が、インフラの再設計の一つの要因となっている。

　オープンなネットワーク上でのデータの移動は、受入済みのデータを利用できることとは異なる事柄である。デジタル形式のデータや表現は、適切な技術を伴う場合にのみ読解可能である。デジタルのデータセットを解釈するためには、センサネットワークや研究室のコンピュータといったデータの生成に用い

られたハードウェア、画像処理や統計ツールといったデータのコード化または分析に用いられたソフトウェア、データをまとめるために必要な手順や専門知識について、たくさんのことがわかっていなければならない。技術は、特に研究環境においてはきわめて急速に進化する。多くの機器が、商用ソフトウェアでのみ読み取り可能なデータを生成している。そうしたデータの利用または再利用には、ソフトウェアの適正バージョンとおそらくはその機器の利用が必要である。多くの分析ツールは非公開であるため、取得時点でデータがどの程度オープンであるかに関係なく、データ分析から専用フォーマットのデータセットがもたらされる可能性がある。研究者はしばしば独自のツールを構築したり、目前の問題を解決するために独自のコードを作成したりしている。その場でしか使用できないコードや装置は、短期的には効率的な活動ではあるが、長期的にはきわめて維持が難しい。そうした構築物は、ソフトウェア工学の業界標準に添うことはめったにない。独自のツールは柔軟で融通が利くが、多くの場合異なる現場や状況をまたぐ可搬性が犠牲となる（Easterbrook and Johns 2009; Edwards et al. 2013; Segal 2005, 2009）。

　データの公開性、標準化、技術の程度が、ツール間、研究室間、パートナー間での、そして時間を超えてのデータ交換の可能性に影響を与える。標準はコミュニティ内での情報の流れを向上させるだけでなく、コミュニティ間に境界を作り出すことがある。そうした境界の形成および革新の阻害は、時期尚早もしくは不適切である可能性がある。システムとサービスの技術的な相互運用性は、長い間電子図書館とソフトウェア技術の至高の目標であった。相互運用性は、ある種のデータと利害関係者の参入を許し、他者を排除する。政策、実践、標準、ビジネスモデル、そして既得権は多くの場合、技術それ自体よりも、相互運用性のより大きな決定要因である（Brown and Marsden 2013; Busch 2013; DeNardis 2011; Lampland and Star 2009; Libicki 1995; Palfrey and Gasser 2012）。

コミュニケーションの集中

　企業、政府、学問において一様に、公式、非公式のコミュニケーションが一

点に集まっている。会社が業界に留まるためには、大通りに事務所を構え日刊紙に載るだけでは、もはや充分ではない。現在、企業はワールドワイドウェブ、ソーシャルネットワーク、ブログやマイクロブログ、ビデオ・チャンネルでの存在感も必要である。政府機関は首都や個別の地域の市民が利用可能でなければならない。デジタル政府の成長に伴い、政府機関はオンラインでも利用可能で、24 時間年中無休の公共サービスを提供しなければならなくなっている。同様に、研究者は専門分野の論文を通してだけでなく、ウェブページ、プレプリントサーバ、データアーカイブ、機関リポジトリ、スライドや図表のアーカイブ、ブログやマイクロブログ、ソーシャルネットワーク、その他のメディアが考案されるにつれ、それらを介して影響力を発揮している。新たな技術はコミュニケーションの新たな手段を助長するだけでなく、既存のモデルを不安定にもする。古いモデルが新たなモデルの上に位置付けられる中で、メタファー（隠喩）は拡大の限界にまで達しているのかもしれない。

データのメタファー

　学術コミュニケーションで出版物とデータが果たす役割は、「データ出版（publishing data）」「出版データ（data publication）」といったメタファーに融合されている。こうしたメタファーにおける単純化は、三つ目の挑戦的課題で述べたように、学術コミュニケーションの新たなモデルに危険をもたらしている。

　厳密に言えば、出版とは「公にすること」を意味し、したがってたくさんの行動が出版として解釈され得る。しかし、学問の文脈では、出版は (1) 正当化 (legitimization)、(2) 頒布 (dissemination)、(3) アクセス、保存、キュレーションの三つの一般的な目的を果たしている (Borgman 2007)。第一の機能は通常、ピアレビューによって達成される。出版の定点は、通常は記録版の資料 (the document of record) であるが、コミュニティによる品質と信用の証印を与え、正当化のプロセスを明示する。引用は、研究の正当化の記録として出版の単位となる。研究はそれが他者に伝えられる場合にのみ存在するのであるから、頒布機能はきわめて重要である (Meadows 1974, 1998)。出版者は研究を、雑誌、図書、会議録、その他の形式で頒布する。著者は、出版物を仲間に配布

し、投稿し、講演、ブログ、SNS その他で言及することで、自らの著作を広める。第三の機能は、著作を入手可能、発見可能とし、確実に保存し、そして一般的には長期にわたって確実に管理することである。後者の機能は、著者、出版者、図書館の共同責任と見なされる傾向にある。出版は、雇用、昇進、その他の報奨のための評価の主たる形式であるので、学者は著作を公表するよう動機付けされている。

データ出版のメタファーは、雑誌や図書の出版との類似という狭い意味での用語の使用の場合のみ適切である。例えば、経済協力開発機構（Organisation for Economic Co-operation and Development; OECD）は、国内総生産、雇用、所得、人口、労働、教育、貿易、金融、物価その他の広範囲の国別統計、国際統計を出版している。さまざまな政府機関は国勢調査および同様の統計を出版している。学術の世界の外部では、データの出版は物語風ではなく、リスト、ファクト、あるいは宣伝から成る資料の頒布のことを指すのかもしれない。データ出版というある会社は、1986 年以来、地域の電話番号や同種の情報を掲載したディレクトリを発行し続けてきた（Data Publishing 2013）。

そうした狭義の使用を超えたところで、データ出版のメタファーは破綻を来している。ほとんどの場合、データ出版は個々の雑誌論文に関連付けられたデータの公開を指す。データは論文に添付されても良いが、それらが単独でピアレビューを受けることはめったに無い。データは評価が難しいからである。この意味でのデータ出版では、多くの場合データは一つの単位として出版されるのではなく、アーカイブにデポジットされ、論文にリンクされる。データセットは発見可能とされキュレートとされるかもしれないが、それは独立した実体として流通するのではなく、また雑誌論文のような自己記述的な方式でもない。データ出版では著者のウェブサイトにデータを掲載することも可能であるが、この場合は出版の三つの機能のどれもうまく機能しない。少数ではあるが、データ出版がデータを収集し、それらを他者に利用可能とするアーカイブを指す例もある（PANGAEA: Data Publisher for Earth & Environmental Science 2013）。発見とキュレーションは達成されるかもしれないが、ピアレビューと頒布はほとんどのデータアーカイブでは中心活動でない。

このメタファーの選択の根拠は、研究者がいかにして論文を出版し引用して

いるかについての理解しやすさにある。この主張に内在するのは、理解しやすさがデータ公開を促すだろうというということである（Crosas et al. 2013; Klump et al. 2006; Lawrence et al. 2011; Murphy 2013; Parsons and Fox 2013）。事実としてたびたび引用されるが、データ引用がデータ公開の動機となることに関する証拠はほとんどない。データ出版のメタファーは、現在のビジネスモデルを拡張し、提供の単位としてデータをパッケージ化しようという出版者の利益をも促進する。

　反対意見はたくさんあるが、データ出版のメタファーは生き残っている。雑誌論文と共に「あなたのデータを公開しなさい」という呼び掛けは、論文とデータセット間の1対1のリンクを実現するため危険を伴う。1対1の関係が存在し、それらのデータセットに基づいて論文の再現が期待される領域では、マッピングはコミュニティの利益に役立つかもしれない。しかし、9章で検討するように、そうした領域はほとんど無くごく稀である。1対1のマッピングを有効とするためには、データセットのピアレビュー、リポジトリの利用可能性、リンキングを容易にする雑誌の方針および技術、そして再現のためのハードウェア、ソフトウェア、その他の装置を含む、より大規模な知識インフラによる支援がなければならない。

　雑誌論文とデータセットの間の1対1のマッピングは、出版物とデータの多くの潜在的な関係の一つにすぎない。多くの場合、関係は多対多である。ある出版物に関連するデータと情報資源の全範囲は、間違いなく特定が不可能である。発見と再現を支援する範囲では直接リンクが有用であるが、1対1のリンクを要求する構造は他の目的のためのデータセットの発見と再利用の能力を制限する。オープンデータの動きは、多くの資源からのデータの収集と比較の能力に基礎を置いており、そのためにオープンな技術が必要である。

　しかし、データ出版はマーク・パーソンズ（Mark Parsons）とピーター・フォックス（Peter Fox）（Parsons and Fox 2013）が特定し、そのすべてに問題があり不完全であるとしたデータ管理業務の五つのメタファーの一つである。彼らの二つ目のメタファーは、天文学、気候科学、高エネルギー物理学、その他同様の領域と関連する産業生産と産業文化に言及した「ビッグデータ」あるいは「ビッグアイアン」である。ビッグアイアンは、品質保証、データの簡略

58　　第I部　データと学問

化、バージョン管理、データとメタデータの標準、高い処理能力に関わっている。「科学支援」は三つ目のファクターであり、データと科学の分離あるいはデータ収集者とキュレーターの分離が難しいに違いないフィールド生態学の領域を指している。四つ目のメタファーである「マップ作成（map making）」は、気象モデル、土地利用、サーベイや他の多くの目的に不可欠な地理空間データを指している。これらのデータは、レイヤーにまとめられ、論文や会議論文ではなく地図として公開される。

　「リンクトデータ」は彼らの最後のメタファーである。データセットと出版物をリンクする方式である一方で、それはデータ、出版物、書類の関連ユニットを集めるより大規模な動きの一部である。リンクトデータの考え方はセマンティックウェブの基礎である。有効とするためには、壮大な組織化モデルに依拠し、グランドオントロジーと標準に関する合意が必要である。オープンデータはこの世界観の中心であるが、保存、キュレーション、品質保証は高い優先順位にはない。

データの単位

　データに関連するメタファーは、頒布、引用、利用あるいはキュレートするに相応しい単位に関する前提を単純化する。データは、ピクセル、フォトン（光子）、文字、ストローク（ペンや筆等の動き）、文字、単語、スプレッドシートのセル、データセット、データアーカイブを問わず、いずれの大きさの単位でも表現され得る。データセットという単語でさえも問題がある。それは、少なくとも四つの共通のテーマである、グループ化、コンテンツ、近縁性、目的を指し、その各々が複数のカテゴリを持つ（Renear, Sacchi, and Wickett 2010）。数バイトから大量のテラバイトとサイズに幅があるデータセットは、独立したオブジェクトとして扱い得る。相応しい単位は、意図する利用次第である。比較とマイニングのために多くの単位のデータを集積することが有用である場合もある。また、より大規模な情報源の一部を抽出することが有用である場合もある。

　図書および雑誌論文は、かつて簡便なコミュニケーションの単位としてのみ存在したが、現在ではより小さな単位に分割され得るようになっている。検索

エンジンは、編集スタッフによって注意深く組み立てられた雑誌の号の一部ではなく、独立した実体として論文を検索する。それらの論文では、表、図、データセットが独自の識別子を持つこともあり、研究方法、理論、結論という文脈から独立的に切り離されて検索され得る。図書、雑誌、その他のテキストの形式は、単語、句、文字列で検索可能な単位あるいはデータ集合として扱い得る。

　出版物のような公式なコミュニケーションとプレゼンテーションや会話のような非公式なコミュニケーションの境界は、学術コンテンツがより細かな粒度になりデータとして扱われるようになるに従って不鮮明に成り続けている。雑誌論文、プレプリント、草稿、ブログへのポスト、スライド、表、図、講演のビデオ、ツイート、Facebook や LinkedIn のポスト、そしてその他の数えきれないほどの実体は独立に流布され得る。スライドや図の公的リポジトリ、あるいは商業的リポジトリであっても、他所では簡単に公開できない有用な実体を受け入れているので、そのデポジットと利用の容易さで人気がある。デジタルオブジェクトを結合しリンクする柔軟性は、新たな形式のコミュニケーションを促進している。例えば、雑誌が（デジタル形式であっても）カラーの図を掲載するためにかなりの額のページチャージを要求する場合に、著者は雑誌論文と共にグレースケール版だけを掲載し、フルカラーの図を他所にデポジットまたは投稿しても良い。カラーイメージは知見の説明に必要であるため、これらの著者は少なくとも短期的に、読者に届けるための手頃な費用の手段を選択するのである。こうしたコンテンツの中には存続するものもあるが、ほとんどはそうならないだろう。リンクは早期にそして多くの場合途切れるからである。

　非集積問題に対する通常の対応は、要素間の本来の関係の再構築と新たな集約の形成の両方のためにコンテンツを再集積させることである。リンクトデータ方式は、論文、データ、資料、プロトコル、プレプリント、プレゼンテーションその他の単位を接続することで、学識の価値連鎖の再構築のために用いることができる。この方式は、容易にネットワーク化される単位には向いているが、システムおよびサービスにまたがった資源をリンクするための包括的な解決策ではない（Bechhofer et al. 2013; Goble, De Roure, and Bechhofer 2013; Pepe et al. 2010; Van de Sompel et al. 2012）。同様に、オープンな文献のデータマイニ

ングによって、テキスト、表、図の中にデータを特定できるかもしれない。ただし、補足資料（supplemental materials）あるいはアーカイブではそうはいかないだろう。非集積、再集積、引用、出版単位の問題の解決のためには複数の方式が必要である（Bourne et al. 2011; Parsons and Fox 2013; Uhlir 2012）。

記録版の資料

学術コミュニケーションは断片化、分散化され、新たな方式で再集積される一方で、証拠となる記録の維持はより困難になる。被引用オブジェクトは消え、リンクは壊れ、検索アルゴリズムは特許で保護された秘密として進化する。データは複数の文脈で複数の目的に役立てられ得るので、出版物よりもさらに安定性に欠ける。出版物は、長い期間を経た発展の後、場所と時が固定された単位である。出版の時点で、デジタルオブジェクト識別子（DOI）、巻号とページ付け、あるいは他の記載であれ、著作には固有で永続的な識別子が付与される。永続的な識別子が付与されることで、一まとまりのデータが時、版、形式に固定されるはずである。どんな単位が証拠として役に立つ痕跡となるのかという疑問が、立ちはだかっている。

資料の版の増殖という問題は決して新たなものではない。*New York Times* のような大手新聞は、一日を通して複数の版を出版している。印刷体の世界では「都市最新版（late city edition）」が記録版の資料と見なされていた。デジタルの世界では、*New York Times* は地域、国、国際の読者向けの複数の印刷版とデジタル版で存在している。個々の記事は絶えず変化する可能性がある。

印刷体の世界では、記録版の資料は雑誌の号、会議録、出版された図書であり、通常は明確である。資料がひとたび印刷体として出版されれば、それらは出版されたもののままであった。引用記述は、その著作の刊行版に対して為される。読者はこれらの引用記述を追うことで、その著作の安定したコピーを何年か後になったとしても、図書館、同僚、あるいは書店から入手できることを理解し、アイデアや証拠の流れを辿ることができる。雑誌論文は現在では、例え印刷されるにしても、オンライン版が印刷出版よりも数週間あるいは数ヶ月早く登場する。最近まで、オンライン版はプレビューと見なされ、印刷版が参照されるべき記録版の資料であった。オンライン版が記録版の資料となり、

3章　データの学問　　61

DOI が急速に巻号やページ付けの参照に取って代わりつつある。

データは、静的な形式の雑誌論文よりも優れた動的な性質を活かす方式で流通され得る。例えば、*Journal of Visualized Experiments* は、実験がどのように行われたかを示すビデオを伴った実験のピアレビュー付きレポートを掲載している（*JoVE: Peer Reviewed Scientific Video Journal* 2013）。著者は、読者が論文内で天文学のデータモデルを回転できるようにする 3D PDF といった対話的な可視化を用いて出版を拡張している（Goodman et al. 2009）。他にも多くの同様の実験が進行中である（De La Flor et al. 2010; Dutton and Jeffreys 2010; Wouters et al. 2012）。

研究方法と知見は、雑誌と図書という公式な出版以外の手段でも流通させることができる。例えば、短いビデオは研究室の手法を示すのに人気のある方法である。他の概念は描画とナレーションで説明できる。プロテオーム[2]、*微分方程式、計量経済学、または間テクスト性*[3] に関するビデオサイトの検索から多数の無料の録画が見つかり、その中には 50 万回も閲覧されたものもある。著者は自らの作品を宣伝するために、読者は新たなアイデア、知見、スキルを学ぶために、ソーシャルメディアを用いている。ツイートとブログ記事は学術コンテンツの重要な報知サービスとなった。*Science* は毎年、博士号取得候補者が自らの学位論文を表現する短い音楽ビデオを投稿する *Dance Your PhD* という人気のあるコンテストを運営している（Bohannon 2013a）。これらの情報源は、現在の学術出版の末端に位置するものかもしれないが、研究者が研究生活を営む知識インフラの重要な部分を占めるようになりつつある。

まとめ

データと学問はお互いに切り離せない。両者は知識インフラとして最も良く理解される複雑な生態系の中で共存している。知識インフラは、研究と技術の進展、政策の転換、利害関係者の関心の再調整が進む中で、絶え間ない変動の

---

2) 訳注：ゲノムの各遺伝子に対応するすべてのタンパク質を指す。
3) 訳注：テクストの意味を他のテクストとの関連によって見つけ出すこと。

過程にある。知識インフラは長い時間の中で適応し、進化した。同様に、知識
インフラに対する社会的、技術的影響も切り離せない。学者は複数の重なり合
うコミュニティのメンバーであり、それぞれのコミュニティには独自の方法、
文化、実践、知識表現手段がある。共有の表現手段がデータや他の情報源の共
有を促進するが、コミュニティ間の境界も形成する。

　学問は多くの点でよりオープンになりつつある。しかし、それぞれのオープ
ン化の状況から、コミュニケーションおよびデータ等の情報源の交換における
新たな障害が明らかになっている。何かがオープンであることが何を意味する
かに関する合意の欠如は、何らかの実体、方針、技術、またはサービスがオー
プンと見なされるたくさんの方法と、それぞれの酌量すべき状況の故である。
公式、非公式の学術コミュニケーションがある点では収束し、別の点では拡散
している。学術出版のメタファーは、データに当てはめても機能しない。コミ
ュニケーション単位の微粒子化は、新たな方法で知識を集約および分解する機
会を提供するが、学問の証拠となる記録として何に価値を置くべきか、何を信
頼すべきか、何をキュレートするか、そして何を捨てるべきかに関する伝統的
な理解の土台を弱体化させている。

3章　データの学問　　63

4章

データの多様性

はじめに

　学術的探求における理論、方法、文化、課題の多様性を前提にすれば、同じようにデータが多様であることは驚くことではない。有効な知識インフラとは、共通の基盤に立脚し、可能な限り特有の方法と要件を支援し、それが適切な場合、コミュニティ、文脈、時間を超えてデータ、方法、ツール、技術および理論の移転を容易にするものである。可能な限り最善の世界では、研究者は広い範囲の専門領域で知識インフラを利用できる。

　物理学に対して有効であることが、文献学ではそうでないかもしれない。その逆も同じであろう。専門領域は、データの量、多様性、速度（Laney 2001）、そして種類、共有と再利用の文化、出版物やデータに対する著者性と責任の付与基準をはじめ多くの点で異なる。どんなデータがどのように収集、管理、利用、解釈、公開、再利用、寄託、キュレートされているか等、データに関連する活動の綿密な分析によって、ばらつきの範囲、分野間に共通する方式、大がかりな局所的適応が必要な方式、移転の機会を特定できる。多くの場合、最も変革力のある研究は、他の領域の方法を取り入れたものである。専門知識やアイデアを得るためにコミュニティの内部を探す人も外部を探す人もいる。キャリア全般を通じて研究方法は比較的変化が少ないかもしれないし、あるいは継続的に新たなデータ、ツール、課題、機会、制約に適応していくかもしれない。学問の宇宙の予想しない片隅で変革が生じるが、同じく停滞も生じる。1章の挑戦的課題は、領域や他の要因によって変化する。本章では、この後の三つの章の科学、社会科学、人文学における事例に適用するモデルを構築

64　　第Ⅰ部　データと学問

し、第Ⅲ部におけるデータ政策と実践の比較分析の基盤を提供する。

学問領域とデータ

　データに関連する活動は、学術的活動の他の局面でもそうであるように大きく異なる。研究の実施方法は深い専門知識と経験を基礎に、キャリア全般を通じて獲得される。理論、課題、方法、資源が、問題を処理するためのデータの選択に影響する。反対に、何かをデータとして利用できることの認識が、課題の追跡や方法の適用に影響する。多くの場合、こうした選択は明確に表現することが難しい暗黙知および想定に基づく。

　学問領域は、完璧には程遠いにしても、データに関する活動の違いを分類する都合の良い方法である。科学、社会科学、人文学の間の境界は穴だらけで不自然である。人間の活動に関する大まかな分類はどれも困難に満ちているが、議論をまとめるためには何らかのグループ化が必要である。領域の差異を表す多くの分類が存在するが、そのいずれも幅広い合意を得ているわけではない。研究方法に関する一般的な二分法として、基礎 vs 応用、仮説駆動型 vs 発見駆動型、演繹的 vs 帰納的、理論的 vs 実証的がある。科学政策においてこれらの表現が広く用いられているにもかかわらず、16、17 世紀のフランシス・ベーコン（Francis Bacon）の時代から異論が多い。

　ドナルド・ストークス（Donald Stokes）（Stokes 1997）は、西洋における研究活動の起源を研究し、そうした分類を扱うさまざまな方法と、時間および他の条件の変化の中で基礎 vs 応用といった区分が研究における役割と共に、どのように変更されたかを明らかにした。彼は、研究は基礎的理解の探求なのかどうか、研究者は知見の応用を考えているのかどうかを問う。両方の質問に対する答えがイエスであるとき、その研究はストークスが「パスツールの象限」と名付けた「利用を動機とする基礎研究」に分類できる。ルイ・パスツール（Louis Pasteur）は発酵プロセスの基礎的理解と共に、それがミルクの腐敗防止に応用できるかに関心を抱いた。ニールス・ボーア（Niels Bohr）に代表される純粋な基礎研究は、知識がどのように利用されるかを考えずに行う基礎的理解の探求である。トーマス・エジソン（Thomas Edison）は、利用を深く考

慮するが基礎的理解はあまり考慮しない、純粋な応用研究の典型例である。ストークスが説明するように（Stokes 1997, 74-75）、両方の質問に対する答えがノーである四つ目の象限は空っぽではない。研究者は単純に関心を抱いているだけで、応用と基礎理論のどちらからも刺激を受けないかもしれない。四つ目の象限はデータが持つ一時的な特性を考えるととりわけ興味深い。例えば、作成時点では活用あるいは理論を欠いている鳥類や蝶類の野外観察図鑑は、後に気候変動の貴重な記録となったのである。

　チャングリン・クワ（Chunglin Kwa）（Kwa 2011）は、科学的推論の歴史を西洋の伝統をはるかに超えて、ギリシャ語やラテン語の一次資料にまで遡っている。アリステア・クロムビー（Alistair Crombie）（Crombie 1994）の業績を踏まえて、クワは演繹的、実証的、仮説的・類推的、分類学的、統計的、進化論的という六つの明確に異なるスタイルを調査している。エリック・T・メイヤー（Eric T. Meyer）とラルフ・シュレーダー（Ralph Schroeder）（Meyer and Schroeder 2014）は、e リサーチの方法をクワ（とクロムビー）の認識スタイルと比較している。また、彼らはリチャード・ホイットリー（Richard Whitley）（Whitley 2000）の科学における社会組織モデルを学問領域全般での e リサーチに応用している。ホイットリーの次元は、相互依存性と課題の不確定性である。資源の集合と支配構造の形式化を求める相互依存性が高い分野もあるが、こうした支配構造をあまり必要としない低い分野もある。相互依存性は課題の不確定性と相互に作用する。その次元が低い（すなわち、不確定性が高い）高エネルギー物理学のような領域では運営のために総合的な一体化した官僚制度が整備されている。

　トーマス・クーン（Thomas Kuhn）（Kuhn 1962, 1970）は、どの課題が研究に値するかに関するコミュニティ内の合意の程度について同様の議論を行った。トニー・ベッカー（Tony Becher）（Becher 1989, 1994）は、科学および学術全般に対する「ハード」と「ソフト」の研究方法を区別する一人である。彼はアンソニー・ビッグラン（Anthony Biglan）（Biglan 1973）とデービッド・コルブ（David A. Kolb）（Kolb 1981）の業績の上に、純理論と応用というさらなる二分法を行い、ストークスとホイットリーのそれに類似する 2×2 モデルを提示している。ハード－純理論の象限は自然科学における抽象－内省の研究方法にあ

66　　第 I 部　データと学問

たり、ソフト−純理論の象限は人文学と社会科学の具体−内省モードである。そして、ハード−応用は科学的基礎に基づく専門的職業の抽象−活動、ソフト−応用は社会的な専門的職業に見られる具体−活動である。これらのすべてのモデルが各分野の広範囲な実証研究に基づくものであるが、それぞれが複雑で多様なコミュニティの取り組みを少数の単純な要素に変換しようとしている（Furner 2010）。

社会科学と人文学の研究スタイルは、科学の場合よりもこの種の関心をあまり集めてこなかった。科学的アプローチに対応する象限は、特に科学に隣接する量的な領域に関して、社会科学にも適応可能である。理論と解釈は、人文学および人文学に隣接する社会科学の分野によく見受けられる条件である。これらの領域では、課題の不確定性が高く、共有の資源（shared resources）は少ない。人文学の研究者は単独で仕事を行う可能性が最も高く、相互依存の度合いは低い。これらすべての活動が分散型の技術の進展と共に変化しつつある。チームはより大きくなり、より多くの共有の資源が整備され、仕事はより組織化されるようになっている（Beaulieu, de Rijcke, and van Heur 2012; Burdick et al. 2012; Friedlander 2009; Meyer and Schroeder 2014; Unsworth et al. 2006; Wouters et al. 2012）。

サイズ問題

ビッグデータは1章で説明したように、絶対量ではなく規模の問題である。そして、データの規模の違いはどんな実体がデータとなるか、適用される方法、探求の形式、そして研究の目標や目的に影響を与える。プライス（Price 1963）の用語のビッグサイエンスは、大規模な分散型チーム、国際連携、大規模なデータコレクション、大規模な計測施設に象徴される成熟した科学である。リトルサイエンス、スモールサイエンス、あるいはスモールスカラーシップはそれ以外のすべてを指す。

しかし、中間的な位置が最も興味深いものとなることもある。事例研究から明らかであるように、ビッグサイエンスまたはリトルサイエンスの厳密な境界内では、どの分野も単独では機能しない。大規模なデータコレクション、共有

の機器、国際的連携、精緻な運営体制を有する分野にも、個々の研究者が決して共有の資源の一部とはならない局所的なデータコレクションを収集および維持する一連の活動がある。同様に、一人で活動する研究者が他の研究者によって集められた大規模なデータコレクションに頼ることもある。

データがその量、規模、または目的で異なる次元は、どんな実体がデータとなるか、データに関連する活動、データの表現方法、そしてデータがどのように公開され再利用されるかによって影響を受ける。規範や象徴、仲介者、ルーティン、基準、有形物といった制度的要素も重要となり得る（Mayernik, in press）。量の次元は分野あるいは領域とは無関係で、プロジェクトの目標、データ収集の手段、分析方法といった他の事項と相互に作用する。それらは、どこに移転するのが適切／不適切か、知識インフラへの投資がどこに必要かに関する指標となり得る。

プロジェクトの目標

研究プロジェクトの目標が、求められる証拠の範囲に影響を与える。例えば、研究者は探索的調査のために、多くの場合は柔軟な方式で、特定の出来事あるいは現象を記述する小規模な一連のデータセットの収集を望むかもしれない。もし目標がシステム全体のモデル化にあれば、一貫した大容量のデータのコレクションが必要である。最初に問いを立てる時点では、研究者には多くの可能なデータソースが開かれている。多くの場合、研究者が課題を狭めるにつれ、データコレクションの範囲も縮小される。

天候・気候データは、データコレクションの範囲が研究目標によってどれだけ異なるのかの例である。天候データは、気温、降雨、降雪、雲、風、暴風、その他の事象の短期的予測を目的に収集される局所的観測データである。十日以上を超える天候予測はおおよそ信頼できない。同じ場所、同じ機器、一定間隔で、定められた手順に従って採取されたならば、天候データの局所的な気象学的測定は時を超えて一貫するだろう。しかし、ある場所で採取された局所的データは必ずしも他の場所の局所的データと調和しない。なぜなら、データ収集のために各々が異なる機器や手順を使用しているかもしれないからである。

気候科学では天候予測と対照的に、長期間にわたって広範囲の地点で採取さ

れた観測データが求められる。気候データは、衛星観測あるいは複数の天候データを基に体系的に収集されるかもしれない。そうした気候データは、地球の気候を研究するための物理プロセスへの入力として使用される。同じ観測データが、それぞれが異なる研究チームによって整備され、それぞれ独自のパラメータ群と理論を持つ複数のモデルへの入力となる可能性がある。ポール・エドワーズ（Paul Edwards）（Edwards 2010）は、気候科学に必要な一貫したデータコレクションをもたらした国際協定の実現のための1世紀にわたる科学的、技術的、社会的、政治的な取り組みについて総合的な説明を提供している。現在、これらのデータは、暴風、洪水、干ばつその他の国際的境界を超える気候パターンの予測に用いられている。

　気候モデルは完成には程遠いが、局所的および地球規模の関心が結局一つに収束する範囲内での成功事例となっている（Edwards 2013）。ただし、失敗は成功に比べてあまり記述されないため、収束が一般的となっているわけではないようである。例えば、デービッド・リブ（David Ribes）とトーマス・フィンホルト（Thomas Finholt）（Ribes and Finholt 2009）は、四つの大規模科学インフラの長期的開発に緊張関係を確認している。当初は、特に外部からは、これらのインフラのいずれもが共通の目標を持っているように見えた。連携の進行につれ、最終目標、意欲、利用者コミュニティ、技術、その他の要素の差異が次第に明らかとなった。環境工学、水文学、公共政策、建築、都市計画といった分野における研究方法の根本的な違いを前提にすると、気候変動の時代における重要な主題である水に関するデータの調整には、とりわけ問題が多い。目標の違いは、応用 vs 基礎的理解、一時的要因、標準 vs 相互運用性、局所的文脈といったストークスの次元に起因すると考えられる（Jackson and Buyuktur 2014; Jackson et al. 2011; Jackson 2006; Lampland and Star 2009; Ribes and Finholt 2009; Ribes and Jackson 2013）。

データの収集

　観測、記録、その他の実体がデータとなるかどうかは、部分的には誰がどのようにそれらを収集するかの関数である。ビッグデータは通常、望遠鏡機器によって捉えられた大量の光子あるいはセンサネットワークによる水質指標の離

散サンプリングのように、機械によって収集されたデータである。技術の開発には多年にわたる作業が注がれるかもしれないが、一度その技術が開発されれば大量かつ高速のデータが産み出される。これらは、工業生産とエンジニアリング文化を特徴とする、パーソンズとフォックス（Parsons and Fox 2013）の「ビッグアイアン」メタファーのデータである。個人や小規模なチームも、ソーシャルネットワークあるいはセンサネットワークからビッグデータを収集することができる。もう一方の端は職人的なデータ収集で、かなりの工芸的な知識を必要とする。これらには、手作業で集められ、希釈され、遠心分離にかけられ、培養され、数えられた水や土のサンプルが含まれる（Wallis, Rolando, and Borgman 2013）。特定の場所の職人的データは、それを収集したチームによってその場で保持される傾向にある。データがビッグであれリトルであれ、データの収集、利用、解釈は通常、当該分野の専門知識に強く依存する（Beaulieu, de Rijcke, and van Heur 2012; Collins and Evans 2007）。

　データ収集の方法は、データ交換の誘因と能力の重要な決定要因に成り得る。ステファン・ヒルガートナー（Stephan Hilgartner）とシェリー・I・ブラント‐ラウフ（Sherry I. Brandt-Rauf）（Hilgartner and Brandt-Rauf 1994）は、技術の入手可能性とそれによる競争力を区別している。彼らの連続体は、新たな技術が特別なスキルを備えた者によってのみ適用される「魔法の手」から、標準化されたキットとしての技術の販売が十分に日常化される「キット」の範囲に及ぶ。「標準プロトコル」は連続体の中間に位置する。個々の研究室内の一つひとつの技術が魔法の手からキットに進化する可能性がある。サラ・M・プリチャード（Sarah M. Pritchard）、ラリー・カーヴァー（Larry Carver）、スミティ・アナンド（Smiti Anand）（Pritchard, Carver, and Anand 2004）は、人々は分野ではなくデータ収集活動の周りに群がることを見出した。工業的な、標準化された、あるいはキットによる方法で作成されたデータは、職人的な方法や魔法の手から得られたデータよりも記録が容易である。

　3章で見たように、データの単位およびその公開との関係も、何をデータとするか、そして収集されるデータ量に影響を与える。一日の現地調査によって、数本の論文のために十分なデータが産み出されるかもしれない。ある場合には、1本の雑誌論文が多年にわたるデータ収集に相当するかもしれない。一

つの大規模なデータセットが、単独であれ他の証拠資料と組み合わせてであれ、複数の研究課題のために分析されるかもしれない。アーカイブ中のメモは、詳しく調査すべき少数のデータポイントまたは長年にわたる証拠をもたらすかもしれない。研究者はキャリア全般を通じて、ある現場、種、コミュニティ、あるいは貴重な写本に関するデータを積み重ねるかもしれない。現地調査拠点であれアーカイブであれ、一つの調査旅行がちょうど一つの文献を生み出すことはめったにない。データが貴重な場合、「最小限出版単位」「最小出版単位」「最低出版単位」のようにさまざまな用語で呼ばれる複数の論文に切り分けられる可能性が高い。こうした方式は、ときには「サラミ・スライシング」として言及される（Owen 2004）。

　研究者あるいはチームによるデータコレクションの管理の程度も、移転と再利用に関わる活動、意欲、制約に影響を与える。リポジトリその他の情報資源からデータを取り出す際に、研究者はどのようにしてデータが収集されたかを知るための説明書の入手可能性を当てにしなければならない。データコレクションは、面接調査担当者の雇用あるいはクラウドソーシングによって、外部委託が可能である。後者に関し、研究者は鳥、侵入生物種や他の現象を見つけるボランティアを訓練する方法を見つけた。ウェブサイトや携帯端末用アプリケーションといった道具が提供され、データ収集は専門家によって監督され、検証される（eBird 2013; "What's Invasive!" 2010）。データ収集として一般化可能な方式ではないにしても、クラウドソーシングでは興味を持つ市民の参加によって大量のデータを収集可能である。

データの分析
　分析段階のデータ、および収集、分析、解釈の繰り返しへの投資も、データがいかに容易に利用、再利用、交換、キュレートされるかの決定要因である。データの中には最小限の介入で有用となるものもあるが、その他はかなりのクリーニング、校正その他の対応を必要とする。何をどのようになぜ収集するかの初期の決定は、その後のプロセスに伝達される。葉の採寸や地理空間、時間のパラメータの付与（例. 採取した正確な場所と時間）といった測定は、直接的であるかもしれない。硝酸塩の種類を表すセンサーの電圧量のように、解釈の

ためにモデルが必要な、間接的な場合もある。機械のタイプに関する情報、その校正、データ収集の時間・日付・場所、それにサンプルが捕捉された方法は、どのデータポイントの解釈にも必要であろう。データは分析され、直ちに文書化され、永続的な記録となるかもしれない。後の分析のために積み重ねられるものもあるかもしれない。サンプルの中には、数時間内に死ぬ原生動物を含んだ水のサンプルのように脆弱なものもある。また、パーチメント上のテキストのように、数百年にわたって比較的安定的に生き残るものもある。

　データ分析の実際は、プロジェクトの目標、応用または理論に対する関心、ツール、専門知識、インフラの入手可能性、および他の多くの要素の関数である。細心の注意を払って整頓された家庭を維持する者もあれば混沌の中で幸せに暮らす者もいるように、研究者にはデータ収集と分析に関しきわめてさまざまな個々の習慣がある。データを迅速に、直接に、可能な限り完全に整理する者もいる。一方では、データの塊に取り掛かる前に、数日、数ヶ月、あるいは数年にわたってデータを積み上げる者もいる。収集と分析の各段階で分析メモを作成する者も、事後に評価を行う者もいる。比較分析や長期分析を容易にする一貫性のある活動を促すために、研究室あるいはチームのために明確な計画と手順を定める者もいる。一方では、各チームメンバーが共同研究にもたらすたくさんの専門知識を十分に引き出すため、より柔軟性を好む者もいる。データに関する活動はコミュニティごとに集団を形成するかもしれないが、データの扱いの詳細はたくさんのデータそれ自体と同様に多様である（Bowker 2005; Edwards et al. 2011; Jackson et al. 2011; Mayernik 2011, in press; Wallis 2012）。

　一般化はできないが、Zooniverse の例のように、ある種のデータ分析はクラウドソース化が可能である。この組織は、データの分類または解釈にコンピュータによる方法が相応しくなく、最小限の訓練と領域に関する専門知識が求められ、そして対象が少数のパラメータで分類可能なプロジェクトを支援する。最近のプロジェクトとしては、参加者による火星の気象の分類、古い航海記録からの気象データの書き起こし、鯨の会話の観察、癌のデータの分析等がある。ゲームのようなインターフェースは、人々がこれらの研究プロジェクトに時間を提供するのを後押ししている。2014 年初めの時点で、百万以上の人々が Zooniverse のメンバーになっている。データは分類のために複数のボ

ランティアに送られる。それぞれの分類の正確さと共に、各ボランティアの速度と正確さが評価される（Zooniverse 2014）。

いつデータが？

　ものごとがデータに変わるのは、決して魔法の瞬間ではない。一般にそこには、研究者が観測、オブジェクト、記録、または他の実体が現象の証拠として活用され得ることを認識し、そしてそうした実体をデータとして収集、受入、説明、分析、解釈を行うプロセスが含まれる。単純な例が、ものごとがデータに変わる多くの地点を説明するのに役立つだろう。ある研究者は、公園が子どもの行動を研究するのに適した場所であると考えを決めた。その研究者は公園を訪れ、子どもが遊び場を駆け回るのを観察する。研究課題、研究対象の現象、理論的枠組み、研究方法、研究目標に従って、観察の多くの異なる点がデータとなるだろう。研究者は、年齢、健康状態、活動のタイプを見定めるために子どもの足取りを観察しているのかもしれない。走りの始点と終点が興味深いかもしれない。子どもは両親や世話をしてくれる人の間で、目的もなく走って現れたのか？　あるいは他の子ども達と一緒なのか？　子どもは一人離れて遊んでいるのか、または他の人と接触しているのか？　研究者は、分析の単位としての個々の子ども、子どもと親の組み合わせ、または子どもグループに関する観察データを集めるかもしれない。

　研究者がそれぞれ異なる利用者層を持つ多くの異なる公園における行動を比較するとしたら、公園も分析の単位になるだろう。あるいは、研究者は一つの場所で長期の民族誌的調査を行うかもしれない。日時、周辺地域の社会経済的データ、公園までの移動手段、天候データ、あるいは大気汚染または花粉のレベルといった文脈情報が収集されてもよい。

　調査テーマについて何がわかっているか、および子どもの観察のために得た同意の程度に応じて、子どもの活動の観察は、多くの異なる方法で記録できるだろう。研究者が目立たない場所のベンチに一人で座り、静かに紙にメモを採ることも考えられる。研究者が参加者のインフォームドコンセントを得ているのであれば、より詳細な情報が集められるかもしれない。複数の観察者がいる

かもしれない。遊び場にはカメラ、マイク、他のセンサが設置されるかもしれない。参加者は、自分達の行動、動きのパターン、心拍数等の記録を収集するためのセンサさえも装着するかもしれない。研究者は、遊び場での活動の前後に子どもとその世話をしている人にインタビューを行うこともあるだろう。

　研究者による公園での子どもの観察のどの要素がデータにあたるのか？　3章で紹介したように、観察がデータとして扱われるには、何らかの方法で表現されなければならない。人間の観察者は子どもの行動を心の目で捉え、紙またはコンピュータにそれらを存在として記録する。それらは、叙述的メモ、スケッチ、入園者の表、あるいは他の形式の表現であろう。それらは、分析ツールに直接入力、または後の入力のために転記されるかもしれない。参加者にインタビューが行われたとしたら、応答がメモと組み合わされるだろう。公園と観察時の状況に関する文脈情報が、スプレッドシートあるいは統計パッケージに入力されるかもしれない。子どもの活動の音声および動画の記録が、場所、日時、光源レベル、その他のパラメータに関する何らかの自動タグ付けと共にデジタル表現で保存されるかもしれない。さらに、個々の参加者に関する他の記録と一致させるために動画を手作業で分割することもあるだろう。これらの表現は、研究の目的に従ってさまざまな方法で分析され得る。子ども毎、二人一組の対毎、公園毎の活動の詳細なモデルが編集されるかもしれない。あるいは、分析は活動の集合グループや大きなパターンを対象とするかもしれない。いかなる場合でも、観察は選択的であり、特定の研究のための関心事の詳細を記録し他を切り捨てることになる。

　したがって、研究の文脈のさまざまな要素が、何がデータとなるか、そしてそれらのデータがどのように記録され、表現されるかに影響を与える。知識とデータの関係はさまざまな方法で分けることができる（Furner 2010）。ものごとがいつどのようにデータになるかに影響を与える因子は、以下の章における事例研究を類型化する二つの一般的区分に分割することができる。一つ目は、研究者とデータの起源との距離の考慮である。この区分には、情報源と情報資源、メタデータ、来歴が含まれる。二つ目はデータに成るものへの一連の外部からの影響であり、経済と価値、財産権、倫理にグループ化される。

距離の問題

　データの起源から利用までの距離は、さまざまな方法で計測され得る。時間、文脈、方法、理論、言語、専門知識が重要と成り得る。協力者間の地理的距離も、データの共有、解釈、利用の能力に大きく影響する（Cummings et al. 2008; Hollan and Stornetta 1992; Olson and Olson 2000）。起源は同様に問題のある用語であるが、ここでは誰かが何かをデータとして扱った最初の時点を言う。起源と距離は、表現と再利用の重要な因子になる。

　これらの次元のいずれかで研究者の研究がデータの起源に近ければ近いほど、その解釈において公式な知識表現に頼る可能性は低くなるだろう。一方の端は、コミュニティまたは現象の調査にキャリアを費やす民族誌学者のように、自らのデータと個人的で緊密な関係を持つ研究者である。公園での子どもの行動を研究する単独の研究者は、彼女の手書きノートだけから雑誌論文を執筆できるかもしれないが、それらのノートを他人が別の目的で解釈できる方式では決して提示しないだろう。

　もう一方の端は、他者が収集したデータセットだけで作業を行う研究者である。こうしたデータセットは、多くの場合長期間にわたってたくさんの情報源から編集されたきわめて大規模なデータセットである。市、郡あるいは国の公園における行動を地図上に位置付ける人口統計学者は、おそらくはさまざまな目的で、さまざまな人々や機関によって記録されたデータの表現を頼りにしなければならない。人口統計学者も他のビッグデータ・アナリストも、データがいつ、どのように、なぜ収集されたのかについて詳細な知識を持たない。これらのデータのその後の利用者は、データの説明または記入、デジタル形式で読み込むためのソフトウェアの入手可能性、およびその他の文書を頼りにしなければならない。新たな解釈と誤解釈の両方の可能性が大きい。

情報源と情報資源　研究者は時には自らデータを収集し、時には現象に関する既存のデータを受け入れ、そして頻繁に新たなデータと古いデータを結合する。ここで情報源と情報資源として構成された新たなデータと既存のデータの違いは、どのようにデータを管理するか、文脈や時を超えてどのようにデータを移転するか、どのデータが保存に値するかの査定方法を検討するときに役立

4章　データの多様性　　75

つ。情報源は、特定のプロジェクトにおいて研究者に端を発するデータである。情報資源は、あるプロジェクトのために再利用される既存のデータである。情報源と情報資源の区別は『オックスフォード英語大辞典』の使用法に従っており、別のところで詳細に整理している（Borgman 2007）。

　研究者は、他の情報資源から入手するデータよりも自ら生成する情報源をより厳重に管理する。情報源は通常、少なくともデータが寄託されるまでは、生成した個人または研究チームによって管理される。研究者が自らが管理しない情報資源を利用する場合、他者の個人的なデータセット、データアーカイブ、草稿、ソーシャルネットワークのフィード、政府記録のいずれであれ、それらの情報資源へのアクセスおよびそこからもたらされるデータの公開、発表、再利用の権利については、他の団体に依存することになる。

　特定の研究の試みにとって、あるものが情報源なのか情報資源なのかは、それらのデータがどのように使われているか次第である。天文学者が天空を調査する場合、特定の時間帯の間、特定の装置で特定の地域の観測を行えるよう望遠鏡を使用する。一連の観測のいずれもが固有で独自のデータの源泉である。他の研究者が天文学アーカイブのデータを再利用する場合は、彼らはそれらのデータを情報資源として扱っている。

　研究目的以外で作成された記録も情報資源と見なされることがある。例えば、公園の近隣の人口学的情報、天候の記録、日々の汚染や花粉の記録は、公園での活動を研究する者にとって情報資源である。同様に、時の経過の中での言語の変化を調査する研究者は、歴史的な写本を情報資源として頼るかもしれない。それらの写本は、同時代の人々とアイデアをやり取りするために書かれたものである。それらをテキスト研究のための情報資源として扱うのは現在の研究者である。しかし、現代の研究者は、手書きパターンのコード化または光学的文字認識アルゴリズムを用いた歴史資料からのテキスト抽出等によって、以前には捕捉され得なかった情報の捕捉によって新たな情報源を構築することもできる。

メタデータ　ジョフリー・C・ボーカー（Geoffrey C. Bowker）とスーザン・リー・スター（Susan Leigh Star）（Bowker and Star 1999, 1）が「分類とその帰

結」の問題についてまとめたように、「分類は人間的な作業である」。人々は各自の世界を、ファイル名、フォルダ、色付きステッカー、書架、台所戸棚、紙やその他のメディアの棚、そして数えきれない程の他の手段によって分類している。分類の最初の一歩は、通常、物事に名前をつけることである。ひとたび名前を付与されれば、それらの分類はさまざまな程度の形式化で、階層、ネットワーク、グラフ、または他の関係性として組織化され得る。そうしたデータやデータ間の関係性に対する名前の選択は、データの発見、交換およびキュレーションの能力に顕著な影響を与える。「データに関するデータ」として最も単純に定義されるメタデータは、ものごとに名前を与え、データを表現し、そして関係を表現する手段である。

定義と発見　メタデータの定義の多様さは、そのさまざまな利用の現れである。標準化コミュニティにおける一般的定義は「メタデータとは、記述、説明、場所の特定、あるいは別の方法により情報資源の探索、利用または管理を容易にする構造化された情報」（National Information Standards Organization 2004, 1）である。NISO は、記述的、構造的、管理的というメタデータの三つの主要なタイプを区別する。最後のタイプには二つのサブタイプ、権利処理と保存のメタデータがある。同様の類型化が、アーカイブのコミュニティで行われている。管理的、記述的、保存、技術的、利用の各メタデータである。技術メタデータには、ハードウェア・ソフトウェアの説明、認証データ、その他のシステム特有の情報が含まれる。利用メタデータには、利用および利用者の追跡、コンテンツの再利用、バージョン管理が含まれる（Gilliland 2008; Gilliland-Swetland 1998）。目録規則、索引、シソーラスといった図書館における組織化の方法は、上記の意味合いでは記述メタデータである。ただし、図書館の実務ではさらに記述目録と主題目録を区別している（Svenonius 2000）。科学のメタデータを評価する数ある方法の中で、スキームの抽象化、スキームの拡張性・柔軟性・モジュール性、包括性と充足性、単純さ、データのやり取りまたは交換、データの探索、データのアーカイビング、データ出版の要件が重要である（Willis, Greenberg, and White 2012）。

　情報の特定の構成単位がデータなのかメタデータなのかは、多くの場合、何

4章　データの多様性　　77

がどんな目的で記述されているかに拠る。書誌レコードは、記述対象である図書、雑誌論文、学会発表論文、その他の資料のメタデータである。一方、書誌レコードは、誰が誰を引用しているかを表すソーシャルネットワーク研究のデータとして、そして長期にわたる分野をまたいだアイデアの移転に関する学術コミュニケーション研究のデータとしても扱うことができる（Borgman and Furner 2002; Borgman 1990）。ある人にとってのデータは、別の人にはメタデータであり、その逆も真である。

　データとメタデータの区別は、2013年における米国国家安全保障局からの機密扱いファイルの漏洩という最も暴露的なニュースにも見られた（"The NSA Files" 2013）。国家安全保障局が法律に則って、電話通話の内容に関する情報を集めたり、令状なしに顧客の氏名や住所を入手できない一方で、彼らは自分達がメタデータと呼ぶ「それぞれの通話の発信者と受信者の電話番号、関連する電話の固有のシリアルナンバー、各通話の時間と長さ、そして可能であれば通話が生じた際のそれぞれの参加者の位置」に関するデータを集めることができ、実際にそうしている（Ball 2013）。米国政府の法律家達は、これらの項目を手紙の封筒に書かれた情報と同等と見なしてきた。この法律的見解において、それらはメタデータであるかもしれないが、これら一連の情報は誰が、いつ、誰に、どこから、どこへ、どれくらいの時間、通話を行っているかを具体化するデータとして機能し得る。世論はこれらを個人情報と見なしており、データとメタデータの法的な区別は、監視下にある者に対してはあまり説得力が無い（Gallagher 2013）。

　メタデータの形式と作成手段は、さまざまな程度でデータ収集の方法と繋がっている。データがコンピュータ技術によって収集または生成される場合、メタデータが自動的に生成されるかもしれない。例として、電話の通話記録、クレジットカードの取引記録、科学機器の出力が挙げられる。自動化メタデータは、探索、加工、ライセンスの追跡を容易にするために、音声ファイル、ビデオファイル、テキストファイル、画像ファイルに組み込まれる（"Embedded Metadata Initiative" 2013）。例えば、画像やビデオの共有サイトは、アップロードされたファイルのタグ付けと地理位置情報の付与を行うために、こうしたメタデータを使用する。iPhotoのようなメディア管理ソフトウェアでは、タ

イムスタンプ、日付、場所、顔の表情、カメラの露光量、その他の情報をオブジェクトにタグ付けをするために利用している。研究データの分析ツールは、消費財やソーシャルメディア向けのツール程には、自動化メタデータを広範に活用するには至っていない。

　データが人手で収集される場合、メタデータの生成は、研究者が実際の水のサンプルあるいは現地の土壌の収集および検査を行った際の日付、時間、手順、結果を記録する場合のように、通常は人手によるプロセスである。しかし、自動化された手段でデータを収集する場合でも、望遠鏡であれオンライン調査であれ、人手によるある程度の量のメタデータ生成が必要になるだろう。担当の研究スタッフは、気候条件、機器の影響、ソフトウェアのエラーといったデータの解釈に必要な文脈情報の記録の責任を担うかもしれない。研究者は、サーベイの項目に変数名を割り当て、スプレッドシートの行と列にラベルを付ける。デジタル化テキストを有効に活用するために、人間の読み手はしばしば、章、節、段落、名称、場所、その他の単位にタグを付けないではいられない。研究オブジェクトに関する重要な情報は、有形なものであれデジタルであれ、対象それ自体の一部ではないかもしれない。年代や状態にもよるが、印刷図書は著者、日付、出版者情報を欠いているかもしれない。その図書の所有者、印刷業者、製本業者、傍注の書き手の特定も、その由来を究明するのに必要かもしれない。貴重書の目録作成者は、こうした対象に対して信頼できるメタデータを作成するために、広範囲に検索を行う。

　自動的あるいは手作業のいずれの方法で作成されたにせよ、メタデータは、表現される対象の存在を他者が発見できる手段である。また、他者がデータを一致、比較、区別する手段でもあるかもしれない。メタデータは、データの新たな文脈での利用や再利用、新たな技術や形式への移行、長期にわたるキュレーションの中での表現の追加によって、累加的であり得る。メタデータは、表現対象のデータよりも多量になることがある。

コミュニティと標準　メタデータは、データの命名法や記述方法の公式化と標準化によって、情報源と情報資源の距離を埋める可能性を持つ。コミュニティがシソーラス、タクソノミー、オントロジー、あるいは知識の組織化のための

同種の仕組みを整備する場合には、事物の区分の存在およびそれらの区分間の関係について合意を交わしている。研究チーム内の局所的利用においては、データセットの分析と知見の報告のために数十の用語や関係の単純なオントロジーで十分かもしれない。データを交換する大規模なコミュニティ間での全般的利用においては、さらに精緻なオントロジーが求められる。例えば生物科学では、有機体の分類がメタデータに欠かせない。米国国立医学図書館の国立生物科学情報センター（National Center for Biotechnology Information）のタクソノミー・データベースは正式に命名された23万以上の種に関する記述を含む（ただし、データベースのコンテンツは、記述された地球上の生命体の種の約10%に相当するに過ぎない）（Bard 2013; "Taxonomy Database" 2013）。生物科学の個々の領域はそれぞれ独自の分類法を整備してきたが、それらの内のますます多くが、オープンで相互運用可能な情報資源として利用可能になっている（"Open Biological and Biomedical Ontologies" 2013）。しかし、それらには必ずしも互換性は無い。多くの競合的なオントロジーの存在は、研究分野内および研究分野間の深い溝を示唆している（Bowker 2005; Hine 2008）。

　オントロジー、タクソノミー、シソーラスといった分類の仕組みや、天文学におけるFITS（Flexible Image Transport System）ファイル、社会科学のDDI（Data Documentation Initiative）、人文学のTEI（Text Encoding Initiative）（これらはすべて事例研究で扱う）といったメタデータ構造は、コミュニティ内の相互運用性を促進する。事物やカテゴリ間の関係への命名法への合意によって、研究者は複数の情報源からデータを発見し、取り出し、統合することができる。同じ理由で、これらの仕組みは互換性の無いメタデータスキーマを持つ領域間に軋轢を生じさせる。キイロショウジョウバエはたくさんの異なる目的のために研究されているため、個々の研究者コミュニティによって多数の互換性の無い分類が開発された。これらの仕組みのうちの幾つかのルーツは、20世紀初頭におけるコミュニティの会報を通じたショウジョウバエのデータの交換に遡る（Kelty 2012）。他のメタデータレイヤーはこれらのメタデータスキームを橋渡しするために出現した。例えば、OpenFlyDataは、多数のシステムにまたがるこの生物の遺伝子発現データを統合するための概念実証提案である（Miles et al. 2010）。

科学の多くの領域におけるメタデータスキーマの成熟にもかかわらず、他の領域ではメタデータの計画を欠くか、または計画が存在しても広範には導入されていない（Bowker 2005; Mayernik 2011; Wallis, Rolando, and Borgman 2013）。コレクションへのメタデータ標準の展開の度合いが、データの研究、情報源、参照コレクションを見分ける性質の一つである（National Science Board 2005）。デジタル・キュレーション・センターは、科学、社会科学、人文学の個々の分野で整備されたメタデータ仕様の広範な目録を維持している。デジタル・キュレーション・センターの情報資源も、メタデータ仕様、プロファイル、用途、関連ソフトウェア別に整理されている（Digital Curation Centre 2013）。個々の研究者やコミュニティによるメタデータへの投資は、彼らがデータとして貴重と見なすものの指標である。しかし、その逆は必ずしも成り立たない。流通と利用を制限する多くの貴重なデータには、あまりたくさんのメタデータは作成されないからである（Mayernik 2011）。メタデータは、個人が自らのデータセットの記述に努力を傾注する場合でも、あるいはコミュニティが分類スキーマの開発と維持に投資する場合でも、作成に高い費用を要することがある。これらは静的な情報資源ではない。言葉の変化や研究の最前線の進歩に沿って、継続的に改訂され、適応されなければならない。メタデータスキーマの維持は、多くの場合、学問の成功に不可欠な人目につかない作業であるが、外的な評価を受けることはほとんどない（Borgman 2003; Star and Strauss 1999）。

全般的には標準が、そしてとりわけ情報規格が、解決するのと同じくらいに問題をもたらしているのではないかという話題はたくさんある。ボーカーとスターの *Sorting Things Out*（1999）には、分類に関する政治の例がたくさんある。病気のタクソノミーは医学知識よりも、医師と看護師の権力関係や治療に請求され得る料金をより多く扱っている。公的記録における死因は、多くの場合複数の原因が関わることを前提とすると、社会的に受け入れられる死の形態に対する医師の選択を反映しているかもしれない。自殺や梅毒は容易に、脳卒中、心不全、あるいはことによると肺炎によるものとされ得る。国によっては、心臓障害よりも胃の病気での死の方が受け入れられやすい（Bowker and Star 1999）。即時に「実行可能な（doable）」仕事としての要求で作成される出

生証明書も同様に疑わしい（Pine, Wolf, and Mazmanian 2014）。どんな知識の組織化の仕組みの背後にも、どのデータおよびメタデータが作成され、そして利用されるようになるのかに関する暗黙の、公開されない仮定がある。データやメタデータが他の目的のために、他の文脈で、そして時間を置いて利用される場合、それらの仮定の記録は存在しないか、または見つけることができない。出生、死亡、婚姻、海の魚の数の統計はすべて不安定な足場に基礎を置いているが、公共政策や研究の最前線はそれらに頼っている。同じことが、すべての形式のデータとメタデータにも当てはまる。メタデータは、データの発見、解釈、利用に必要であるが、注意深く取り扱われなければならない。リブとスティーブン・ジャクソン（Steve Jackson）（Ribes and Jackson 2013）が適切に表現しているように「データは人にかみつく（Data bite man）」のだ。

来歴　メタデータはデータのたくさんの要素を表すことができる。知識インフラに対して特に重要な要素は、データがどこで生成され、そこからどこであれ現在の場所にどのように辿り着いたかを表す能力である。博物館やアーカイブで一般に使われる意味での来歴は、オブジェクトの一連の連続的な履歴である。博物館が真正性を評価する一つの方法は、所有または管理の記録を用いることである。連続的な記録がそのオブジェクトの起源に遡って存在する場合、内容はその通りである可能性が高い。一連の管理の記録、オブジェクトが作成され後に修正された記録、あるいはそれが利用された文化的文脈の記録といった、さまざまな来歴の繋がりが重要となることがある（Contadini 2010）。

　メタデータと比べ、来歴はより狭い意味とより広い意味の両方を持つ。この用語は、起源または何かの源を意味する 18 世紀のフランス語から取り入れられた。『オックスフォード英語大辞典』に拠れば、それは単に何かの起源または履歴に関する事実とその記録の証拠書類を意味する。狭義には、来歴はデータの起源を記述するメタデータの一つとすることができる。デジタルオブジェクトが法的記録や科学的記録に成るにつれて、来歴という考え方が理論と実践の面で拡大した。ワールドワイドウェブ上の来歴には、オブジェクトの帰属、責任を有する者、起源、長期にわたりオブジェクトに適用された一連の行為、バージョン管理が含まれる（Moreau 2010; "Provenance XG Final Report" 2010）。

例えば、データセットの来歴を確定する能力は、結果が信頼できるか、再現可能であるか、証拠能力があるかどうか、あるいは誰にクレジットを付与するかに影響を与える（Buneman, Khanna, and Wang-Chiew 2001; Moreau et al. 2008）。データの引用の議論の中で重要であるのは、来歴をより良く記録することである（Uhlir 2012）。同様に、研究ワークフローの保存に関する議論は、より良い来歴記録の必要性に基づいている（Gamble and Goble 2011）。

博物館で彫刻の真正性を評価するために来歴情報を用いるのと全く同様に、研究者はデータセットの真正性、信頼性、実用性を評価するために来歴情報を利用することができる。公園での子どもの観察、あるいはキイロショウジョウバエの遺伝子表現、データセットに対して行った変換、データセットのクリーニングや整理のための基準、各段階で適用したソフトウェアルーチン、知見の再現または解釈のために必要な他の情報の記録のいずれであれ、来歴記録はデータが収集された手順を記録しても良い。研究者がデータの元々の情報源から離れれば離れるほど、再利用は来歴情報の入手可能性により強く依存する。来歴はまた、さまざまな情報源からのデータを結合する場合に決定的に重要となり得る。それぞれのデータセットの来歴が、利用、分析、信用に関する判断に影響を与えるだろう。ライセンス設定および他の権利情報は、何を、いつ、どのように、どんな帰属関係で利用し得るのかを見極めるために必要とされるだろう。

外部からの影響

研究者は、自らが活動する知識インフラの機会や制約の中で、何をデータとして利用するのかについて選択する。彼らは、パングロス博士のように可能な限り最善の世界に存在したいと望むかもしれないが、キャンディードのように現実世界の外部からの影響に立ち向かわなければならない（Voltaire 1759）。こうした影響は、何がデータになり得るか、そしてどんなデータが文脈や長い時間を超えて伝達され得るかに関して、強力な効果を与え得る。技術、政策、研究者の相互作用が進む中で、個々の利害関係者の力関係も変わる。社会的規範、市場、法律、技術アーキテクチャ、ソフトウェアコードは、絶え間なく調整され続ける（Lessig 2004）。

経済と価値　データはさまざまな種類の価値を持つが、その数あるうちの一つが金銭上の価値である。研究データの経済の大局的分析が強く求められているが、それは本書の範囲を大きく超えるものである。ここでの議論の目的のためには、2章で紹介したように、研究データはコモンズの情報資源として考えると最も良く理解できる。データは明らかに「社会的ジレンマに直面している人々の集団に共有される資源」というコモンズの定義の範囲に収まる（Hess and Ostrom 2007b, 3）。コモンズは、コストや所有による制約を受けない空間ではなく、管理される対象の共有の資源である。コモンズと生産物の市場モデルは共存するが、通常そのバランスが問題である。同様に、コモンズ方式の結果は、善と悪のどちらにもなり得る（Bollier 2007; Disco and Kranakis 2013; Hess and Ostrom 2007b）。ヘス（Charlotte Hess）とオストロム（Elinor Ostrom）による総称としてのコモンズの使用法に従って、この議論では共有の資源としてのコモンズのシステムと財産権制度を結合する。競争とフリー・ライディングは、すべての利益が共有されないためにしばしば生じる社会的ジレンマである。知識コモンズにとっての脅威としては、商品化、劣化、それに持続可能性の欠如等があげられる。知識コモンズの文脈での知識は、「表現または獲得の形式を問わない、すべての明瞭なアイデア、情報、データ」として定義される（Hess and Ostrom 2007b, 7）。

　学術文献の商品化と図書館向けの価格の急速な上昇は、オープンアクセス活動の要因の一つであった。デジタル情報源が広く供給され始めるにつれ、また知的財産権制度がより制限的になるにつれ、1990 年代半ばにコモンズ論による分析に拍車がかかった。共有の学術情報資源が 1980 年代後半までにとても高価になり、アクセス不足により活用されない可能性が高まった。同様の懸念が、オープンデータの動きに影響を与えているように見える。デジタルデータは壊れやすく、失われやすく、持続可能性は達成し難い。ヒトゲノムから公共空間の地図に至るまで、商品として管理される共有の資源としては、データはあまりに貴重なのではないかという懸念が生じている。

　ギャレット・ハーディン（Garrett Hardin）（Hardin 1968）のメタファーである「コモンズの悲劇」は、彼の仮説と結論に挑戦した多くの研究よりもずっと良く知られている。コモンズは、基本的原則が守られれば、複数の競合する利

害関係者によって運営され得る。しかし、これらの原則はいかなる型通りの規則にも変換できない。ガバナンスは利害関係者間の継続的な交渉プロセスなのである（Hess and Ostrom 2007b; Ostrom and Hess 2007）。今は、データの知識コモンズを精査し始めて間もない時期である。ワールド・データセンター（World Data Centers）は、以前には物々交換されていたデータの交換を公式化する方法として始まった。こうしたガバナンスモデルは成長を続けている（Hugo 2013; Shapley and Hart 1982）。生物科学その他のコミュニティは、大規模な参照データコレクションといったコモンズ情報源の運営について学習を続けている。

　情報の経済に関する幾つかの基本的原則が、研究データの価値について議論するために重要である。財は、二つの次元に沿って、単純な 2×2 の行列に分類することができる。一つ目の次元は、個人がその利用から排除され得る程度である。これは、排除が困難な夕焼け空といった純粋な公共財と、排除が容易な所有され得る物理的実体といった私的財との古典的な区別である。二つ目の次元は、控除可能性であり、競争性とも言う。控除可能性が高い（競争がある）場合、コンピュータあるいは自動車の所有のように、ある人の利用は他者の利用を減少させる。控除可能性が低い（競争がない）場合、雑誌の購読のように、ある人の利用は他者の利用を阻害しない（Hess and Ostrom 2007b, 8-9）。情報財の経済学的性質は、コンテンツと同じ程度そのパッケージングに依存する可能性がある。例えば、同じソフトウェアがオープンソースとして提供、または商品として販売され得る。同じ情報がデジタルファイルとして、または印刷本として流通し得る。そのファイルには競争性が無いが、物理的な図書は一度に一人しか所有したり読んだりできない（Disco and Kranakis 2013; Kelty 2008）。

　研究データは、表 4.1 のように、2×2 の行列中の四つのカテゴリのいずれかに分類される。排除が困難で控除可能性が低い公共財は、データの価値の議論において最も関心を集めた。データがその利用に対する最小限の制限で公開される場合、公共財として扱うことができる（Berman et al. 2010; David, den Besten, and Schroeder 2010; David 2004a; Guibault 2013; Murray-Rust et al. 2010; Pearson 2012; Wilbanks 2009, 2011）。

表 4.1 知識コモンズにおけるデータのタイプ

		控除可能性	
		低	高
排除可能性	困難	公共財 オープンデータ	共有資源 データリポジトリ
	容易	有料財またはクラブ財 購読方式のデータ	私的財 競争性のデータ、「生」データ

（出典）財のタイプのマトリックスの翻案（Hess and Ostrom 2007b, 9）を翻訳

　オストロム等は図書館を、控除可能性が高く排除が困難な共有資源（common-pool resources）のカテゴリに位置付けている（Hess and Ostrom 2007b; Ostrom and Ostrom 1977）。ほとんどのデータリポジトリはこのカテゴリに入る。それらは、コミュニティが共有コンテンツとしてそれらに投資しているので、そしてガバナンス（運営）が必要であるので、共有資源である。図書や雑誌のコストが上昇すれば囲い込みによって知識コモンズが脅かされ、公共財から私的財へと変わる。図書館はより少ない情報資源を受け入れるようになり、そうした情報資源へのアクセス提供能力はより限定的なものとなってしまうかもしれない。知識コモンズの成功は、囲い込みを制限する能力、排除を困難にする能力、そして有効なガバナンスモデルを維持する能力に掛かっている。図書館、アーカイブ、データリポジトリ、そしてその他の共有情報源は、フリーライダー、囲い込み、持続可能性の絶え間ない脅威の下にある（David 2003, 2004b; Disco and Kranakis 2013; Kranich 2004, 2007; Lessig 2001, 2004）。

　ヘスとオストロムは雑誌購読を、排除が容易で控除可能性が低い有料財あるいはクラブ財に入れている。有料雑誌の付録としてのみ入手可能なデータは、年間購読ベースでデータへのアクセスを提供するサービスと同様に、このカテゴリに入る。コンソーシアムの支払いメンバーのみが利用可能なデータリポジトリはクラブ財と考えることができる。また、ソーシャルメディアのフィードのようなデータも含まれる。最後の象限は排除が容易で控除可能性が高い私的財であり、ほとんどの経済分析では物質的な財または消費財で構成される（Hess and Ostrom 2007b; Ostrom and Ostrom 1977）。多くの形式のデータは、ソ

フトウェアのような「プラグアンドプレイ[1]」ではないため、私的財と見なすことができる。専門知識、装置、ソフトウェア、ハードウェアはデータに競争性を与え得る。

　可能な限り最良の世界では、デジタルデータは公共財と見えるかもしれない。ポール・ディビッド（Paul David）（David 2003, 4）は、経済財としてのデータ、情報、知識を説明する中で、アイデアを石炭ではなく火と同等視し、トマス・ジェファーソン（Thomas Jefferson）の1813年の「私からアイデアを受け取る者は、私のアイデアを減少させることなく、自分自身への指示を得る。私の元で自分のろうそくに火を灯す者は、私を暗くすることなく光を得る」という言葉を引用している。データはアイデアではないが、オリジナルを損なうことなく、デジタルオブジェクトの複数の完全なコピーを作成できる。しかし、データは排除が容易で控除可能性が高い場合、私的財になり得る。データの排他的制御によって、研究者、学者、機関、政府、あるいは企業は競争的優位を得る。例えば、創薬や臨床試験に関するデータへのアクセス制御は、どの企業が市場に先鞭をつけるかを決定する。こうした科学的、商業的価値を持つデータは、知識コモンズのガバナンスの最前線にある。大学、公的資金提供機関、創薬のパートナーの製薬企業はそれぞれの立場で、民間市場を保護しつつ、公共の利益のためにデータ公開する方法を協議している（Boulton 2012; Edwards et al. 2009; Edwards 2008a; Goldacre 2012; Thomas 2013）。

　研究データは、関連する専門知識と装置ゆえに、高い控除可能性を持つ傾向にある。専門知識を有し装置が利用可能なコミュニティ内部においてさえ、データはプレゼント交換文化の商品として扱われる可能性がある。データは、他のデータ、研究資金、あるいは社会資本と取り引きされたり物々交換されたりし得る（Hilgartner and Brandt-Rauf 1994; Lyman 1996; Wallis, Rolando, and Borgman 2013）。また、データは市場で取り引きされる商品ではなく、原材料として見るのが最適な場合もある。関連の専門知識と装置からデータを抽出するためには、説明、メタデータ、来歴にかなりの投資が必要である。データと共に

---

1)　訳注：ユーザが手動で設定作業をしなくても、システムが自動的に最適な設定を行う方式。

4章　データの多様性　　87

ソフトウェア、コード、スクリプト、その他のツールが公開される必要があるかもしれない。ここでは、データと説明の区別が重要である。交換されるのは説明であり、データを他の関係者に有用なものとするためには新たな説明が必要とされる可能性がある。

　したがって、これら四つのデータのカテゴリは、データの固有の性質ではなくその利用によって決定される。例えば、タンパク質のデータは、製薬企業によって管理される場合は私的財、購読費支払いによってのみ利用可能な雑誌論文に付加されている場合は有料財、タンパク質データバンクのようなデータリポジトリに寄与している場合は共有資源の一部、最小限のライセンスの制限でオープンデータとして公開されている場合は公共財となろう。

財産権　データは財産か？　法律家の返答は「条件次第」ということになるだろう。所有、管理、データ公開に適用される法律、政策、実践は、資金提供機関、政府組織、裁判管轄権によって異なる。財産法、知的財産法、データベース法、契約、規則は、研究者、法律家、図書館員、学生、立法者、一般市民を困惑させるやり方で撚り合わされている。財産権とデータの経済学は、研究政策の中で深く撚り合わされている（Dalrymple 2003; David and Spence 2003; David 2003; Esanu and Uhlir 2004; Scotchmer 2003; Uhlir 2007）。これらの要因のいずれもが、研究者がいつどのように何かをデータとして扱い得るかに影響を与える可能性を持つ。

　データが知的財産かどうかに関しては、多くの場合そのように扱われている。データが「オープン」と宣言されている場合でさえ、研究者、大学、その他の団体によってライセンスが設定されている（Ball 2012; Hirtle 2011; Korn and Oppenheim 2011; Wilbanks 2013）。所有、データ公開の権利、公開責任、データ公開の条件にまつわる混乱は、データの入手可能性に対する大きな制約である（David and Spence 2003; Erdos 2013a, 2013b）。少数の例が、データの収集または生成の際に生ずる財産権問題を説明するのに役立つだろう。研究者は、出版者のデータベースあるいはソーシャルネットワーク（例. Twitter、Facebook）から情報を受け取ることを望むかもしれない。この場合、それらを運営する企業との契約に明記された条件のもとで入手が可能かもしれない。研究者

が、ウェブサイトの「スクレイピング（scraping）」または他の自動的な手段で、API を通じてデータを取得するとしたら、その場合でもコンテンツは財産法の支配下にある。ただし、財産権の決定あるいは行使はより困難な可能性がある。同様の条件が、学区によって収集された生徒の成績データのような、公的機関からのデータにも当てはまるかもしれない。研究者は、利用者、利用期間、結果の公開方法、データの寄託または共有のための条件を規定する契約の下で、こうしたデータを利用する。

　出版物における資料の掲載（複製）は通常、権利者からの書面による許諾を必要とし、簡単ではないプロセスとなることがある。権利者を特定し、交渉し、許諾を受けたら、次いで著者は出版者のガイドラインと管轄区域の法律に従うことになる。規則は、テキスト、写真、イメージ、音声・ビデオの記録、その他のジャンルで異なるかもしれない。特定のタイプの資料の利用のためのガイドラインは有用ではあるが、技術は法律よりもずっと迅速に発展するので、明確な規則はありそうもない（Hirtle, Hudson, and Kenyon 2009; Visual Resources Association 2012）。

　研究者は、著作権が切れた古い資料だけで仕事をこなせるほど、財産権の制約から自由になっていない。オブジェクトの画像は、オブジェクトの著作権状況とは関係なく、著作権保護が可能な対象である。アーカイブや博物館は、所蔵する写本や他の特別コレクションのデジタル版を販売またはライセンスしても構わない。画家は絵画を美術館に売るが、その絵を複製する権利を保持し続けることもできる。オブジェクトの写真を出版するためには、著者はオブジェクトの所有者、写真家、さらに他の団体から許可を得る必要があるかもしれない。博物館はコレクション中の作品のイメージへのアクセスを制限してきたが、より多くのコンテンツをオープンアクセスで公開し始めている（Getty Research Institute 2013; Whalen 2009）。

　研究者にとって最も難しい一連の財産権問題に「孤児作品」がある。これは、著作権の状況が判定できない作品、または判定できたとしても所有者が特定または連絡できない、あるいは応答が無い場合である（Hirtle 2012; Society of American Archivists 2009; US Copyright Office 2006）。既知の図書全体の 75% が孤児作品の可能性があり（Grafton 2007）、Google Books の 3 分の 2 が孤児作

4章　データの多様性　　89

品と推定されている（Courant 2009; Lewis et al. 2010; Samuelson 2009a; 2010）。

　孤児作品は、稀少な情報資源が過度の知的財産権または特許権ゆえに十分に活用されない反コモンズの例である（Hess and Ostrom 2007a）。研究者は、興味ある資料からの再現、再利用、引用ができない場合、自らの一連の探求にあまり相応しくない資料の選択、あるいは探求の完全な断念を強いられるかもしれない（J. E. Cohen 2012; Lessig 2001, 2004; "Library Copyright Alliance" 2005）。気象データやキイロショウジョウバエの遺伝子のような共有資源として管理されているデータは、メンバーが利用を制限しようとする場合、あるいは管理規則を守ろうとしない場合、十分に活用されないことがある（Edwards 2013; Kelty 2012）。

　孤児作品問題に対する部分的な解決策は、デジタルドキュメントにコンピュータ可読の権利情報をメタデータとして埋め込むことである。財産権と権利情報が明確にされ得る範囲で、検索者（人間または機械のいずれでも）はその有用性の要件に見合うデジタルオブジェクトを見つけることができる。原則的には、研究者が制限なく利用可能なオブジェクト、利用できないオブジェクト、特定のライセンス条件で利用可能なオブジェクトを決定できる可能性がある。しかし、そうした技術的解決策には問題がある。権利情報のコード化は、当初に明白と考えられたよりもずっと難しい。最も広く利用されているオープンアクセス・ライセンスの形式であるクリエイティブ・コモンズ・ライセンスは、機械にも、人間にも、そして法律家にも可読であるように作られている（Creative Commons 2013）。利用の一般的カテゴリは識別可能であるが、オブジェクトの再利用は追加の条件次第である可能性がある。雑誌論文に対するオープンアクセスは、論文がさまざまな、そして矛盾する点でオープンにされ得るために、特定するのが難しい。料金なしに利用可能なものもあれば、構造化された検索可能なコンテンツもある。論文、図書、その他の著作物の中には、その全部の利用がライセンスされていることもあるが、部分集合の再利用だけを許し、そしてその各々が異なる帰属表示の要求をするものもあるだろう。知的財産権のライセンスの微粒子化は、「ライセンス・スタッキング」とも呼ばれるが、データの再利用に対し法的及び技術的障害を形成した（Houweling and Shaffer 2009）。事態をさらに複雑にしているのは、内容を求めてテキストを読

むことと、「著作に内在する創造的、表現的な目的に基づいて取引を行う」ことの無い索引作成や統計分析といった「非消尽的利用（non-consumptive use）」との区別である（Australian Law Reform Commission 2014）。非消尽的利用目的に対する知的財産法の例外措置は、Google Books 和解提案の際立った特徴であった（Samuelson 2009b）。

　研究者は、自らのデータの管理と公開、およびデータとして利用したいと望む材料へのアクセスにあたって、これらの財産権問題に直面している。どのデータをいつ、どのように公開できるか、あるいは公開すべきかを決定するために、彼らが知的財産の法律家になる必要があってはならない。研究者は、権利が判定できないデータ、入手が難しいデータ、あるいは過度の法的責任のリスクがあるデータの利用に気乗りがしないだろう。データに関連する権利と義務が、情報政策の中心にあるのである。

倫理　どんな場合であれ、何が正しく何が間違っているかという問いの答えは、時の経過と共に、文化を超えて、そして状況によって、さまざまに異なる。研究データの選択は、世の中の他の部分と同様に、倫理的判断の問題である。タスキギー（Tuskegee）における梅毒研究（Jones 1981）あるいは社会心理学のミルグラム実験（Milgram 1974）のように、数十年前は革新的と見なされたデータ収集が、後に忌まわしいものと考えられた例もある。これらは今日の基準では疑いの余地の無い極端な例ではあるが、多くの領域が灰色のままであり、そして法的、政策的な規制の支配下にあるものもある。

　データとして、何を、なぜ、いつ、どのように扱い得るのかに関する倫理は、デジタル記録が日常的となり、データマイニングがより洗練される中で、急速に進化しつつある。人々に関するデータは、最も異論の多いものである。機密性、匿名性、プライバシーの概念は、思いがけない方法に変化しつつある。かつてはしっかりと匿名化された被験者に関するデータは、データマイニングを行う者に個人に関する豊富なプロファイルを集めることを許可することで、現在では他の情報源からのデータとの統合によって再識別が可能となっている。活動領域によっては、データはより厳しい制約のもとでのみ公開されることになるだろう。また、貢献に対する謝意の表明あるいは記録の結合の容易

化のために、被験者の名前が挙げられ特定される場合もある。民間企業によって収集されたソーシャルネットワークのデータを分析している研究者が存在する一方で、そうした個人に関するデータの収集が許されている企業倫理を問題にする者もいる（Bruckman, Luther, and Fiesler, forthcoming; Ohm 2010; Wilbanks 2009; Zimmer 2010）。

　ヒト被験者として知られる生存者に関する研究は、人々が倫理的に、そして人々に関する記録が内密に取り扱われるよう規則によって管理されている。研究者は、データの収集、報告、公開にあたってプライバシーを尊重すべきである。通常、被験者に対するインフォームドコンセントが必須である。研究プロジェクトの終わりにデータを公開するかあるいは廃棄するかは、多くの場合、所属機関のヒト被験者審査委員会が最終決定者になるが、それは倫理規定の一様でない適用に繋がっている（"Ethics Guide: Association of Internet Researchers" 2012; National Research Council 2013; US Department of Health and Human Services 1979）。

　研究がヒト被験者を含むかどうかは、どのように研究とヒト被験者が定義されているかによって異なる。これらの条項は、各研究資金提供機関、政策主体、所属機関の審査委員会の規則によって明確に定められている。社会科学者は大学院教育の一部として、これらの規則と手続きについて学ぶ。彼らは、それぞれの分野、政府機関、大学の適用可能な規則について知っている。彼らが他の大学や他の国に異動する場合、あるいは異なる所属先の人と連携する場合は、たいていの場合、新たな規則や変形について学ぶことになる。

　人文学、科学技術の研究者は、大学院教育や研究実践にあまり根付いていないため、これらの規則についてあまりよく知らない傾向がある。ある分野において収集が倫理的と見なされるデータが、別の分野ではそうは見なされないかもしれない。研究者は自分の研究活動が特定の一連の規則の支配下にあることに気付いていないかもしれない。工学チームが顔認識アルゴリズムを完成させるために、キャンパス内の廊下にカメラを設置するとしたら、それはヒト被験者研究にあたるのだろうか？　廊下が工学科の建物内か寄宿舎内かによって違うだろうか？　データがプロジェクト終了時に破壊されるかどうかで違うだろうか？　あるいは、誰がデータにアクセスできるのか？　もし、哲学の大学院

生が、子ども達がどのように対立を処理しているかを研究するために子ども達の公園でのスポーツを観察するとしたら、それはヒト被験者研究にあたるだろうか？　学生が公園、チーム、または親から許可を得ていたら違うだろうか？それぞれの子どもと親からの署名入り同意書が必要だろうか？　これらの疑問のほとんどへの答えは法律家的には「場合による」。

　動物、絶滅危惧種、危険廃棄物、感染症、その他の慎重に取り扱うべき問題の研究に関連するデータは、データ公開に関する規則や倫理的懸念の影響下にある（Cohen 2012; Enserink and Cohen 2012; Enserink 2006, 2012b; Fouchier, Herfst, and Osterhaus 2012）。気候データは、気候変動という政治問題のために近年微妙になっている。データが文脈から切り離されたり、または意図的に歪曲されて伝えられた事例が、これらのデータの公開に対する警戒を引き起こしてきた（Kintisch 2010）。

　共有資源は経済学的な意味で、きわめて議論を引き起こしがちである。遺跡発掘現場、貴重な写本、希少種といった学術データの重要な情報源は、世界遺産資料、国またはコミュニティの文化資産、あるいは私有財と見なされ得る。競争的優位性を得るためにそうした資源を管理することが倫理に適うか否かについては大きく意見が分かれる。分野や国によっては、あいまいな利用目的で資源を保護することが慣例になっているが、それが非倫理的と見なされる分野や国もある。慣行は国際的、学際的な協力における衝突にさらされながら、時間および地理的状況と共に変化する。データの交換がより一般的になり、技術はより洗練されより広範に利用可能となり、国や領域の境界が消えていく中でも、こうした倫理的緊張関係は強まりそうである。

まとめ

　データの多様性は、専門領域間の研究方法の幅広さだけでなく、データとして表現される個々の観察、オブジェクト、記録、テキスト、サンプル、人、動物、その他の実体におけるたくさんの方法にも起因している。研究分野はこれらに加え、研究プロジェクトの目標、データを収集し分析する方法、データのために新たな情報源か既存の情報資源を用いるかの選択といった他のさまざ

4章　データの多様性　　93

な要素によって異なる。研究者は、時間、空間、理論、方法、言語、あるいは他の測定基準のいずれによる距離であれ、アイデアまたは現象の起源にとても近づいて、あるいは遠くはなれて研究することもある。同じ実体が長期間にわたって、さまざまな方法、手段で、そしてさまざまな目的のために表現される可能性がある。表現の過程で、それらの実体はたくさんの名称を獲得し、それらの名称はたくさんの方法で配列されるかもしれない。データや他の情報資源を運営するために用いられる構造化情報であるメタデータは、データを表現するために使用する名称、ラベル、関係性を含む。タクソノミー、シソーラス、オントロジーといった分類の仕組みは、メタデータを組織化するために用いられる。同じ見出し語が、異なる現象の証拠として役立つよういろいろな意味で表現され得るので、何かがデータであるか、メタデータであるかは文脈が決定する。

　メタデータ、来歴、分類の仕組みが、コミュニティ内のデータ交換を容易にする。また、それらは協力関係内の摩擦の要因にも、コミュニティ間の境界の標識にもなり得る。外部要因が、なぜ、どのように、データが経済財かどうかを決定する可能性がある。同じデータが異なる環境で、あるいは同時にも、純粋な公共財、純粋な私的財、共有資源、またはクラブ財になることもあり得る。データにまつわる財産権と倫理は、文脈に強く依存する。データの多様性、データの表現、そして価値、権利、倫理に対する利害関係者の競合する視点を認識することが、効果的な知識インフラの設計のために欠かせない。以下の事例研究で整理するように、緊張関係の源はたくさんある。

第Ⅱ部

データの学問の事例研究

第Ⅱ部　はじめに

　第Ⅱ部では、第Ⅲ部の「データの政策と実際」の分析のための準備を行う。とりわけ科学に関し、文献には個々の分野内の研究活動に関する研究が豊富にあるが、それぞれの研究の方法や目的の異なりがそれらの比較を難しくしている。社会科学と人文学における研究活動はあまり研究されていない。特に、データの利用についてはそうである。第Ⅲ部では、4章で特定した要因を用いて、科学、社会科学、人文学におけるデータの学問を比較する。

　以下の三つの章のそれぞれに、一対の事例研究を置いている。各章の最初の事例はより大きなデータ量を必要とするデータの学問の例であり、二つ目はより小さく局所的な種類のデータを利用するデータの学問を調査する。約半数の事例は、著者がたくさんの協力者と共に行った実証研究を基にしている。それらの知見が報告された文献は、それぞれの箇所で引用する。残りの半数は特に本書のためにまとめたものである。5章では、天文学とセンサネットワーク科学を対照する。6章では、社会調査とソーシャルメディアを、センサネットワークの科学技術の社会技術研究と対比する。7章では、人文学のデータの学問に関して、中国仏教文献学の綿密な分析と対照して、古典芸術と考古学の事例を明確化する。これらの事例の中には、複数の例を含むものもある。

　事例研究では、本来的に一般化よりも分析の深さに関心がある。それぞれの事例を並列的に提示することで、比較およびより大規模な一般化が可能となる。しかし、幾つかの用心が必要である。それぞれの事例は、一つまたは少数の研究者チームの作業を、彼らのデータの学問のレンズを通して表現するものである。どの例も、ある分野のすべての部分でどのように研究が行われているかの原型として読まれるべきではない。六つの事例は、一人の研究者または一つのチームの実践を性格付けるのに十分なだけより綿密に、しかしより大きな領域の研究者達が直面する一連の問題を示唆するために十分なよう、より広範に描写している。

　それぞれの事例は、情報学理論の視点から、データの学問のレンズを通して提供される。研究者は、そのようなやり方では自分達を説明しそうにない。む

しろ、これらは彼らの研究の反映である。事例は、それぞれの領域における知識インフラの要件、利害関係者間の緊張関係、データの収集、共有、再利用の誘因と実際に関する証拠を提示し、1章で提示した挑戦的課題を展開するために用いる。

5章

科学におけるデータの学問

はじめに

　科学には、植物誌や動物誌、生物現象や物理現象、およびそれらの関わり合いを研究する自然界の調査が含まれる。ここでの議論のために、科学の傘には総称的に STEM 領域（科学、技術、工学、数学）と呼ばれる領域を含める。ビッグであれリトルであれ、現在の科学はソフトウェア、計算手法、統計を研究に用いている。デジタルコレクション、ツール、技術は、標本、スライド、化学薬品、そしてあらゆる種類の物質と同様に規範である。挑戦的な課題は領域内および領域間におけるデータと学問の多様性から生じている。幾つかの領域では、少なくとも現時点では、知識インフラが適切に機能している。その他の領域では、データの所有権、管理、共有、交換、持続可能性、リスク、責任という基本的な事項が激しい議論になっている。少数の領域では、緊張関係が浮上しつつある。

研究方法とデータ実践

　科学は、他の探求の領域と同様に国際的である。「科学的方法」あるいは「科学的規範」への言及は誤解を招きやすい。ただ一つではなくたくさんの方法があるからである。数世代前にロバート・マートン（Robert Merton）によって推進された科学的規範の古典的セット（Merton 1963a, 1970, 1973; Storer 1973）は、科学実践の新興のさまざまな性質に対するいっそう多くの微妙さを含んだ理解への局面をもたらした。実践コミュニティ（Lave and Wenger 1991）や知識コミュニティ（Knorr-Cetina 1999）のような考え方は、今日のデ

ータ実践を研究するためにより有用な枠組みである。

デレク・デ・ソラ・プライス（Derek de Solla Price）によって発表されたビッグサイエンス―リトルサイエンスという二分法は、科学に適用される研究方法に関する別の方式の考え方である。天文学や物理学といった幾つかの分野では、多くの場合構築に数年を要する大規模な計装インフラを共有し、大規模な分散型の連携による研究が行われている。また、生態学や鳥の行動に関する生物学といった領域では、小規模なグループで研究を行い、局所的に適合技術を用いている。4章で見たように、理論または利用の追求といった次元も、データの実務とそのために必要な知識インフラに大きな影響を与える。

分野によってはデータのデジタルコレクションが不可欠なコミュニティ資源であるが、それらが存在しない分野もある。ある分野で開発された方法が分野内に留まる場合も、他の領域に適応される場合もあるだろう。例えば、BLAST（basic local alignment search tool）は、DNA 配列の照合のために開発された（Altschul et al. 1990）。BLAST はその後、配列同定のための高速アルゴリズムとして、テキスト、音声、イメージの類似度判定の方法に応用されてきた。ビジネス・アプリケーションとして開発されたスプレッドシートは、科学でも広く使用されている。場合によっては、スプレッドシートはデータ管理の主要な手段であり、また、互換性の無いツールを使用しているグループ間でのデータ共有のための最小公倍数でもある。領域間で方法やツールが、いつ、なぜ、どのように伝わるのかについては、不明な点が多い。

科学の事例

人類の探求の最も古い領域の一つで、研究者と一般公衆の両方に馴染み深いものとして、天文学は個々の分野内のデータ実践に関する探求を始めるのに理想的な事例である。天文学の記録は、農業、航海、宗教上の目的に不可欠であったが、これは現在も同じである。ガリレオは、天空の観察のための望遠鏡の価値を認めた最初の科学者であり、最新技術を彼自身の目的のために改良した。ガリレオの木星の衛星の動きに関する 1610 年の観察ノートは、近代科学の規範的記録である。天文学の研究は、ビッグデータ、物理科学、知識インフラに関する知識をもたらす。それは、非常に長期間にわたる科学であり、デー

タの収集、分析、可視化のために情報技術に強く依存している。

　本章の二つ目の事例研究であるセンサネットワークの科学技術は、多くの点で天文学とは対照を成す。衛星に取り付けたカメラによるリモートセンシングは、天からの地球の広範囲な眺望により、環境科学に革命をもたらした。組み込み型センサネットワークは、地表面環境の微視的視点により、こうした技術の役割を覆している。それらは、長期にわたる継続的なデータ収集にも、あるいは特定の現象の短期間の調査にも利用できる。センサネットワークを活用した研究は、リトルサイエンス、生命科学、技術研究、学際的連携に知識をもたらす。

　これら二つの事例研究は、これらの分野内の独自のプロジェクトの例を挙げ、科学におけるデータがどのように選択、構築、利用、共有、再利用、管理、キュレートされているか、そして学術研究がネットワーク世界でどのように進化しているかについての比較を提供する。しかし、二つの事例が多様なたくさんのデータの学問を代表できるわけではない。これらの事例および後続の二つの章の事例は、対比、証拠の入手可能性、そして挑戦的課題との共鳴のために選択された。

　科学の事例は、研究プロセスの複雑さと乱雑さ、観測データをその収集のために用いた機器と分析方法から分離することの困難さ、何らかの現象の証拠として解釈可能に至るまでのデータ処理のたくさんの段階を明らかにする。それぞれの事例は、データ情報源の検証で始まり、それらのデータを用いて研究がいかに進められるかの説明で終わる。

天文学

　天文学には、長く、輝かしく、文献にきちんと裏付けられた歴史がある。現代的使用法では、『オックスフォード英語大辞典』に拠れば、天文学は「天体の物体、地球外の現象、宇宙の自然と歴史の研究で構成され、地球の大気圏の先の宇宙を扱う」。どんな研究領域でもそうであるように、境界は緩やかである。天文学者は一般に、物理学者、技術者、コンピュータ科学者と協力関係にある。また、統計学、医学、生物学、芸術やデザイン、その他の研究者と共同

5章　科学におけるデータの学問　　101

研究を行う者もいる。

　天文学は、本書のより大きなテーマの明瞭化に役立つたくさんの性質を備えている。数十年にわたってデジタルデータとコンピュータの利用を行ってきたビッグデータの領域である。そうした期間において、天文学者は単独研究者としての作業から大規模なチームとしての連携への、そして手元の機器の管理から共有の国際的資源への移行という、データの実践方法の根本的変化に対応してきた。天文学は、ビッグデータ、リトルデータ、場合によってはノーデータのグループから構成される、他と同様に多様な分野になった。データ共有と再利用の先駆者である天文学者もいるが、データ資源をため込むことで有名な者もいる。彼らは地球規模で情報資源を調整するための洗練された知識インフラを構成してきたが、各々のオブジェクト間の関係を識別するためには人間の専門知識に頼ってきた。情報資源の発見と活用の能力には、個人間にかなりの隔たりがあるままである。

　この事例研究では、事例が全領域にまたがるわけではないことを認識したうえで、観測科学としての天文学に焦点を当てる。この範囲は、データの情報源、利用、処分の調査のためには十分に広いが、研究分野におけるデータの選択についての理路整然とした説明の提示や、後の章での共有、再利用、責任に関する議論の基礎固めのためには狭い。材料は、出版文献およびこの分野におけるデータ実践に関する最新の調査から得た。天文学における調査の例は、インタビュー、観察、それにハーバード・スミソニアン天体物理学センター（Harvard-Smithoniasn Center for Astrophysis; CfA）に本拠を置くチームの作業の分析を基にまとめた（Borgman 2013; Borgman et al. 2014; Sands et al. 2014; Wynholds et al. 2011, 2012）。

サイズ問題

　天文学では、連携協力の規模、データの処理量でばらつきが大きい。20世紀の後半まで、天文学は単独研究者の科学のままであった。ガリレオは自分自身で望遠鏡を所有し、自らのデータを完全に管理した。現代の望遠鏡は、多年にわたり世界最大であったパロマー山の200インチのヘール望遠鏡を含め、厳選された少数の天文学者だけが利用できる私有のものであった。1948年のヘ

ール望遠鏡の供用開始から、1999 年の最初のジェミニ 8 メートル望遠鏡の供用開始までの間に、望遠鏡は大きく異なるツールとなった。同時に、より多額の公的資金が天文学に注ぎ込まれ、この分野に文化の変化をもたらした。観測時間がさらに多くの天文学者に提供され、データに対するアクセスについても同様となった（McCray 2004）。世界中の大学や他の研究センターに在籍する専門の天文学者のコミュニティは、1970 年代以降少なくとも 4 倍に拡大した。現在の推定では、10,000 人から 15,000 人の現役の研究者がいる（International Astronomical Union 2013; DeVorkin and Routly 1999; Forbes 2008）。天文学のファンの数は非常に大きく、天文学の専門知識を増大させている。

ビッグサイエンス、リトルサイエンス　アルビン・M・ワインバーグ（Alvin M. Weinberg）（Weinberg 1961）やプライス（Price 1963）の用語では、天文学はビッグサイエンスであり、大規模で、野心的で、長期にわたり、かなりの社会的、経済的投資を必要とする。現在では、機器の設計やミッションの設定に高レベルの調整を伴う国際的な分野である。大規模なチームも、小規模なチームも天文学研究を行っている。現代の望遠鏡は、設計、建造、供用開始に 10 年から 20 年を要するので、きわめて長期の計画が求められる。時間的制約には、チームの形成や調整と数サイクルにわたる資金確保といった社会的、政治的な側面、供用開始の時点での技術水準を予測した機器やソフトウェアの設計といった技術的な側面、鋳造、冷却、望遠鏡の反射鏡ガラスの研磨を含む装置の建設といった物理的な側面があり、多年にわたるプロセスである（University of Arizona Science Mirror Lab 2013; McCray, in press）。装置の設計やミッションの設定は、結果として得られるデータ、それらのデータを取得しキュレートする方法、天文学者が装置やデータを利用する条件についての決定に、次々と影響を与える。各々の新たな望遠鏡の宇宙空間への打ち上げ、あるいは地上の望遠鏡の「観測開始（first light）」の間に、新たな世代の装置の設計がかなり進行しているのである。

　天文学がより公的資金やコミュニティの連携に依拠するようになる中で、天文学者は研究の優先順位に関する合意形成を行い始めた（McCray 2004; Munns 2012）。1960 年代以来、米国の天文学コミュニティは最も優先すべきプロジェ

クトを特定するために「10カ年計画」を実施してきた。プロジェクトの科学的分類は、この分野における変化を反映して10年毎に変更されている。2010年の九つの委員会には、宇宙論・基礎物理学、惑星系・星形成、宇宙からの電磁波観測、地上からの光学天文学・赤外線天文学が含まれた（The National Academies 2010）。10カ年計画は、コミュニティが支援を要請する領域に関する、国内および国際的な資金提供機関への一連の提案である。しかし、資金提供あるいは優先的な配分の保障は無い。実際の資金提供は、機関、米国議会のような親機関および国際的機関との交渉によって決まる。

ビッグデータ、ロングテール　天文学も入手可能な観測データの点でビッグデータの分野となり、このことが天文学者をロングテール曲線の先頭に位置させている。天文学データの絶対量は、新たな世代の望遠鏡の出現と共に成長し続けている。天文学データは、1章で紹介したダグ・レイニー（Doug Laney）（Laney 2001）の用語を用いれば、大量で高速度である。それらのスケーリング問題は、新たな装置がより多くのデータをより高速度で取得するため継続的である。ほぼすべての天文学データは、天空の位置、波長、時間の関数としての電磁放射（例. エックス線、可視光）の強度の測定である。

　天文学のデジタル技術へのシフトは数十年の期間にわたって生じ、取得されるデータの形式に質的な変化をもたらした。多数の天文学者にとっては、データ取得は、ガラス板、CCD（デジタル写真の基礎）、または分光写真器への長く継続的な露出から成り、アナログであった。天文学者は、数分または数時間の間、天体のオブジェクトまたは範囲の連続的な露光を得るために注意深く機器を動かしながら、夜通し望遠鏡に向き合った。それぞれの山上の夜からわずか数枚の写真が得られるだけかもしれなかった。対照的に、デジタル方式による取得は、連続的ではなく離散的なイメージをもたらす。デジタルのレコードは、よりずっと容易に、別の記憶装置に完全な状態でコピーし移動させることができる。デジタルデータはアナログデータに比べ操作性に富み、より流通が容易である。アナログ天文学からデジタル天文学への以降は1960年代に始まり、1970年代に加速され、1990年代末にはほぼ完全なものとなった（McCray 2004, in press）。

104　　第Ⅱ部　データの学問の事例研究

20世紀の終わりまでに、望遠鏡は人間による消費をはるかに超えた量のデータを生み出していた。そのプロセスの多くの部分が自動化され得る。データコレクションが正確に特定され得る範囲で、ロボットが夜間に装置を操作し、次の朝に読めるようデータセットを送信する。しかし、装置はしばしば天文学者の直接の管理下にある。過去に比べれば条件は心地良くなっているにしても、自分のデータを取り出すには徹夜しなければならないかもしれない。コンピュータによるデータ分析と可視化は、現世代の天文学者の基準となっている。しかし、多くの現役の天文学者はアナログ時代に仕事を学び、当時の分析技能を現在のデータ分析に持ち込んでいる。太陽の黒点観測のように、手作業による収集が続いている領域もある（Curwen 2013）。過去数世紀にわたって収集されたアナログデータは、天空の初期の永久的な記録として重要なままとなっている。それらのデータの中にはデジタル形式に変換され、公的なリポジトリで利用可能とされてきたものもある。一方、収集した天文学者や機関の管理下で私有のままになっているデータもある。

　天文サーベイは、天空のある領域に関し長機関にわたって大量のデータを取得する研究プロジェクトである。スローン・デジタル・スカイサーベイ（Sloan Digital Sky Survey; SDSS）は、その名が主たる資金提供者であるアルフレッド・P・スローン財団に由来するが、即時の公共利用のために考案された最初の天文サーベイである。2000年に開始されたデータ収集は、ニューメキシコ州のアパッチ・ポイントにある光学望遠鏡で夜空の約4分の1を計測している。2000年から2008年の9回にわたる一連のデータ公開で、SDSSはより高速度かつより優れた分解能でデータを取得した。これは、望遠鏡への新たな機器の追加、カメラのCCDの進歩、コンピュータの速度と容量の向上による（Ahn et al. 2012; Bell, Hey, and Szalay 2009; Finkbeiner 2010; Gray et al. 2005; Sloan Digital Sky Survey 2013a; Szalay 2011）。

　次世代の天文サーベイであるパンスターズ（Pan-STARRS）は、天空のより広い領域をより高い詳細度で計測し、移動物体を識別するさらなる能力を有する。ハワイに拠点を置くこの望遠鏡は、段階的に供用されつつある。パンスターズのギガピクセル・カメラは、これまでに構築された中で最大かつ最も高感度のカメラである。大型シノプティック・サーベイ望遠鏡（Large Synoptic

Survey Telescope; LSST）は、パンスターズの次世代の大規模天文サーベイと
して計画されたチリの地上望遠鏡であり、「新たなデジタル時代の最速で最大
幅、かつ最深の眼」であると主張されている。LSST は夜間に 30 テラバイト
のデータを得る予定である。スクエア・キロメートル・アレイ（Square Kilo-
metre Array; SKA）は、世界最大の電波望遠鏡となるよう計画され、一日に
14 エクサバイトのデータを取得することが期待されている。天文サーベイか
らのデータと公開天文台の主要なミッションからのデータは、占有期間および
処理期間の後、アーカイブに集積され一般に利用可能とされる傾向にある。デー
タ管理は、パンスターズ、LSST、SKA といった使命と向き合う挑戦のうち
最 も 重 要 な も の の 一 つ で あ る（Pan-STARRS 2013a; Large Synoptic Survey
Telescope Corporation 2010; Square Kilometre Array 2013; Shankland 2013)。

　しかし、すべての天文学者がビッグデータ研究者というわけではなく、また
すべての天文学データが一般に公開されているわけではない。今なお山上で数
夜を費やして、きわめて専門化された少量の観測データを収集している天文学
者もいる。また、宇宙望遠鏡の二次的な装置から「寄生（parasitic）」データを
入手している者もいる。さらに、研究課題を処理するために必要な、ある程度
正確なデータを取得するために自前の装置を構築する者もいる。こうした小規
模のプロジェクトからのデータは、研究者の手元のサーバにいつまでも格納さ
れるかもしれない。そうしたデータは量が大きく、高次に専門化され、解釈が
難しいかもしれない。アナログ時代の天文学者には、自身が収集したデータし
か信頼しない傾向があった。アナログであれデジタルであれ、データの収集者
がデータについても最も良く知っている。コンピュータの不調や画像を妨害す
る天候の変化といった結果は、自動化された経路では記録が困難であるが、結
果の解釈には不可欠な知識となることがある。

　理論家は、何をデータと見なすか次第でビッグデータを持つ場合もあるし、
ノーデータの場合もある。天文学における解析理論は、紙と鉛筆、あるいは現
在ではスーパーコンピュータで解ける方程式で構成される。解析理論は、観測
された現象をモデル化するために、または現象に関する予測を行うために用い
られる。コンピュータによる、または数値による理論は、天文学の現象のモデ
ル化、予測、説明のために、それを基に現象やオブジェクトがシミュレーショ

ンされるというものである。コンピュータによるシミュレーションは観測データによく似た情報に対して純粋解析理論の原理を用いるのであるから、理論と観測の中間に位置するものである。モデル化を行う研究者は、シミュレーション対象の特性を備えた情報源、イベント、あるいは領域が観測できたとしたら、その望遠鏡から見えたものを合成するだろう。ほとんどのモデルは、インプットを他の天文学者によって集められた実際の観測データに頼っている。天文現象のコンピュータモデルを構築する者は、そのモデルのアウトプットを自分のデータと見なすことがある。一方で、データをまったく用いていないとする者もいる。

　シミュレーションは一般に、現象の漸進的変化の時系列表示をもたらす。モデルは、可能性のある一連の現実的条件をシミュレートするために、入力パラメータの多様な組み合わせで実行される。それぞれのパラメータの組み合わせは、さまざまなタイムステップで実行され得る（それらの各々は「スナップショット」と呼ばれる）。その結果、各々の処理は（たった一つのスナップショットであっても）、無期限に保持可能な範囲をはるかに超えた数テラバイトのアウトプットをもたらす可能性がある。モデル化を行う研究者は、自分達のデータはモデルの実行を起動するために必要な数キロバイトの経験的観測から成ると言うかもしれない。シミュレーション、シミュレーションからの出力に関係するプログラム、パラメータ、データを明確に区別する研究者もいる。総合的なデータは、一揃いの同じ分析ツールによる統計的比較を可能にするため、観測データと同じ形式で構築されることがある。

いつデータが？

　天文学のデータは、非専門家の想像以上にその特性を明確にするのが難しい。天文学のミッションの計画、開発、供用開始には、さまざまな才能を備えた多くの人々が携わっている。初期段階から従事する天文学者もいるが、公共望遠鏡による観測研究は数十年前にその装置が着想された当時のデータに依拠するかもしれない。天文学者の中には、キャリアの大半を長期の共同研究に費やす者も、プロジェクト間を移動する者も、さまざまなミッションからデータを引き出す者も、自分自身の装置で特殊なトピックに焦点を当てる者もいるだ

5章　科学におけるデータの学問　107

ろう。自分のデータを収集するために観測の提案書を作る者、アーカイブの現存のデータを用いる者、装置を製作する者、そしてこれらの資源や情報資源を組み合わせて利用する者もいる。何らかの実体が有用な天文学データになるかどうかは、こうした選択に左右される。

　各局面に関わる人々は、それぞれの仕事を行うためにはそれ以前の局面についてのみ知っていれば良い。装置が観測を開始するまでは、結果としての一連の観測データに繋がるすべての決定について包括的な視点を持つ者は誰もいない。装置の設計を主導した物理学者にとっては、CCD の電圧はデータであるかもしれない。宇宙の起源を研究する理論家にとっては、星、星雲、その他の天体の形成、進化、死を表すモデルのシミュレーションの出力がデータであるかもしれない。実証的天文学者にとっては、データは天球座標とスペクトルから構成される「イメージ・キューブ」であるかもしれない。ソフトウェア技術者にとっては、データは CCD から、クリーニング、校正が行われ、そして構造化されたファイルへというパイプラインからの出力でリポジトリに集められたものであるかもしれない。

　インタビューした天文学者の言葉を引用すれば、「天文学の論文の構築は、家を建てるようなものである」。開始点が明確であることはめったにない。家族は、何年、何十年にもわたって家を改修し拡大する。ある家族が空き地から始めるにしても、構造は以前から決まっていたのかもしれない。さらに誰かが、家の大きさや方位等の可能性を規定する土地の分割方法を決めていたかもしれない。

情報源と情報資源　事例研究で扱う COMPLETE サーベイ（COordinated Molecular Probe Line Extinction Thermal Emission Survey of Star Forming Regions [COMPLETE] 2011）は、観測天文学でデータがどのように収集、選択、利用、管理されているのかというより広い文脈でのみ理解され得る。天文学におけるデータの資源や情報源は数多く、かつさまざまである。この分野に特有の装置、専門知識、科学的原理、表現形式から離れることは難しい。彼らのデータが「天空観測」である一方で、観測は分野に特化した検知能力を備える装置に依存している。こうした装置で取得される信号は、コミュニティの標準に合

わせてクリーニングされ校正される。メタデータは、他の装置からのデータと照合できるような方式でこれらの信号を表現できるように用いられる。データ標準の構造は天文学者が分析、可視化、報告のための一連の一般的なツールを利用できるようにしている。これらの技術、ツール、標準の上位層にあるのが、国際的な天文学者コミュニティからのデータや出版物をリンクするための機関や専門的な実務である。

望遠鏡　望遠鏡は、天文学における最も基礎的だが最も複雑な技術である。光学技術はガリレオの時代以来とても向上し、デジタルイメージを取得する望遠鏡がもたらされた。現代の望遠鏡は、それぞれが固有の機能を有する多数の機器から成る。これらは、望遠鏡の寿命を延ばすために、時間と共に取り替えられることもある。

　望遠鏡には幾つかのタイプがあり、地上、飛行機や気球による大気の上層、あるいは地球の大気の上の宇宙空間に位置するかもしれない。地上の望遠鏡は、一般に高い標高あるいは都市の灯りから離れた場所に設置される。光学望遠鏡は、カリフォルニアのパロマーあるいはチリのアタカマ砂漠にあるラ・シラ観測所にあるような、光を集めるための鏡またはレンズを備えたものである。電波望遠鏡は、信号を集めるために鏡やレンズではなくパラボラアンテナを用いる。オーストラリアと南アフリカにある多数のパラボラアンテナで構成されるスクエア・キロメートル・アレイは、1平方キロメートルの有効面積を持つ予定であることからそう名付けられた。国際プロジェクトであり、天の川銀河の最良の眺めを得るために南半球に設置されているが、この地域は他のふさわしい場所よりもさらに電波妨害が少ない場所でもある（Square Kilometre Array 2013）。

　地球の周回軌道に乗った望遠鏡は、地球の大気圏をはるかに超えた眺望と共に、宇宙をとても遠くまで見ることができる。これらの装置は、計画に数十年かかることがあるが、数十年にわたってデータを生み出すことができる。ハッブルは最も有名な宇宙望遠鏡で、現在地球の上空353マイルの軌道を回っている。1946年にライマン・スピッツァー・ジュニア（Lyman Spitzer Jr.）によって着想され、1990年に打ち上げられた。この間には、国際連携と資金調達と

共に、一連の開発と設計のプロジェクトが行われた。ハッブル宇宙望遠鏡（Hubble Space Telescope; HST）は、宇宙からの科学データ提供を開始してから 20 年以上を経過している。5 組の装置のそれぞれが、異なる波長、異なる方法で光を集めることができ、HST は軌道上の天文学実験室なのである。付加的な機器は衛星への電力供給、状態の監視、それに調整のために使用されている。ほとんどの宇宙の機器は打ち上げ後の物理的修理無しで軌道上または深宇宙に送られているが、ハッブルは機器の追加、修理、交換のために数度にわたって訪問を受けている。ハッブルのデータを基に 1 万以上の出版物が出されてきた（HubbleSite 2013b）。

　望遠鏡の機器による実際のデータ収集は、多くの場合、ハッブルやチャンドラのようなプロジェクトのミッションに基づいて管理される工業的プロセスである。例えば、HST から追跡・中継衛星に送信された信号は、ニューメキシコにある地上ステーションへ、次いでメリーランド州グリーンベルトのゴダード宇宙飛行センター（Goddard Space Flight Center）へ、そしてボルティモア近郊の宇宙望遠鏡科学研究所（Space Telescope Science Institute; STScI）に送られる。この過程の各段階で、プロセスの検証とエラーチェックが行われている。天文学者は、十分な校正後に公開された STScI からの観測データを使用することができる。また、それぞれの研究課題を調査するために、特定の期間に特定の装置を用いて行う観測の提案を提出することもできる。毎年、応募者の約 20% の採択率に相当する 200 の提案が承認されている（HubbleSite 2013b）。

電磁スペクトル　それぞれの装置は、宇宙あるいは地上のいずれであれ、特定の波長の範囲の信号を取得するよう設計されている。電波望遠鏡は、低エネルギーまたは長い波長でも知られる、スペクトルの低周波数の端で信号を受け取る。ガンマ線望遠鏡は、高エネルギーまたは短い波長でも知られる、スペクトルの最高周波数の端で信号を受け取る。ガンマ線とエックス線は地球の大気によってほとんどが遮断されるため、ガンマ線望遠鏡とエックス線望遠鏡は地球の大気外で稼働し、したがってロケットまたは衛星上に置かれる。電磁スペクトルは連続的である。天文学での区分は一般に、エネルギーの増大順に、電

波、マイクロ波、赤外線、（可視）光、紫外線、エックス線、ガンマ線である。より細かな区分としては、遠赤外線、中赤外線、近赤外線、軟エックス線、硬エックス線等が挙げられる。場合によっては、波長はミリメートル、サブミリメートルといったメートル法の距離のサイズを先頭に付して名付けられる。ガリレオが利用できた可視光（人間の目で見える色）は、スペクトルのきわめて限られた帯域にすぎない。

天体　天体は宇宙において自然に生じる観測可能な存在である。天体には、恒星、惑星、銀河、彗星や、他に星雲、超新星残骸、ブラックホールといったあまり馴染みがないものも含まれる。ほとんどの天文学研究は、単独あるいは他の現象との組み合わせでの天体の調査を含む。オブジェクトは天空のある領域で生じ、ある波長で捉えられるかもしれない。所定の天体を調査するために、天文学者は興味ある現象の取得が可能な装置によるその領域の観測を必要とする。場合によっては、天文学者は特定の望遠鏡装置をその領域に向け、適切な時期の数日を観測時間に当てるだろう。また他にも、天文学者は望ましい波長によるその領域の観測結果を既に収集した装置からデータを検索するかもしれない。恒星、惑星、小惑星は天空を移動するため、天文学者はどの特定の時間においてもこれらの種類の天体の（2次元投影）座標値を得るために、3次元モデルの軌道を必要とする。

天文学のデータプロダクト　望遠鏡装置からの観測データは、天文学データリポジトリで公開される前に、クリーニング、校正、データ整理のさまざまなステップを経る。この処理工程はパイプラインとして知られる（European Southern Observatory 2013; National Optical Astronomy Observatory 2013b）。パイプラインの処理には数ヶ月かかることもある。このため観測データは、多くの場合、データやデータ処理について記録した「データ論文」を付した「データリリース」として利用できる。例えば、SDSS の第9データリリースには、第8データリリース後に望遠鏡に追加された新たな機器からの全データに加え、第8データリリースの訂正版の天文測定（天空位置）データが含まれる（Ahn et al. 2012; Sloan Digital Sky Survey 2013b）。したがって、パイプラインが改善さ

5章　科学におけるデータの学問　111

れる都度、天空の同じ観測データが二度以上公開される可能性がある。天文学者は、研究にどのデータリリースが用いられたかを注意深く見極めている。

　天文学者が観測提案を通じて独自のデータを収集する場合、自分でパイプライン処理を行うこともある。推奨されるツールや手順のマニュアルが指針として提供される場合がある。きちんと校正された機器を用いることで、そのデータを同じ装置から得られた以前のデータプロダクトと比較できる。新たな機器、あるいは独自の機器を用いることには新たな発見という利点があるが、データを検証するための比較可能なデータプロダクトの欠落という限界もある。出版物の中の謝辞の有無にかかわらず、研究者は自らの測定データの一部を校正するために他のデータ情報源に頼るかもしれない（Wynholds et al. 2012）。あまり加工されていない観測データを好む研究者は、標準的なデータ整理方法によって見えなくなった新たな現象あるいは他のパターンを探すこともある。

　他の多くの種類のデータプロダクトが天体観測から得られている。この中には、星表や領域または天体のサーベイデータが含まれる。星表は、位置と明るさが一年の中でどう変わるかを図に表した古代の天体観測に端を発する。また、星表は海と陸地における航行や運行に重要な情報を提供した。現代の星表は、各々の星について知られている内容の正確な記述をデータリポジトリに頼っている（National Aeronautics and Space Administration, Goddard Space Flight Center 2014）。既知の星は星表番号で参照できる。星表や他のデータプロダクトは、あるオブジェクトが既知か未知かどうかを判定するために検索できる。リアルタイムの天空観測は、新たな天体のほぼ即時の識別のためのこうした種類のデータプロダクトを頼りにしている。一時的事象の検知方式では、望遠鏡、スマートフォン、その他の機器に「スカイアラート」を送ることができる（Caltech 2013b）。データ公開は、8章でさらに考察するように、瞬時の場合も数年遅れる場合もある。

知識インフラ　天文学には、事例研究で取り上げたすべての分野の中で最も大規模な知識インフラがある。データ構造、メタデータ、オントロジーの規格に関する協定が、国際的調整およびリポジトリ、ツール、人的資源に対する大規模なコミュニティによる投資と相まって、情報資源の複合ネットワークをもた

らした。天文学においては、高度に自動化されたデータコレクションがあるにもかかわらず、知識インフラのかなりの部分で、メタデータ付与や関連オブジェクト間のリンクの確認に人間の専門知識が必要である。

　観測データの解釈やデジタルオブジェクト間の関係の記録に求められる人間の作業は、多くの場合、インフラを有効に機能させるために必要な「見えざる作業」の例である。もちろん、この作業はそれを行う者には見えているが、インフラに依存する者はそのシステムが機能停止しない限り、そうした投資に気付かないかもしれない。

メタデータ　天文学の観測データは一般に、スペクトル（波長の関数としての光度）、イメージ（特定の波長での天空における光度の分布）、またはキューブ（位置と波長の関数としての光度を提供する 3D データセット。そこからイメージとスペクトルを抽出できる）のいずれかとして入手される。場合によっては、きわめて狭い幅の波長域による単一の位置の光度を測定するために、ボロメータ（bolometer）として知られる機器が使用される。天文観測データはますます、長期にわたる、上記の任意の種類のデータによる一連のサンプルを意味する時系列データとして確保されるようになっている。望遠鏡の機器は、天球座標、波長、観測時刻のメタデータを自動的に生成できる。オブジェクト名は、人間による判断が必要であるため、観測時点で手作業によって入力される。気象状況や機器のエラーといった、観測データの解釈に有用な他の情報も、観測記録に手作業で記録されるかもしれない。

　スペクトルの可視領域をはるかに超えた波長で採られたイメージの提示のために、天文学者は波長の部分毎に色を割り振っている。例えば、赤は電波、緑は可視光、青は X 線である。しかし、イメージの疑似カラーを対象としたメタデータ規格はほとんど存在していない。色を割り振る技法はさまざまであり、その結果、公開イメージはほぼ再生不可能なものとなっている。色彩豊かな「綺麗な写真」の画像は一般の人には人気があるが、多くの天文学者はこうしたイメージを自らの研究出版物で提示したがらない。芸術性は科学的妥当性と注意深く釣り合いをとられなければならないのである（Kessler 2012）。

　機器、観測条件、波長、時刻、天球座標に関する必須情報が、FITS（Flexible Image Transport System）として知られる標準データフォーマットで提供されている。FITS は 1970 年代に開発され、1980 年代後半までに天文学のアナログからデジタルへの移行の一環として広く導入された。アナログの観測データは、各々の望遠鏡の位置や条件に合わせて校正することができた。デジタルによる記録は複数の機器からの観測データを統合する機会をもたらしたが、しかしそうするためには、データ構造と座標系に関する合意が必要であった（National Aeronautics and Space Administration, Goddard Space Flight Center 2013a; Hanisch et al. 2001; McCray, in press; Wells, Greisen, and Harten 1981）。

　ほとんどの天文学データリポジトリが現在、FITS フォーマットでデータ資源を提供している。したがって、天文学者は現在、天球座標、スペクトル、観測時刻、機器に関連するその他の特性によって観測データを探すために、FITS ファイル中のメタデータを利用できる。少数の天文学者は、2 章で説明したより低レベルの処理による、より生の「FITS 以前」の形式のデータを好む（NASA's Earth Observing System Data and Information System 2013）。

座標系　　天文学は、そこにはただ一つの空のみが存在するという単純な組織化原理に基づいている。しかし、天空のオブジェクトの位置を調整する座標系の確立には、数世紀にわたる科学技術の革新が必要であった。緯度（北-南）は陸上または海上で星を用いて計算することができた。経度（東-西）は、地球のその軌道の動きに合わせた正確な時間の計算を必要とした。18 世紀後半に完成された海上の船内で動作する正確な時計は、航行と天文学の両方を変えた（Sobel 2007）。軌道上の地球の動きが、位置とオブジェクトの放射の波長が時間と共に微妙に変化する原因となるので、天文学の座標系は正確な時間の測定に左右される。

　天文学者は、天文観測記録のための FITS 規格の一部であり、世界座標系（World Coordinate System; WCS）として知られる標準的なマッピング方式に合意している（National Aeronautics and Space Administration, Goddard Space Flight Center 2013b）。空のイメージの各ピクセルには、その位置の X 座標と Y 座標が与えられる。これらの座標値は通常は赤経と赤緯で表現されるが、地球上の位置を表す経度と緯度に相当する。電磁スペクトルは、天文観測で用い

られる第三の次元である。この次元は周波数あるいは波長として表現しても良いが、多くの場合、ドップラー効果の影響を前提に速度に変換できる。銀河系から遠く離れたオブジェクトに対しては、ハッブルの法則がオブジェクトの距離の計算に組み込まれる。

　異なる装置から異なる時刻に得られた観測データは、こうした座標系を介して調整され得る。100 年以上前にガラス板に記録された空のイメージを、現代の望遠鏡によるイメージと照合することができる（Harvard-Smithsonian Astrophysical Observatory 2013b; Johnson 2007）。同様に、最近に撮られた空の写真を、世界座標系を用いたそれらの空の位置、星表、その他の天文学のデータプロダクトと照合しても良い。調整にはイメージがなぜ記録されたかに関する知識が求められることがあるため、このプロセスは完全なものではない（Hogg and Lang 2008; Lang et al. 2009）。

天体　天体および他の天文現象には一連の独自のメタデータが付与されている。これらは、組織的な多国籍の取り組みを通じて、論文が出版された後に手作業で処理されている。銀河系内の天体は SIMBAD（Set of Identifications, Measurements, and Bibliography for Astronomical Data）で目録が作成されているが、これはフランスのストラスブール天文データセンター（Centre de Données Astronomiques de Strasbourg; CDS）に本拠地を置いている。目録担当者は、新たな文献の出現時にそれらを読み、文献で言及された特定されるべきそれぞれの天体についてのメタデータレコードを作成する（Genova 2013）。

　SIMBAD は、出版物と新たな発見に合わせて急速に成長しており、毎日統計を更新している。執筆時点で、SIMBAD は 28 万 5,000 件の論文で言及された 730 万の固有のオブジェクトに対し約 1,820 万件の識別子を有し、固有のオブジェクトに対し全体で約 1,000 万の参照が行われている（Centre National de la Recherche Scientifique 2012; SIMBAD Astronomical Database 2013; Genova 2013）。これらの数字を別の方式で表現すると、730 万件のオブジェクトのそれぞれが、1,820 万の識別子、すなわち平均で約 2.5 の異なる名称で識別されている。28 万 5,000 件の論文中に 1,000 万件のオブジェクトの引用があり、すなわち各論文が平均で 35 の天体に言及している。これらのオブジェクトは、

5章　科学におけるデータの学問　　115

天文学の文献に均等に分散しているわけではない。ほとんどの論文は少数のオブジェクトを記述するだけで、少数の論文が数多くのオブジェクトを掲載している。同様に、ほとんどのオブジェクトは一つだけの名称（例. 木星）を持ち、天空観測や数世紀にわたって構築された星表における識別のように、多くの名称を持つオブジェクトもある。したがって、それぞれの論文はメタデータで十分に区別され、天体に関するデータの発見、統合、区別に用いることができるという価値が付加されている。

　銀河系外のオブジェクトは、NASA 銀河系外データベース（NASA/IPAC Extragalactic Database; NED）に掲載されている（National Aeronautics and Space Administration, Infrared Processing and Analysis Center 2014a）。太陽系と惑星のデータは、さらにもう一つのサービスで扱われている（National Aeronautics and Space Administration, Jet Propulsion Laboratory 2014）。CDS は、多くの天文学メタデータ・リポジトリの調整の中心であり、Aladin や VizieR といった検索やマッピングのツールを提供している（Centre National de la Recherche Scientifique 2012, 2013）。

データアーカイビング　膨大な量の天体観測データが、リポジトリ、データベース、情報システムとも呼ばれるデータアーカイブで入手可能である。それらは広い範囲に及んでいるが、包括的ではない。政府からの資金提供を受けた天文学ミッションの観測データは、特に宇宙に打ち上げられた望遠鏡装置から収集されたデータは、ほとんどの場合、公共資源として利用可能とされる。たいていのリポジトリは、スピッツァー宇宙望遠鏡、チャンドラ、ハッブルのミッションからの観測データというように、ミッション別に整理されている（Harvard-Smithsonian Astrophysical Observatory 2013a; NASA Spitzer Space Telescope 2013; HubbleSite 2013a）。

　また、データは赤外線処理・分析センター（Infrared Processing and Analysis Center; IPAC）でホストされている一連のアーカイブのように、波長でも分類されている。赤外線処理・分析センターはミッション別に、また NASA 太陽系外惑星アーカイブ（NASA Exoplanet Archive）のように天体のタイプ別に整理している（National Aeronautics and Space Administration, Infrared Processing and Analysis Center 2014b)。SDSS、Pan-STARRS、LSST といった主要な天空観測のそれぞれが、独自のデータリポジトリを提供している。データ収集が2001 年に完了した 2 ミクロン全天観測（Two Micron All Sky Survey; 2MASS）といった良く管理された過去のデータは、無期限に貴重なままである（National Aeronautics and Space Administration, Infrared Processing and Analysis Center 2014c）。天文学のデータリポジトリは貴重な資源であるが、各アーカイブは独立的で、それぞれが独自のユーザ・インターフェース、検索機能、基礎を成すデータモデルを持つ。アーカイブされた天文学データは観測時の波長および収集した観測所で区分される傾向があるので、統合の取り組みが必要である（Accomazzi and Dave 2011）。中には MAST（Mikulski Archive for Space Telescopes）のように、複数のミッションやスペクトルのデータを管理し、データやモデルも受け入れるリポジトリもある（National Aeronautics and Space Administration, Mikulski Archive for Space Telescopes 2013）。Data Discovery Tool、SkyView、WorldWide Telescope は、データアーカイブや統合データ情報源をまたぐ検索に利用可能な、増加中のツールの代表例である（Goodman and Wong 2009; International Virtual Observatory Alliance 2013b）。

　天文学者には、自ら収集したあるいは公開情報源から得たデータの共有のために多くの選択肢がある。データを受け入れるアーカイブ、大学のリポジトリ、プロジェクトや個人のウェブサイト、私的交換である。天文学者を対象とした小規模な調査から、彼らの共有の実際は他の分野とほぼ同じであることが示唆されている。最も一般的なデータ共有の方式は、研究仲間からのリクエストに応じた電子メールによるデータ送信である。ごく一部（175 人のうち約 20人）だけが機関のアーカイブにデータを置いていた。データ処理は多くの場合、収集あるいは分析を行う者の手中に留まっている。ある回答者は、自分のチームのデータ処理を SDSS の方式と比較し、SDSS のデータ公開 1.0、2.0 等の代わりに「私達にはさらに、大学院生 1、2、3 のようなものがある」とした。

文献　書誌コントロールは、天文学ではほとんどの分野に比べよりずっと包括的である。ハーバード・スミソニアン天体物理観測所（Harvard-Smithsonian

Astrophysical Observatory)・NASA 天体物理データシステム（NASA Astro-physics Data System; ADS）は、その名称とは異なり、概して言えば書誌システムである。1993 年以来運営されている ADS には、19 世紀に遡る天文学の中心文献に関するレコードも、この分野の広い範囲に及ぶ灰色文献も含まれる（Kurtz et al. 2000, 2005; Harvard-Smithsonian Astrophysical Observatory 2013c）。ADS は書誌レコードだけでなく、文献間のリンク、天体に関する記録、データアーカイブも管理することで、天文学の知識インフラの中心的役割を果たしている（Accomazzi and Dave 2011; Accomazzi 2010; Borgman 2013; Kurtz et al. 2005）。

来歴　天文学者は、データの来歴を判定するために、広範囲の数々の知識インフラの構成要素に頼っている。研究者は、たくさんの人々、たくさんの機器、そしてたくさんのソフトウェアツールが観測結果のビットストリームに関係することを理解し、データを信頼できなければならない。そうしたビットには、パイプライン処理のさまざまな段階において、校正、クリーニング、変換、整理の処理が行われる。来歴に関する懸念は、研究課題や状況によって異なる。ある目的で、天空の一領域で、特定の時間帯と周波数で採取されたデータは、後の特定の目的に有用かもしれないし、そうでないかもしれない。例えば、天文サーベイのデータよりも個人の天文学者によって採取された過去のデータの方が、来歴の判定がずっと難しいかもしれない。デジタル形式に変換された旧式のデータは、ある種の将来の利用には相応しくなく記録されているかもしれない。

　天文サーベイや他の大規模なデータセットの来歴は、SDSS（Ahn et al. 2012）や COMPLETE（Ridge et al. 2006）の個々のデータ公開におけるように、前述したデータ論文に記述される。機器の開発者の功績を認め、決定についてより詳細な説明を提供するために、インストルメント論文も出版されるかもしれない。これらの論文は、機器、校正、処理上の決定を記録する。データ論文はデータ情報源への参照を集めるため、天文学で最も頻繁に引用されている。

　天文学における来歴は、一般的な分析ツールやサービスによっても維持され

ている。国際仮想天文台連合（International Virtual Observatory Alliance;
IVOA）は、データやツールの開発と共有のための調整組織である（Hanisch
and Quinn 2002; International Virtual Observatory Alliance 2013a）。相互運用性問
題の処理や、天文学研究のための科学基盤に関する各国の取り組みの調整のた
めに、パートナーが定期的に集まる。

　完成には程遠いが、天文学は他の分野に比べて、文献とデータの間の関係の
確立の面で進展を見せた。SIMBAD は、天体と ADS 中のその天体に関する
研究論文の間のリンクを提供している。あまりきちんと管理されていないの
は、文献と観測データ、天体と観測データをリンクするメタデータである。こ
れらの補完的な情報資源の意味的な相互リンクの改善を目指して、さまざまな
システムや活動を調整する取り組みが進行中である（Accomazzi and Dave
2011）。調整の取り組みとしては、IVOA、ADS、CDS、天文学図書館、デー
タアーカイブ、それに異種のデータ情報源を統合できる WorldWide Tele-
scope のようなシステムがある（WorldWide Telescope 2012）。データの共有と
再利用のこうした調整の取り組みの役割は、8 章で検討する。

外部からの影響　天文学は、科学の他の分野と同様に、経済や価値、財産権、
倫理という外部状況に影響を受ける。天文学におけるデータの作成と利用は国
際的な合意と一連の管理モデルによって左右される。これらのことが、繊細
さ、学識の深さの両面で、天文学の知識インフラに根拠を与えている。

経済と価値　天文学のデータがコンピュータ科学の研究にとって魅力的である
一つの理由は、それらが明白な金銭的価値を持たないからである。二つ目の理
由は、データの大きな量と一貫性のある構造が、データベース研究に役立つか
らである。三つ目の理由は、人間の被験者が全く含まれないので、再利用に関
する倫理的制限が最小化されるからである（Gray and Szalay 2002; Hey, Tans-
ley, and Tolle 2009b; Lynch 2009; Szalay 2008）。

　天文学の観測データ、あるいは数値モデル、望遠鏡、機器、それに SDSS、
ハッブル、チャンドラといった大規模データアーカイブからの出力を売買する
市場が存在しないというのは正しいが、ほとんどは共有財として見ることでよ

5章　科学におけるデータの学問　119

り良く理解される。公的機関、民間機関のインフラ投資を構成する組織は、資源の品質とアクセスの公平性を保証するために、しかるべき管理モデルを有している。持続可能性とフリーライダーは、これらの共有財に対する継続的な脅威である。しかし、多くの天文学の機器やデータ情報源は、これらの共有資源の一部ではない。個々の天文学者やチームの管理下にあるデータは、状況に応じて、原材料または私的財と見なされ得る。一部の機器やアーカイブは、パートナーだけが利用可能なクラブ財である。天文学データの分析やファイルの解釈に必要なソフトウェアは、オープンソースまたは商品かもしれない。

財産権　データの財産権は、プロジェクト、資金提供機関、および他の要因によって異なる。研究資金の提供元が公的か私的かを問わず、研究者は通常、ある程度の期間はデータに対する排他的な権利を有する。占有期間はエンバーゴとも呼ばれるが、望遠鏡での観測時点から（National Optical Astronomy Observatory 2003, 2013a）またはパイプライン処理による「科学的に利用可能なデータ」の提供開始の時点から（Spitzer Science Center 2013）起算して、3ヶ月から18ヶ月程度の範囲とされる傾向がある。研究者はデータを速やかに利用可能とする決定権を持つこともあるが、占有期間を延長するには特別な承認が求められる。占有期間の開始を観測時点とするかデータが科学的に利用可能となった時点とするかの違いは、研究者が出版物を執筆中のデータを支配しなければならない何ヶ月か何年の違いとなり得る。重要な望遠鏡からの旧式のデータが当初から利用可能となっているのに対して、個人的に運営されている望遠鏡から得られたデータは決して公開されることはないかもしれない。

　ほとんどの主要な宇宙望遠鏡においてそうであるが、データがアーカイブされることが予定されるミッションでは、パイプライン処理が完了し占有期間が終了した時点で、データはリポジトリを通じて利用可能とされる。天文学者がこれらまたは他の機器から独自の観測データの収集を望む場合は、データに対する権利は機器の管理と結合している。望遠鏡は個々の取り決めの下で、大学、コンソーシアム、政府、そして他の資金提供者によって所有される。ハッブル宇宙望遠鏡のような機器の利用を管理する方針に関する責任は、科学ミッションに委任されることもある。ほとんどの公的な望遠鏡は、利用にあたって

提案書を提出しなければならないが、資格要件を満たした天文学者が利用できるようになっている。また、その他の機器は、すべての人に公開される大規模なデータコレクションを集め、包括サーベイ（synoptic surveys）に寄与している。所有する民間機関に関係する少数のエリートだけに利用可能な状態で生き残っている望遠鏡は数的に減少している。

　これらの運営組織のデータ権利方針は、ある種のデータの利用権や管理権において微妙な違いがある。例えば、米国国立光学天文台（National Optical Astronomy Observatory; NOAO）のデータ権利方針では、占有期間にある科学データと、日時、期間、場所、機器構成を含むそれぞれの観測に関するメタデータのように「NOAO アーカイブでの公開の受け入れ後直ちに」コミュニティへ提供される他の種類のデータを区別している。同様に、内部の校正データも公のものと見なされている。NOAO のスタッフは、機器の状態、安全性、校正、パフォーマンスの監視目的で、機器から送られる全データにアクセスしている。NOAO はアリゾナ州のキットピークにあり、全米科学財団（National Science Foundation; NSF）との協力協定の下、天文学研究大学連合（Association of Universities for Research in Astronomy Inc.; AURA）によって運営されている（National Optical Astronomy Observatory 2013a）。

倫理　天文学では、稀少で高価な資源であるデータや機器の利用に関して、倫理問題が生じている。データの収集と分析のために、誰が、どの望遠鏡を、いつ、どれくらいの期間、どんな資源と共に利用できるかは、天文学のモラルエコノミーによって決定される（McCray 2000, 2001, 2003）。近年では、この分野への公的資金の増大に伴って、より公平な能力ベースの利用になったが、倫理と政治はいつも影響を与える。望遠鏡は、大学をはじめ複雑な数々のパートナーから、それらのメンバーが確実に必要な設備を利用できるように資金の提供を受けている。

　天文学データの利用は、パイプライン処理、占有期間、管理等の問題から先延ばしになることがある。例えば、宇宙マイクロ波背景放射の調査のプランク・ミッションのデータは、当初の約束よりもずっと後で利用可能とされた。データが十分に校正されるまでは他者の利用には適さないとの理由から、研究

5章　科学におけるデータの学問　　121

者はデータと共に約 30 論文を一度に公開した（Planck Collaboration et al. 2013）。

　天文学の観測データは、飛行や防衛上の価値のために公にしにくい場合がある。例えば、Pan-STARRS は地球近傍天体の監視のために、資金の一部を米国空軍から提供されている。したがって、慎重に扱うべきと見なされたデータは天文学研究に提供されない。Pan-STARRS は、第一義的な科学ミッションと防衛上の役割を区別している（Pan-STARRS 2012, 2013b）。「オープンでの作業」とは通常は、日々の活動を公開審査にかけるのではなく、論文発行の時点でのデータ公開の意味を含む。

天文学における研究の実施

　ほとんどの天文学者はデータが豊富な世界で、それらのデータを選択、分析するための豊富なツールやサービスと共に生きている。また、天文学者が活動しているのは、ミッションの計画のための長大な期間や、資金調達、インフラ、機器やデータの利用のための国際的調整への依存を伴った、制約の世界でもある。望遠鏡の利用や観測時間の確保は、過去の世代におけるよりも公平だが、未だに主要な機器コンソーシアムのメンバーである資金が潤沢な機関の研究者の方が、そうでない大学や貧しい国の研究者よりも多くの資源を持っている。どんな存在がデータになるか、どんなデータをどのように共有、再利用、または管理するのかについての決定は、これらの資源の利用および時間、技術、インフラに関わる制約によって影響を受ける。

　この事例研究では、ハーバード・スミソニアン天体物理学センター（Harvard-Smithsonian Center for Astrophysics: CfA）に拠点を置き、COMPLETE サーベイの名で知られる複数年のプロジェクトの中で、研究課題を整備し、データを収集、分析し、そして 40 以上の論文で知見を発表した一つのチームを追跡する。彼らが頼りにしている知識インフラに関し、どのようにデータを説明、共有しているか、そして関連する一連の利害関係者、論文公開の実際について調査する。

COMPLETE サーベイ　CfA に拠点を置く COMPLETE サーベイは、天文観

測データの公共リポジトリと、空の同じ領域の新たな観測データから形成された大規模なデータセットである。このサーベイでは、銀河系の三つのとても大きな星形成領域の全体をマッピングした。観測データは、X線から電波までの電磁スペクトルをカバーした。チームは次いで、一連の研究課題を処理するために、これらのデータを用いてデータマイニングを行った。このサーベイは、その包括性、データソースの多様性、データのサイズで、10年前に同種の資源として入手可能であったものと比べて約 1,000 倍の価値があると推定される（COordinated Molecular Probe Line Extinction Thermal Emission Survey of Star Forming Regions［COMPLETE］2011）。

　7 年程のプロジェクトの間に、さまざまな種類の専門知識を備えた多くの人々がサーベイの実施に関わった。チームの人数は、教員、上級研究員、博士研究員、大学院生、学部生を含め、およそ 12 名から 25 名までであった。このサーベイのデータセットを用いた研究は継続しており、その大部分は星形成領域の物理学を理解するための観測作業と統計処理に集中している。

研究課題　COMPLETE サーベイ・チームの研究課題は、星間ガスがどのようにして新星にまとまるのかに関するものである。星形成の研究における最も重要な問いは、ある条件を伴った星間ガスに対して、時間の関数としてどのような分布の星々が形成されるのかである。彼らはこの問いをより小さな単位に分けたが、その内の幾つかはパズルの次の部分が処理される前に解決されなければならなかった。これまでの主な知見の中で特筆すべきは、近赤外線の「クラウドシャイン」の発見（Foster and Goodman 2006）、実体を表現する構造発見アルゴリズムの開発と実装（Pineda, Rosolowsky, and Goodman 2009; Rosolowsky et al. 2008）および星形成領域のシミュレーション（Beaumont et al. 2013）、星間ガス・マップの温度の意味の再解釈（Schnee, Bethell, and Goodman 2006）、星形成における自己重力の役割の評価（Goodman et al. 2009）である。

データの収集　既存のアーカイブにあるデータを特定するために、チームは調査対象の三つの星形成領域（ペルセウス座、へび遣い座、へび座）に関するデータの抽出に向けて、座標値およびオブジェクト名を元にした検索を行った。彼

5章　科学におけるデータの学問　123

らは、これらの領域における天体と現象を調査した先行の論文を特定するために、SIMBAD と ADS のメタデータも用いた。しかし、アーカイブのメタデータは不完全であることが知られているので、チームはアーカイブで利用可能なデータをどこで検索すべきかを決定するために、自分達の分野に関する専門知識と論文で言及された資源に頼った。COMPLETE サーベイの半分以上は、望遠鏡機器の観測時間に対するさまざまな提案からもたらされた新たなデータである。これらの新データは、各々の望遠鏡機器に関連するパイプラインを通して処理された。達成するには複雑なプロセスではあるが、特筆すべきは、この天文学の領域のための知識インフラが、さまざまな機器から得られた新旧の観測データを調整する能力を支援していることである。

データの分析　データ分析の最初の段階は、取得元がアーカイブ、観測提案のいずれであっても、すべてのデータセットを共通の FITS フォーマットにすることであった。これらのファイルの調整には、FITS 規格に関する徹底的な知識が求められる。ファイルをどのように結合するかに関して、決定する必要に迫られた。データセットは天空について同一の範囲を対象とするわけではないので、星形成領域の幾つかの範囲については他の範囲よりも多くのデータが入手可能である。天空位置とスペクトルに関して利用可能なメタデータがデータセットの結合に不可欠である一方で、校正、機器の性質、データモデル、その他の要素の違いを調整するためにはかなりの専門知識が必要である（Goodman, Pineda, and Schnee 2009）。データセットの共通ファイルへの結合の際に、チームは FITS ファイルと他の共通フォーマットを入力データとするオープンソースと商用ソフトウェアの両方の一連のツールを用いることができた。

　天文学者は競争力を手にするために、新たなソフトウェアツールを作成したり、あるいは既存のツールに新たなスクリプトを書いたりすることがある。新たなツールの作成と新たな方法の検証は、それら自体が科学的貢献にも成り得る（Rosolowsky et al. 2008）。例えば、さまざまな空間スケールにおける引力の役割に関する *Nature* 論文で、アリッサ・A・グッドマン（Alyssa A. Goodman）等（Goodman et al. 2009）はさまざまな空間スケールでの構造測定のための新たな技術として、いかにデンドログラムを実装したかを説明している。彼女ら

の 3 次元可視化は、CLUMPFIND と呼ばれる以前のアルゴリズムに対するデンドログラム・アルゴリズムの優位性を示すために、デンドログラムにおいて自己重力領域を非自己重力領域から分離する。彼らの論文は、Adobe PDF リーダーの特定のバージョンを用いて、論文内での操作や回転が行える 3 次元ビューを可能とした 3D PDF として出版された最初の論文であった（Goodman et al. 2009 の図 2 を参照）。

知見の公表　COMPLETE は、各々の調査が次の調査に情報を提供する知見を生み出し、累加的に多数の研究をチームにもたらした。個々の論文は、上述した星の形成における自己重力の役割の探求といった特定の目的のために集積されたサーベイの部分集合に基づいている。複数の論文が同じ大規模なデータセットを利用しているので、各論文の細目に必要な範囲内で研究プロトコルを記録している。サーベイの構築に必要な来歴情報は、パートナー機関の 17 名の著者によるデータ論文に示されている（Ridge et al. 2006）。*Nature* 論文（Goodman et al. 2009）はたった 4 ページの長さである。それが、この雑誌で許容される最大であるためである。付加的な 12 ページの補足資料がオンラインで公開されている。さらに別の資料がプロジェクトのウェブサイトに置かれ、論文で引用されている。

　COMPLETE サーベイに基づく論文は、天文学の雑誌で発表された。したがって、それらの論文は SIMBAD と ADS で目録が作成され、オブジェクト、領域、書誌的特徴によって発見可能となっている。

データのキュレーション、共有、再利用　COMPLETE サーベイのチームはさまざまな機関や国にわたっており、それらの各々がデータの共有、管理、再利用に独自の慣行を有している。ハーバード CfA に本拠を置く中核チームが、サーベイのデータセットとウェブサイトの維持を行っている。彼らは、サーベイデータを複数の部分に分け、さまざまなフォーマットで、それぞれに詳細な説明を付けて、ダウンロードできるようにしている（COordinated Molecular Probe Line Extinction Thermal Emission Survey of Star Forming Regions [COMPLETE] 2011）。データセットに対する引用の推奨方式が提供されてい

るが、チームは利用や引用を追跡しようとはしていない。引き出されたデータは現在、天文学データ用に新たに改良された Dataverse を通じて公開されている。データセットは依然として活発に利用されている。このため、彼らは新たなリリース、新たな資料や、必要に応じた訂正を追加することができている。サーベイデータの MAST や他のリポジトリへの提供は、長期的な管理責任の軽減に役立つ可能性があるが、行われていない。

COMPLETE サーベイを実施し一連の研究プロジェクトに活用したハーバード CfA チームは、大部分の分野のほとんどの研究者よりもはるかにデータキュレーションに関心を持っている。彼らは、天文学におけるデータ共有とインフラ整備に積極的に関わっている。チームは天文学データの寄託と共有のために Dataverse サイトを整備し、この分野のデータと文献を統合する ADS All Sky Survey や WorldWide Telescope の主導者であり、天文学におけるデータ共有と再利用を研究してきた（Goodman and Wong 2009; Goodman 2012; Goodman et al. 2013; Pepe, Goodman, and Muench 2011）。

COMPLETE サーベイに関する大規模な記録作成にもかかわらず、チームは今なお長期の連携研究に特有な「大学院生 1、2、3」問題を抱えていると認めている（Edwards et al. 2011; Pepe et al. 2013）。数年前の校正、変換、あるいは同様の分析プロセスの繊細な決定に関わる疑問が生じた場合、最も密接に関与した現在は離れている学生あるいは博士研究員を探さなければならないことがある。こうした解釈は、回りまわって、以前に機器、パイプライン、データプロダクトの整備に携わった他のグループによって行われた決定に左右されることがある。これは「住宅建築問題」であり、データの来歴は最初まで遡ることによってのみ追跡可能で、そしてデータにはたくさんの起源があるかもしれないのである。

たいていのデジタルデータの場合と同様に、天文学のデータは、それらをクリーニング、整理、分析するのに用いたソフトウェアコードから分離できない。既にパイプライン処理で整理されている FITS ファイル形式のデータは、商用ソフトウェアであれオープンソースであれ、一連の標準的なツールで分析することができる。しかし、天文学データに関連するたくさんの種類のソフトウェアコードは、公開を条件としていないかもしれない。天文学者は、自らの

観測提案あるいは機器を通じて収集したデータのために、独自にパイプラインを作成するかもしれない。公開データを分析するために特別のツールまたはスクリプトを作成するかもしれない。また、コンピュータによるシミュレーションのコードは厳密に保護されているが、分析やアウトプットの解釈に関連するコードは公開されている場合もある。さらに、シミュレーションのアウトプットがデータと見なされない場合には、公開されないかもしれない。これらは、天文学で見られたデータの学問のさまざまな形式のほんの数例である。

センサネットワークの科学技術

　1990年代後半までに、科学技術の研究者は以前に比べ量、密度、品質で上回る研究データを集めるために、組み込み型センサネットワークの配置を始めた。例えば、環境科学では、センサネットワークは植物成長、風と天候のパターン、化学的活性と生物活性、動物行動、土壌と水の汚濁源を調査するために用いられている。センシングシステムの開発、試験、それに科学的応用のための利用が行われた組み込み型ネットワークセンシングセンター（Center for Embedded Networked Sensing; CENS）のデータ実践に関する10年にわたる共同研究が、この事例研究のために一連の豊富な材料をもたらした。このCENSの事例の整備が行われた社会科学的方法については6章で詳述する。

　CENSは全米科学財団の科学技術センターであり、2002年から2012年に資金提供を受け、エンジニア、コンピュータ科学者、専門の科学者による協力を通じて、科学的および社会的な応用のためのセンシングシステムの開発に注力した。学問分野の境界線を越えた連携により、参加者は自分達の研究実践、方法、期待を明確に表明しなければならなかった。

サイズ問題

　CENSの実地調査の領域におけるセンサネットワーク科学は、プライス（Price 1963）の用語である「リトルサイエンス」の標準的な例である。プライスはこの種の科学を、研究方法が一貫性に欠けるために天文学といったビッグサイエンスに比べて成熟度が低いとしたかもしれないが、これは適応性の高さ

と考えるのが最も相応しい。これらは、各々の分野における証拠の基準に適合する厳密な方法である。そうしたデータは、妥当性は高いかもしれないが、再現は容易でない。

CENS は、カリフォルニアの 4 大学（後に追加があって 5 大学）に所属する中核的研究者と共に 2002 年に開始された。これらの研究者はそれぞれ他機関に共同研究者がいた。プロジェクトの開始と終了、それに学生、教員、博士研究員、職員の構成の変化の中で、メンバー構成は年によって異なった。センターには、ピーク時でさまざまな多数のデータ活動を行う約 300 名の参加者がいた。センターの全期間の平均で、約 75% の CENS 参加者がセンシング技術の開発と活用に携わった。残りは、科学、医学、社会的応用の分野の参加者であった。科学技術研究者は科学または他の応用のために新たなアプリケーションを開発し、一方、科学者は自分達の研究方法を向上させる新たな技術を探した。

CENS の現場配置で収集されたデータは、絶対量の大きさあるいは密度の高さは別にしても、多様性に富んでいた。しかし、量と密度が増大するにつれて、科学チームはスケーリング問題に直面した。センサネットワークは、これらの領域を支配していた手作業による抽出方法に比べ、はるかに多くのデータを生み出した。例えば、根の成長の生物学的調査では、科学者は対象植物の近くの地面に設置した透明なプラスティックのチューブ内のカメラを用いて、7 年の間に約 10 万のイメージを収集し、手作業でコード化した。カメラの自動化とセンサネットワーク上でのイメージ送信によって、彼らは最大で一日 6,000 イメージ、総計で約 10G バイトを記録できた（Vargas et al. 2006）。手作業による方法から自動コーディングに移るのは、幾つかの理由で問題があった。手作業によるコード化は大学院生や学生の専門知識に頼っており、中には何時間も続けてコード化を行った者もいた。根はとても小さくかつ成長がゆっくりであるため、コード化は難しかった。根が最初にチューブに触れた時には、とても小さな点が現れるに過ぎなかった。チューブに平行して目に見えるまでに成長してしまえば、コード化担当者は根が最初に現れた時を決定するために前のイメージを調べることができた。そうした観察の幾つかの発端の特定には、フィールドノート、根の成長のビデオやその他の記録の探索が必要であ

128　　第Ⅱ部　データの学問の事例研究

った。彼らは、コード担当者間の信頼性の検査を行ったが、誤差の許容範囲からそうした活動をアルゴリズムによってコード化することはできなかった。海洋生物学の調査では、科学チームは通常、それぞれ24時間の時間帯で3回から4回、海水試料を採取した。そうした観測は時系列で相互に関連付けられていた。しかし、センサネットワークでは海水を5分間隔でサンプリングした。単純な相関や時系列分析はこうしたデータの変化量には十分でなく、複雑系のモデル化手法を導入するに至った（Borgman, Wallis, and Mayernik 2012; Borgman et al. 2007; Wallis, Borgman, Mayernik, Pepe, et al. 2007）。

いつデータが？

CENS におけるデータの考え方は、センターが存続した10年間を通じて変化を続けた。インタビュー対象の各研究者、学生、職員は、彼または彼女のデータについて個別の説明文書を提供した。これらの説明文書は、その後のインタビュー、現場視察、彼または彼女等の文献の調査の中で発展していった。同じチームの一人ひとりが、チームの中での役割、経験、研究活動の段階によって、チームのデータとは何かについて異なる説明を行った。データの概念も、センサネットワークの改良と研究方法の成熟と共に進化した（Borgman, Wallis, and Mayernik 2012; Mayernik, Wallis, and Borgman 2012; Wallis et al. 2008）。

全体としての CENS 調査は、探索的、記述的、説明的な研究方法の混合であった。科学者は研究室で仮説を立て現場でそれを試験しても良い。その逆も然りである。技術研究者は、幾つかの理論は研究室でその他は現場で試験することができた。センサネットワークのモデルを研究する電子工学者のような理論家も、センサネットワークの現場配置で理論を試験することができた（Cuff, Hansen, and Kang 2008; Wallis et al. 2007）。

生物学、地震学、環境学等の科学者は、自分達の研究課題と方法を CENS に持ち込んだ。特に、この事例研究で取り上げた生物学的、環境学的応用では、G・マイケル・ボーウェン（G. Michael Bowen）とウルフ・マイケル・ロス（Wolff Michael Roth）によって特定された生態学の性格（Bowen and Roth 2007）が、次のように科学的実践として示された。(1)研究計画がきわめて差し迫った性格を持つ、(2)ツールや方法は、多くの場合その場で入手可能な材料から現場

で開発され、きわめて文脈依存的である、(3)生態系の動的性質ゆえに、研究は簡単には再現できない、(4) コミュニティのメンバー間の社会的相互作用がきわめて重要である。

　コンピュータ科学と工学の研究者も、同様に自分達の研究課題と方法をCENS に持ち込んだ。特に予測不可能な実世界の設定で行った現場ベースの調査に関して、科学的応用のためにハードウェアまたはソフトウェアを設計した経験がある工学研究者はほとんどいなかった。科学的課題に適合する要求要件と評価基準が流動的なままである場合、技術設計は特にたじろぐほど難しいものであった（Borgman, Wallis, and Mayernik 2012）。チームは、計画、配置、技術および結果としてのデータの評価を行うために、パートナー達の専門分野に関して充分に学ばなければならなかった。

　CENS 調査では、しばしば市場を通じて購入した機器と内部で開発した機器が組み合わされた。ハードウェアとソフトウェアの両方に関するセンシング技術の設計における決定は、獲得できるデータの種類に影響を与える。天文学における望遠鏡の機器の場合と同様に、フィールド調査実施のかなり前に行われた設計上の決定は、何がデータに成り得るかを決める可能性がある。

　科学と技術のチームは現場で共に働いたが、合同で収集したデータの発生源、品質、または利用について、どちらも完全に理解しているわけではなかった。現場配置から収集したデータの中には、水のサンプルのように科学チームだけが関心を持つものもあったが、ロボット装置からの固有受容性のデータのように技術チームだけが関心を持つものもあった。したがって、センサからのデータは相互に利益をもたらしたが、異なる研究課題に対応するものであった。これらは研究グレードの技術の新たな科学的応用であったため、実世界のベンチマークと対照してデータを「グラウンドトルース（ground truth）」で補正することが継続的な挑戦となった。

情報源と情報資源　CENS の研究者は、あてにできるリポジトリや他の外部資源がほとんどないため、データのほとんどを自分達で収集した。チームはセンサネットワークや実サンプルから一連のデータを集めた。ソフトウェアコードとモデルが、装置の設計やデータの解釈に絶対に不可欠であった。これらは場

合によってはデータとして扱われた。

組み込み型センサネットワーク　組み込み型センサネットワークは、CENS が創設された 2002 年の時点でさえ、新たな技術ではなかった。センサネットワークは、化学プラントや石油プラントのような産業プロセスの運営や、水量・水質のモニタリングに用いられている。CENS に関して新規であったのは、科学における新たな課題の探求に組み込み型センサネットワークを使用したことであり、科学技術の研究者が技術の実世界での応用計画で協力できるようになったことである（Committee on Networked Systems of Embedded Computers 2001）。CENS は、新たな種類のデータを集めるために、市場で入手できる技術を新たな機器に結びつけ、新たな研究計画に活用することができた。

　一世代前には、リモートセンシング技術は環境科学に革命をもたらした（Kwa and Rector 2010; Kwa 2005, 2011）。向上し続ける粒度で衛星から地球を眺める能力は、それまでは不可能であった環境現象のよりはるかに総合的な見方を可能にした。

　センサネットワークは技術に応じて、陸上および水中に配置することができた。センサは土壌への埋設、水域でのブイまたはボートからの吊り下げ、ポールまたは固定具への取り付け、3 次元で移動可能にするための地上または土上の空中ケーブルからの吊り下げを行うことが可能であった。センサは、水中の硝酸、稲田のヒ素、風速と風向、光レベル、地球の物理的動きあるいは動物の移動、その他のさまざまな現象の指標を検知するために使われた。データはセンサから、フラッシュドライブへのコピーのような手作業、あるいはインターネットを介してアクセスするノードへの転送のいずれかで収集された。センサデータの利用とその取得の方法は、アプリケーション、技術の選択、場所の遠さによって異なった。ワイヤレスネットワークに容易にアクセス可能な都市部での配置もあったが、多くは遠隔の山、島、砂漠で行われた。

　CENS の技術研究者は、センサデータを次のようなさまざまな目的で使用した。(1)音やイメージを含む、物理的現象、科学的現象の観測、(2)ロボットセンサの作動、または環境中のある場所への誘導を用いた自然現象の観測、(3)センサの作動または休止の時間、センサが検知した不良、バッテリー電圧、ネット

ワークの経路指定テーブルといった、センサによるおよびセンサに関する運用データ、(4)モーター速度、方向、ロール角、ピッチ角、ヨー角、舵角といったロボット機器を導くためにセンサによって収集された固有受容性のデータ (Borgman, Wallis, and Mayernik 2012)。

　参加した諸分野間の違いは、証拠の評価基準で最も際立った。例えば、生物学者は、分野において確立した測定基準に基づいて温度といった変数を測定していた。エンジニアとコンピュータ科学者は、そうした国際標準を知らないか、あるいは無関心である傾向があった。彼らの目的のためには、局所的な一貫した測定基準値があれば連携には充分だったのだろう。測定の実際について尋ねたとき、ある技術研究者は簡単に「温度は温度だ」と述べた。パートナーの生物学者はどのように温度を測定しているかについて単独で質問された際に、機器のタイプ、いつどこで測定を行うか、環境の制御の程度、機器の精度、校正記録等について微妙な差異を含め長く語ってくれた。この生物学者は、一つの現場に三つの温度測定機器を並べて設置し、機器とその結果を信用できるようになるまで丸一年にわたって測定を行った (Wallis et al. 2007)。

実サンプル　CENS の科学チームは、水、砂、土壌の実サンプルの収集を続けた。これらには、湖の植物プランクトンと動物プランクトンの分布といった生物の観察が含まれた。サンプルは現地のウェットラボで検査され、そしてその一部は配置終了後にさらにキャンパスで検査された。

ソフトウェア、コード、スクリプト、モデル　センサは、風、ヒ素、硝酸、または他の科学上の変数を直接測定するのではなく、電圧や他の検知可能な指標を測定する。ほとんどのセンサからの出力は、統計モデルを通して解釈しなければならない二値信号である。中にはカメラからのイメージもある。物理現象あるいは化学現象の統計モデルが、これらの指標の解釈のために用いられた (Batalin et al. 2004; Deshpande et al. 2004; Hamilton et al. 2007; Wallis et al. 2007)。

　技術チームは、ソフトウェアコードのリポジトリのような外部情報資源を用いることもあった。コード、ソフトウェア、モデルは、コンピュータ科学と工学の研究者の間では、データと同義に見られる傾向があった (Wallis, Rolando, and Borgman 2013)。

背景データ　科学チームは外部情報源からのデータを、特定の現場における新たな資源のコレクションの計画のために用いた。チームは繰り返し同じ現場に戻る傾向があったため、それらの現場に関する広範な基本データと背景となる前後関係を必要とした。魚類・鳥獣保護局のような公的機関によって集められたデータは、チームが湖での以前の調査で収集したデータと同様に重要な情報源であった。湖に関する有益な背景情報には、藻類が最も繁茂する時期、湖底の地形、存在しそうな植物プランクトンと動物プランクトンの種類、栄養素の存在とその濃度等が含まれた。工学チームは、時に応じて外部資源からの校正データを入手した（Wallis, Rolando, and Borgman 2013)。

知識インフラ　天文学では数十年にわたる国際的協力を通して、座標データ、文献、ツール、リポジトリに関する洗練された知識インフラが成立したのに対して、CENS のインフラは分布の対極にあった。センター自体は、共通の関心を持つ研究者を集める重要な機能を果たした。センターは、設備、ネットワーク、スタッフ配置の面で技術的インフラを提供したが、共有の情報資源に対してはほとんど投資を行わなかった。チームの文献はカリフォルニア大学の eScholarship システムに提供され、これにより eScholarship システムは最大のリポジトリの一つとなった（Center for Embedded Networked Sensing 2013; Pepe et al. 2007)。

　CENS 研究の軌跡は、当初の提案通り、自律的なセンサネットワークと「スマートダスト」技術に基づいたものであった。その軌跡が続いたとしたら、データおよびメタデータの標準化の仕組みはよりずっと実現可能なものとなるはずであった。センターが成長するにつれて、参加者は対象とする自然の探索的研究に関する科学技術の問題点について理解を深めた。実験技術は、現場の状況に無人で放置するにはあまりに脆弱で予測が難しいと考えられた。このため、CENS 研究は現場で対応可能な「人間介在型」の方式に転換された（Mayernik, Wallis, and Borgman 2012)。

5章　科学におけるデータの学問　　133

メタデータ センサネットワークを用いた科学調査は、天文学と比較できるような歴史を持たない研究領域である。パートナーの各々が、メタデータの利用を含む分野毎の方式を連携に持ち込んだ。地震学やゲノミクスといった例外を別として、CENS チームによって産み出されたデータのためのメタデータ規格はほとんど存在しなかった。存在した規格は、必ずしも科学コミュニティあるいは小規模な科学研究の性質を持つ現場の研究チームによって採用されなかった（Cragin et al. 2010; Millerand and Bowker 2009）。例えば、環境データやセンサデータのための正式な XML ベースの規格は存在したが、使用されなかった（Knowledge Network for Biocomplexity 2010; Open Geospatial Consortium 2014; Higgins, Berkley, and Jones 2002; Ruixin 2002）。

　各自の目的のためにメタデータを付与するチームもあったが、ただしそれらは XML 規格に対応したものではなかった。研究者は、正確な時刻、場所、現場の状況、センサの位置、センサの特定（メーカー、モデル、シリアルナンバー、その他の特徴）、科学的な変数を含め、データコレクションの前後関係を説明するレコードを作成した。ファイルの命名法は、メタデータの最も一般的な形式であった。チームはデータの管理のために用いたメタデータの品質レベルに滅多に満足しなかったし、古いデータの探索または再利用の難しさに懸念を覚えることがたびたびあった（Mayernik 2011）。

来歴 CENS の各チームは、データの発生源と取扱いに関して独自の記録を維持した。チームでは比較のために、以前の配置や実験室研究のデータを用いることが多くあった。CENS の科学チームには、多くの場合数年の期間にわたって、繰り返し同じ研究現場に戻る傾向が見られた。彼らは、長期間での比較を可能とするために、現場に関する累積的な知識とデータを整備した。技術研究者は、信頼できる現場あるいは長期的比較に頼ることは、はるかに少なかった。彼らの機器の初期検査は、浴槽、スイミングプール、バックヤード、キャンパス内の空地で実施可能であった。

　天文学のような共通のデータプールを欠くため、CENS に関連する分野の研究者はデータセットの来歴を証明するためのデータ論文に相当するものを持たなかった。正確には、来歴情報は関連データと同様に研究者の下で維持され

た。CENS のデータの再利用を望む者は、通常はデータが報告された論文の著者に連絡を行った（Wallis, Rolando, and Borgman 2013）。

外部からの影響　センサネットワーク科学は、多くの異なる学問的背景を持つ研究者を引きつけている。各々の個人やグループは、一連の経済的価値、財産権に関する懸念、倫理問題を連携に持ち込んだ。最も興味深く、かつ予期しない問題の幾つかが、研究領域の交わるところでのデータの扱いに関して発生した。

経済と価値　CENS におけるデータの入手と交換の方法は領域および各プロジェクトの事情によって異なっていた。地震学と海洋生物学の研究者には、幾つかのデータ共有資源があった。環境研究者は、気象学、水流、および現場の状況の他の要素に関して、地方自治体、州、国の記録を利用していた。米国内で働く研究者の範囲内では、これらの記録の大部分は公共財であっただろう。同じ記録に米国外での利用許可が与えられるかもしれないが、その場合、それらがどのように運営されるかに従って有料財または共有資源となるだろう。CENS の科学者は、多くの諸外国で観測データを収集したが、各地域の状況に関する背景データの利用は結果的にさまざまであった。コンピュータ科学と工学の研究者は、場合によっては、こうしたコミュニティの共有資源として機能する GitHub や SourceForge のようなオープンソフトウェア・リポジトリを利用して、ソフトウェアの入手あるいはコードの提供を行っていた（Boyle and Jenkins 2003; Kelty 2008; Uhlir 2006; Wallis, Rolando, and Borgman 2013）。また、以下および 8 章で見るように、個人間の非公式な承諾によってデータ交換が行われた事例も見られた。

　米国における地震学のコミュニティは、地震学データの受入、管理、流通のための科学施設を運営する大学コンソーシアムである大学間地震学研究所連合（Incorporated Research Institutions for Seismology; IRIS）によって支えられている（Incorporated Research Institutions for Seismology 2013）。地震学のデータは学術研究と教育のためだけではなく、地震による危険の緩和や包括的核実験禁止条約の検証のためにも利用されている（IRIS Data Management Center

2013)。NSF からの資金提供を受けた結果のデータは、助成プロジェクトの最後の設備が現場から撤去された後の所定の期間内に IRIS リポジトリで利用可能とされなければならない。占有期間に関する規則が尊重されてはいたが、いつすべての地震探査の装置を現場から撤去するかについて、研究者はかなり柔軟に対処した。研究者は、自分達のデータを分析するための時間的余裕を確保するために、センサの撤去を遅らせることができた（Wallis, Rolando, and Borgman 2013）。

CENS ではゲノムのデータをほとんど集めなかったが、有害なアオコや水質の研究の中には DNA 分析を行うものもあった。資金提供機関あるいは雑誌から要求された場合には、これらのデータは GenBank、Protein DataBank、あるいは他のアーカイブに提供された（Wallis, Rolando, and Borgman 2013）。人工衛星のリモートセンシングによって収集された環境データの中には、魚群の追跡、あるいは穀物生産高を予測する気候状況のように、高い商業的価値を有するものもある（Kwa 2005）。環境科学の CENS プロジェクトのほとんどは、個々の研究現場に関して少量のデータを集めた。簡単に結合または比較できるような方式で整理されたデータはほとんどなかった。しかし、全体として、データが他の研究者にとって有益となる可能性は存在した（Borgman et al. 2007; Wallis et al. 2010）。

財産権　天文学の場合と同様に、センサネットワークの科学技術の財産権は、データよりも機器に関連付けられている。天文学者が大きな機器を共有するのに対して、CENS の科学技術研究者には、データ収集のために小さな機器を購入するか自分で組み立てる傾向があった。助成金で購入した設備は通常、助成を受けた大学の財産となる。幾つかの企業が CENS と提携して、専門知識、設備、追加の資金を提供した。CENS の研究で開発された設備、アルゴリズム、方法の一部を販売するために、少数の小規模企業が形成された。どれも商業的に大きな成功は収めなかったが、目標は主に技術移転にあった。センターの全体的な取り組みはオープンサイエンスを目指し、ソフトウェアをオープンソースコードとして公開することを選んだ。最も首尾良く継続しているベンチャーは、環境、保健、経済開発への応用目的でセンサネットワーク技術を設計

するために、CENS の OB が立ち上げた非営利事業である（Nexleaf 2013）。

倫理　どこで、どのように、どんな現象を研究するか、どれだけ綿密に知見を報告するかに関する決定に関して、センサネットワークから科学技術データの作成上の倫理問題が生じた。例えば、絶滅危惧種やその生息地を研究する CENS 研究者もいた。出版された知見には、研究の妥当性を証明するために充分な詳細が含まれたが、他の者が現場の正確な位置を特定するには充分ではなかった。自然保護区で行われた研究はたいていの場合、慎重な取り扱いが必要であった。研究上の保護区は教育活動のために一般公開される場合もあり得るが、通常は隔てられた場所にある。観光客も研究上の訪問者も同様に、植物相、動物相、現象を自然状態で確実に調査できるよう、生息地や生態系を尊重するよう求められた。

　CENS のコンピュータ科学と工学の研究者は、各々の分野の倫理基準を遵守することが当然と見なされていた。コンピュータ科学の最大の職能団体である米国計算機学会（Association for Computing Machinery; ACM）の倫理綱領は、一般的な道徳的要請（他者の尊重、危害を加えないこと、公平かつ誠実、プライバシーの尊重、秘密保持、その他）、専門職としての責任（高品質の研究、関係法令の知識と尊重、システムとリスクの評価、その他）、リーダーシップ、倫理綱領の遵守を取り上げている（Association for Computing Machinery 1992）。工学の大規模な職能団体である IEEE（Institute of Electrical and Electronics Engineers）にも、「公衆の安全、健康、幸福と調和する決定を行うこと」、「誤りを認め、訂正すること」、そして他者に危害を加えないことといった責任について言及する、同様だがそれほど詳細ではない倫理綱領がある（Institute of Electrical and Electronics Engineers 2013）。

　研究者はこれらのガイドラインに従って、責任を持ってデータを収集すべきであるが、「責任」は領域によって異なる。エンジニアと生物学者が、鳥の声の場所を特定するために、照準合わせのアルゴリズムを利用するために協力した。軍事応用への関わり合いを避けてきた科学者が、いつの間にか兵器技術を平和的な目的のために活用していたのである。野外の鳥や動物の動きを可視化するためにセンサカメラを活用しているコンピュータ科学者のチームが、試験

5章　科学におけるデータの学問　137

目的でキャンパス内の廊下にカメラを設置したが、後になって気が付くと、廊下における人々の行動を同意なく記録するというヒト被験者に関する問題を起こしてしまっていた（Wallis et al. 2007）。

　CENS がセンサネットワークの他の応用に進出する中で、こうした技術の科学的利用に関する専門知識は携帯機器の社会的利用に向かい始めた。携帯電話は、データ収集とネットワーク・トポロジ研究の重要なプラットフォームとなった。参加者が食物摂取、通勤経路、自転車利用等の目的で、携帯機器上のアプリケーションを介して自らの行動の追跡を開始し始めた時に、プライバシーに対する懸念が最優先の課題となった。コンピュータ科学者やエンジニアは、どんなデータを集めることができるか、どんなデータを集めるべきかのどちらが適切なのかに関する一連の難しい決定に直面した。CENS は、携帯電話技術の設計に価値を組み込むという複数年の研究の拠点となった（Shilton 2011）。

組み込み型センサネットワークを用いた研究の実施

　CENS では人、設備、研究活動がプロジェクト間で共有されることもあったが、どの時点でもたくさんの独立プロジェクトを支援した。こうした連携は研究者を安全地帯の外に引き出すものであった。技術者はきわめて予測不可能な現場環境で新たな設備を試験しなければならなかったし、科学者は現場調査が確実に成功するよう技術者に頼らざるを得なかった（Mayernik, Wallis, and Borgman 2012）。

　さまざまな研究領域の学生、教員、研究スタッフの混合体の小規模な研究チームが、数時間から 2 週間の間、現場で共に研究を行おうとした。さまざまな種類のデータを収集するために技術が配置されたため、こうしたイベントは「配置（deployment）」と呼ばれた。参加者は日毎に異なり、全体で最大 20 人程度であった。

　以下の典型的な CENS 実地調査の合成シナリオは詳細を別の場所で発表したものであるが（Borgman, Wallis, and Mayernik 2012）、こうしたタイプのデータの収集、管理、利用、キュレーションに一般に関連する一連の活動を描いたものである。このシナリオには、特定の藻類が水中で突然支配的になる淡水でも海中でも生じ得る現象である有害アオコ（harmful algal bloom; HAB）が含ま

138　　第Ⅱ部　データの学問の事例研究

れる。アオコは、魚類が必要とする溶存酸素の消費、または大型哺乳動物に影響を与える有害な神経毒であるドーモイ酸の放出によって、魚類やアシカのような他の動物を殺す中毒症状を引き起こす。アオコは、一日に数万の魚類を殺す可能性を持ち大きな損害の原因となり得るため、重要な研究対象の現象である。アオコの配置は、夏のアオコで有名なある湖で行われた。

センサネットワークは、海洋生物学者に手作業でのサンプリング手法の場合よりも多くの変数の調査と、ずっと多くの観測データの収集を可能にしている。データ収集は、センサの選択と設置場所によって現場の状況に対応できる。アオコのセンサネットワークによる調査では、コンピュータ科学者とエンジニアが、大きな数の変数を集めるための物理センサ、生物学的センサの能力のテストを行える。ロボット工学者は、観測の流れがロボット仕様のボート、ブイ、ヘリコプター、カメラ、自律走行車上のセンシングシステムを動作させるために使えるので、アオコ調査は特に興味深いと考えている。

研究課題　CENS 研究の全体的目標は、新しい種類の科学を可能とする新たな機器の共同開発または共同による革新にあった（Center for Embedded Networked Sensing 2012; Committee on Networked Systems of Embedded Computers 2001; Estrin 2008）。　科学技術の取り組みは、J・C・R・リックライダー（J.C. R.Licklider）の狩蜂とイチジクの木の喩えにあるように共生的である（Borgman 2011; Licklider 1960; Waldrop 2001）。一方は他方がいなければ前に進めない。両者は相互に依存し、影響を受けていた。

科学技術チームの相互依存関係にもかかわらず、彼らの研究の長期的目標はセンターではなく各々の分野の内容に沿ったものであった。生物学研究者は CENS の期間前、期間中、期間後もアオコに関連した生物学的現象の研究を続けたし、技術研究者も同様に機器、アルゴリズム、対象とする現象のモデルの向上を続けた。彼らの相互の参加への相当な献身にもかかわらず、データの選択、データの管理方法、知見の公表の場所は、より各々の研究課題に繋がっていた（Borgman, Wallis, and Mayernik 2012; Mayernik, Wallis, and Borgman 2012; Wallis, Rolando, and Borgman 2013）。

アオコの現地調査において、科学チームは湖での現象の分布を調査し、工学

チームはロボットによる映像を調査した（Borgman, Wallis, and Mayernik 2012）。科学チームの要求要件が、ロボットの誘導、ネットワーク状態、センサ故障検知のアルゴリズムとセンサ技術インターフェースの設計に関する技術研究の実施に道を開いた。コンピュータ科学と工学の研究者は、設備、特殊なセンサ、時間、場所、各配置期間の選択、設定を導くための科学チームとの議論を頼りにした。

データの収集　人数およびスキルの構成は、配置毎に大幅に異なった。アオコを調査する4日間の湖での配置では、参加者は日によって異なった。初日には、学生と研究スタッフが設備を据え付けるために到着した。2日目には、教員の研究者がデータ収集を指導するためにやって来た。この例では、4日間のコース全体で約20名が来ては去っていった。この中には、センシングシステムを組み立てた約8〜10名の電気工学者、約4、5名のロボット工学者、2名の科学者、約6〜8名の海洋生物学者が含まれた。役割は重なり合っていた。そのため、参加の人数はおおよそなのである（Borgman, Wallis, and Mayernik 2012）。

　すべてのグループが一連の研究課題と関連する装置類と共に現場にやって来たが、データ収集は現地の状況に強く左右された。研究者は、各センサがある種の条件に適するよう、そしてある密度でデータを集められるよう、注意深くセンサを選び設置した（Akyildiz et al. 2002）。センサの設置はそれ自体が研究テーマである（Younis and Akkaya 2008）。土壌水分や湖のpH値のような係数がセンサの設置場所に影響を与えていた。暫定的な知見に基づく配置の中で、センサは複数回移動されたかもしれない。設置場所は、センサをアオコが予想される場所に自動的に移動させるロボット研究者の能力、といった条件付き確率に基づくこともあった。

　アオコ研究のために、両方のチームがロボットセンサを導くために使用できる、化学現象と物理現象の観測（例．時間、場所、湖中の深さによる硝酸塩濃度）と自然現象の観測（植物プランクトンと動物プランクトンの分布）を必要とした。科学チームも、有機体を含む水の実サンプルを必要とした。これらは現場のウェットラボで検査され、その幾つかは配置の後にキャンパス内でさらに検

査された。技術チームもセンサに関するパフォーマンスと固有受容性のデータを必要とした（Borgman, Wallis, and Mayernik 2012）。

センサは信頼性の面でかなりまちまちであり、それが CENS の初期には多くの失望の元となった。センサは不規則に作動したり、作動しなくなったり、あるいは外見的には不定期に再起動したりした。最後のケースでは、時計がリセットされ、ネットワークを介してのセンサからのデータコレクションの照合が不可能となった。CENS で実施された形式の現場ベースの科学のためのセンサネットワークは、自律的ネットワークとして期待したよりもずっと信頼性を欠いていた。他の大陸にある現場からのデータの壊滅的な損失の後、センターは研究の中心を人間介在型の方法に転換した。この方法は、リアルタイムにデータ品質を評価するためにより適していた（Mayernik, Wallis, and Borgman 2012）。

実際のところ、センサ技術は常に研究グレードにあり、絶えず新たな科学上の課題や技術的可能性に合わせて変化を続けた。しかし、センサ技術は標準化されたデータ収集の手続きを用いるためには、十分に安定したものにはならなかった。これらが、CENS 研究のスモールサイエンスとしての主たる特徴である（Borgman, Wallis, and Enyedy 2006, 2007）。

データの分析　データは現場配置の期間前、期間中、期間後に処理された。CENS チームは、センサ機器やデータを確実に信頼できるものにするために、それらのグラウンドトルーシングにかなりの努力を傾注した。グラウンドトルーシングとは、大まかに言って、新たな測定方法の妥当性を検証するために既知の測定方法を利用するものである。

科学チームは、現場で集めた水、土壌、その他の実サンプルを完全に管理した。これらの物質の中には現場で処理されるものも、研究室に戻ってから処理されるものもあった。技術チームはこうしたデータにはほとんど関心を持たなかった。センサデータを科学的に理解するためには、統計的アルゴリズムでレンダリングされる科学的モデルが必要である。こうした科学的モデルは、科学チームと技術チームの協同で開発されたものだが、CENS 研究の最も重要な産物と見なされていた。現場配置では、有害アオコの場合のように、センサデー

タはセンサネットワークを運営する技術チームのコンピュータに送られた。技術チームは、センサ間のさまざまなタイムスタンプの調整、コンピュータの障害によるセンサの再起動といった影響の除去、センサがいつ、どこで、どのように移動されたかといった現場の決定に関するメモの付加を含め、センサデータの校正とクリーニングを行った（Wallis et al. 2007）。クリーニングと校正後のデータは参加している科学チームに提供された。次いで、科学者達はセンサデータを自分達のモデルおよび研究室や実地試験で築き上げた校正曲線のような他の信頼できるデータ情報源と対照した（Borgman, Wallis, and Mayernik 2012）。現場からのデータの保持は、例えあったとしても、ほとんどはそれらを収集したチームによってのみ行われた。

　科学チームと技術チームの長期的目標の違いは、データ処理の方法に最も良く表れた。矛盾する規格、データ共有の実際、データ管理に対する支援の得やすさといった面で摩擦が生じた（Edwards et al. 2011; Mayernik, Batcheller, and Borgman 2011; Mayernik 2011）。科学のみの配置、技術のみの配置では、データを収集したチームがその処理も行った。科学と技術の合同による配置では、取扱いや処分はデータのタイプによって異なる。

知見の公表　CENS の現場配置を基にした研究は、各参加者の分野の雑誌や学会で発表された。多くの場合、現場配置からの科学的知見や技術的知見は、それぞれの分野の対象者に向けて別々に発表された。また、さまざまな分野の著者が共同で知見を発表する例も見られた。CENS 研究者の論文執筆と知己関係に関する研究は、新たな連携がいかに形成されたか、そしてセンターの存在した 10 年間の間にそれらがどのように進化したかを明らかにした（Pepe 2010, 2011）。

　CENS の研究活動への参加者には、教員、博士研究員、大学院生、学部生、常勤の研究スタッフが含まれた。スタッフは必ずしも出版物上でその役割について言及されるとは限らなかったが、研究設備の計画と配置に関わった学生とスタッフはチームの一員と見なされていた。著者としての記載は、プロジェクトのために機器を設計、維持した者にとっては格別に繊細なものであった。科学と技術の革新がセンターの目標の中心にあったため、CENS における機器の

利用は絶えず変化した。

データのキュレーション、共有、再利用　現場配置の最後に、各自または各チームがそれぞれ貢献したデータを手にして、チームは消滅する。その結果、共同の現場配置から得られたデータは広い範囲に分布したため、決して再び一緒にはなりそうになかった。特定の現場配置を再構成または再現するために使用できそうな来歴レコードはほとんど存在していない（Borgman, Wallis, and Mayernik 2012; Wallis, Rolando, and Borgman 2013）。

　各チームは、自分達の利用のために十分なだけデータを記述した。特に科学分野では、チームによっては将来の比較のためにデータを保持していた。他の分野では、多くは工学において、論文の公開後は配置から得られたデータの必要がほとんど無くなった。CENS チームはメタデータ作成に最小限の投資しか行わなかった（Mayernik 2011）。ファイルの命名規則は多くの場合、個々の研究チームによって用いられるデータ管理の最も複雑な方式であった。スプレッドシートが、グループ内、グループ間のデータ交換のための最小公倍数である傾向があった。

　CENS のデータ収集方法の適応性が、利用が局所的で他のデータセットと容易に結合できないデータセットに繋がった。データをリポジトリに提供する研究者はほとんどいない。この理由は、部分的には標準化の不足と、また部分的にはデータを提供することができるリポジトリの不足にあった。9 章でさらに検討するように、データに対する責任は論文執筆の際の役割分担の一部として処理される傾向があった（Chang et al. 2006; Wallis et al. 2010; Wallis 2012）。

　原理上は、センターのデータのほとんどを記述するために、既存のメタデータ規格の個別のまたは組み合わせての使用が可能であった。センサあるいは手作業で収集された生態学の観測データは、共通の構造と語彙によって記述することができた。同様に、センサの特性はデータ収集のアルゴリズムにこれらのXML 規格が組み込まれていれば、自動的に取得することができた。

　しかし、公式なメタデータ構造は、こうした研究活動の局所性と適応性にうまく馴染まない（Aronova, Baker, and Oreskes 2010; Millerand and Bowker 2009; Ribes et al. 2005）。専門職の目録作成者や索引作成者による使用を対象とした

メタデータ言語は、研究者による軽い使用には簡単には適合しない。例えば、生態学メタデータ言語には、200 ページ以上の利用マニュアルが付属している（Knowledge Network for Biocomplexity 2013）。水研究向けに確認された語彙は1 万以上のエントリーがあり、硝酸塩だけで 400 のエントリーがあった。CENS の研究者は、これらのメタデータ言語の規模に怖気づいた。彼らは、例え小規模であっても、それらを導入するために必要な努力を正当化できなかった。センターには、求められる専門的なデータ管理のレベルを支えるスタッフが配置されていなかった。センサネットワークによる学際的研究を支援するデータリポジトリを構築する試みは、主にデータの多様性と各々のデータ管理のさまざまな方式に起因して、最小限の成功を収めたにすぎなかった（Wallis et al. 2010）。

　CENS のほとんどのチームにおけるデータ管理の非公式な性質にもかかわらず、研究者は概してデータの共有に前向きだった。データ公開を安心して行える条件は、すべての生データの即時公開からデータからもたらされた論文の共著者の要求まで、かなりさまざまであった。最も多かったのは、結果としての論文発表の後でデータを公開したいという考えであった（Borgman, Wallis, and Enyedy 2006）。データやソフトウェアコードの中には公的リポジトリに提供されていたものもあったが、研究者による最も一般的なデータ共有方式は、リクエストに応じた個人的交換であった（Wallis, Rolando, and Borgman 2013）。

まとめ

　天文学と組み込み型センサネットワークは、学問、研究活動、データの多様性を示す対照的な事例である。天文学は、中核となる雑誌と学会を備えた、長い伝統のある分野である。組み込み型センサネットワークの科学的応用は分野と言うよりも問題領域であるが、ここにも幾つかの雑誌と学会がある。天文学とセンサネットワーク研究の研究者は、共有の機器に依拠している。しかし、望遠鏡とデータアーカイブは、永久に価値を有する可能性のある数千もの論文、共有知識、データを生み出す期待を基に決定された、大規模なインフラ投資である。対照的に、センサネットワークの科学技術へのインフラ投資はごく

少ない。

　現場条件の創発現象を研究するための組み込み型ネットワーク・センシング技術の利用は、天文学の科学的なデータの学問とは対極を成す。CENS によって配置されたセンサネットワークは、主に研究グレードの技術であった。機器の中には、無人で放置するには繊細すぎるものもあった。また、人間介在型の研究計画に基づいて、現場条件に合わせて頻繁に場所を移動させるものもあった。こうした研究課題を扱うために必要な科学や技術の専門知識を集結するCENS の招集機能は、その知識インフラの構成要素であった。招集機能の一部には、技術的専門知識、管理上の支援、共同スペースの提供がある。その他の点では、参加研究者は所属の部門あるいは領域のインフラに頼っていた。

　センターにおけるインフラ投資にもかかわらず、参加研究者にはデータ情報源の交換を促進、統合するためのデータ標準、アーカイブ、分類の仕組みが欠けていた。データ管理の責任は足場とする仕掛けがほとんどないまま、研究者に委ねられた。しかし、これは鶏が先か卵か先か、といった問題である。センサネットワークのプロジェクトには探索的な傾向があり、問題は創発的で、そして現場条件は本質的に動的である。各々の現地調査が新たな機器で新たな問題を扱うかもしれないため、研究チームにはある配置と次の配置のデータを照合する必要がほとんどないのかもしれない。彼らは異なる場所での比較や長期の比較を実際に行っているが、COMPLETE サーベイで直面したようなデータ統合の需要は稀でしかない。

　こうした差異は、1 章で設定した挑戦的課題に直ちに繋がるものである。これら二つの科学領域におけるデータの学問の差異は、誰が研究データを所有、支配、利用、維持するのかという違いに大きく関係する。共有資源が天文学で優勢である一方で、しばらくの間は私的所有のデータが組み込み型センサネットワーク研究の規範であり続けるだろう。CENS の関連領域の中では、共有資源への需要は地震学やゲノミクスのような専門領域にだけ存在している。

　こうしたデータ学問の差異は、データ交換が行われる場合の対照的な方法の基礎をも成している。計装システムと情報システムの両方で、共有資源は共通の規格および天文物理学データシステム、CDS、SIMBAD、NED といった相互運用性を支援する機関に依存している。天体はそれらが言及されている文献

5 章　科学におけるデータの学問　145

にリンクされているが、論文とデータセットの間のリンクはよりずっと少ない。センサネットワーク研究におけるデータ交換は主に個人的な接触に頼っており、文献、データ、およびその他の研究オブジェクトをリンクする公式な手段は存在しない。しかし、両方の領域とも、これらの知識インフラが効果的に機能するよう、人間が行う仕事に大規模な投資を行っている。

　これらの領域の時間特性も、その知識インフラの進化および利害関係者間の関係に影響している。天文学は科学において最も古く、最も名声が確立した分野である。今日のインフラは、旧式のデータと現在および将来の観測データとの統合を可能にし、空間と時間にまたがっている。今日の天文学者は、何十年、何百年前よりも個人による支援に依存することは少ないが、裕福な資金提供者の支援は今なお求められている。公的資金の拡大は、分野の国際化、共有資源への投資、機器やデータの利用の公平性の増大に貢献した。天文学は10カ年計画を経て、意見が統一されている稀な分野である。

　対照的に、センサネットワークの科学技術は、より良い技術を必要とする科学者と価値ある応用領域を必要とする技術研究者が出会う交差点である。参加者は、連携期間中も各々の世界に基盤を置きながら、新旧の分野からやって来る。問題領域は刺激的であり、学会や雑誌の面でクリティカルマスに到達したが、雇用、テニュア（終身地位保証）、昇進の可能性の中心は、どこか別の場所にある。センサネットワークの科学技術のために、もっと大規模な知識インフラあるいは共有資源を構築するという誘因は、未だ出現していない。

6章

社会科学におけるデータの学問

はじめに

　社会科学は人間の過去、現在、未来の行動に関する研究を包含する。社会探求の長い伝統にもかかわらず、これらの分野はキャンパス内外で多くの問題を抱えている。C. P. スノー（C. P. Snow）の論文（Snow 1956）が引き起こした科学と人文学の「二つの文化」についての議論[1]は、1960年代を通じて猛威をふるったが、社会科学はその二つの外に置かれていた。近年の学際的な協働やカリキュラムの発展にもかかわらず、資金提供や報奨体系の変化に伴い、専門分野間の分裂が深まっている（Hollinger 2013）。政治学は最近、社会科学の中で最も政治色が強くなってきており、米国議会は、「国家安全保障や米国の経済的利益を促進する」と認定できる研究を除いて、この分野への公的な資金提供を停止している（Prewitt 2013）。米国と海外からの反応は、いかなる分野であっても個人の助成金配分への政治的干渉に深い懸念を表明している。長期間にわたって行われる理論構築よりも短期的成果を求める圧力と共に、査読や専門家の判断が危険にさらされている（P. Boyle 2013; Prewitt 2013）。

　社会科学研究における幾つかの問題は、データの取り扱いの課題に起因する。例えば、ある大学院生が有力な経済学の論文の研究を追試しようとしたところ、その中に計算間違いを発見した。これらの間違いや著者の対応は、学術雑誌やビジネス誌で一様にトップニュースとなり、経済学研究の精度に関する

---

1) 自然科学と人文学の乖離がもたらす社会的危機を訴えた、スノーの著作 *The Two Cultures*（邦題『二つの文化と科学革命』みすず書房，1960.）がもたらした論争のこと。

147

懸念をもたらした（Marcus 2013; Monaghan 2013; Wiesenthal 2013）。オランダの社会心理学者による不正事件は長年にわたって検知されず、その分野の研究と査読の有効性について同様の懸念が生じた（Enserink 2012a; Shea 2011）。経済学、ビジネス、社会科学の他の領域における論文撤回率は、科学よりもはるかに低いが、それは研究の完全性を保証するものではない。むしろその差異は、誤りや剽窃、学術的不正を含む可能性のある論文に対する各分野の出版物の扱い方の扱い方によるのかもしれない（Karabag and Berggren 2012; Oransky 2012）。

　郵便や固定電話へのランダム通話等、母集団から標本抽出する伝統的な方法は、コミュニケーション活動がオンラインに移行するにつれて信頼性が低くなった。サーベイ[2]やその他の確立された社会研究の方法が実用性の限界に達し、全く別のアプローチが必要であると主張する者もいる（Savage and Burrows 2007, 2009）。また、研究対象の保護に関する政策も変わってきている。ヒト被験者に関するデジタル記録を保護するのに、ファイリング・キャビネットに鍵をかけるだけでは十分とは言えない。プライバシー保護、データマイニング、再識別といった現実を反映した新しい方法が必要である。テロリズムや紛争等の慎重に扱うべき問題に関する研究の実施は、公共政策にとっては不可欠であるが、ヒト被験者の秘密を保持し、さらには生命を守りながら行うのは難しい取引である（Jackson, Bikson, and Gunn 2013）。人間の行動や社会制度の複雑さを考えると、社会科学において因果関係を立証することは多くの場合、非常に困難である。これらの分野は、これまでにデータの学問の将来性と落とし穴に遭遇しながら、新たなデータ情報源と方法を探し求めている。

研究方法とデータ実践

　ある領域のデータ実践はその研究方法の一部であり、社会科学は他のほとんどの分野よりも研究方法を明確に表現している。研究計画、統計、量的および

2）　オンラインを含むアンケート調査等、その手段にかかわらず、社会調査を意味する場合には"survey"を「サーベイ」と表記した。また、固有名詞で用いられる場合も、同様にカタカナ表記とした。

質的研究、可視化に関する必修科目に役立つ方法論のテキストが豊富である。こうした方法にとって重要なのは、人間の行動についてできる限り最も豊かに記述する一方で、研究対象である個人、グループ、機関の権利を尊重する必要があることとの間でバランスをとり続けることである。

還元論ではあるが、幾つかの基本的な二分法が可能な方法の範囲を示唆している。これらの次元は互いに排他的ではなく、さまざまな方法で組み合わせることができる。一つ目は、個性記述的説明か法則定立的説明かである。個性記述的研究は、ある特定の場所や条件、または事象に特有のものである。この調査様式は、できるだけ完全に事例を特定し説明することを目指す。対照的に法則定立的研究は、より大きな集合の事象または条件に影響を及ぼす幾つかの因果要因を特定する研究である（Babbie 2013）。二つ目の二分法は、社会問題を「定量的」に研究するために主として計数技術または計算技術を用いる方法と、主に解釈的アプローチをとって「質的」に研究を行う方法に分類できる。三つ目は、干渉・非干渉という方法である。干渉データとは、幾つかの介入が関与する研究によるものである。被験者は、望ましくは同意の下で、調査対象であることを意識している。非干渉的方法とは、介入を行わない方法である。研究者は干渉することなく、人間の活動記録の活用または行動の観察を行う。

信頼性と妥当性は、これらの二分法を超える次元である。信頼性は一貫性ということである。つまり、同じ現象を繰り返し観測しても同じ結果が得られるというものである。妥当性は真理値、すなわち測定しようとしている概念をどの程度捉えたかという度合いのことである（Babbie 2013; Shadish, Cook, and Campbell 2002）。

研究者は、研究それぞれに対する配慮のバランスを個別にとるかもしれない。例えば、アンケート調査は通常、法則定立的で定量的であり、適切な信頼性を達成するために大規模な標本を必要とする。これとは対照的に、エスノグラフィは一般に、個性記述的で質的で干渉的であり、信頼性よりも妥当性をより重視している。ビッグデータを用いた研究では、統計的手法やおそらく計算モデリングが必要である。これらの方法は、匿名化され、他者が再利用できるデータを生成する可能性が非常に高い。詳細な分析に依存する研究は、現象の豊かな記述をもたらす可能性が最も高いが、データを匿名化したり、あるいは

共有したりすることは不可能かもしれない。多くの場合、どのようなデータを
取得できるか、あるいはすべきか、どのように、なぜ、そしてどのような方法
で報告し、公開することができるかについて、厳しい選択をしなければならない。

社会科学の事例

　社会科学におけるデータの学問は、科学と同様に多様である。したがって、
大局的な試みは行われていない。この章の事例研究では、先に概説した方法論
の次元を説明するために、人々が情報技術をどのように、なぜ利用するのかを
扱う。一つ目の一連の事例研究は、インターネットサーベイとソーシャルメデ
ィアに関するもので、インターネットの利用について人々が回答した結果と、
Twitter 等のインターネット技術を用いて実際に何を行っているかの記録とを
比較する研究である。OxIS として知られる、オックスフォード・インターネ
ットサーベイ（Oxford Internet Survey of Britain）は、2003 年からオックスフ
ォード大学インターネット研究所（Oxford Internet Institute）によって半年毎
に行われている、対面のインタビュー調査である。データ情報資源として
Twitter のフィードやその他のマイクロブログ・サービスを利用した幾つかの
研究に拠れば、証拠や方法に関する決定がデータ実践や調査結果に影響を与え
ることが示唆されている。

　本章の二つ目の事例研究は、情報技術が科学技術研究においてどのように設
計され、配置され、利用されるかを明らかにするものである。組み込み型ネッ
トワークセンシングセンター（Center for Embedded Networked Sensing: CENS）
のデータ実践を研究するために、社会技術的手法を採用した。これらの研究の
成果は、5 章の CENS のデータ実践事例として報告されている。この章では、
10 年間の社会技術研究で採用した手法を要約し、データの学問への意味を検
討する。方法は主に個性記述的であったが、社会ネットワーク分析や技術の設
計、評価も含んでいた。これら二つの事例研究では、社会科学の研究者がどの
ように新しい方法や問題に対処しているか、そして知識インフラの意味につい
て検証する。

150　　第Ⅱ部　データの学問の事例研究

インターネットサーベイとソーシャルメディア研究

インターネット研究は、社会科学研究の他の領域の方法を活用している。サーベイは、多数の人々に同じ質問を行う一般的な方法である。それらは対面、郵便、電子メール、ウェブを用いた調査フォームや携帯端末用アプリケーション等の技術を用いて実施される。社会ネットワーク分析は、インターネット研究でよく用いられる方法で、インターネットや現在のオンライン・ソーシャルメディア（Twitter、Facebook、LinkedIn、Flickr、Pinterest 等）よりもずっと以前から存在する。社会学者は 1920 年代以降、はがき、電話、会員名簿、その他の社会的関係等、利用できる指標は何でも利用して、個人間や団体間の関係をモデル化してきた（Freeman 2004; Wellman and Haythornthwaite 2002）。

いずれの研究方法についても、研究を設計し、適切な母集団や標本抽出方法を選択し、得られたデータをクリーニングし、分析し、解釈するためには、学術的専門知識が必要である。社会科学等でビッグデータを利用することの危険性は、分析の容易さと収集の容易さを混同することにある。サーベイやソーシャルメディア研究の実施は、考えているよりもはるかに困難である。一部のインターネット研究は非常に洗練されており、これらのデータの信頼性と妥当性の限界を注意深く調整している。他方、その限界を十分に理解することなく、興味深い新しい証拠資料としてデータストリームをデータマイニングするような、認識の甘い研究もある（Boyd and Crawford 2012）。

サイズ問題

アルビン・M・ワインバーグ（Alvin M. Weinberg）（Weinberg 1961）とデレク・デ・ソラ・プライス（Derek de Solla Price）（Price 1963）が言うところのビッグサイエンスは、ある分野の成熟と研究方法の洗練化に関係がある。サーベイ研究は、社会の動向を記録する長い歴史を持つ社会科学の最も成熟した分野の一つであることはほぼ間違いない。政治・社会調査のための大学連合（Inter-University Consortium for Political and Social Research；ICPSR）（Inter-University Consortium for Political and Social Research 2013）等のアーカイブでは、50 年以上にわたり、当初は紙で、その後はデジタル形式で調査データを収集

している。社会科学のデータアーカイブは、資金提供源、研究の種類、地域、その他の基準によって焦点が異なる。ハーバード大学の定量社会科学研究所（Institute for Quantitative Social Science）や UCLA の社会科学データアーカイブ（Social Science Data Archive）等の大学に所属する研究センターでは、データリポジトリ、チュートリアルや教育、ツールの開発、その他のサービスを支援している（Institute for Quantitative Social Science 2013; Social Science Data Archive 2014）。

サーベイは一回限りで行われ得るが、長期間にわたって実施された場合に特に価値がある。政治や高等教育、一般的な社会的態度に関する世論調査は、何十年にもわたって定期的に行われてきた。毎回中核となる一連の同じ質問をすることで、比較可能性が維持される。サーベイは各回で、幾つかの新しい質問を追加または適用することによって、現在の社会問題を扱うために改訂される。一旦データアーカイブにデポジットされると、全部であれその一部であれデータを再分析したり、研究間でデータを比較したり、異なる母集団で研究計画を追試したりできるようになる。しかし、これらのデータを再利用するには、個々の研究の実施方法とその理由について学習したり、調査結果を解釈したり、どの構成要素が再利用できたり比較できたりするかを決定したりする多大な投資が必要である。

ソーシャルメディアのデータは絶対量が大きく、サーベイやインタビュー、実験室研究よりも数十、数百、数千、または数百万という単位のより多くの観測結果を生むことができる。例えば、日記やその他人の手による手段を通じて、人々の日常的なコミュニケーション活動を追跡しても、わずかな記録しか生まれない。ソーシャルメディアのやり取りについて信頼性の高い数字を入手するのは難しいが、その量は膨大になる可能性がある。ビジネス分析向けソーシャルネットワーク・データの大手商用プロバイダは、一日当たり 30 億件の行動データを提供しているとうたっている（Gnip 2013b）。

いつデータが？

人間の活動をデジタルで捕捉した結果の大量のデータは、社会科学研究者にとって宝の山になり得る。過度な情報源と情報資源は、それが現代のものであれ歴史的なものであれ、独自の課題をもたらす。その宝物を発見することは、

152　　第 II 部　データの学問の事例研究

海賊の地図（仕掛け扉、地雷、誤った指示、偽の手掛かりのある道）を辿るようなものだろう。学問的探求とは、どのような実体をどんな現象の妥当な証拠と見なし得るかを判断することである。多くの場合、研究者は自らが望むデータの収集と、入手できるデータの取得との間で悩まされる。最善の研究は、課題に見合った方法を最も効果的に合致させることである。賢明な新しい計画は、強力な発見に繋がる可能性があるが、追試が困難であったり、分野外の人に説明するのが難しかったりする。新しい手法はまた、伝統的な研究計画から得られるデータよりも、記録化、共有、再利用、そしてキュレーションが困難になるデータを生み出す可能性がある。

情報源と情報資源　研究者は自分のデータを収集するときに、研究計画をより自由に管理できる。より大規模に行うためには、多くの場合、外部の情報資源のデータを集める必要がある。多くの研究者は、インタビューやエスノグラフィを実施する際、ソーシャルメディア、経済取引、国勢調査、その他の現象に関する記録によって補完する等方法を組み合わせる。

　サーベイは通常、本質的に法則定立的であり、大規模な母集団を比較できるように幾つかの変数を統制する。研究者は、質問票、抽出された母集団、標本抽出計画の仕様を正確に定めることで、可能な限り多くのばらつきのある情報源を統制する。研究者は、何を誰に質問しているのか、それぞれの質問から何を学べそうかがわかっている。研究者はまた、参加者へのアプローチ方法、質問の正確な表現方法、そして回答の記録方法に一貫性を持たせるため、面接調査担当者を訓練することで、質問方法を統制する。研究計画は、その研究が現象を切り分けるための変数を制御できる程度か、もしくはより大規模で多様な母集団に一般化できる程度のいずれかで、内的および外的妥当性のバランスを取るべきである（Shadish, Cook, and Campbell 2002）。これらの方法の選択が、データの情報源への信頼、来歴の決定、利用可能な分析ツールの採用、結果の解釈の能力に影響を与える。

　オンラインのウェブベースのサーベイは、個人へのインタビューよりもはるかに大規模な母集団に手を伸ばせるが、一貫した標本抽出を達成するのは難しく、回答率は低い傾向にある。信頼性と妥当性は、人間の面接調査担当者を使

って、回答者と直接面談するサーベイでより高くなる傾向があるが、こうした研究は実施にあたってはるかに高価になる。研究者が自分のデータを収集する際、その情報源を他の情報資源と比較することによって、時にはばらつきを統制できる。世論調査の調査員は通常、約 1,500 人と面談するが、対面ではなく電話で面談することもある。サーベイは、まさに望遠鏡やセンサネットワークの機器が校正されるのと同様に、これら既知の情報源に照らして校正される可能性がある。

　Twitter は国際的に普及し、5 年以上にわたり利用されており、長期的解析が可能であることから、技術研究で人気となった。Twitter は、利用者が「ツイート」と呼ばれる最大 140 文字の短いメッセージを送信できる。140 文字でも、略語やリンクを使用することで、より多くのコンテンツを伝達できる。URL 短縮サービスといった別のレイヤーを介して、リンクを圧縮することができる。タイムスタンプや地理空間座標等の情報を追加できる機能を持った携帯端末からツイートを送信した場合、こうした情報も一緒に送信できる。写真や画像もツイートに添付できる。Twitter アカウントは名前を付けても匿名でも構わない。多くのアカウントは公人であったり、企業や大小さまざまな組織であったりする。ツイートの内容には際限がない。個人は自らの一日について発信し、研究者は新しい発見についてコメントし、企業は新製品を発表し、活動家は支持者を集め、図書館は開館時間とサービスの変更を伝える。Twitter のデータは、多くのトピックがある中で、コミュニケーション関係、公衆衛生、政治的な出来事、言語学、株式市場の研究に利用されている (Bollen, Mao, and Zeng 2010; Bruns and Liang 2012; Collins 2011; Eysenbach 2011; Murthy 2011; Ozsoy 2011; Shuai, Pepe, and Bollen 2012; Simonite 2013; Thelwall et al. 2013; Zappavigna 2011)。

　データとして利用できる Twitter のストリームや個々のツイートの一連の実体は、情報資源として魅力がある。しかし、妥当で信頼できるデータを得ることの難しさが、その弱点でもある。Twitter コンテンツのビジネス価値がより明確になり、プライバシーの懸念が高まるにつれて、Twitter のフィードは研究者にとって利用しにくくなった。ツイートの完全な「ファイアホース (firehose)」[3] の利用は制限され、標本抽出が困難になっている。Twitter のアカウ

ントと行動記録は、年齢、性別、人種、国、政治的志向、所得、その他のデモグラフィックによって均等に分布していない。したがって、Twitter 利用者やツイートの標本は、研究者が研究したい母集団の正確な代表ではないかもしれない。しかし、社会行動の指標としてツイートの妥当性をさらに脅かしているのは、オンラインサービスの使われ方における進化である。Twitter アカウントの増加分は、公共のコミュニケーションに影響を与えるために用いられるソーシャルロボットから成る。フォロワーはすぐに有料で、膨大な数でアカウントに群がることができる。Twitter フォロワーのわずか 35% が実在の人物であり、ソーシャルネットワークの行動の 10% もがロボットアカウントによって生成されている可能性がある（Furnas and Gaffney 2012; Urbina 2013）。

知識インフラ　社会科学におけるデータ情報資源と計装の多様性のため、天文学の知識インフラに相当するようなものが生じる可能性は低い。人間の行動は、天体や電磁スペクトルと同等の標準化された記述には向いておらず、宇宙望遠鏡のような規模で調整されたプロジェクトでもない。しかし、この領域の知識インフラには、共有された専門知識とツールが組み込まれている。方法とデータの共有には、社会科学の大学院課程を通じて研究方法に関する一貫した訓練が不可欠である。方法に関する科目には通常、統計パッケージ、地理空間マッピングソフトウェア、質的コーディングシステム等の分析ツールの使用法に関する教育が含まれる。

　サーベイ研究で利用できる最も豊富なデータ情報資源には、前述の社会科学アーカイブがある。社会的記録を収集しキュレートする伝統は、インターネット研究よりもずっと以前からある（Boruch 1985）。例えば、国勢調査記録は、場所や時間の観測であるので、時の経過と共に価値が高くなる。征服王ウィリアム（William the Conqueror）が 1085 年と 1086 年に英国で実施した国勢調査の記録である『ドゥームズデイ・ブック（*Domesday Book*）』は現在、英国国立公文書館（the National Archive 2013）の「英国最高の宝物」と称されている。2011 年にこの図書はオンラインで公開され、記載されている名前や場所から

---

3)　Twitter の公開ツイートを取得できる API のこと。

検索できる。近代の国勢調査記録と膨大な数の他の社会的・組織的記録を研究に利用することができる。

　米国議会図書館が学んでいるように、ソーシャルメディアのアーカイブは大きな課題である。2010年に、議会図書館はTwitterアーカイブ全体を取得し、キュレートすることに同意した。2012年10月までに、一日当たり約5億件のツイートが送られた。現在のところ、議会図書館には133テラバイトのデータがあり、その検索に2日かかる（Alabaster 2013; Allen 2013）。彼らはまだデータを検索可能にすることに成功していない。データを解釈可能にすることはさらに困難である。ソーシャルメディアの形式、内容、使用方法は、研究者がその使用方法を理解するよりもはるかに急速に変化している。新しいメディアを知識インフラに組み込む方法を見つけるのは手強い課題である。これらは貴重な情報資源ではあるが、どんな方法で、どのように、そして誰についてという未解決の問題がある。

メタデータ　インターネット研究におけるデータと質問の多様性は、相互運用性とデータ交換に役立つ共通のメタデータスキーマを確立する能力を弱体化させる。サーベイに関して、最も広く合意されたメタデータ標準は、データ・ドキュメンテーション・イニシアティブ（Data Documentation Initiative; DDI）で、XMLで表現される。2章で述べたように、DDIは社会科学のデータアーカイブで広く採用されており、DDI利用者がデータと見なすデジタルオブジェクトにはすべて適用される（Data Documentation Initiative 2012）。その目的は、メタデータの再利用を容易にすることにある（Vardigan, Heus, and Thomas 2008）。DDIは、天文学のFITSファイルよりも柔軟性が高く、規範的ではない。しかし、ほとんどの標準と同様に、DDIには広範にわたる説明文書がある。利用者は標準の学習と、自身のデータを構造化し記録する手段として標準を実装することに時間を費やさなければならない。一旦それが終われば、DDIで記録されたデータセットは、容易にデータアーカイブに投稿されるし、その標準を利用している共同研究者と交換される。

　各サーベイは独立しているので、DDIはデータの分析や後の再利用のための解釈に不可欠な変数名、コーディング規則、その他の記録形式を標準化して

いない。命名規則と記録実践は、社会科学では局所的に発展する傾向がある。サーベイにおける性別や年齢のコード化のような基本的な規則でさえ、研究プロジェクトやデータセットによって異なる。その中にはデータアーカイブに貢献するものも含まれている。あるサーベイでは男性と女性の回答者はそれぞれ（0、1）でコード化されるかもしれないし、別のサーベイでは逆の表記（1、0）、さらには（1、2）または（2、1）となることもある。同様に、年齢は年という意味での年齢、もしくは生年としてコード化され、2桁のこともあるし、4桁が用いられることもある。したがって、「年齢」フィールドに「45」という入力があった場合、ある研究では「被験者の年齢が45歳」であり、別の研究では「1945年に生まれた被験者」を意味する。データセットに変数名、コーディング規則、その他の説明書がない場合、最小限の価値しかない。

　ソーシャルメディアのデータは情報源が大量であり、ほとんどのコミュニケーションが構造化されておらず動的な形式であることを考慮すると、特に複雑である。商用サービス、特にアプリケーション・プログラミング・インターフェース（API）を提供する商用サービスから取得されるデータでは、標準化がより生じやすい傾向がある。例えば、Twitterデータの商用情報源は、Twitterストリームの提供フォーマットを公開している（Gnip 2013a）。これらのフォーマットは、JavaScript Object Notation（JASON）等、公開されたデータ交換用標準に基づいている（JavaScript Object Notation 2013）。DDIの場合と同様に、これらのフォーマットは、研究者がソーシャルメディアの行動の単位をどのようにデータとして利用するかということの出発点に過ぎない。

来歴　方法の適応性、多様なデータ情報資源、複数のデータ起源、処理の各段階でデータを取り扱う際に行った決定に関する説明資料の欠如のために、インターネット研究において来歴を確立するのは困難である。最善の来歴情報は通常、当初から再利用が研究計画の一部になっているサーベイに見られる。国際社会調査プログラム（International Social Survey Programme; ISSP）の一部である総合社会調査（General Social Survey; GSS）は、その中で最もよく知られている。1972年以来実施されているこの調査では、データ、コーディング規則、その他の説明資料が公開されている（General Social Survey 2013; Interna-

tional Social Survey Programme 2013）。サーベイ研究やそのデータ利用につい
て十分に教育を受けた者にとって、特定の年に行われた質問の方法やその結果
の分布を判断するのはかなり簡単なことである。より洗練された利用ができる
ようにするには、政治的志向等のトピックに関する質問であれば毎年どのよう
に質問が変化したか、変数はどのようにコード化されたか、変数は指標とどの
ように組み合わされていたか等を判断するために、より深い探求が必要であ
る。

　総合社会調査において明確な来歴文書があるにもかかわらず、表の見出しの
相互参照からも明らかなように、これらのデータを確実に利用するためにはか
なりの専門知識と労力が必要である。質問は、その時の状況に合わせて、調査
毎に少しずつ変更された。5章で扱った COMPLETE サーベイのマッピング
問題と同様に、各データセットの集計枠を調整することで、集計も変更され
た。サーベイ、経済指標、天文観測のいずれの場合でも、データの整理とクリ
ーニングに関する早期の決定は、来歴の追跡または後のデータセットの解釈可
能性に顕著な影響を与え得る（Blocker and Meng 2013）。

　来歴文書はソーシャルメディアのデータに不可欠であるが、その確立はかな
り難しい。ツイート、ブログ投稿、その他のコミュニケーションの起源は、そ
の価値、信頼性、あるいは妥当性の指標として扱うことができる。来歴には送
信者、受信者、コミュニケーションの内容、これらの要素のそれぞれに関する
関係の継続性についての文脈が含まれるだろう。関係性に注目する研究もあれ
ば、コミュニケーションの内容に関心を寄せる研究もある。ツイートは頻繁に
オンライン情報資源に言及しており、それらにリンクを張っている。これらの
リンクはすぐにリンク切れし、その情報資源はなくなり、ツイートの来歴を追
跡することが困難になる（Salaheldeen and Nelson 2013）。

　来歴と相互運用性への懸念は、ソーシャルメディア研究のための公開ツール
の普及に繋がった（Social Media Research Foundation 2013）。またこれらのツー
ルは、セマンティックウェブの来歴関係を記録する際の技術標準に依存する可
能性がある（Groth and Moreau 2013）。しかし、ほとんどのソーシャルメディ
アはまだセマンティックウェブ技術に基づいていないため、これらのデータを
利用する研究者が独自の来歴関係を構築する必要があるだろう（Barbier et al.

2013)。ソーシャルメディア、ツール、方法、そして専門知識の変化の度合い
を考えると、データセットを比較または再利用できるくらいまで十分な程度に
来歴を確立することはすぐには不可能である。

外部要因　社会科学は人間の行動を研究するため、どの領域においても外部か
らの影響によって最も制約を受ける。プライバシー、秘密保持、財産権といっ
た多くの問題は解決困難である。この他、何を質問あるいは観測できるか、デ
ータを取得するコスト、他者の管理下にある財産の使用といった制約の下で想
像力を働かせて対処できるものもある（Brady 2004）。

経済と価値　社会科学のデータ、特にインターネット研究におけるデータの価
値は、しばしばパッケージ化されている点にある。社会調査は、英国のデータ
アーカイブ等、ほとんどの研究者が公開されているアーカイブを通じて入手可
能な場合、共有資源となり得る。ICPSR のような、コンソーシアムの会員だ
けが利用できるアーカイブを通じて入手可能な場合、それはクラブ財と言える
（Inter-University Consortium for Political and Social Research 2013; UK Data Ar-
chive 2014）。個々の研究者の間でのみ交換される場合は私的財であり、誰でも
利用できるように公開されている場合は公共財になる。サーベイデータは、取
得するのに費用がかかり得る。例えば、訓練を受けた面接調査担当者を現場に
送り出すには、費用、時間、専門知識といったかなりの投資が必要である。サ
ーベイを再利用することで、費用を節約し、比較研究や長期的研究に利用でき
る情報資源の幅を広げることができる。
　同様に、ソーシャルメディア・データの経済性は、情報源とパッケージング
に左右される。Facebook、Twitter、Google 等の営利企業は最大級の情報資
源を所有している。これらの情報資源は莫大な商業的価値を持ち、ビジネス分
析用に他の企業に販売されている。これらのデータセットを入手するために、
研究者は多くの場合、その費用を支払わなければならない。したがって、それ
らは有料財である。ウェブサイトを「スクレイピング」したり、他の手段を用
いたりすることによってデータが得られることもある。チャットルームや他の
公共情報源でのインターネット行動記録は無料で使えるが、別の制約が適用さ

れる場合がある。料金が支払われているかどうかにかかわらず、ソーシャルメディアのコンテンツは通常、どのようなことができるか、また他者にどの範囲まで公開され得るかに関する許諾制限の対象となる。

　サーベイ、ソーシャルメディア、その他インターネット行動の観測は、ソフトウェアツールを用いて分析される。これらのツールの多くは商用で、オープンソースのものもある。データをこれらのツールに取り込むと、あらかじめ定義された手順を実行したり、自前のプログラムを適用したりすることができる。ソーシャルメディア・データの分析にあたっては、かなりのカスタムプログラミングが必要になることがある。通常、データセットはこれらのツールから出力される。これらのデータセットを後で利用するには、分析ソフトウェア、多くの場合そのソフトウェアの特定のバージョンに加え、自前のスクリプトやプログラムの利用が必要となる。したがって、どのような許諾条件がデータセットに適用されようとも、ツールの利用が、データセットをどのように使用できるか、そもそも使用できるかどうかを決定する制約となる可能性がある。

財産権　データやソフトウェア等のツールの権利は、インターネット研究では特に複雑である。データが利用可能な場合は、データは関連するソフトウェアツールとバージョンを指定した説明資料と共に公開される場合もあれば公開されない場合もある。カスタマイズされたソフトウェアは必ずしも公開されない。データセットを再利用したり解釈したりするのに必要なソフトウェアは高価であったり、すでに利用できなかったり、利用しようとしているハードウェアやオペレーティングシステムでは利用できなかったり、すべてが公開されなかったりする可能性がある。研究者が人々に関する情報を収集するとき、データの権利は、研究者、被験者、あるいは情報提供者に帰属する可能性がある。企業が顧客に関するデータを販売できるか、そして顧客が自身のデータを管理できるかは、国や裁判管轄権によって異なる場合がある。データ公開の能力と責任はそれぞれに応じて異なる。こうした財産に関わるような考慮すべき事項は、インターネット研究や他の多くの種類の社会科学研究の選択に影響を与える。研究者は多くの場合、これらの問題を回避する手段として、自らデータを

収集することを好む。

倫理 インターネット研究を含む社会科学研究における倫理的問題は、個人であろうと集団であろうと、被験者となる人々の尊厳と権利に関するものである。人々に関するデータは、どのようなデータがどのような状況で収集され得るかについて、多くの規則や規制の対象となる。米国では、ヒト被験者の取り扱いに関する基本的な倫理原則が、人格の尊重、善行、正義としてベルモント報告書（Belmont Report）で体系化されている（US Department of Health and Human Services 1979）。こうした規則の履行は、分野、資金提供機関、裁判管轄権、その他の要因によって異なる。ほとんどの国では、ヒト被験者研究に関する同様のガイドラインがある。

　ヒト被験者のデータの周囲には泥沼の対立が生じる。片や、人々がソーシャルメディアやその他の社会的および経済的な取引を通じて公開する個人情報の量が急増している。これらは、プライバシーやデータの所有権に関する議論の対象となる。その一方で、公開には物理的、心理的、経済的な損害のおそれがあるため、被験者の身元を保護するための原則が確立されている。これら二つの間には、インフォームドコンセントに関する規則が厳格過ぎるため、関与する個人に利益をもたらすデータ共有が妨げられているという懸念がある。生物医学データは、こうした論争の最前線にある。個人の再同定を防止するための厳重な管理を望んでいる患者の権利団体もあれば、患者に自分自身に関するデータの共有を許可する権利を与えたいと考えている団体もある（Field et al. 2009）。

　ヒト被験者に関する倫理規則は、サーベイ等の伝統的な方法で最も明確である。調査者は、秘密を保持しながら、質問の内容、質問の方法、データの報告方法を決定する。サーベイデータを公開できるかは多くの場合、匿名性を保持する方法でデータをコード化できるかどうかに依存する。データアーカイブには、秘密を保持する形式でデータが提供されたり、公開されたりすることを保証するための手続きと方針がある。しかし、より多くのヒト被験者のデータがオンラインで入手可能になるにつれて、データセットを組み合わせることによって人を識別する能力が増大している。例えば、メタデータのみ利用可能とし

6章　社会科学におけるデータの学問　　161

たり、認証を受けた調査者だけに利用を認めたりする等、時にはより多くの管理レイヤーが必要である。個人を識別できるより多くのデータがデジタル形式で収集され、維持されるにつれて、そのリスクが変化し、そうしたリスクを軽減する手段も同様に変化している（National Research Council 2013）。

　公開されているデータ、あるいはツイートする、ブログに書く、投稿する等公の場で行われる行動は、ほとんどのヒト被験者のガイドラインの下では、自由に研究に利用することはできない。インターネット研究者協会（Association of Internet Researchers）は、オンライン上での行動からデータを収集するための原則を定めることにより、この分野で主導的役割を果たしてきた（Association of Internet Researchers 2012）。ソーシャルメディア・サービスを利用することによって、個人は必ずしも研究対象になることを選択しているわけではない。こうした研究のためにインフォームドコンセントを得ることは困難であるが、被験者の権利やプライバシーを保護するための別の手段がある。ソーシャルメディア企業はプライバシー方針の厳格な規制監視を受けており、それがTwitter や Facebook、類似の情報源のデータの利用に関するより大きな制限に繋がってきた（Bruns and Liang 2012; Schroeder 2014）。

　データの倫理的利用に対する疑問は、研究の知見が公表された後に生じる可能性がある。研究者は、その知見の利用方法や潜在的な誤用の可能性を懸念している。論文の正確さが問題になると、その論文が後で取り下げられたかどうかにかかわらず、その疑問はより複雑になる。カーメン・ラインハート（Carmen Reinhart）とケネス・ロゴフ（Kenneth Rogoff）の経済学の論文におけるスプレッドシートの間違いは、第三者がその知見を追試しようとして初めて見つかり、著者らは間違いがどのように発生し、処理過程のどの段階で起こったのかを判断するためにかなりの努力を払わなければならなかった。データの選択、データの重み付けの方法、統計分析パッケージではなくスプレッドシートを使用したことについて、別の疑問も生じた（Marcus 2013; Wiesenthal 2013）。別の影響力のある著者は、政策立案者に一つの統計結果に大きく依存し過ぎず、重要な決定に資する広範なデータ、方法、理論を検討するよう注意を喚起した（Summers 2013）。

162　　第Ⅱ部　データの学問の事例研究

インターネットサーベイとソーシャルメディア研究の実施

個人や小規模グループは、小規模なインタビュー調査、実験、オンラインサーベイ、ソーシャルメディア分析を行うことができる。オックスフォード・インターネットサーベイ（Oxford Internet Survey; OxIS）のような規模でのサーベイには、相当な人的資源と資金が必要である。ソーシャルメディア研究は、理論的・方法論的枠組み、コンピュータおよび統計に関する専門知識、コンピュータ資源利用、そしてデータの利用を必要とする。

OxIS は、2003 年にインターネット利用の国際調査の一環として初めて実施された（World Internet Project 2013）。その成功に基づき、OxIS は 2005 年、2007 年、2009 年、2011 年、2013 年に繰り返し実施されている（Dutton, Blank, and Groselj 2013; Dutton, di Gennaro, and Millwood Hargrave 2005; Dutton, Helsper, and Gerber 2009; Dutton and Blank 2011）。OxIS の主任研究員は、1 回ないし 2 回毎に調査担当者が変わる中で、6 回の調査を通じて継続性を維持してきた。OxIS は、英国で誰が、どのようにインターネットを利用しているか、どのような機器を使用しているか、他のコミュニケーション・メディアと比較してインターネットがどのように利用されているかといった、10 年以上にわたる比較可能な観測データを蓄積している。この調査では、政治や政府に対する態度等の社会的規範についての質問項目もあり、他の研究との比較を可能にしている。

Twitter のコンテンツの利用が一般的になっているにもかかわらず、それを利用した研究は、理論や方法が大きく異なるため、比較が難しい。研究対象となる現象の選択は、対象となる実体の選択に繋がる。その結果、同じコンテンツで多くの種類のデータを生むことができる。例えば、エリック・T・マイアー（Eric T. Meyer）とラルフ・シュローダー（Ralph Schroeder）、リニット・テイラー（Linnet Taylor）（Meyer, Schroeder, and Taylor 2013）は、コンピュータ科学者が社会的問題に取り組んだ Twitter の三つの研究の理論、方法、および結果を比較した。ある研究では、14 億 7,000 万件の Twitter の繋がりを用いて、Twitter がコミュニケーション手段とソーシャルネットワークのいずれとしてより多く利用されているかどうかを問うた（Kwak et al. 2010）。二つの研究がそれぞれ 5,400 万人の利用者のうちの 160 万人と 17 億のツイートを使用

して、誰が誰に影響を与えたのかを調べた（Bakshy et al. 2011; Cha et al. 2010）。シュローダー（Schroeder 2014）は、カクヘウォン等（Kwak et al. 2010）の論文における社会的側面をさらに検証した際に、彼らが頼りにした範囲のTwitter データは、もはや研究者には利用できないと指摘している。

研究課題　インターネットサーベイやソーシャルメディアにおいては一様に、理論と方法から研究課題を切り離すことは困難である。研究はある特定の現象について、特定の母集団、特定の時期、おそらく特定の場所で情報を収集するよう計画され、理論と仮説を反映した方法で測定される。

　OxIS は、広範囲にわたっており、一国における長期間にわたるインターネット利用を記録しているが、その一部はワールド・インターネット・プロジェクト（World Internet Project）に参加している共同研究機関が作成する類似の質問と比較できるように設計されている。オックスフォード大学インターネット研究所（Oxford Internet Institute; OII）の研究者は、非常に詳細に調査を計画しており、各インタビュー項目、項目の順序、標本抽出計画、面接担当者への指示を慎重に作成している。継続性をもたらすために、中心となる一連の質問項目が各調査で繰り返され、時には技術的変化に対応するために改良されたりもする。データ分析に関する決定が調査研究の計画に組み込まれており、統計的検出力を最大化するために各項目をどのようにコード化するかを事前に決定している。調査項目は、インターネット利用者集団のデモグラフィックや記述データに関するものもあれば、誰が、いつ、どのように、なぜインターネットを利用しているかに関する理論的質問の探求を目指したものもある。

　研究課題が証拠の選択を促す方式は、特にソーシャルメディア研究で顕著である。例えば、カク等（Kwak et al. 2010）は、ネットワークのトポロジに関心を寄せている。Twitter がソーシャルネットワークであるのか、あるいはニュースメディアであるのかを問うために、彼らは 2009 年半ばの Twitter サイト全体の非フォロー者とフォロー者の分布と、他の人間的な社会的繋がりにおける行動パターンとを比較した。対照的な研究として、中国のマイクロブログ・ネットワークにおける検閲の研究がある（King, Pan, and Roberts 2013）。定量的な社会科学でよく知られるこれらの研究者は、ネットワーク分析とインタビ

ューを組み合わせた。

データの収集　データ収集に費やされる研究エフォートと情報資源の割合も大きく異なる。サーベイにおいて、インタビューを実施するフィールド調査では数週間から数ヶ月かかることがあり、それに続いて同程度のデータ分析の期間がある。6回にわたるOxISではそれぞれ、2,000人を超える対面インタビューによる回答を報告している（Dutton, Blank, and Groselj 2013）。インタビューはオックスフォード大学インターネット研究所（OII）の研究者によって計画され、分析されるが、インタビューそのものは民間のフィールド研究サービスに委託されている。OIIは、仕様に基づいてコード化された匿名データファイルを受け取る。

　ソーシャルメディア研究では、どのようなデータが必要なのか、どのデータを収集できるのか、どのように収集するのかは、データセットを取得するよりも労働集約的であり得る。データの収集は、数時間または数日間にわたってアルゴリズムに従って実行されるかもしれない。このような形でのデータ収集が行われる前から、アルゴリズムの開発と検査が行われ、続いて長期間のデータ分析が行われる。Twitterデータが持つ魅力の中には、それぞれのツイートで伝達される情報量は最小限であるにもかかわらず、構造が比較的簡単で、標準フォーマットで、広範囲にわたっていることが挙げられる。APIを使用してデータを収集すれば、時間、日付、場所、そしてメタデータとして扱うことができるその他の変数を標準的な構文で表現されたレコードを取得できる。しかし、TwitterのAPIの使用法を学ぶことは、そのマニュアルの長さが400ページ以上もあることから判断するに、簡単な投資ではない（Makice 2009）。

　カク等（Kwak et al. 2010）の調査では、TwitterのAPIを使用して、3週間分のすべての利用者のプロフィールを収集した。その後2ヶ月間、彼らは人気のある話題に言及した利用者のプロフィールを収集した。人気のある話題やそれに関連するツイートに関する一連の付随情報も収集された。ゲリー・キング（Gary King）とジェニファー・パン（Jennifer Pan）、マーガレット・E・ロバーツ（Margaret E. Roberts）（King, Pan, and Roberts 2013）の研究では、中国で1,400を超えるマイクロブロギングやその他のソーシャルメディア・サービス

から 1,130 万件の投稿を取得するという、まったく異なった手法を用いてデータが収集された。彼らは、検閲者が投稿を確認して削除する前に、それらをすばやく取得することを目標に、データを収集、コード化するための独自のアルゴリズムを考案した。

データの分析　定量的方法は、クリーニング、校正、解釈、キュレーションが困難な複雑なデータをもたらす。データの処理と分析にあたっては、多くの小さな決定が行われる。後でデータを再利用できるかどうかは、エラーや異常を正確に修正すること、これらの決定が一貫して行われること、それらが調査の目的に適した程度で行われること、そしてその作業が明確に完全に記録されることに大きく依存するだろう。

　OII は、社会科学で広く使用されているデータ分析・統計ソフトウェアパッケージである STATA のファイルとして、インタビューのデータセットを受け取る（STATA 2013）。インタビュー代行実施会社に向けた OII の仕様書を通じて、データセット内の各インタビュー質問の回答は、特定の変数名でコード化されている。OII の分析担当者は、これらの変数名をデータ分析に使用するメタデータとして扱う。彼らが最初に行うのは、データセットからノイズを除去して、異常やエラーを発見し、必要に応じて質問を付して調査会社に戻すことである。2011 年の調査では、OII の担当者は最初の報告書を発行する前に三度、質問を付して会社に戻した。その後、雑誌論文用により詳細にデータを分析するために、担当者はさらに数回にわたって調査会社に細かな質問を行った。

　ほとんどの異常は、そのデータに期待される関係性や傾向を詳しく知っている者のみが認識できる。予期せぬ関係は重要な知見を表わしているかもしれないし、一貫性のないコード化によって生じる可能性がある。若者が年配者により特徴的な行動を示したり、あるいはその逆であったりしたときに、OII の研究者は年齢フィールドのコード化に疑問を持った。OII は面接調査担当者が年齢ではなく出生年を質問するよう指示していたが、詳細な点検から、面接調査担当者の中には被験者の現在の年齢を尋ね、それに応じてコード化している者がいたことが明らかになった。そのため、STATA ファイル中で 22 歳の人が

22 とコード化されているものもあれば、出生年として 1922 年を意味する 22 とコード化されているものもあった。

カク等（Kwak et al. 2010）は、ソーシャルネットワーク・データをテストベッドとして利用して、ネットワークトポロジの観点から研究課題を組み立てている。したがって、彼らのデータ収集および分析はリンク関係に焦点を当てた。彼らは利用可能なツイートそれぞれについて、できる限り多くの文脈情報を収集した。彼らは、スパムのツイートを識別するためのさまざまな手法と、それらを不良データとして扱うための複数の閾値を試した。最終的に彼らは当初のデータセットから 2,000 万件のツイートと約 200 万の利用者アカウントを削除した。各 Twitter 利用者のフォロワー数とこれらの関係がどの程度相互関係にあるかによって、情報の流通が測定された。彼らは、Twitter は社会関係ネットワークを構築し維持するよりも、情報を流布させる仕組みであると結論付けた。

キング等（King, Pan, and Roberts 2013）の研究は対照的に、検閲と政府の行動の理論に基づいている。理論、データ収集、コード化、分析に関する彼らの議論は密接に絡み合い、論文の記述のほぼ半分を費やしている。それぞれのコード化の決定は、社会理論の観点から注意深く説明されている。メッセージの内容と意図を解釈するために手作業でコード化された投稿もある。彼らは、確認された検閲パターンの社会的および政治的な影響についての議論で締めくくっている。

知見の公表　これらのインターネット研究の知見は、理論、方法、読者の違いを反映して、さまざまな場面で発表されている。OxIS の各報告は、政策立案者を対象とした公開イベントと共に、広く一般に公開されている。概要報告書はオンラインと印刷体で入手可能で、主要な各変数に関する要約データ、クロス集計、データ収集方法の要約が含まれている。方法に関するさらなる詳細とインタビューガイドはオンラインで公開されている。報告書が公表されると、OxIS の研究者は理論および政策研究のために調査データをより詳細にデータマイニングする。雑誌論文は、方法と解釈の詳細な点に言及したり、他の研究と比較したりするためのより良い公開先となっている（Di Gennaro and Dutton

2007; Dutton and Shepherd 2006)。その論文は、コミュニケーション研究、政治学、社会学、および関連分野の雑誌と会議録に見られる。

ソーシャルメディア研究は、社会科学からコンピュータ科学、科学、医学、人文学、そして大衆報道まで、あらゆる分野で報告されている。ここで議論された二つの研究（King, Pan, and Roberts 2013; Kwak et al. 2010）は、それぞれの分野で広く知られた公開先で発表され、いずれも非常によく引用されている。しかし、その理論と方法は非常に広範囲にわたるので、ソーシャルメディア研究をまたぐ比較は無意味であるか、もしくは画期的な洞察に繋がる可能性がある。このような研究では、データに共通の情報資源を利用しているが、選択された実体は、さまざまな現象の全く異なった証拠になる可能性がある。これらの学問分野は、新たな形で交差している。しかし、政治学者やコンピュータ科学者は一般に、理論や方法を求めてお互いの文献を検索しない。

データのキュレーション、共有、再利用　インターネット研究の事例は、従来の方法と革新的な方法との間の二律背反を浮き彫りにする。革新的な方法によって、より強力な知見が得られるかもしれないが、データを記録し、共有し、再利用するのに大きな困難に繋がる可能性がある。データのキュレーション、共有、再利用の実践は、プロジェクト毎に異なるように見える。プロジェクトの規模や長さ、スタッフの継続性、標準やデポジットに関する外部要件、再利用の期待は、いずれもデータ実践に影響を与える要因である。

OxIS は、英国でのインターネット利用を他国の同等の研究と比較できる方法で記録するように設計されている。核となる質問の多くは同じであるが、標本抽出計画、質問、解釈は重要な点で異なる。OxIS は英国の都市部と農村部をカバーしているが、発展途上国の研究は大部分が都市部である。豊かな国ではブロードバンド接続がより多く、貧困国ではモバイルアクセスにより頼っているといったことがある。

再利用に対する期待は、後でデータを解釈できるかに影響する。2003 年に行われた最初の OxIS は、資金提供と共同研究者の利用可能性に対応して迅速に開始された。継続的な研究として意図されていたが、当初のプロジェクトの研究スタッフは、データの収集、処理、コード化、分析に関する最小限の説明

資料しか作成できなかった。2003 年調査のアンケート調査票とデータセットは、2005 年の OxIS 研究の基礎となった。スタッフは、一連の OxIS 研究全般にわたって、長期的比較に役立つよう、より精緻で詳細な記録手順を整備した。累積されるデータセットは、引き続き行われる各調査結果によって、より価値あるものになっている。

　OII は OxIS データを公開し、広く再利用されるようそのデータセットの説明資料を作成している。しかし、これらは別の作業である。資金提供機関は OII にリポジトリにデータを提供することを求めていないため、2 年間の公開猶予期間を維持したのち、OII は非商用目的で資格要件を満たした研究者に直接データセットを公開している。例えば、2011 年の報告書が公表されたとき、2009 年のデータセットも公開された。利用条件と許諾条件に関する説明は、ウェブサイトで提供されている。共有データセットは、インタビューを実施した会社から取得したバージョンで、STATA ファイルとして入手できる。オンライン説明書には、変数名と、それらが得られたインタビューの質問、さらに調査報告書に掲載されている基本的な方法と記述統計が含まれている。OxIS のスタッフは、要求があればデータセットに関する詳細情報を公開する予定であるが、データセットを取得した 200 以上の当事者からの問い合わせはほとんどない。データセットの再利用者は、独自の変換とコード化を「生の」STATA データセットに適用できる。OxIS チームは DDI に精通しているが、それを実装していない。間接費はデータセットの利用によって正当化されるものではないし、DDI 標準を実装するための外部要求もない。

　OII によって報告された知見は、それぞれの公開先の標準に従って記録されている。調査全般にわたって信頼性、妥当性、継続性を維持するために整備された内部資料は、内部で多様な形式で開発されたソフトウェアの扱い方と同様、自分達自身が使用する独自資料と考えられている。内部情報には、変数の変換、変数の索引への結合、項目間の妥当性の確認、その他研究者が行ったクリーニングや分析の際に行われた選択に関する詳細が含まれる。これらの一連の内部資料は継続性を支援し、OxIS チームに競争上の優位性をもたらす。

　ソーシャルメディア研究の特異性と適時性は強みではあるが、再利用や追試性といった点では弱点でもある。ソーシャルメディア・データの時間的性質

6 章　社会科学におけるデータの学問　　169

は、それらが参照する情報源の急速な劣化と結びついて、再利用の価値を制限する。原則として、ソーシャルメディア研究は定期的に追試され得るだろう。しかし、データ収集と分析方法は、急速に変化するツールに依存するため、調査手法よりも継続性が低くなる。ソーシャルメディアがより主流のコミュニケーション様式になるにつれ、その性格は変化する。ソーシャルロボット、自動的に消滅するメッセージ、その他の技術革新の出現は、比較を困難にする。安定したメトリクスを欠くことで、これらの方法の検証および校正が問題となる。コンピュータ科学（Kwak et al. 2010）と政治学（King, Pan, and Roberts 2013）の論文はいずれも、その知見が他の分野にいかに広範に適用できるかについての所見で締めくくられている。これらの論文では、データセットがどのように、どこで利用可能か、あるいはデータセットが利用可能かどうかは明示されていない。データセットとアルゴリズムが再利用できるかどうか、あるいはその条件を追試できるかどうかにかかわらず、それぞれの研究は異なる分野で探求され得る研究課題を誘発する。

社会技術研究

　この章の二つ目の事例として焦点を当てる社会技術研究は、一部は社会的、一部は技術的な問題を研究するものである。この章で展開される事例研究、すなわち 2002 年以来進行中の、組み込み型ネットワークセンシングセンター（CENS）のデータ実践と知識インフラに関する研究は、個性記述的方法と法則定立的方法を組み合わせたものであり、その過程で幅広い研究方法を適用する。

　社会技術研究に適用可能な個性記述的方法にはエスノグラフィ、インタビュー、オーラルヒストリー、公式および非公式の観察、そして人間の活動記録の分析がある。技術は、特定の文脈に関連する認知や現象を探究するかどうかにかかわらず、人間とコンピュータの相互作用として研究することができる。また、コンピュータ支援共同作業の分野のように、業務実践における介入として研究することもできる。こうした分野のプロジェクトは小規模で、局所的で、短期間である。それらはまた、大規模で、広範にわたり、長期的であることも

ある。

　個性記述的説明を統合するのが、対象者に密着した調査と解釈の取り組みである。解釈主義的方法は、社会科学と人文学を橋渡しするもので、そこでは複数の視点が精査され、比較される。こうした方法は長い伝統を持っているものの、認識論、証拠の基準、知識の哲学に関しては議論が絶えないテーマのままである。ここでは、そうした議論があることは認めるが、その対処あるいは解決を試みることはしない（Garfinkel 1967; Geertz 1973; Glaser and Strauss 1967; Latour and Woolgar 1986; Latour 1987; Levi-Strauss 1966; Lofland et al. 2006; Roth and Mehta 2002）。

サイズ問題

　ほとんどの社会技術研究はスモールサイエンスであり、生まれたばかりの、混乱した問題を探求する。研究はプロジェクトの範囲に応じて、小さな研究チームで行うこともあれば、研究者が単独で行うこともある。質的データの書き起こし、編纂、コード化、分析、解釈に、数ヶ月または数年の労力が必要となることがある。研究コミュニティのソーシャルネットワークは、出版物の分析やその他の社会的指標を問わず、定量的な比較を提供するだろう。同様に、出版物のテキストマイニングは、研究トピックのパターンとその経年変化を明らかにできる。その目標は通常、複数の方法を組み合わせることである。さまざまな程度の信頼性、内的妥当性、外的妥当性、規模による方法を適用することで、三角測量することができる。

いつデータが？

　この事例研究で報告する CENS の研究は、現場実践に関して成長を続ける社会技術研究に基づいており、その多くは環境科学分野のものである。これらは、主としてエスノグラフィ、インタビュー、参与観察、ドキュメント分析を用いた質的研究である（Aronova, Baker, and Oreskes 2010; Cragin et al. 2010; Cragin and Shankar 2006; Jackson and Buyuktur 2014; Jackson et al. 2011; Karasti, Baker, and Halkola 2006; Olson, Zimmerman, and Bos 2008; Zimmerman 2007）。インターネット研究と同様に、研究者は選択すべき膨大なデータ情報資源を持っ

6章　社会科学におけるデータの学問　　171

ている。社会技術の研究者はデータの情報源の特定と、その信頼性、独立性、他の形式のデータとの関係性の評価を賢く行わなければならない。

情報源と情報資源　科学的実践による、そして科学的実践に関するデータの大洪水にもかかわらず、データ実践に関する社会技術研究は現場仕様の傾向がある。その結果として、研究者は外部の情報源に大きく依存するよりも、自らの観察データを収集しやすい。しかし、出版物を含む、研究対象が生み出した記録は、必要不可欠な補助資料となり得る。以下に述べるデータ情報源および情報資源のカテゴリは、ここまでで引用した現場実践に関する研究に共通であるが、見込まれる証拠資料すべてを列挙するものではない。

現場観察とエスノグラフィ　社会技術研究は、ある研究現場で行われる。そこは一つの物理的な場所である場合もあれば、そうでない場合もある。複数地点のエスノグラフィは、現場間で比較するものである（Marcus 1995）。観察はまた、「仮想エスノグラフィ」という方法を用いて、オンラインで行うこともできる（Hine 2000）。研究者は遠くから行動を観察し、ビデオコミュニケーションや音声コミュニケーションによるインタビューを行うことができる。研究プロジェクトの規模と距離を拡大させる一方、後者は幾らかの文脈情報を失うことになる。

　あるがままの個人やコミュニティの調査を必要とする研究ではいずれも、そのための許可が求められる。これは「入り込む」こととして知られる。一旦入り込むと、研究現場に「滞在する」ことが同様に課題になる（Lofland et al. 2006）。社会科学における現場観察研究の目標は、決して必要以上に環境を乱すことなく現象を研究することである。一旦入り込むと、研究者は自分自身とそこにいる理由をより詳細に紹介し、干渉しないようにし、できる限り環境を乱さないようにする。彼らの懸念には、ウェスタン・エレクトリック（Western Electric）社の工場での有名な研究から名付けられた「ホーソン効果」がある。これは、光源レベルを上げたり下げたりする実験的な介入で生産性が向上し、その後研究が終了すると生産性が減少したというものである。観察されているというその事実こそが、人々の行動を変えたのである（Landsberger

1958)。

　現場観察の妥当性に対するこれらのリスクを最小限にする一つの方法は、研究者の存在が通常の日々の環境の一部となるくらい十分に長く留まることである。この過程には数週間、数ヶ月、または数年かかる場合がある。人類学者は、粒子物理学者であろうと都市部のギャングであろうと、一つのコミュニティを研究するために自らのキャリア全部をそこで費やすかもしれない。環境の一部になる方法に、現場に積極的に参加して、現場の詳細を学ぶというものがある。例えば、科学のデータ実践を研究する場合、その研究者はチームのデータ収集や分析、必要な消耗品や機器を入手するための使い走り、あるいは現場にバッテリーを運ぶ等の物理的な作業を手伝うかもしれない。研究対象となる活動に参加することそれ自身にリスクがある。研究者は、あまりにも主観的であること、「溶け込む」こと、そして研究の被験者について語るのではなく、代弁してしまうことを懸念している。

　研究者は、観察記録を収集し、それをデータに変換するために多くの手法を用いる。現場の状況からすると、参加して後からメモを取るほうが良い場合がよくある。状況によっては、被験者の許可を得て、研究者がメモを取ったり、音声を記録したり、ビデオ録画したり、写真を撮ったりする。音声記録は書き起こされるが、その制作には時間も費用もかかる。記録することには、音声のニュアンスや見た目の手掛かりといった価値がある。メモ、書き起こし、インタビュー、その他の記録は、テーマや出来事、その他調査対象となっている現象に関する標識にコード化される。コード化は単純で手作業である場合もあるし、複雑で技術的支援を受ける場合もある。出来事、人物、テーマ、その他のカテゴリをコード化するのに、商用あるいはオープンソースの分析ツールが利用できる。一度コード化されると、これらのツールによって統合や可視化が簡便になる。

インタビュー　個性記述的な社会技術研究では、インタビューはオープンクエスチョンから構成される傾向がある。5個から10個の質問のインタビューで、1時間以上の会話になることがある。質問は一般的であるが、参加者が現場や技術をどのように選択するか、データをキュレートする際に遭遇する特定の課

題等、行動に関する説明を引き出すことができる。複数の参加者に同じ質問をすることで、研究者は個人、チーム、研究分野、現場等の活動を比較できる。

　質的研究では無作為抽出はほとんど不可能である。現場が小規模の場合は、すべての参加者にインタビューすることができる。多くの場合、現場の集団はあまりに多様過ぎて、どのようなインタビュー質問群を用意しても、すべての参加者に関連させることはできない。例えば、チームリーダーにとって懸念されるトピックは、実験装置を組み立てる者とは関係なく、その逆も然りである。代替手段として、研究中の現象の理論的カテゴリによって標本を分類し、各カテゴリの参加者の数と配分のバランスを取るという方法がある。

記録と文書　研究現場に関連する記録や他の形式の文書は、非常に有用なデータ情報資源になり得るが、歴史家やアーキビストがよく知っているように、記録はそれ自身で証拠の形式とはなっていない。人間行動の記録は、時間、場所、それが用いられる環境によって異なって理解される（Furner 2004a）。研究者はそれぞれの記録の文脈に関する情報をできるだけ多く収集し、最終的に集めた多くの情報の脈絡をつける必要がある。例えば、二人の実験室研究者のデータ記録が異なるのは、彼らが収集しているデータの記録保持にかかる習慣による可能性が大いにある。同様に、人々の入手可能な略歴情報に違いがあるのは、人々が自分自身を表現する際に選択する形式や頻度を反映しているからである。

　社会技術研究者は公共情報源を利用して、潜在的な現場についてできるだけ多くのことを学ぶ。研究助成金、人員、設備、出来事、研究活動、出版物に関する公開情報は、多くの場合簡単に見つかる。公開文書の詳細は通常、研究参加者によって検証されるが、現場の行動に関する高度な知識により、研究者はそこでの時間をより有効に活用することができる。観察またはインタビューの際、研究者は多くの場合、参加者が進んで共有したいと思っている多くの関連する内部資料を収集する。実験室ノート等の記録は、研究の実施方法についての詳細な洞察をもたらし得る。その中には、秘密保持契約の一環として研究者が保護する秘密資料がある。

技術の構築と評価　人々が自分の仕事にどのように技術を用いているかを調べることは、研究現場を研究することの一部である。デジタルライブラリ、データアーカイブ、教育技術、協働ツール、気候モデル、ワープロシステム、電子メール、その他多くの技術の研究は、研究がどのように達成されるかについての本質的な洞察を提供する（Blomberg and Karasti 2013; Bowker and Star 1999; Edwards et al. 2007; Edwards 2010; Karasti, Baker, and Halkola 2006; Olson, Zimmerman, and Bos 2008; Ribes and Finholt 2007, 2009）。

　社会技術研究者の中には、コミュニティ活動に介入するシステムを構築する者もいる。デジタルライブラリでは、より良いユーザインターフェースの設計、情報検索機能、教育理論、認知プロセスを検査するために小規模のシステムが構築され得る。例えば、アレクサンドリア・デジタル地球プロトタイプ計画（Alexandria Digital Earth Prototype Project）は、地理学者、コンピュータ科学者、心理学者、情報科学者が、学士課程教育に地球科学データを用いる共同活動であった（Borgman et al. 2000; Janee and Frew 2002; Smith and Zheng 2002）。科学図書館目録（Science Library Catalogue）は初期のグラフィカル・ユーザインターフェースで、科学情報を検索する8歳から12歳の子ども達の認知発達能力を研究するためのものであった。それは段階的に構築され、子ども達の能力に応じて改善された。数年にわたる研究の間に、階層を操作したり、情報を分類したり、アルファベット順に検索したり、視覚的に検索したり、情報課題を我慢強くやり通したりする能力の年齢による違いについての仮説が検証された（Borgman et al. 1995; Hirsh 1996）。

知識インフラ　社会技術研究は、分野というよりも問題領域である。研究者は、データ実践等の社会的および技術的側面を有する一つの問題に集中し、各々自分自身の理論、方法、視点を持ち寄る。彼らはまた、それぞれの分野が存在する限り、各分野の知識インフラに理論、方法、視点をもたらす。インターネット研究と同様、共有された専門知識、方法、ツールは、共有アーカイブよりも知識インフラの中核を成す。複数の方法によって生み出されたデータは、組織化や共有、キュレーションが特に難しい。この種の研究で収集されるフィールドノート、ウェブサイト、音声やビデオの記録、データファイル、ソ

6章　社会科学におけるデータの学問　175

フトウェア、写真、有形標本、その他無数の種類のデータに適用できるリポジトリ、あるいは共通規格はほとんどない。データの公開は、それらをジャンルや主題別に分けることを意味するが、それは再現性という目標にとって逆効果である。

メタデータ　データ情報源が混在しているため、命名規則と説明文書の作成は現場で整備される傾向にある。研究者の中には、長時間をかけて、複数のコーダー間で一貫したコード化を促すためにコーディング規則を構築する者もいる。原理上、DDI を使用すれば、質的データとメタデータを構造化することができる（Data Documentation Initiative 2012; Vardigan, Heus, and Thomas 2008）。実際には、複数の共同研究者のいる大規模プロジェクトのみが、公式なメタデータ活動に投資するのに十分な誘因を持っているのかもしれない。

　数多くのデータ情報源は、プロジェクト毎、現場毎に大きく異なるため、質的データのコード化実践を標準化することは困難である。現場観察とコード化の反復的性質は、標準化をも妨げる。例えば、グラウンデッド・セオリーでは、研究者はより多くのデータを収集し、データに関するより多くの文脈を得るにつれて、コード化の構造を充実させ、改訂することが推奨されている（Anderson 1994; Glaser and Strauss 1967; Star 1999）。仮説はコード化を通じて展開され、コーパスの他の部分で検査される。反復によって一貫性が向上し、その結果、方法の信頼性が向上する。しかし、内部の妥当性が増すと、外部の妥当性が低下する可能性がある。

来歴　複数の方法を混在して用いる場合に来歴を記録するには、それぞれのデータの種類、およびデータ間の関係についての記録が必要である。例えば、ある特定の写真が特定のインタビューの一部として特定の時間と場所で撮影されたとする。その同じインタビューの一環として、別の記録も取得された。この写真は、異なる時刻に撮影された同一の実験室の他の写真と比較したり、ほぼ同時刻に撮影された異なる実験室の写真と比較したりする際に有用である。インタビュー、写真、録音、文書、その他の形式のデータ一式にはそれぞれ、複数の系譜が含まれている。複数の方法を混在して用いる場合やその他の解釈研

究における来歴は、さまざまな関係性の脈絡を伴う可能性がある。

個性記述的説明は人、場所、時間、状況と密接に結びついているので、追試自体はほとんど問題にならない。しかし、真実性は他の分野と同様に社会技術研究の懸念事項でもある。研究者は、可能な場合には、複数の独立した情報源から情報を取得する。来歴情報は、他者による再利用よりも、調査者の要求に役立つ。研究者は、生涯にわたりデータを保持して、自分の観察を検証することができる。他の事例では、ヒト被験者審査委員会は、プロジェクト終了時に個人に関する秘密データを破棄することを要求するかもしれない。記録の秘密保持とデータの報告における個人の匿名性が最優先である。個々の参加者に関する記録の来歴がより詳細になればなる程、データセットを公開することは難しくなる。

外部の影響　社会技術研究はヒト被験者を対象としているため、社会科学の他の分野と同様に、非常に多くの経済的、財産的、倫理的問題によって制約を受ける。個性記述的研究は、研究者とヒト被験者間の研究活動にかかる密接な関係に基づく傾向があるため、この種のデータは、一般の人々の活動の痕跡を捉えるインターネットサーベイやソーシャルメディア研究よりも慎重に扱うべきである。

経済と価値　生成されたデータのパッケージ化は、その価値に影響を与える。複数の方法を混在して用いた研究から得られるデータは、さまざまな方法で結合され得るので、経済財の象限に割り当てることが難しい。社会技術研究者は、参加者が著者である出版物のデータアーカイブやリポジトリ等、研究者の研究現場に関連する共有資源を利用することがある。被験者に関する情報は、得られた方法に応じて公的なものもあるし、私的なものもある。しかし、一旦入手されると、社会技術に関する生成されたデータは、被験者の身元が明らかにならないように、共有できない私的財になる可能性がある。例えば、被験者のホームページのリストは公開情報へのリンクで構成されているかもしれないが、リスト自体は参加者集合を構成しており、守秘されなければならない。

6章　社会科学におけるデータの学問　　177

財産権　社会技術の研究者は、証拠の発見のためにデータマイニングできる情報にアクセスするが、アクセスはそうした資料を公開したり、複製したりできることを意味するものではない。例えば、実験室ノートは通常、その実験室の財産であり続けるし、出版物は著作権者の財産であり続ける。社会技術研究の各データ情報源は、ハードウェア、ソフトウェア、文書、標本、その他の資料にかかわらず、財産権に阻まれる可能性がある。

倫理　社会技術研究は、一般的にヒト被験者保護の監視下に入る。しかし、同意、匿名性、秘密保持、記録の管理に関する規則は、用いられる方法毎に微妙に異なる。エスノグラフィ、現場観察、インタビュー、技術評価等の方法では、リスクと負債が多少異なる場合がある。データがどのように収集され、記録が保護され、その知見がどのように報告されるかに関する倫理的な問題が生じる。例えば、研究を公表する際、その詳細度は、被験者のリスクによって決まる。実際の特定の程度は、雑誌やコミュニティによって異なり得る。ほとんどの場合、研究現場はその現場の詳細を曖昧にすることによって、そして人々に仮名を割り当てることによって秘匿される。場合によっては、現場や人々が名称によって特定される。知見は、個人を容易に特定できない程度の大きな集団に集約される。

　観察記録には参加者自身の言葉による長い語りや経歴、顔のビデオキャプチャ等が含まれるかもしれない。個人や団体に関する非常に詳細な情報に頼っている研究はいずれも、秘密保持とヒト被験者の権利保護のために多額の投資を必要とする。米国におけるヒト被験者保護に関する新しい国家規則案には、「安全なデータ、安全な場所、安全な人々、安全な成果」という秘密保持に向けた四つの枠組みがある（National Research Council 2013, 50）。提案されたモデルでは、研究はデータ収集前、データ収集中、およびデータ収集後にデータをより安全に保持するように計画され得る。一つの方法として、複数の現場でデータを収集することで、その場所を発見しにくくするというものがある。秘密データは、「仮想的なデータ保管庫」等の手段による「安全な場所」を介して共有できる。データは、研究者が指示を送ったりデータを操作したりすることはできるが、自分の手元のコンピュータに転送することはできないデータセン

ターで維持される。データを公開したり、再利用したりする研究者は、訓練や認証を通じて「安全な人々」になることができる。損害の度合いによってデータを分類することで、出力をより安全にすることができる。損害のリスクが低いデータについては、簡単な利用規約に関する同意があれば十分である。「非常にデリケートな」データについては、公開に関するより厳格な規則が適用されるべきである（National Research Council 2013, 52）。これらの規則は、すべてのカテゴリのヒト被験者データに適用されるが、最も深刻な変化は質的な研究にとってであるかもしれない。提案された規則の変更の中には、ヒト被験者に関するデータの共有と再利用をより促進することを意図しているものもある。

CENS における社会技術研究の実施

組み込み型ネットワークセンシングセンター（Center for Embedded Networked Sensing; CENS）は、共同研究がどのように形成され、データはどのように収集、分析、管理、公開されるのかといったことに関する長期的な研究の貴重な機会を提供した。5章で説明したように、CENS は 2002 年に設立された全米科学財団（National Science Foundation）の科学技術センター（Science and Technology Center）であり、当初 5 年間の資金提供を受けた。続く 5 年間の CENS への助成は、2012 年にまで及んだ。データ実践研究の主任研究員は、センターの創設共同研究者の一人であった。後に統計・データ実践チームの一部となるデータ実践チームは、CENS の研究部門であった。他の多くの部門と同様に、データ実践チームにも CENS 以外の大学出身の共同研究者がいた。

研究チームはセンターに組み込まれていたため、CENS のデータ実践研究の多くは参与観察であった。チームの教員、学生、スタッフは、公式および非公式の活動に参加し、可能な限り現場で多くの時間を費やした。CENS の存続期間中、チームはエスノグラフィとオープンクェスチョンのインタビューを行い、実験室および現場で予備調査を行い、数時間から数週間にわたる現場配置に参加し、数え切れない程のチーム会合に赴き、学会や研究審査、研究会合で知見を発表し、実験室やフィールドノート等の文書、多様なソフトウェア形式のデータファイル、そして出版物を分析した。データ収集は、CENS が正式に

6章　社会科学におけるデータの学問　179

終了した後数年間、チームが CENS の遺産を研究する中で続けられている（Borgman et al. 2014）。

　参与観察者は、調査対象の組織の正式メンバーであることはめったにない。この事例では、社会科学研究チームは、他の研究チームと同様に CENS の運営に参加する責任を負った。彼らはまた、CENS 出版物用のオープンアクセスリポジトリサイトを含む、科学データの収集と管理を支援する技術を開発することによって、センターに貢献した。

　あらゆる研究方法と同様に、規模、範囲、客観性に関する二律背反が頻繁に生じた。CENS の正式なメンバーとして、チームはほとんどの社会科学者よりもずっと、個人、研究現場、説明資料に近づくことができた。内部関係者として、チームは主観性のリスクを認識していた。こうしたリスクを認識するだけで、それを緩和するのに役立った。それは、外部の研究協力者が方法や解釈について重要な質問をする場合も同様であった。CENS の科学技術研究者は通常、データ実践チームが公表する前に、その行動の記述を確認するよう求められた。彼らは研究の記述の修正と改善に協力的であったが、解釈を変更しようとはしなかった。

研究課題　データ実践チームは、個々の研究者や研究チームがどのようにデータを作成しているか、チームや研究分野毎にその実践がどのように変化したかという課題から、CENS の研究を開始した。開始時からコミュニティのメンバーであることで、データのクリーニング、分析、報告、最終的な処分という繰り返し作業を通じて、構想当初からデータを追跡する可能性が存在した。データの学問の文脈がよりよく理解されるにつれて、研究チームの共同作業、データの管理と所有権、メタデータと来歴、共有と再利用、CENS データの教育用アプリケーションといった研究課題にも取り組むようになっていった。センターにおけるデータ実践と共同作業に関する数本の博士論文、1 本の修士論文、そして多くの学生プロジェクトが、2002 年以降、取り組むべき研究課題をさらに拡大した。

　研究課題と資金提供は、プロジェクト全般を通して繰り返された。CENS からのスタートアップ助成は、データとデータ実践に関する当初の枠組みを支え

た。その成果は研究資金申請に繋がり、その後の研究知見はより多くの研究資金申請と出版物に繋がった。資金提供の多くは、複数の共同研究者を巻き込み、CENS のデータ実践と他の研究現場との比較を可能にした（Borgman, Wallis, and Enyedy 2006, 2007; Borgman, Wallis, and Mayernik 2012; Borgman et al. 2007; Borgman 2006; Edwards et al. 2011; Mandell 2012; Mayernik, Wallis, and Borgman 2007, 2012; Mayernik 2011; Pepe et al. 2007, 2010; Pepe 2010; Shankar 2003; Shilton 2011; Wallis et al. 2008; Wallis, Borgman, and Mayernik 2010; Wallis et al. 2010, 2012; Wallis, Rolando, and Borgman 2013; Wallis 2012; Wallis et al. 2007）。

データの収集　CENS の研究者がいる場所はどこでも、社会技術研究者の現場であった。CENS チームは参加している五つの大学のいずれかに所属しており、さらに多くの機関にパートナーがいた。データは、実験室やキャンパス内の公共空間、米国および世界の他の地域の研究現場で収集された。複数の方法が同時に用いられ、チームの規模は 2 名から 8 名であった。研究現場の観察に焦点を当てる者もいれば、インタビューの実施、ドキュメント分析、技術の構築と評価、CENS 内の社会ネットワークの特定に焦点を当てる者もいた。交差訓練の確実化と複数の方法から得られたデータの結合の容易化のために、チームの全員が少なくとも二つのデータ収集方法に関与した。

　データ実践チームの最初の活動には、この生まれたばかりの学際的共同体が行う研究の企てに適したメタデータ標準とフォーマットを特定することがあった。それは、予想していたよりもはるかに困難な課題であり、初期段階の研究の指針であった。CENS の研究者はメタデータ標準に関する経験がほとんどなかったので、メタデータに関する意向について彼らに直接質問しても、有用な指針は得られなかった。収集され続けるデータの範囲を特定することが、この取り組みの次の作業であった。現場観察、インタビュー、センターの出版物の分析は、この情報にとって不可欠な情報源であった。チームは、科学技術研究者がどのようなデータを取得し、そのうちのどのデータを分析や、後の再利用のために最も多く保持したかを査定した。

　メタデータの一般的な要件が特定されると、既存の、あるいは新たな標準と

照合された。環境データやセンサデータ向けの幾つかの標準が有望な候補であった。原理上、こうしたメタデータ標準は、CENS データのほとんどを記述するために、個別にまたは組み合わせて使用できた。センサあるいは手作業による標本抽出によって収集される生態学の観測データは、共通の構造と語彙を用いて記述することができた。同様に、これらの XML 規格がデータ収集アルゴリズムに組み込まれていれば、センサの指標を自動的に取得することができた。

　これらのメタデータ標準は、認められるそれぞれの利点と欠点の説明と共に、CENS の研究者による検討に向けて提示された。CENS の研究者達は、データ実践チームによるデータ管理への支援に感謝の意を表したが、自分達の要求に合う利用可能な標準は見い出せなかった。こうしたメタデータ標準が採用されない理由を理解するには、8 章でさらに探求するように、さらに詳細な研究が必要であった（Borgman, Wallis, and Enyedy 2006, 2007; Borgman 2006; Pepe et al. 2007; Shankar 2003; Wallis et al. 2006）。

　CENS の参加者が数十人から数百人に増えるにつれ、より良い来歴記録が必要であることが明らかになった。口承の文化は崩壊しつつあった。研究チームは、しばしば車で数時間もかかることのある配置現場に移動しようとしたが、必要不可欠な器材または一人または数人の個人——主としてそれは大学院生——が有する専門知識が欠けていることに気付いただけであった。データ実践チームは、「CENS 配置センター（The CENS Deployment Center; CENS DC）」と呼ばれる簡単なソフトウェアツールを利用して、この隙間を埋めようとした（Mayernik, Wallis, and Borgman 2007）。CENS DC には、これまで知られていたように、データ実践チームによって以前に収集されたデータである、過去に配置された設備や人員の記述が集められていた。このシステムには、今後の配置計画を作成したり、何が機能していて何が機能していないのか、何が不足していて、何が特に有効なのかといった現場での配置記録を作成したりするために利用できる定型機能があった。これらの機能は、以前観察した結果に基づいて、配置をより効率的かつ生産的にすることを目的としていた。このシステムはまた、一般に研究者が自らの出版物に含める類の情報を取り込み、それによりその現場研究に関する論文の執筆支援を目指した。CENS DC は、チームの

182　　第Ⅱ部　データの学問の事例研究

作業実践を基に計画され、予備的試験が行われ、配置された。幾つかのチームがCENS DCを自分達の活動に統合したように、このシステムはこうした機能の提供にある程度成功した（Mayernik 2011; Wallis 2012）。

データの分析 OxIS調査と同様に、CENSのデータ実践研究は小さな試みとして始まった。チームの規模が大きくなり、より大規模で、長期間にわたる研究の可能性が明らかになるにつれ、データ分析がより秩序立ったものになった。インタビューは音声録音され、専門的に書き起こされた。複数の調査や多くの現場観察間での一貫性を維持するために、コーディング規則が整備された。メモや書き起こしにある人物、出来事、テーマ、その他のカテゴリをコード化するために、質的で複数の手法を用いた研究向けの商用データ解析ソフトウェアパッケージであるNVivoを利用した（NVivo 10 2013）。データ収集の都度、二人の大学院生が同じインタビューを別々にコード化する。彼らはその後、解釈の相違を調整するため、コード化された内容を比較し、議論した。この過程は、コード化の担当者の間で十分な信頼性が達成されるまで繰り返された。コーディング規則には解釈を説明するための注釈が付けられ、解釈に一貫性を持たせた。予期せぬ発見の可能性を残しつつ、これらのデータを用いた仮説の構築と検証が課題であった。

インタビューの書き起こしは、他の種類のデータよりもコード化の担当者間での信頼性評価に適したものであった。複数のチームメンバーがインタビューを行ったが、彼らは一連の共通の質問項目を用いてCENSの研究者に質問した。現場研究の際には、各チームメンバーは自分の観察記録に関して広範にわたるノートを取った。これらのノートは、それを記録した観察者がコード化しなければならなかった。迅速かつ規則的にコード化されていれば、観察者はノートの中の空白を埋めたり、不足しているものを他の手段を使って得られるかどうかを判断したりできた。観察者は可能な限り豊富なメモを取ったり、写真を撮ったりすることが推奨された。ノート取りの技術は経験と共に向上した。しかし、観察対象の細部への注目の程度や知識は、個人によってかなり異なる。生物学の背景を持つ大学院生は、研究対象である種について非常に詳細な情報を収集したが、工学の学位を持つ大学院生は配置されている機器により注

意を払っていた。現場に相補的な背景を持つ複数の観察者を置くことで、センターのデータ実践について収集できる情報の幅が広がった。

　NVivo でコード化されたデータは、テーマ、出来事、その他のさまざまなカテゴリによって集約できた。データのサブセットを抽出でき、複数の研究と比較できた。より多くのデータが収集されれば、より豊富な比較と解釈が可能となる。NVivo のファイル、要約メモ、写真、その他の記録は、データ実践チームによる議論の入力となり、それが出版物、プレゼンテーション、ポスターの骨組みを作った。

知見の公表　データ実践研究の知見を共有する第一段階は、多くの場合、CENS 内で行われた。センターでは、定期的な公開イベントの一環としてポスターセッションやデモが開かれた。これらのイベントには、全米科学財団による年に一回の訪問、公開で行われる年次研究レビュー、研究会合が含まれていた。データ実践チームは、自らの研究活動をポスターにしたり、他の CENS チームと一緒にポスターに関わったりした。30 枚から 80 枚に及ぶポスターが出展されたイベントに来場者が参加することで、十分な議論とフィードバックの機会が得られたであろう。センターはまた、毎週ランチタイムセミナーを開催し、最新の研究が報告された。データ実践チームはこれらのイベントに日頃から出席し、定期的にその知見を発表した。

　CENS のデータ実践研究の知見は、さまざまな読者に届くよう多様な場で発表された。センターの資金はコンピュータ科学に由来するものが中心であったので、多くの論文が米国計算機学会（Association for Computing Machinery; ACM）の会議に投稿された。これらは採択率の低い、一流の研究成果公開の場である。ACM 会議での発表は、工学を専門とする人々に社会技術に関する知見を提示する重要な機会であった。また、科学技術コミュニティを対象とした情報学や社会学向けの出版物もあった。教育コミュニティ、特に学習アプリケーションのためのデータの再利用を狙った出版物も幾つかあった。出版物に加えて、多くの講演はこの研究全体の成果であり、科学、社会科学、工学、人文学のさらに幅広い数多くの聴衆に届けられた。

　研究センターとしての CENS の名称は、これらの出版物で明らかにされて

いるが、個々の参加者の名前は挙げられていない。個人を引用するとき、それらはカテゴリ（例えば、科学者や技術研究者など）による標識または仮名が付与される。センターの名称は幾つかの理由から明らかにされている。一つ目の理由に、組み込み型ネットワークセンシング研究の詳細は、データ実践を説明するために不可欠であるということがある。そのため、この現場はあまりにも独特なので、曖昧にすることが容易にできない。センターを匿名化するためには、知見が無意味になってしまうくらい非常に多くの文脈が削除されるであろう。別の理由として、データ実践チームが CENS コミュニティの一員であったため、CENS の活動を促進したことが挙げられる。全米科学財団は、その科学的、技術的成果に加えて、センターの社会科学面での貢献を認めた。CENS をデータ実践研究の模範的な現場にすることによって、他のセンターでも社会科学研究を受け入れるよう促された。しかし、研究現場の名前が挙げられるため、個人の識別ができないような水準で知見を集約するにはさらなる注意が求められた。

データのキュレーション、共有、再利用　音声記録、書き起こし、フィールドノート、NVivo ファイル、一連の公的および私的記録からなるデータ実践チームのデータは、研究者とチームの管理下に安全に保存されている。機関内審査委員会（Institutional Review Board; IRB）の指針に従い、紙の記録、その他の文書は、施錠されたオフィスの鍵付きファイリング・キャビネットに保管されている。デジタル記録はセキュアサーバに保存されている。IRB は、プロジェクトの終了時にデータの破棄を求める場合があるが、このチームは毎年 IRB の承認を更新することで、引き続きデータを分析し、その後収集されたデータと比較している。現行の指針では、IRB の承認が失効した時点でプロジェクトデータを分析できなくなる。

　複数の大学が関与するデータ実践の助成金のために、研究者はそれぞれ、自分のチームが収集していたデータについて IRB の承認を得る必要があった。大学の方針はその詳細は異なるが、大学間でデータを共有する能力は制限された。一般的に言えば、研究者は、コード化され匿名化されたデータを大学間で共有できるが、被験者に関する個人識別可能な情報を含む書き起こしやその他

の記録は共有できない。参加大学チームはそれぞれ、共同研究者のデータを共同管理するのではなく、それぞれのデータを個別に管理した。新しく大学院生やポスドクのメンバーが各チームに加わるときには、彼らは認証を受け、使用するデータセットにかかるIRB実験計画書に追加されなければならなかった。

これまで、資金提供機関は、これらのデータを公開することも、共同研究者グループ以外の研究者がデータを利用できるようにすることも要求してこなかった。これらはチームにとって貴重な情報資源であり、他の分野のデータ実践研究との比較に用いられている。資金提供が終了し、IRBの承認が失効することになったならば、例えその研究者であっても、データの再利用は難しいかもしれない。被験者は、これらの研究に参加する同意書に署名した。数ページにわたるIRBによる厳密な精査の対象となる同意書は、分析の際の個人識別可能なデータの秘密保持と、研究に参加する見返りとしての知見の報告を約束している。

要約すると、これらのデータは、研究チームの継続的な利用のためにキュレートされている。データは、承認されたIRB研究計画書に名前が挙げられていない人には公開できない。公的な現場から取得した記録等、データの一部が将来的に公開される可能性はある。インタビューの一環として入手された文書は、特に指定のない限り、同意書の秘密保持契約に該当する。一部のフィールドメモは、個人の名前やその他の識別情報が削除されても、他者に役立つ場合がある。倫理的な懸念やそれらのデータが取得された際の同意条件のために、音声記録、インタビューの書き起こし、被験者によって作成された記録、その他個人の識別に密接に結びついている情報を公開することは考えにくい。全体として、このデータセットには、10年にわたるCENSの活動についての多面的な情報と、その遺産を用いた継続的な研究が含まれている。断片的なデータを用いて、文脈と来歴を再構築することはできない。

まとめ

インターネット研究と社会技術研究は、社会科学の典型的なトピックである。どちらも革新的な方法を適用し、人間の行動に関する課題を探求し、複数

の分野の研究者を引き付ける。彼らの知識インフラは、共有された技術インフラ、あるいは情報資源よりも、共有された知識によってより特徴付けられる。教育課程や教科書にまとめられたような研究方法に関する合意は、社会科学における共通の専門知識の基盤を形成する。同様にして、これらの方法は、データ分析や計算モデリングのソフトウェアのような共通の技術ツールを採用する。

サーベイ研究は、インターネット利用についてであれ、他の人間行動に関する話題であれ、長い伝統を持つ方法論にかかる専門知識を活用する。これらの実践は、人について収集できる情報の豊かさ、ばらつきの正確な統制、データの秘密保持との間でバランスを取っている。参加者の匿名性を確保しながら、標本抽出計画、母集団、質問票、回答の分布、結果に関する推論の詳細な説明と共に、証拠が報告される。適切な水準の品質保証を達成する研究から得られたデータは、データアーカイブに貢献したり、研究者によって直接公開されたりするであろう。

ここに紹介したマイクロブログの例等のソーシャルメディア研究は、社会ネットワーク分析のような長い伝統を持つ研究手法を活用しているかもしれない。他分野の研究者は、コンピュータ科学者のネットワークトポロジ法のような独自の伝統を持っている。共通のデータ情報資源を用いて行われるこれらの対照的な方法は、分野間の専門知識の移転に貢献する可能性がある。あるいはこうした方法は、他分野の研究者に対してそれらを曖昧にして提供する程には共通点はほとんどないのかもしれない。比較で最も顕著な点は、研究者がそれぞれ、何をデータと考えるのかの違いである。例えば、Twitter アカウント間のリンクは、影響、グラフ構造、不正なコミュニケーション、人間関係、その他の現象の証拠として扱われる可能性がある。ツイートやその他メッセージの内容は、研究課題や研究手法に応じて、多数の現象の証拠として扱うことができる。どのメッセージが人間同士の意図的なやり取りか、どれが人間とソーシャルロボットとのやり取りか、どれがロボット同士のやり取りか、そしていつこれらのカテゴリが重要となるかを決定するには、研究中の環境に関する社会学的・技術的専門知識を必要とする。

組み込み型ネットワークセンシングセンターの 10 年にわたる研究で具体化

されたように、社会技術研究は、一つの問題に一連の相補的な研究方法を適用している。この事例における問題は、センターの多くの参加者のデータ実践を理解し、その活動を支援するためのツールとサービスを開発することであった。データ実践がより良く理解され、技術が設計、試験され、そしてCENSの研究が成熟するにつれて、研究課題と方法は進化した。CENSの知識インフラは、組み込み型センサネットワークの科学技術に共通の専門知識、共有された協働空間、その他の管理的あるいは共同的支援を組み込んでいる。しかし、データよりもむしろ技術が共通基盤を形成していたため、共有情報資源への投資は最小限であった。社会技術研究を行ったチームは、独自の内部データリポジトリを維持している。これらのデータは、他の研究環境と比較したり、CENSの遺産を継続的に研究したりするのに役立つ。しかし、データの豊かさとジャンルの多様性が、データの共有を困難にしている。個人や団体に関する情報がより包括的であればある程、匿名化には適さなくなる。これらの課題が克服できたとしても、音声記録、書き起こし、写真、フィールドノート、コード化されたインタビュー、出版物、ポスター、被験者から得られた紙とデジタル形式の無数の文書、そしてさまざまな技術的オブジェクト向けの共通のホームを見つけ出すことは困難であり、形式や主題によってデータを分散させることは、それらをより価値のないものにするであろう。

　1章の挑戦的課題に関連して、社会科学のこれらの事例は、同じ実体をデータとして扱うことができる多様な形式、共通のデータ情報源に適用できる多様な研究方法、そしてこの種の学術研究を支援する多様な知識インフラを示している。一つ目の挑戦的課題に関して、データの所有と管理は、これらの事例のそれぞれで異なっている。オックスフォード大学インターネット研究所はOxISデータを収集し、それらを管理し続けている。このデータは特定の時間と場所における観測結果であるため、この調査を再現することはできないが、後に新たなサンプルを用いて繰り返すことはできる。OxISのデータは、2年間の公開猶予期間の後に公開されるが、社会科学のリポジトリには登録されていない。マイクロブロギングの研究は、再現性や共有性に劣る。こうした研究もまた、時代と場所の観測であり、その一部は公的なものから、ある部分は私的情報源からのものである。CENSの社会技術研究は追試できないが、そのプ

ロトコルは比較のために他の研究現場に適用されてきたものである。これらのデータは、研究者の管理下にあり、ヒト被験者にかかる規則によってその共有が制限されている。

　二つ目の挑戦的課題である移転可能性もまた、これらの事例研究のそれぞれで異なっている。研究方法に関する合意は社会科学全体にわたって共通基盤を提供しているが、特定のデータ処理技術であるクリーニング、欠損値の補間、外れ値の除去等は、データセットの分析と解釈の結果が相違する程異なっている。三つ目および四つ目の挑戦的課題で述べたように、学術コミュニケーションの機能の変化は、社会科学分野のこれらの典型的な事例においては抜本的というよりも漸進的のように見える。これらの研究者は、データを公開するよりも、知見を公開することにより大きな関心がある。彼らは科学、技術、人文学で取り上げられる研究課題と交差して、以前よりも大規模で多様なデータ情報源を活用している。これらの領域にわたる共通のデータ情報源にもかかわらず、方法や質問、表現の違いから、調査結果のデータセットを発見したり、再利用したりすることに制約があるかもしれない。

　これらの事例研究は、社会科学研究に必要な専門知識の変化、すなわち五つ目の挑戦的課題をも例示している。採用される質的技術と量的技術の組み合わせは、研究によって異なる。新しいツールの開発、既存のツールでのスクリプトの作成、複雑な統計手順の開発等、ソフトウェアに関する相応の専門知識は、分野毎に必要である。こうしたデータを再利用できるかどうかは、ツールやスクリプト、手順の利用可能性に左右される。

　最後に、ここで扱う分野においては、データ共有に向けた知識インフラへの新たな投資は比較的少ない。サーベイデータの発見とキュレーションのための最強の支援が存在しているが、そのインフラは決して包括的ではない。ソーシャルメディアは、最も急速に変化する研究の最前線である。研究オブジェクトとそれを研究するためのツールは、効果的な共有のために急速に進化している。複数の研究由来のデータを結合したり、メタ分析を行ったりするには、データ統合に相当な投資が必要である。社会技術研究のための方法とツールはより安定しているが、秘密保持に対する懸念がこうした種類の質的データの公開を制限する。すべての事例において、データセットは優先、代替物の欠如、秘

密保持という解決困難な問題、あるいはこれらの組み合わせによるかどうかにかかわらず、研究者の管理下のままにある傾向がある。結果として、こうした社会科学研究者は、他の分野へのデータ移転を容易にするメタデータや分類体系に投資する誘因をほとんど持たない。社会科学のための知識インフラの要件に対するより長期的な視点からは、これらの学問領域内、他の学問領域間、そして公的情報資源と私的情報資源との間で、データ情報資源の収集や管理に取り組む必要があると言えよう。拡散したデータ情報源、分野間の境界の曖昧さ、トピックの政治的デリケートさ、そして数多くの利害関係者といったことを考慮すると、社会科学の知識インフラへの投資は、近い将来議論を引き起こすであろう。

7章

人文学におけるデータの学問

はじめに

　人文学は、人間の文化と記録の研究を一つにまとめたものであり、考えられる証拠資料すべてを活用している。人文学は学問という範囲を含む、他のあらゆる点で分割される。「人文学」として、学問分野や領域をどのようにまとめても問題である。例えば、歴史や考古学は、時には人文学の一部と見なされ、時には社会科学の一部と見なされる。芸術は人文学の一部であるかもしれないし、独立しているかもしれないし、演劇や建築、デザインの課程と結びついているかもしれない。人文学の傘下にある教育課程には、古典から言語、文学、近東文化まで、大小さまざまな学科が含まれる。これらの学科の中には、別の分野で上級学位を取得した研究者もいる。例えば、UCLAは学部や大学院レベルで150以上の学科と課程を持ち、複数に所属する教員もいる。デジタル人文学課程では35人の担当教員がリストアップされており、彼らの所属は人文学、社会科学、科学、および専門職大学院にまたがっている。

　ここで議論を行うにあたり、人文学は人間の文化と記録を研究する分野とする。その範囲には、正式な所属がどこであるかにかかわらず、自身が人文学の一部であると自己認識する研究者が含まれる。人文学者は、モノであれデジタルであれ、静的であれ動的であれ、地上であれ地下であれ、非常に古いものであれ新しいものであれ、新しい証拠資料を見つけることが得意である。世界の多くの地域に旅行できるようになったため、地理的な調査範囲が拡大した。より多くの有形オブジェクトがデジタル形式（テキスト、画像、音声等）で表現され始めるにつれ、利用可能な証拠のジャンルも拡大した。人文学は他の分野と

191

同様にデータの大洪水を経験しつつあるが、その名称からそれを想起させにくい。利用できるコンテンツの規模に対応するため、研究者は関連分野の技術や方法を取り入れたり、独自の技術や方法を開発したりしている。その過程において、研究者はデータ、メタデータ、規格、相互運用性、および持続性の観点から考え始めている。技術の導入には、通常、概念の導入も必要である。コンピュータで扱いやすい形式で情報を表現する方法も必要である。

　2章で定義されているデータとは、研究や学問の目的のために現象の証拠として使用される実体を指す。データの学問は、3章で定義されているように、データと学問との一連の関係である。人文学におけるこの一連の関係は特に複雑であり、関係する研究者にとって必ずしも快適な枠組みではない。人文学研究者がデータとして利用できる証拠資料を特定する方法を探り、そうしたデータに対処することで、彼らが直面する課題や必要としている知識インフラの構成要素を明らかにする。

研究方法とデータ実践

　人文学者は、有形の人工遺物、画像、テキスト、またはデジタルオブジェクトのいずれかにかかわらず、残された産物を介して人間の活動を観察する。彼らの方法は、個々のテキスト、オブジェクト、地域社会、文化を精査して、個別的な説明に向かう傾向がある。より大量のデータを処理するようになるにつれ、法則定立的な説明の可能性が高まり、同じ課題について個々の文脈を越えて検討することができる。

　デジタル人文学の始まりは1949年に遡ることができる。この年は、トマス・アクィナス全集の用語索引を作成するために、IBMがイエズス会の司祭ロベルト・ブサ（Roberto Busa）と提携した年である。これは30年に及んだテキスト電子化プロジェクトであり、現在はオンラインで利用できる。人文学のためのツール、サービス、インフラは、利用可能なデジタルコンテンツの量と多様性と共に、拡大し続けている。技術は現在、研究活動に組み込まれているため、「デジタル人文学」は同義語反復であると考えている研究者もいる。他方この用語は、拡張を続ける広範な研究方法や証拠資料を示すのに相変わらず有用である（Alarcón 2000; Borgman 2007, 2009; Burdick et al. 2012; Wouters et al. 2012)。

　人文学者は文字、メモ、協定文書、写真等、物理的な形でしか存在しないユニークな資料に大きく依存している。情報源の多くは大学、博物館、政府機関、公共および民間機関のアーカイブに収められている。アーキビストはこれらの資料を整理して文脈を提供し、通常、可能な限り元の順序を維持しようとする。印刷体やオンラインで利用できる検索ツールは、コレクション、資料ボックス、および個々のアイテムへの階層的なアクセスを提供する。研究者はアーカイブを訪れ、興味のあるボックスを特定し、そのうちの少数のボックスを要求しなければならない。ボックス内では、資料はフォルダに整理されている。アーカイブの利用者が一度に閲覧できるのは一つのフォルダのみである。なぜならば、資料を整理された状態に維持するためである。個人が持ち込む技術の利用に関する方針は、アーカイブによって大きく異なる。利用者自身のデジタルスキャナの持ち込みを認めているのは少数である。デジタルカメラで資料の写真を撮影したり、ノートPCでメモをとったりできるアーカイブは多い。しかし、多くのアーカイブでは、依然として鉛筆と紙だけが許されている。

　多くの形式の人文学的調査にとって、研究オブジェクトを比較することは不可欠である。比較されるオブジェクトは、一つのアーカイブであろうと世界中の公共の場所であろうと、広く分散している可能性がある。そのため、比較は多くの場合、それらオブジェクトの表現に基づかなければならない。研究者は、オブジェクトの特徴をメモしたり、写真を撮影したり、スケッチを作成したりする等、多くの方法でオブジェクトを表現する。研究者はまた、別の表現も用いる。オリジナルなオブジェクトがもはや存在しないか、直接観察することができない場合、おそらく研究者は、証拠資料としての表現に完全に依存するであろう。オブジェクトとその表現のデジタル化は、こうした比較に依存する研究方法を変えた。テキスト、画像、音声、その他の実体（またはその一部）は、画面上に並べても、コンピュータ・モデリングを通じても、これまで不可能であった方法で比較することができる。

　人文学者の中には、口述の録音や遺跡での発掘等の観察記録を収集している者もいる。このような場合、観察記録の表現は、かけがえのない形式の証拠に

7章　人文学におけるデータの学問　　193

なる可能性がある。希少な、あるいは失われた言語の記録は、言語学や文化を研究するための情報資源である。発掘は、その現場を以前の形に復元することができない方法で地面を破壊する。人工遺物は眠っていた場所から発掘され、保全と安全のために移転されることがある。写真、3D デジタルスキャン、重量、詳細なメモ、正確な位置等、多くの種類の情報が記録される。LIDAR とも呼ばれる光検知測距といった画像技術等、より破壊を招きにくい手段を使用して、現場に関する観測を記録することもできる。

人文学者は、しばしば他の分野の研究者と協力して、新しい課題の答えを見つけ出すために多くのデータ情報源と方法を組み合わせている。地理情報システムを使って文化遺産の地図を描いている者もいる。何十年、何世紀にもわたる都市や場所での社会活動をモデル化している研究者もいる。さらに、デジタル形式のテキスト、詩、出版を試みている者もいる（Burdick et al. 2012; Fitzpatrick 2011; Frischer et al. 2002; Presner 2010）。人文学における研究方法は、データ情報源と同様に流動的である。人文学の教育を受けた研究者は、その分野に特有の方法を学ぶが、社会科学に通じるような研究方法の科目と実践の共通の基層は持たない。彼らの専門知識は多くの場合、長年の指導と独学を通じて身に付けられる。人文学の博士号取得までの平均期間は、ほとんどの科学や社会科学分野よりもはるかに長い。

人文学の事例

人文学におけるデータの学問の事例研究では、デジタルコレクションの作成と利用、およびそれらの物理的な人工遺物の研究との関係を探る。証拠資料が資料からデジタルオブジェクトへ移行していることや、データの学問がどのように変化しているか、研究者はどのように、いつ、そしてなぜ特定の実体をデータとして利用することを選択するのかといったことを説明するために、これらの事例を選択した。第一の事例研究は、古典芸術と考古学の二つの分野にわたっている。一つ目の例は、オックスフォード大学の CLAROS プロジェクトで、文化遺産の現場、遺跡、およびオブジェクトのための技術的テストベッドを構築する学際的な共同研究である。二つ目の例は、歴史的な青銅彫像であるピサのグリフィン（Pisa Griffin）の遺跡研究の冶金学的分析に焦点を当ててい

る。後者の例では、相補的な専門知識を持つ研究者が協力して、グリフィンの「人工遺物の伝記」を執筆している。

第二の事例は仏教研究で、中国仏教文献学のある一人の研究者が、どのように有形のテキストや人工遺物を組み合わせて、デジタルコレクションを利用しているかを調査する。西暦3世紀にまで遡るテキストのデジタル化は、彼の研究方法を変えた。

古典芸術と考古学

古典芸術と考古学は、研究分野が交差している。共に人文学、社会科学、科学の方法、理論、専門知識を活用している。考古学的発掘で発見された人工遺物は、文化的、芸術的価値について研究されることもある（Wiseman 1964; Yoffee and Fowles 2011）。社会科学者も、これらのオブジェクトを創造し、使用した社会について明らかにすることを目的に調査する（Smith et al. 2012）。遺跡研究の冶金学者と材料科学者は、これらのオブジェクトを研究して、年代を特定したり、起源を追跡したりするのに活用できる金属、鉱石、陶器、染料、その他の物理的特性を確認する（Northover and Northover 2012）。動物考古学者は動物の遺骨や、社会における動物の利用を研究しているが、生命科学を古代のオブジェクト研究に取り入れている（Crabtree 1990）。

考古学的発掘は、学術的証拠の主要な情報源である。発掘がもたらすデータの形式は、調査の形式、専門的実践、収集された時期によって異なる。フォロ・ロマーノ（Roman Forum）や他の主要な遺跡が最初に発掘された19世紀の考古学全盛期には、オブジェクトは現場から掘り出され、一つにまとめられて調査が行われた。一部の選択されたアイテムのみが目録を作成され、多くは略奪されてしまったかもしれない。完全な在庫管理は行われておらず、人工遺物の元の位置も慎重に記録されていなかった。20世紀になると、人工遺物の位置に関する情報は最小限に記録された。アーキビストは、イースター島等の重要な現場に関する、分類されていない写真、スライド、その他証拠となるものが収まったボックスを受け取り続けている。現在の最善実践では、発掘状況に関する多くの詳細情報と共に、各人工遺物の位置が細心の注意を払って記録

7章　人文学におけるデータの学問　　195

されている。発見された各アイテムの絶対位置と相対位置を記録することは現在、個々のオブジェクトの文脈を理解する上で不可欠と考えられている。文化遺産としての人工遺物が偶然発見された場合、「発見地点」に関する詳細な記録はあまりない。例えば、青銅器時代の剣は、農夫が畑を耕したり、泥炭湿原で泥炭を採取したりするときに、引き続き発見されている（Faoláin and Northover 1998）。

　世界の主要な博物館コレクションの多くは、各国の文化遺産を管理する権利をほとんど考慮せずに集められた。20世紀後半まで、考古学者と冒険家は、多くの文化遺産の人工遺物を持ち帰ることができた。これらの文化的人工遺物が芸術および収集対象として金銭的価値を得ると、密貿易が増加した。1970年に、ユネスコは文化財の取引を規制する条約を採択した。法律の詳細は国によって異なり、芸術品、写本、標本、人骨等への適用も異なる（UNESCO 1970, 2013）。研究者は現在、観察対象のデジタル記録、ノート、写真、レーザー画像、その他の表現を持ち帰っている。これらは、研究論文の執筆や次の調査の計画のためのデータである。

サイズ問題

　人文学は何世紀にもわたる学問の成熟した分野であるが、ほとんどの人文学研究プロジェクトには依然として一人または少数の研究者しか関与していない。彼らのデータ情報源はその量が大きく、バラエティに富んでいるが、通常、その速度は緩やかである。多くの研究者は、小さな単位のオブジェクトと記録で作業し、何ヶ月も何年も費やして綿密に調査し、全く異なる証拠資料を結びつけている。個々の発掘記録は、数十または数千になることもある。デジタルコレクションには、何百万ものレコードを含むものもある。人工遺物の三次元高解像度スキャンは、ギガバイトやテラバイトサイズのデジタルファイルを生成することもある。

いつデータが？

　人文学は、いつ何がデータとして使われるかを決定しているという点で、社会科学と同様の立場にある。スティーブ・ソイヤー（Steve Sawyer）（Sawyer

2008) の言う、長らくデータが貧弱であった研究領域が今や膨大なデータに溺れかけている。研究者は、ある一つの貴重な写本を待ち望むのではなく、デジタル化された写本の膨大なコレクションにアクセスすることができる。証拠として何を使用するか、そしてどんな現象を対象とするかの選択は、今や簡単になるのではなくより難しくなっているのかもしれない。研究者は、データとして利用できる実体を特定することで競争上の優位性を獲得する。これらの実体は曖昧であったり、ありふれた風景の中に潜んでいたりする可能性がある。他の分野でデータとして利用されているオブジェクトが人文学研究のために再利用され、新しい形式のデータになることもある。天文学者にとって、ガリレオによる木星の衛星の観測記録は、天体というオブジェクトの証拠である。科学、宗教、政治の歴史学者には、そのような観測記録がその時代の文化についての証拠となるかもしれない。

　データの学問に関し、人文学の幾つかの特徴が、人文学と科学や社会科学とを区別している。一つは人文学が解釈と再解釈に重点を置いていることである。ヒッグス粒子は一度しか発見できないが、シェイクスピアのハムレットは繰り返し再解釈できる。二つ目の特徴は、膨大な種類のデータ情報源とそれを解釈するのに必要な専門知識である。さまざまな人文学研究のために、研究者は複数の言語で話したり読んだり、複数の筆記体や文字集合に精通したり、世界中のさまざまな文化に精通していなければならない。各研究オブジェクトの文脈を知ることによって初めて、それらを比較することができる。この二つの特徴の結果として、データ情報源は繰り返し再利用され、時間の経過と共に蓄積されるにつれて、多くの場合その価値が高まる。逆に、同じ研究オブジェクトをさまざまな方法で表現し解釈することができるため、コレクション利用の多様な可能性を超越する分類体系に当てはめることが難しい。

情報源と情報資源　人間の活動の証拠としてほぼ何でも利用できるので、何が人文学研究のための潜在的なデータ情報源で、何がそうでないのかについて境界を設定することはきわめて困難である。博物館、図書館、アーカイブは、何を収集するかを決定することでその境界を示している。これら三つの「記憶機関」の役割は実質的に重複しており、特にデジタルオブジェクトに関してはそ

うである。各機関は、その使命に従ってオブジェクトを表現したり、整理したりしている。図書館は、多数のコピーとして存在する出版物を主に収集しているので、表現と配列において最も一貫している。世界中で同一ではないが、目録作成と分類の仕組みは十分に調和しており、同じ図書であればその一冊を所有しているどの研究図書館でも同じように記述される。しかし、これは博物館やアーカイブには当てはまらない。同じ芸術家によるダンサーの彫像といった、二つの類似のオブジェクトがあった場合、美術館、ダンス博物館、その芸術家の作品を集めたアーカイブ・コレクション、あるいはその芸術家の国や地域に関する文化博物館によって収集された場合、それぞれで異なる扱いを受けるであろう。その彫像のデジタル化された画像は、他のコレクションではさらに多くの方法で表現されたり、配置されたりするであろう。あるものが人文学におけるデータの情報源または情報資源になるかどうかは、その形式、ジャンル、起源、または元の状態からの変換の程度に左右される可能性がある。

有形のオブジェクトかデジタルオブジェクトか　紙、パピルス、装丁、注釈、インク、イメージ、技巧、構造といった有形のオブジェクトを研究する研究者は、人工遺物を観察したり、手で触れたり、検査したりする必要がある。しかし、稀少で、貴重な、壊れやすいオブジェクトに研究者が触れることを認めている図書館、アーカイブ、博物館はごくわずかである。触れることが許されている場合、それはごく短時間で、一定の方法でのみのこともある。貴重書は、1回につき1ページずつ開いておくことで、光曝露を制限する。紙や金属、その他の材料を検査するには、オブジェクトの所有者の協力が必要である。

　文献の内容を研究する研究者にとって、デジタル表現はオリジナルのものと同じか、それ以上のものかもしれない。デジタル画像を並べて比較し、閲覧、比較、印刷、注釈付けを行いながら詳しく検査できる。顕微鏡的解析技術があれば、ページの一部や画像を拡大できる。テキストや画像も拡大表示され、肉眼では見えない詳細が明らかになる。

デジタルかデジタル化か　デジタルコレクションは、コンピュータを用いて書かれた図書や雑誌論文といった、いわゆる「ボーンデジタル」のコンテンツ

と、元々有形またはアナログ形式で作成された文献、画像、音声記録等を表現したデジタル化記録から構成される。人文学コレクションの大部分は、有形でアナログ式資料のデジタル化された表現から成る。より多くのコンテンツがボーンデジタルとなるにつれて、そのバランスは変わるはずである。

代替物かフルコンテンツか　1980 年代に機械化が進むまで、研究者は紙の目録や郵便に頼って図書や記録、人工遺物の所在を探索した。書誌レコード、サムネイルサイズの画像、音声やビデオクリップ、その他のオブジェクトの表現等、デジタルによる代替物がオンラインで入手できるようになるにつれて、研究者はその存在や所在を簡単に特定でき、かなりの移動時間と人的資源を節約できるようになった。オンライン目録やその他の検索支援ツールは、探索や検索の速度、規模、利便性を提供するが、代替物コレクションは学術活動の根本的な変化にはほとんど繋がっていない。

　コンテンツ全体のデジタル化は人文学研究の次の変革であり、資料のオンラインでの配信が可能となった。どのように資料をデジタル化するかが、データ情報資源としてそれらがデータマイニングされ、結合され、モデル化され、利用されることに関わる。大量の図書がスキャンされ、オンラインに登録されてきている。歴史的な文献、画像、音声やビデオ録画もそうである。古くて、人目につかなかった資料の入手可能性が高まっていることは、大規模な研究図書館のコレクションを利用できないさまざまな国や機関の読者が利益を得ることになり、予期せぬ形で学問を民主化している。

　代替物ではしばしば、デジタルコンテンツの記述、所在探索、検索、真正証明が必要なままとなっている。非テキストコンテンツの利用は、代替記録の情報に非常に大きく依存する。例えば、画像や音声クリップは、創作者、日付、出所、所有権、その他の文脈的情報の証拠がなければ、研究目的ではほとんど価値がない。

静止画像か検索可能な表現か　人文学研究に次の変革が起こったのは、テキスト、画像、音声、ビデオの検索可能な表現が広く利用できるようになったときであった。デジタルコンテンツの利用は程度問題であり、静止画像から意味的

7章　人文学におけるデータの学問　199

に豊富な情報が付与されたオブジェクトに至るまで幅がある。これらの差異を説明するのに最も簡単な例は、テキスト変換である。機械的手段によって文献を表現する最も初期の方法は、その時点で利用可能な技術の許容範囲で、各ページの視覚的表現を完全に取り込むことであった。ページの写真やデジタル画像は、紙の複製物よりも容易に頒布されるが、機能的には印刷体図書に及ばない。利用者は、目次（それが存在する場合）を参照するか、またはブラウジングによってのみ、関心のあるページを見つけることができる。学術資料の大部分は、初期バージョンの PDF（portable document format）または独自の仕様を含む他の形式でスキャンされたページイメージとしてのみオンラインで利用可能である。

　検索可能にするには、テキスト中の個々の文字と単語を識別できなければならない。テキストは、手入力または光学式文字認識（OCR）技術によって変換できる。OCR 技術は、20 世紀初頭の電信システムに起源を持つ。これらの技術ははるかに改善されているが、きれいな白い紙か下地に現代のフォントで印字されたテキストのときに最も威力を発揮するままである。しかし、歴史的な図書や記録は、多くの場合それらの基準を満たしていない。何世紀にもわたって印刷されたテキストを変換することは、依然として大きな技術的課題であり、辞書学とコンピュータ科学の活発な研究分野である。

　現在、すべての主要な OS、ディスプレイ、プリンタの技術に組み込まれている規格である Unicode が 1992 年に採用されたことにより、現代語で文字集合のあるボーンデジタルのテキストが検索可能になっている。テキスト変換に関しては、現代の OCR 技術では、文字が認識でき、対応する文字コードが存在する場合は Unicode に変換することができる（Unicode, Inc. 2013; ISO 10646 2013）。Million Books Project や Google Books 等のテキストの大規模デジタル化は、Unicode と OCR で可能になったが、変換精度が学問にとって十分に正確であるかどうかは議論の余地がある（Duguid 2007; Nunberg 2009, 2010）。

　OCR という方法で簡単に変換できないスキャンされたテキストは、クラウドソーシングによって変換されている。CAPTCHA（Completely Automated Public Turing test to tell Computers and Humans Apart）は、ウェブサイトのセキュリティで用いられる巧みな手法である。新しいアカウント、パスワード、

その他の権限を要求する者に、パズルとして提示された文字列を転記するよう求める。1日に約2億件のCAPTCHAパズルが解かれており、それは約15万時間分の人間の労働力に相当する。ReCAPTCHAは、OCR変換が失敗したテキストからパズルを作成する。4万を超えるウェブサイトがReCAPTCHAを使用して、古いテキストを転記している。このように、これらの厄介なパズルがテキストの転写における正確さを高めるのに役立っており、そこでは人間の労力が効果的に活用されている（von Ahn et al. 2008; reCAPTCHA 2013）。

　グーテンベルクより前の長期間におけるテキストはさらに解釈が困難で、人間の介入を必要とする。研究者は、所蔵されてきた大量の貴重資料を変換するのにクラウドソーシングを採用している。例えば、Ancient LivesはZooniverse上のプロジェクトで、千年以上前にエジプトで書かれたパピルスのテキストの転写を行っている。ボランティアにはパピルスの画像が示され、個々の文字の中心に印をつけ、既知の文字表と照合することによって識別するように求められる。パピルスの数文字や、その大きさ等の他の特徴を識別することでさえも、研究プロジェクトが文献の内容を確認するのに役立っている（Ancient Lives 2013）。

検索可能な文字列か拡張コンテンツか　より完全な利用のために資料が拡張されると、研究方法のさらなる革新的な変革が可能になる。1980年代半ばのText Encoding Initiative（TEI）のような取り組みによって、人文学はデジタル文献の構造化表現の先駆者となった。テキストデジタル化プロジェクトは、TEIの規格、およびラテン語、ギリシャ語、音楽、その他の種類の資料に対応する関連ツールを追いかけ続けている（Text Encoding Initiative 2013）。

　人文学や科学においても一様に、テキストの全コーパスをデジタルオブジェクトとして扱えることが、課題探求に対する新たな選択肢を開く。検索可能な文字、スペース、句読点の文字列は、既にページイメージよりも有用である。単語、フレーズ、見出し、章、改ページ、個人名、場所、引用、その他の単位に関する意味情報が表現されている場合、より豊かな分析が可能である。プレーンテキストでは、例えばパリ（Paris）とブラウン（brown）のような単語を識別できるが、意味的にコード化されたテキストでは、都市としてのパリ、ギ

リシャの神としてのパリ、そして石膏の形としてのパリという使用を区別することができる。色としてのブラウンと姓としてのブラウンも同様である。同じように、タグやコード化によって、画像、音声、ビデオを充実させることができる。

テキスト内の文字、音楽の音符、その他の配列をデジタルオブジェクトとして扱えるようになると、コンピュータ処理の可能性が広がる。5章で DNA 配列の照合の例として言及した BLAST（basic local alignment search tool）は、人文学において価値があることが明らかとなっている。BLAST は、18 世紀のフランス語かパピルスのものかを問わず、類似の歴史的なテキストを識別したり、音楽コレクション内の類似の楽曲を見分けたり、他の多くの形式のコンテンツを確認するために利用されている（Altschul et al. 1990; Ancient Lives 2013; Olsen, Horton, and Roe 2011）。

画像は、レーザーや X 線画像技術を用いて向上させることもできる。上書きされた記録文書であるパリンプセストは、解読がひどく困難であることで知られている。画像技術を用いることで、筆記のレイヤーを分離したり、石や木の摩耗した彫刻の解像度を上げ、区別したりできる。古代の資料は、光学等の科学分野の最前線になっている（Knox 2008; Miller 2007; Salerno, Tonazzini, and Bedini 2007）。

知識インフラ　世界の博物館、アーカイブ、図書館、遺跡、発掘現場、文化遺産、そして制度的状況の外部で利用可能な資料といった範囲を考慮しても、人文学者が利用できる数々のコレクションの量は広大である。同様に、彼らは方法論上の専門知識の長く、豊かな歴史を持っている。しかし、これらの情報資源や専門知識をすべて知識インフラに集めて学問を支援するのは、難しい課題である。情報資源の多様性、広範な分布、数多くの利用方法は人文学の強みでもあり、弱みでもある。古典芸術と考古学の学問に議論を限定しても、コレクションと専門知識の境界は明確ではない。

人文学全般、特に古典芸術と考古学等における知識インフラの問題は、科学や社会科学の場合とは重要な違いがある。一つは研究コレクションと一般に公開されるコレクションの差異である。科学の研究コレクションに比べると、人

文学の研究コレクションに対する資金提供は最小限である。成功し、より大きなコミュニティを引き付ける科学研究コレクションは、タンパク質構造データバンクやスローン・デジタル・スカイサーベイ等のように、情報資源コレクションとなり、最終的に参照コレクションになる（National Science Board 2005）。人文学の研究コレクションでは、こうした移行はほとんどない。博物館、アーカイブ、図書館等の一般公開コレクションは、学術研究にとって大きな価値がある。しかし、各機関には独自の使命、コミュニティ、運営体制がある。それらのほとんどが幅広く一般市民にサービスを提供しており、研究者はその一部に過ぎない。これらの全く異質な実体に対するコレクションとサービスを共通の基盤に組み込むことは、ありそうもない。規格や分類の仕組みに関する合意によって達成できる相互運用性もあるが、全く異なった潜在的利用者にサービスを提供するには、多数の重層的な仕組みが必要である。

　主として一つ目の結果である二つ目の差異は、科学や社会科学に比べ、人文学のインフラへの直接投資がほとんどないということである。人文学研究に利用できる助成金ははるかに少ないため、その結果、資金提供の金額も小さく、その期間も短い。コレクション、課題、方法の多様性は、共通ツールの開発の難しさに繋がり、持続可能性が継続的な課題になっている（Borgman 2009; Burdick et al. 2012; Zorich 2008）。人文学分野の学科では技術的支援が少なく、研究者の技術的専門知識は比較的乏しい傾向にある。一部の大学における深い技術的専門知識を有する集団の存在や、少なくとも各大学レベルではインフラ支援を提供するデジタル人文学センターの増加等、例外も多くある（Parry 2014）。

　科学における知識共有は多くの場合、共有コレクションを伴うが、人文学におけるオンラインコミュニティとコレクションはそれぞれ独立的な傾向がある。研究者は、H-Net（Humanities and Social Sciences Online）等のソーシャルネットワークを通して専門知識を共有し、コミュニティを構築している。これらのサイトは、議論やレビュー、求人情報、会議の開催案内、その他情報交換を支援している（H-Net 2013b）。

メタデータ　メタデータは文脈を提供するが、誰にとっての文脈なのかが人文

学において特に議論を引き起こす問題である。文学における「西洋の正典（"Western cannon"）」と教育における「名著（"great books"）」という学習方法（Bloom 1994）がはるかに多様なコンテンツで置き換えられているのと同じ理由で、知識を組織化する古典的な方法は、「ポストコロニアル」的方法によって補完されている。より古典的な方法は、コレクションや専門的実践を通して共通の土台を確立することを目的としたものである。それらの中で最もよく知られているのはゲティ財団（Getty Trust）とその関連組織によって開発され、維持されている分類体系であり、*Art and Architecture Thesaurus*、*Union List of Artist Names*、*Getty Thesaurus of Geographic Names*、*Cultural Objects Name Authority* 等がある。これらは名称、場所、オブジェクト、様式、それらの間の関係といった特性に関するメタデータを提供する。*Art and Architecture Thesaurus* は古典芸術と考古学のコミュニティで幅広く使われているが、用語と関係の使用はその適用場面によって異なる（Baca 1998, 2002; Borgman and Siegfried 1992; Getty Research Institute 2013; Harpring 2010）。数十年の開発を経て、CIDOC の概念参照モデルが、オブジェクトの記述をコード化し、博物館コミュニティ内で情報交換したり、統合したりすることを目的として供用されつつある。古典芸術と考古学のプロジェクトは、アーリーアダプターの部類に入る（Binding, May, and Tudhope 2008; International Council of Museums 2013）。

　こうした公式な仕組みは、システム間の標準化と相互運用性を促進する。それらは博物館、アーカイブ、図書館のキュレーション・データベースに必要な厳密な構造を提供する。しかし、専門家が珍しいオブジェクトを詳細に説明するために使う用語は、博物館によく出掛ける人にとっては外国語であることが多く、異なる観点から質問する研究者にとってもそうである。これに代わる方法は、文化遺産資料を作り利用する人々の言葉を使って表現することである。こうした方法には、画像へのタグ付けによるクラウドソーシングを活用した記述や、ボトムアップで分類体系を整備することが含まれる。一般市民に参加してもらい、コレクションに付加価値を与えることには価値があるものの、文化遺産の言語を「独立させる」努力は、標準化を犠牲にして行われるかもしれない（Marshall 2008a, 2008b, 2009; Srinivasan, Boast, Becvar, et al. 2009; Srinivasan,

Boast, Furner, et al. 2009; Srinivasan 2013; Steve: The Museum Social Tagging Project 2013)。

来歴　来歴は人文学の中核概念であるが、誰の来歴かは研究課題でもある。研究者は、研究の一環として、オブジェクト、文献、テキスト、その他の文化遺産資料に関する起源、所有、所在、使用方法を記録する。古典芸術と考古学では、あるものがどこで作られたか、どこで発見されたか、それがどのように使われたか、それらの用途が時と共にどのように変化したかが区別される。来歴は、オブジェクトの作成のために使用された顔料、石、金属、木材、道具の起源等、その構成の追跡を含むこともある。推定される年代における既知の方法や材料に基づいてオブジェクト製作の再現を試みる者もいるだろう。古典芸術と考古学では、オブジェクトは文献記録と関連しているものはほとんどなく、あってもごくわずかで、文字文化以前のものであることもある。

　古典芸術と考古学では来歴やメタデータ、オントロジーは、ひどく困難であることが知られている。同じアイテムをさまざまな方法で理解できるからである。例えば、初期の中国の茶瓶は、陶磁器、デザイン、製作、年代、製茶業の歴史における役割の点で重要である。それは、シルクロード沿いの取引、ある人物による所有、発見された場所、あるいはそれと関連する他の人工遺物という理由から重要であるかもしれない。これらは、特定のオブジェクトについて来歴がどのように記録されたり、研究されたりするかのほんの一例である。

　博物館コレクションのキュレーション記録には、取得日や判明していればその起源に関する基本情報が記載されているが、所有、移転、関連する日付や価格といった機密情報はほとんど公のレコードに含まれていない。クリスティーズやサザビーズのような主要なオークションハウスの目録には、詳細な説明や来歴の確立に役立つその他の記録が含まれている。すべての関係者がユネスコの条約および他の関連法を遵守しなければならないため、来歴は複雑な法的問題になることもある（UNESCO 1970）。天文学と同様に、古典芸術と考古学におけるオブジェクトの来歴は、無限後退となり得る。

　人工遺物の所有権が争われるとき、来歴がしばしば表面化する。大英博物館は何十年ものギリシャとの法廷闘争の中で、展示中のパルテノン神殿のフリー

ズから持ち出した大理石の彫刻の所有権は自らにあると主張している。彫刻の近くには、博物館が 19 世紀にそれらを入手した法的権限を記した記録を表示している。それらはエジプト、アッシリア、ペルシャ等、他の古代文明のギリシャ彫刻と一緒に並べられている（British Museum 2013）。アテネのアクロポリス博物館は、アテネの古代史という文脈でパルテノン神殿のフリーズの一部を展示している。2009 年には、長年にわたってロンドンで所蔵されている資料の返却を期待して、博物館はアクロポリスの遺跡の 10 倍の展示スペースを備えた新しい建物に拡張された（Acropolis Museum 2013）。

コレクション　物理的なモノであれデジタルであれ、コレクションはあらゆる分野の知識インフラに不可欠な構成要素である。古典芸術と考古学は、研究、一般市民向け、あるいはインフラの構成要素として、どの程度までコレクションを発展させるかを提示している。

　資金提供機関は、それが主たる目標であろうと研究の副産物であろうと、幾つかの研究コレクションの整備を支援している。競争力を持たせるために、研究者はしばしば、新しいメディアと新しい形式の論拠で、計画的にあえて危険に挑むプロジェクトを提案する。しかし、資金提供機関は、コミュニティの利益の向上のためにどのようなコンテンツをデジタル化すべきかについて、戦略的決定を行う立場にあることはめったにない。むしろ、資金提供機関は通常、各期で受け取った最高の提案に助成金を授与するという、研究者提案型で資金提供を決定しなければならない。その結果、デジタルコレクションの整備は、需要よりも供給によってより多く決定される傾向がある。天文学のように、コミュニティがコレクションやインフラの必要性に関して声を一つにして訴えることはほとんどない。

　コミュニティからの強力な支持を受けている人々は、研究コレクションを参照コレクションに移行させることがある。楔形文字デジタル図書館（Cuneiform Digital Library）は、1990 年代の助成金によるデジタル図書館プロジェクトから、継続的な組織的支援を受ける運用システムへ移行して、存続している。かつて物理的にすぐ近くに存在した粘土板は、今や世界中のコレクションに散在している。個々の粘土板は、文字、ジャンル、所在、時期、その他の特

性によって目録化されている。研究者は、デジタル図書館のツールと情報資源を利用して、個々のオブジェクトを研究したり、関連するオブジェクトをデジタルで再構成したりすることができる（Cuneiform Digital Library Initiative 2013）。

コーパス言語学研究のための欧州連合のプロジェクトであるCLARIN（Common Language Resources and Technology Infrastructure）は、コレクション、インフラ、コミュニティ構築全般にも取り組んでいる。彼らの目標は、「文書、音声、ビデオ、あるいは多様な形式によるデジタル言語データ」への「簡単で持続可能なアクセス」である。その活動は技術開発、利用者参加、データ情報資源、ヨーロッパ全体のデータリポジトリ連合との相互運用サービスが含まれる（CLARIN European Research Infrastructure Consortium 2013）。

芸術と人文学の資金提供機関は、幾つかの顕著な失敗の後、インフラと持続可能性という課題により明確に焦点を当て始めた。英国芸術人文研究評議会（Arts and Humanities Research Council; AHRC）は、研究資金を受けた研究プロジェクトのデータをアーカイブし、それらを再利用できるようにする芸術人文学データサービス（Arts and Humanities Data Service; AHDS）を設立した。このシステムは、幾つかの最善実践の案内を提供することで、デジタル情報資源の作成とデポジットを支援している。AHDS は、検索機能を備えたオンライン環境を維持することよりも、基礎となるデータ情報資源を保存することに重点を置いた。資金提供は 2008 年に終了した。ウェブサイトと記録文書の多くは残っているが、コレクションは検索できない。AHDS の閉鎖は、このような情報資源を維持する機関や研究コミュニティの関与について警鐘を鳴らした。ダークアーカイブにバックエンドのコンテンツを維持するのか、運用中のウェブサイトとサービスを維持するのか、学術的な持続可能性か技術的な持続可能性か、保存とキュレーションの関係、そしてこれらのコレクションの利用と需要といった選択が課題として挙がってきた（Arts and Humanities Data Service 2008; Robey 2007, 2011）。

継続できなかった別の有望なインフラの取り組みは、アンドリュー・W・メロン財団（Andrew W. Mellon Foundation）が 2008 年から 2012 年に資金を提供した Project Bamboo であった。このプロジェクトは、人文学のためのコミュ

7章　人文学におけるデータの学問　　207

ニティ、ツール、サービスの構築に大きな投資を行った。本書執筆時点では、ウェブサイトと Wiki がアーカイブされ、ソースコードが公開リポジトリを通じて公表されているが、公式には中断している（Project Bamboo 2013）。

　人文学分野の資金提供機関のインフラと持続可能性に対する懸念は、新たなデータ管理計画または技術計画の要求に反映されている。研究者は、データとその関連技術がアクセスと再利用のためにどのように、またどのくらいの期間維持されるかを明記しなければならない。すべてのコレクションや技術がいつまでも価値を持ち続けるとは限らないが、継続または閉鎖に向けた計画が、研究資金申請の一部となっている（Arts & Humanities Research Council 2012; McLaughlin et al. 2010）。メロン財団が資金提供する ConservationSpace 等の取り組みは、資料保存のための記録管理等の分野の助けとなっている（ConservationSpace 2013）。

　初期のデジタルコレクションについて簡単に振り返ると、インフラについての教訓の幾つかが見えてくる。Project Gutenberg、Beazley Archive、Perseus Project、Valley of the Shadow は、1970 年代から 1980 年代に始まった。これらはそれぞれ、一人または複数の研究者の主導による研究コレクションを起源とする。マイケル・スターン（Michael Stern）は、1971 年にイリノイ大学のコンピュータとテキストを入力するボランティアを用いて、図書を無料でオンライン利用できる Project Gutenberg を立ち上げ、最初の「電子書籍」を生み出した。学術的な利用を意図していたが、Project Gutenberg は著作権の切れた資料のみをデジタル化できた。これらの図書は多くの場合、研究者が当てにする信頼できる版ではなかった。Project Gutenberg は現在、主に無料の電子書籍の情報源として名を売り、寄付、助成金、その他の提携協力によって支援されている（Hart 1992, 2013）。

　オックスフォード大学のダナ・カーツ（Donna Kurtz）らが主導する Beazley Archive は、1979 年に古典芸術作品のデジタル表現に焦点を当て、メインフレーム・コンピュータで運用が始まった。学校や一般の人々に役立つように設計されており、2009 年には英国女王記念賞（Queen's Anniversary Prize）を受賞したコレクションの一つとなった。Beazley Archive は成長と拡張を続け、コレクションと共にインフラも扱う CLAROS プロジェクトの中核となった

(Burnard 1987; Hockey 1999; Kurtz and Lipinski 1995; Moffet 1992; Robertson 1976)。

Perseus Project は、1985年にタフツ大学のグレゴリー・クレイン（Gregory Crane）が開始したもので、アップル社のハイパーカード・データベースでギリシャ・ローマの古典テキストを扱ったのが起源である。1994年までに、彼らはそのシステムとサービスの社会技術評価を実施し（Marchionini and Crane 1994）、1995年には、初期のワールドワイドウェブに移行した。その後の何世代にもわたる技術を経て、現在はペルセウスデジタル図書館（Perseus Digital Library）として知られ、さまざまな言語と時代にわたる芸術、考古学、歴史資料を収録している。クレインと彼の仲間は、デジタル図書館上のペルセウス情報資源・技術研究を用いて、古典の研究を続けている（Crane and Friedlander 2008; Smith, Mahoney, and Crane 2002, Perseus Digital Library 2009）。

Valley of the Shadow は、エドワード・エアーズ（Edward Ayers）が米国の南北戦争に関する自らの研究の支援のため、また研究と学習のための公共情報資源として、1993年から2007年にかけて開発したものである。このシステムは、アーカイブされた資料へのデジタルアクセスを提供し、新しい形式の検索と提供によって機能が向上した。エアーズとその同僚、そして彼の学生らは、これらの資料を用いて出版物を執筆した。その中にはバンクロフト賞を受賞した図書も含まれるが、他に研究情報資源としてこれを利用した研究者はほとんどいなかった（Ayers and Grisham 2003; Ayers 2003, 2007）。エアーズが他大学に移ってから久しいが、バージニア大学はこれらの資料を管理することで引き続き利用可能で学問に役立つよう、2年間、およそ10万ドルを投資した（Howard 2014）。

異なったデジタルコレクションを集約してインフラを構築するための二つの戦略的な取り組みが、Europeana と DPLA（Digital Public Library of America）である。いずれも文化遺産資料に焦点を当てている（Europeana 2013; Digital Public Library of America 2013）。二つは図書館、博物館、アーカイブから集めたコンテンツを持ち、複数の資金提供源があり、対象範囲が広い。Europeana はヨーロッパ諸国から情報資源を集め、DPLA は米国を拠点とするコレクションから集めているが、どちらも国際的な協力者を有している。欧州連合は

7章　人文学におけるデータの学問　209

Europeana の主要な資金提供者であるが、DPLA は非営利団体で、公的および私的財団の助成金によって支援されている。それらには研究に活用できる重要なコレクションが含まれているが、いずれも特定のコミュニティのための研究コレクションを主目的としていない。

外部要因　人文学におけるデータ情報資源へのアクセスは、特に外部要因から制約を受ける。古典芸術と考古学は、活動に伴う潜在的リスクが多い分野である。人工遺物は多くの場合、古くて価値があり、所有権争いの対象となる。数々の法律と政策はそれらの取扱いを統制し、しばしば裁判管轄権間の対立を生む。利害関係者が多く、競合している。具体的には、研究者、大学、学校、図書館、博物館、アーカイブ、政府、個人所有者、ディーラー、一般の人々等である。経済的、財産的、倫理的な問題の中には解決困難なものもある一方で、交渉の対象となるものもある。

経済と価値　他の分野と同様、人文学における特定の情報資源の価値は、そのパッケージ化に依存することが多い。古典芸術と考古学の分野では、学術的価値が高く、金銭的価値が高いものもあれば、両方があるものもあれば、そうでないものもある。これらの研究者は、複雑で競合的な経済機構において、その役割を果たす。Perseus Project、Beazley Archive、Valley of the Shadow、芸術人文学データサービス（Arts and Humanities Data Service）、考古学データサービス（Archaeological Data Service）、CLARIN ERIC の言語情報資源等、学術目的のために開発され、一般に公開されるコレクションは共有資源と見なすことができる。これらはコミュニティのメンバーによってさまざまなレベルで管理され、持続可能性やフリーライダーといった問題に対峙している。DPLA や Europeana のような一般向けに開発されたコレクションについても同様である。これらのコレクションの実質的な部分は、著作権の保護対象である有形オブジェクトまたはテキストのデジタル代替物である。これら有形オブジェクトやテキストは、公的機関や私的機関、または個人によって所有されており、その当事者は、誰がどのような条件でアクセスできるかを決定する。研究者は、オブジェクトの表現をより多く利用できるようになっているが、必ず

しもオブジェクト自体を利用できるようになったわけではない。これにどの程度満足できるかは、研究者の研究方法と研究課題に依存する。

　考古学は、人文学の他のほとんどの分野よりも、データのオープンアクセスに向けてより速い進歩を遂げている。注目すべきことに、元々 AHDS の構成要素であった考古学データサービスは 2008 年には閉鎖されなかった。このことは、これらのコレクションに対する需要を反映している。英国の資金提供機関の中には、データがサービスに寄与することを必須とするものもあれば、推奨とするものもある。国際的な考古学研究コミュニティは、データ管理とデポジットの指針を作成し、研究者はこれらのコレクションや他のコレクションに研究資料を提供している（Archaeology Data Service 2013; The Digital Archaeological Record 2013; *Journal of Open Archeology Data* 2013; Open Context 2013; Kansa 2012 ; Kansa, Kansa, and Schultz 2007）。

　しかし、データや有形のコレクション、デジタルオブジェクトへのアクセスは一様ではない。古典芸術と考古学の研究者にとって関心のある多くの情報資源は、特定の基準を満たす個人だけが利用できるクラブ財と考えることができる。国は、その国の研究者、調査者、政府職員、あるいは市民が主体の団体のために、遺跡、現場、人工遺物、文献を利用する権利を留保することがある。公開猶予は、暗黙であろうとなかろうと、その国の人々が研究成果を公表する準備が整うまで、あるいは研究が完成するまで、無期限に続く可能性がある。遺跡に関する研究報告の利用は非常に難しい。人工遺物の利用はさらに困難であろう。

　他の学問分野と同様に、データの解釈、分析、再利用に必要なソフトウェアの入手が問題になることがある。ツールの普遍性は、幅広い大量の情報資源と、用いられるさまざまな方法によって制限される。それぞれのコレクションやプロジェクトでは、自前のソフトウェアを構築するかもしれない。研究者がプログラムコードを公開しても、ソフトウェアを維持することは、基礎となるコレクションを維持することよりもさらに困難になる可能性がある。異なるデータ、関連ソフトウェア、相互運用性の仕組みをキュレートするという課題は、AHDS、Project Bamboo、その他の価値ある試みが終了したことの一因であると考えられる（Borgman 2009; Robey 2007, 2011, 2013; Unsworth et al.

2006; Zorich 2008)。

財産権　人文学全般、そして古典芸術と考古学の学問は特に、財産権問題に深く巻き込まれている。人文学のこれらの分野におけるデータの権利は、オブジェクトや、時にはオブジェクトの表現の所有権と結びついている。例えば、研究者はオブジェクトや現象の観察を支配できるかもしれないが、そのオブジェクトの画像を出版物に複製することはできない。一つのオブジェクトに複数の財産権が関連することもある。写真の権利には、その写真の所有者、複製権者、写真家、写真の出版者が含まれる。研究者による画像の複製を認めたがらない博物館があったため、芸術界のデジタル出版への動きは制限されてきた（Whalen 2009）。より多くの画像をパブリックドメインにしようとする最近の動きは、研究者を大きく助けるかもしれない（Getty Trust 2013）。人文学におけるデータの概念が表面化するにつれて、データや表現の権利は財産権をめぐる論争の次の大きな争点になるかもしれない。

倫理　古典芸術と考古学における倫理的懸念には幾つかの種類があり、その一つが法律に関することである。研究者は適用される法令を知り、博物館、学芸員、所有者、地方自治体、その他の利害関係者と倫理的に交渉する責任がある。関連する懸念事項に、オブジェクトの尊重がある。研究者は、研究現場やオブジェクトの被害を最小限に抑えることが期待される。例えば、金属を検査する場合は、目立たない部分から慎重にサンプリングする必要がある。

　事実上、貴重なテキストや文化的人工遺物を研究する人文学分野では、「占有期間」は珍しいことではない。研究者が資料を利用できるようになると、研究成果の公開準備が整うまで非公開でそれを調査したいと思うだろう。政府は共謀者であり、国際的なコミュニティが利用できるようになる前に、自国の研究者が地元の遺産に対する最初の権利を有することを望む。死海文書のエピソードは、しばしば秘蔵と見なされたが、自国による管理のよく知られた事例である。それらは、1940年代にユダヤの砂漠で発見され、1991年までイスラエルの研究者によって所有され、そして保存目的で作成されたマイクロフィルム複製物の利用公開によってもたらされた圧力の下でその後初めて公開された

（Schiffman 2002）。死海文書は現在、広範な研究に開放されているが、その解釈は引き続き深い恨み伴った討論の支配下にある（Leland 2013）。

古典芸術と考古学の研究の実施

　これから扱う事例研究では、古典芸術と考古学向けのインフラの創出と、デジタル形式で利用可能な情報資源が最小限の分野における研究活動とを対比する。CLAROS、すなわち「セマンティックウェブ上の芸術の世界（The World of Art on the Semantic Web)」は、研究や教育、一般の人々による利用を目的としたツール、技術、デジタルコレクションによるインフラを構築している。CLAROS は元々 Classical Art Research Online Services の頭字語で、その起源は 1970 年代後半に古典芸術コレクションのデジタル化を開始した Beazley Archive にある。CLAROS は、アシュモレアン（Ashmolean）、自然史（Natural History)、科学史（Science of History)、ピットリバーズ（Pitt Rivers）という四つの世界最高の大学博物館コレクションの本拠地であるオックスフォード大学を拠点とし、マルチメディア・データベース研究のためのテストベッドである。それはオープンソース・ソフトウェアを基礎として、動物学用に開発されたデータ統合ツール、工学で用いられている画像認識ツール、そしてインターネットサービス用の人工知能ツールを含んでいる。コレクションは、ヨーロッパやアジアの博物館、遺跡、その他の文化遺産機関から収集されている。CLAROS はまた、これらのコレクション間の相互運用性を実現するために、博物館コミュニティの CIDOC 概念参照モデルの試験も行っている。（University of Oxford 2013b; Kurtz et al. 2009; University of Oxford Podcasting Service 2011; Rahtz et al. 2011）。

　ピサのグリフィンは、ある有形オブジェクトに関する情報の発見を妨げ得る問題を描いた学術的な探偵物語のようなものである。グリフィンは、少なくとも 300 年間はイタリアのピサの大聖堂の頂上にあった幻獣の大きなブロンズ像である。その来歴を辿った芸術史家は、15 世紀後半以降の図による参照を発見した。別の証拠から、グリフィンは 1828 年に台座から取り外され、最終的に現在の複製物に置き換えられた。オリジナルは現在、ピサの大聖堂の近くの博物館に収蔵されている。芸術、歴史、考古学、その他の分野での何世紀にも

7章　人文学におけるデータの学問　　**213**

わたる研究にもかかわらず、グリフィンの起源、来歴、機能は引き続き議論されている。ピサの人々はグリフィンを地元の職人からか、戦利品としてか、あるいは他の手段によって入手したのかもしれない（Contadini, Camber, and Northover 2002; Contadini 2010; The Pisa Griffin Project 2013）。

研究課題　人文学者は、研究課題や検証可能な仮説を立てるよりも、しばしばオブジェクトや現象を問題にする。しかし、彼らの研究活動は、科学や社会科学のそれに匹敵する繰り返しの様相を有する。

　CLAROS の活動は広範囲にわたるが、その中心的な研究目標は、多様な文化遺産コレクションに対応できる技術プラットフォームを開発することである。これは統合システムであり、より多くの提携機関に容易に拡張できる。ほとんどの CLAROS レコードには、画像と短いテキストによる記述があり、その機関によって付与された一意の識別子を含んでいる。現時点で、各サブコレクションは独立している。CLAROS コレクション内の関係のあるオブジェクトのリンク付けや、外部コレクションとのリンク付けが、計画中の特徴である。

　ピサのグリフィンに関する研究の目標は、その起源、来歴、文化的価値、その当時の機能を理解することである。簡単に言えば、それは何で、どこから来て、どうしてそこにあるのかということである。ピサのグリフィンのような古い時代の人工遺物は、その形状や機能、役割は静的ではない。グリフィンは、イスラム教またはキリスト教を起源とし、おそらく神聖な作品である。その機能に関する最も見込みのある、そして最も魅力的な評価は、大聖堂の頂上にあったときには、内部の管を風が吹き抜けて、「不気味で魅力的な音を出す」ということであった（Contadini, Camber, and Northover 2002, 69）。仮説を検証し、新たな仮説を立てるために、グリフィンに冶金学的分析が用いられている。グリフィンには弾痕があり、練習用の標的に使用されていたようなので、弾道解析も計画されている。炭素年代測定を行ったところ、創作の年は西暦1020 年から 1250 年の範囲に狭まってきた。銅はほぼキプロスのもので間違いないが、像そのものは南イタリア、エジプト、あるいはスペインで製作された可能性がある。ピサのグリフィンは、1990 年代初めにニューヨークの美術市

場に様式が類似したライオンが登場したときに、改めて関心が高まった（Contidini, Camber, and Northover 2002; Contadini 2010）。グリフィンの研究が難しい理由の一つに、分類の難しさが挙げられる。類似の作品は、美術館や応用芸術、考古学、自然史、地域史、人類学等の各博物館に散在しているのである。

データの収集　古典芸術と考古学における多くの活動は、データ収集と考えることができる。CLAROS のデータ収集の一つの側面は、データベースのコンテンツを取得することであり、もう一つはコレクションの現在および潜在的な利用者コミュニティに関する情報を収集することである。そして三つ目に、こうしたコミュニティのためのコレクションに適用できそうな技術に関する情報を集めることである。これらの側面は、幾つかの点で相互に影響する。

　CLAROS が収集できるのは、各提携機関が提供したいレコードのみである。レコードは形式、コンテンツ、完全性の点できわめて多様である。参加機関の中には、数世紀に渡ってコレクションを蓄積しているものもある。これらのレコードをデジタル形式に変換する過程は 30 年間に及び、その間、規格、実践、技術は大幅に進化した。したがって、これらのレコードには、オブジェクトの起源、取得、キュレーションに関するさまざまな量と種類の情報が含まれる。レコード構造および分類体系もまたきわめて多様である。こうした約200 万レコードから開始し、CLAROS は国際的な博物館コミュニティによって開発されたデータ構造とオントロジーである CIDOC にそのレコードを対応させた。これは、CIDOC を大規模に実装した最初のプロジェクトである（International Council of Museums 2013; Kurtz et al. 2009）。

　社会技術研究で行われるその種の利用者調査とシステム評価は、デジタル人文学では珍しいことであるが、そうした研究が CLAROS の後期に計画されている。そうした研究を欠いているため、テストベッドでのユーザインターフェースは、コレクションが現在どのように利用されているかという知識に基づいていた。通常のキーワード検索に加えて、例えば、ギリシャの花瓶を形や色で検索する機能は、Beazley コレクションに価値をもたらす。動物学、コンピュータ科学、工学の協力者の技術が、開始時のコレクションおよび想定される利用者に適応された。プロジェクトの目標は、必要に応じて他のコンテンツや利

用者に適応できるように設計を開かれたものにし続けることであった。

ピサのグリフィン研究は、美術史と遺跡冶金学の方法と専門知識を組み合わせている。各領域のデータ収集は、それぞれの領域に活気を与える。美術史家は、歴史的記録や先行研究からその彫像に関する証拠を集める。彼女の情報源には、絵画、木彫、版画、碑文の翻訳、文体分析等がある（Contadini, Camber, and Northover 2002; Contadini 1993）。遺跡研究の冶金学者は、個々に配布されたその彫像のサンプルを入手して、作品の各部の金属や各部位の結合方法を明らかにした。彼の研究は、どのようなサンプルを採取し、それらを検査するかを決定するために、美術史の分析手法を活用している。

遺跡研究の冶金学者が求める情報の多くは、その時代や地域における金属の使用に関連する。彼の調査は、オンラインのデジタル情報資源の不足と多くの関連レコードの所有状況によって制約を受ける。冶金分析は日常的に行われるのではなく、保存、評価、来歴、あるいは真正性への異議の一部として行われることがある。分析の記録が存在する場合でも、紙やマイクロフィルムしか入手できないこともある。彼の研究に情報を与える類似の作品に関する記録は、個人所有者、販売業者、サンプルを採取した遺跡冶金学者を含む研究者の個人コレクションにも所蔵されている。情報の共有は、仲間内の個人的な交流に大きく依存する。ピサのグリフィンを研究している遺跡冶金学者は、電子メールや電話等の手段を使って専門家に連絡を取り、類似の作品に関する適切な金属分析結果の特定とその所在確認を行っていた。彼はまた、広範囲にわたって出張し、紙とマイクロフィルムに記載された記録を調査した。

データの分析　情報を表現したり、分類したり、組織化したりする方法が競合していることが最も明らかになるのは、分析の段階である。CLAROS プロジェクトは、参加機関のさまざまなレコードを共通の構造に変換し、オントロジーを開発してオブジェクトの意味論的記述を組織化し、結果のデータを活用するための技術を構築した。オブジェクトの記述を CIDOC 概念参照モデルでコード化する利点は、すべてのレコードを最小公分母で整理するのではなく、存在するメタデータのほとんどに対応できることである。生物情報学の「データウェブ」アーキテクチャは、分類学が専門の動物学の共同研究者によって実装

されたものである。彼らは生物学と古典芸術におけるオブジェクトの意味論的問題が類似していることを発見した。博物館は *artist（芸術家）* や *creator（創作者）* 等の用語を区別して使用するし、生物学コレクションでは *bug（昆虫）* よりも *insect（昆虫）* を用いる傾向がある。都市としての *Paris（パリ）* と焼き石膏のそれを明確に区別する分類体系もある一方で、生物学者は昆虫としての *fly（ハエ）* と行動としての *fly（飛ぶ）* を区別する（University of Oxford 2013b; Kurtz et al. 2009; Rahtz et al. 2011）。CLAROS は、既に取り入れられているさまざまな旧来の形式によって、相互運用性に関する技術的障壁に直面した。XML や SQL データベース形式に変換されたレコードは、最も簡単に取り込まれた。より困難であったのは、印刷体図書の組版を制御するためのリレーショナル・データベース等、特定の用途向けのレコードであった。

　ピサのグリフィンに関するデータの分析で、この一つの有形オブジェクトが一連のオブジェクトとしてよりよく理解されていることが明らかになった。装飾やその他の要素は、この彫像が最初に製作されて以来、何世紀にもわたって設置されたり、取り外されたりしたようである。したがって、今日存在するように、多くの資源の金属がグリフィンに組み込まれている可能性がある。美術史家は、ピサのグリフィンやそれに類似した作品についての言及を時系列に辿り、それをさまざまな変化する文脈に位置付けようとしている（Contadini 2010）。金属分析は、個々の鉱石や合金の組成を明らかにするためにサンプルの微細構造を検査する。これらは、鉱石が採掘された鉱山、金属のくずの混入量を明らかにする不純物のパターン、作品を作ったときのおおよその時間、そして想定される製造方法を決定するのに役立つ。また、グリフィンの分析には、デジタルスキャンによる二次元および三次元の可視化もある。

　ひとたび冶金実験室に入ると、サンプルは標本にされ、研磨され、硬度や組成について検査される。検査方法や顕微鏡分析の選択は、金属組成についての仮説や各方法の検出限界によって決定される。破壊的な方法もあれば、将来の分析のためにサンプルを保持する方法もある。新しい仮説や後発の技術を用いてサンプルを再検査できるので、破壊的でない方法が望ましい。現在の技術は既にナノスケール以下であり、ピコスケールまたはオングストロームの分解能で分析を行うことができる。

できる限り正確に資料の起源を確立するために、アーカイブ、特許レコード、博物館レコード、キュレーションおよび保存レコード、オークション目録の研究に基づいて、さらなる分析が行われる。その金属が採掘された鉱山を知ることは必要であるが、十分ではない。重要なのは、推定される時代にそれらの鉱山から採掘された金属がどのように商取引されていたか、作品が作られた可能性が高い地域で、職人はどのように金属を使用していたか、商取引の経路や戦利品といったその時代の作品の交換に及ぼす社会的および政治的影響、発見され得る作品に関する他の文脈上の情報に関する知識である。技術が進歩し、情報資源へのアクセスが向上するにつれて、作品に関するより良いデータを得ることができる。このように、グリフィンのような文化的人工遺物は、無限に再解釈でき、より多くのことが知られるようになる。

知見の公表　古典芸術と考古学には特有の出版活動がある。共同研究者は調査結果をそれぞれのコミュニティに報告するが、共著出版物の構造は独特である。ほとんどの分野における共著文献は単一の語り口である。会議資料であるCLAROS に関する概説論文は、個々の著者が担当した節に分かれている。五つの節のそれぞれに、著者のうちの一人の名がある。自分の節がない著者は一人だけである。その他の共同研究者は、論文末尾の謝辞や脚注にではなく、最初の節に名前が挙がっている（Kurtz et al. 2009）。

　ピサのグリフィンに関する研究は、さまざまな著者の組み合わせによる複数の論文で報告されている。グリフィンの起源の証拠に関する最初の調査は、そのプロジェクトの筆頭美術史家アンナ・コンタディーニ（Anna Contadini）によって執筆され、展覧会目録の中でイタリア語で出版された。ピサのグリフィンに関する彼女の論文は、英語とイタリア語で書かれたものもある（Contadini 1993, 2010）。ピサのグリフィンとニューヨークのライオンを比較した概説論文は、CLAROS について執筆した論文と同じ構成になっている（Contadini, Camber, and Northover 2002）。最初の三つの節では、芸術の歴史的背景について説明している。うち二つは著者が一人、もう一つは共著である。ピーター・ノースオーバー（Peter Northover）の署名がある最後の節は、二つの作品の個々の部分のサンプルの組成と、ライオンとグリフィンに関連すると考えられる第三

の作品のサンプルの組成を列挙した、金属分析の詳細な報告である。謝辞は論文の個々の節の脚注にまとめられ、書誌は一つにまとめられている。検討対象となった作品の画像も含まれている。これらのいずれのケースも、共同研究のクレジットが慎重に分割されており、おそらく人文学の単独著者という伝統の所産であろう。

データのキュレーション、共有、再利用　古典芸術と考古学におけるデータのキュレーション、共有、再利用の難しさは、これら三つの状況の個々においてデータと見なし得る実体の多様さと利害関係者の競合する利益に起因している。

　CLAROS は、コレクションというよりもテストベッドである。テストベッドとして、セマンティックウェブ技術を活用して、他の当事者が分類体系、ユーザインターフェース、その他の機能を追加できるように、オープンで相互運用可能に設計されている。コレクションとして公開されているので、他者はレコードを再利用できる。CLAROS の持続可能性は、資金提供の継続、現在の提携機関からの継続的な関与、新しい提携先の開拓にかかっているが、これらのすべてが挑戦的であることがわかっている。提携先が CLAROS に参加するために内部データ構造を変更する可能性は低いと認識した結果、彼らは各提携機関のシステムからデータを CIDOC 概念参照モデルにエクスポートする方法に取り組んでいる。この方法は、基盤のテストベッドには適しているが、提携機関にシステムの調整を促すものにはならないかもしれない。ローカルシステムは通常、財務、人事、図書館やアーカイブ・コレクション等の内部システムと、公開ウェブサイト、バーチャル博物館ツアー、CLAROS のような統合コレクション、Europeana や DPLA といった広範な統合サービス等の外部システムと相互運用する必要がある。

　ピサのグリフィンに関する情報は、これらの学問分野に特有の情報よりもはるかに広く共有されている。大きく、かつ唯一で、歴史的に重要なオブジェクトであるグリフィンには、プロジェクトの記録文書を含む独自のウェブサイトがある。ピサのグリフィンの学問は、芸術、考古学、建築、歴史、宗教、文化、貿易、冶金の多くの関連分野の研究に情報を与える。ピサのグリフィンに

関する出版物は、学問の永続的な記録である。学問の基礎となる歴史的記録は図書館、アーカイブ、キュレーション部門、その記録が生み出された場所に存続する。プロジェクトによって作成されたデジタル記録は膨大である。CT スキャン、レーザーイメージング、高解像度写真撮影では、ギガバイトやテラバイトサイズのファイルが得られる。これらはすぐには公開されないし、そのコミュニティ内で共通の共有方法もない（Contadini, Camber, and Northover 2002; Contadini 2010; The Pisa Griffin Project 2013）。

グリフィンの金属サンプリングから得られたデータは、冶金分野での実践に倣って、出版物中で表形式で報告されている。これらは読者が自由に利用できるという意味ではオープンと言えるが、コンピュータで発見したり、取り出したりできる構造化データという意味ではオープンとは言えない（Murray-Rust and Rzepa 2004）。作品の物理的サンプルの所有権と公開は、どちらかと言えば未踏の領域である。検査の後に残ったわずかなサンプルは、コミュニティの実践に従って考古学者が所有している。彼はそのサンプルが博物館、あるいはその作品の所有者に所有権があると考えているが、他者が利用できるよう十分なサンプルの記録文書を作成することは重要な試みであり、彼はそれを退職後のプロジェクトとして計画している。

仏教研究

仏教は約 2,500 年前に始まり、世界中の門弟、僧侶、研究者と共にアジアで広く実践され続けている。初期の写本から現代のデジタルコレクションまで、仏教の教義はとても良く記録されている。唐王朝の皇后武則天は西暦 705 年、仏典を約 10 万部印刷、頒布し、それが紙と印刷の普及を進めたと推察されている（Barrett 2008）。東アジアでは、紙と印刷の進歩が密接に関連していた。グーテンベルグが 1450 年頃に、インクと活字の組み合わせを完成させる数百年も前に、アジアでは木版印刷が成熟していた。

仏典は 2,000 年以上前のものである。経典の言葉として、最も初期の仏典は散文と詩によって口頭で伝えられた。神聖で宗教的なものもあれば、祈禱的、あるいは学術的役割を果たしているものもある。紙以前には、樺の樹皮、竹、

レンガ、粘土板、その他のメディアに記録された。仏典はその後、多くの異なる表記法および言語で記録され、ある言語から別の言語に翻訳された。仏教は翻訳を通して急速に広まったが、初期のキリスト教やイスラム教、その他の宗教の教義は、しばしば聖典を原文から翻訳することを禁じた。例えば、聖書をドイツ語に翻訳するというマルティン・ルター（Martin Luther）の革命的な行為は、16世紀にドイツ語圏の世界にプロテスタントを広めた。

　仏典を広く普及させるという倫理は、学術的および技術的に最も高いレベルで行われている大規模デジタル化プロジェクトによって、今日まで続いている。より多くの仏典が利用可能になり、それらを研究するためのツールがより洗練されたものになるにつれて、研究活動は変化している。これらのテキストは非常に多くの分野で研究され、かつ多様な研究課題に用いられ得るので、研究者は現象の証拠として扱うことができる実体の選択方法を豊富に持っている。中国仏教文献学の事例研究は、テキスト分析、神聖で学術的な仏典の大規模デジタルコレクションの作成、有形の人工遺物とデジタルオブジェクトの利用の比較、新しい調査方法を支援するこれらコレクションの役割を含む。文献学は、記述された歴史的資料を研究するために言語学、文学、歴史を組み合わせた領域である。

　初期の仏典によって、その歴史的、文化的、芸術的、言語的、宗教的価値について研究できる。仏教が歴史的に広く普及した国には、中国、日本、インド、スリランカ、タイ、モンゴル、チベット、ビルマ／ミャンマー等がある。仏教は引き続き日本やアジアの多くの地域で主要な宗教であり続けている。西洋では、仏教は大学の課程が組織される分野というよりも、一つの研究トピックになりがちである。西洋の仏教学者は、宗教、歴史、言語、世界文化、地域研究の各部門に所属している。仏教学は神聖な仏典がその中心であるが、個々の研究者の研究課題、方法、発表の場は、彼らが教育を受けた、あるいは現在教鞭を執る分野に繋がっている。

　多くの重要な仏典は、サンスクリット語や関連するインド語派に由来するようである。インドで長く使用されてきたインドヨーロッパ語族の言語文化であるサンスクリット語は、幾つかの現代の文字と多くの古代文字で書かれている。サンスクリット語とインド語派のテキストはその後、中国語や他の言語に

翻訳され、頒布、研究されてきた。複数の言語で使用される中国語の表記法は、紀元前3世紀に標準化された。中国語は東アジア共通の文化言語であり、ヨーロッパ初期のラテン語に匹敵する役割を果たした。これらのテキストが何世紀にもわたって伝えられてきたことを考えると、その研究には、言語、歴史、文化に関する幅広い専門知識が必要である。例えば、2世紀から5世紀の間に中国語に翻訳された仏典を研究するには、研究者はその時代の中国語、サンスクリット語、他の言語に精通していなければならない。理想的には当時、これらの言語が書かれた手書き文字に精通している必要がある。

サイズ問題

仏教学者のコミュニティは小さく、世界中に広く分布している。最大のセンターは、主にアジアの宗教が最も活発な世界の一部にある。彼らの資料は多種多様で、多くの言語、表記法、地理的領域、期間にまたがっている。研究者は通常、単独で、または小グループで活動する。彼らの方法は、緻密で丁寧なテキストの読みを伴うので、観察結果はわずかである。しかし、仏典のデジタルコレクションの規模と洗練さが増すにつれ、自動分析が実現可能になる。仏教文献学者は、テキスト分析の技術を模索し始めている。先に触れたように、コーパス言語学のためにCLARINのツールも適用できるのである。同様に、DNAの文字列照合をフランス語で書かれた歴史的文書に適応したBLASTは、このコミュニティの研究課題の幾つかに役立つだろう。

いつデータが?

仏典はその起源が宗教である。仏典からの証拠の選択は、宗教研究か、あるいは他の学術的理由による研究かによって異なる。神聖な仏典の普及は仏教の基本的な教義であり、そのため信者はこれらの資料を翻訳、編集し、広く利用できるようにすることに意欲的である。この過程は何世紀にもわたって倍数的な効果があった。複製または翻訳された仏典はそれぞれ、より多くの言語でさらに多くの複製物を作成するために活用できる。仏典に関する学問や解説もまた研究関心の対象であり、これらも複製され翻訳されてきた。その倍数的効果は、画像化とデジタル化の増加によって加速している。デジタル形式で保存さ

れた各仏典は、さらに多くのデジタル作品を作成するために活用できる。デジタル化はまた、研究者が異なる単位を別個の実体として扱うのに役立つ。一度デジタル化されると、仏典全体を調べることもできるし、成句、文字、字画、句点等の単位を調べることもできる。これらの実体は、さまざまな現象を探索するために、いろいろな方法で発見および結合され得る。

情報源と情報資源　仏教研究における情報源と情報資源との区別には、これらの研究が発展してきた非常に長い期間を考えると、とりわけ問題がある。初期仏典のデジタル化コレクションは明らかに情報資源である。情報源であるかどうかは、原本と見なされるかどうか次第である。原本は、人文学のこの分野において異論の多い概念である。わずかな差異が、あるものがいつ、どのようにデータとして扱われる得るかの判断の難しさを説明するのに役立つだろう。

一次資料か二次資料か　一次資料と二次資料の区別は多少は有用だが、その境界でさえ曖昧である。例えば、仏教文献学では、原本のサンスクリット語のテキスト、あるいは中国語の初期の翻訳は一次資料と考えられているが、現代語訳や初期のテキストに関する学術的な著作は通常、二次資料と見なされる。図書や雑誌論文では、参照文献を一次資料と二次資料に分けて列挙する場合もある。校訂版は一般に、合意の得られたテキスト表現を提示するので、一次資料と見なされる。校訂版では、複数の情報源をまとめ、研究者ができる限り構成して、原本のテキストに近い、読みやすい形式でテキストを提示することもある。

　これらの区別は、しばしばその分野の深い専門知識に依存する。初期の仏典は、西洋の資料よりはるかに解釈が難しいかもしれない。例えば、ギリシャ・ローマの文献学では、ローマ帝国が統一された時代の活動について、ある種の仮説を立てられる。仏教では、文化的な仮説をほぼ立てられない。これらのテキストに関する活動は、統治体制、言語、地理的地域、期間、表記法、その他の多くの要因によって異なる。これらのテキストを扱う研究者は、翻訳者または伝達者の役割も考慮しなければならない。インド、時には中国の特定の時期には、文献の翻訳者がテキストの変更、不変更を選択する暗黙の権限を持って

7章　人文学におけるデータの学問　　223

いた。神聖なテキストであっても、翻訳毎に異なる意味を持つ。これは、キリスト教のテキストの翻訳に典型的な直訳主義とはかけ離れたものである。校訂版には長い歴史があり、テキストの修正を含むこともある。13世紀の校訂版の幾つかは今日、一次資料と見なされている。

静止画像か拡張コンテンツか　一般的な仏教学、特に文献学では、テキストの全体または一部を比較する能力が重要である。研究者はさまざまな時間的、地理的、言語的、文化的文脈において、テキストがどのように理解されたかを研究する。5世紀以前のテキストを研究する研究者にとっては、原本資料そのものを並べて比較することは不可能である。物理的な実体として生き残ったテキストはほとんどなく、それらは後の翻訳や言及によってのみ知られている。残っているものは稀で、貴重で、壊れやすく、世界中に散在している。マイクロフィルム、ファクシミリ版、CD-ROMを用いた静止画像の配布によって初めて、研究者はさまざまなテキストを並べて比較できるようになった。続いて、静止画によるページ画像がオンラインで提供され、利用の規模が拡大した。

　最近10年程で、これらのテキストの検索可能な表現、さらに拡張コンテンツへの変換が加速し、これらの歴史的資料の活用が抜本的に進歩した。一度に1ページ、1フォルダ、または1箱の文献を表示する代わりに、研究者は今や、これらのデジタルテキストの情報を比較、結合、抽出することができる。古典学者が *Thesaurus Linguae Graecae* の利用にどのように適応したかについての初期の研究で見られるように、研究者とテキストとの関係性は、微妙にそして複雑に変化する（Ruhleder 1994）。

知識インフラ　仏教学者のコミュニティは、これらのテキストに対する彼らの関心によって結びついている。彼らはさまざまな学問分野の出身で、多様な方法や理論を適用し、数多くの言語や文書を読み、世界中のさまざまな地域で活動している。彼らの共通の知識インフラという点では、その基盤は仏典へのアクセス手段が中心である。出張以外の目的で助成金を得ることはほとんどない。彼らは、コレクションのデジタル化、リポジトリの構築、技術、ツール、規格、学生アシスタントの雇用に役立つ公的資金提供機関を容易に利用できな

224　第Ⅱ部　データの学問の事例研究

い。彼らは可能な範囲で、図書館が所蔵する、あるいは無料でオンライン入手できる情報源に依存している。仏教学の学術コミュニティの知識インフラを組織的に支援しているのは、これらのテキストを保存し続けている宗教コミュニティである。僧院やその他宗教活動の拠点は、しばしば学術コミュニティと協力して、テキストのデジタル化と普及に積極的に取り組んでいる。

仏教学者は学会、ソーシャルメディア、インターネット技術を通じて専門知識を共有している。例えば、H-Buddhism は国際的に人文学や社会科学の研究者に役立っている H-Net の一部である。この活動的なウェブサイトには、メーリングリスト、レビュー、お知らせ、求人、その他の投稿がある（H-Net 2013a, 2013b）。中国仏教といった分野の研究者は、仏典の利用、解釈、翻訳、議論のためにビデオ技術を用いたオンライン会議を開催している。彼らの出版物には、資料、初期の草稿に対する注釈、その他の支援を提供してくれた人々への幅広い謝辞が含まれている。

メタデータ　仏教研究では、人文学のほとんどの分野と同様、メタデータの問題が重要である。研究者は、どのテキストが信頼できるものか、誰がどのテキストを作成したのかに関しても、さらに著者に含める範囲に対する考えにおいても、研究者の意見は一致しない。仏教研究では、*Art and Architecture Thesaurus* のような共通の分類体系が利用できないし、CIDOC 等の参照モデルもデジタル形式のテキストに適用されていない。

組織化の仕組みが存在する範囲内で、メタデータの問題はテキストの特定のコレクションに関連しているようである。中国の仏教経典の信頼できるデジタル版は、1920 年代、1930 年代に作られた信頼できる印刷版に基づいている。大正大蔵経（大正新脩大蔵経）として知られるこの印刷版は、宗教および学術目的のために制作された。それは正篇 55 巻と続篇 80 巻で構成される大規模なテキストである。それは収集するには高価であるが、アジア研究や仏教研究のための研究図書館コレクションにとって必要不可欠なものになった。これ以降の中国仏教経典に関する学術的引用の多くは、この情報源を明示的に参照しており、多くの場合ページ番号が用いられている（Takakusu and Watanabe 1932）。1998 年に中華電子仏典協会（Chinese Buddhist Electronic Text Association; CBETA）は大正大蔵経の最初のデジタル版を公開した。それは、印刷版に忠実に倣ったものであった。彼らは、学問の歴史的連続性を確保するため、印刷版とデジタル版で同じページ付けを維持した。CBETA の編集者は、句点の修正によって内容を向上させ、学術的に重要な貢献を行った。句点は、例えばそれによって中国語の単語が名詞か動詞かを識別することができ、テキストの解釈に大きな影響を与える。このシステムには、テキストの一部を選択して比較するためのツールが使えるよう、構文上および意味上のマークアップが含まれているが、メタデータ語彙や分類体系は確立されていない（CBETA Chinese Electronic Tripitaka Collection 2013）。

　ある意味、これらの仏教学者の方法は、研究対象であるテキストのメタデータを生み出している。文献学的記述とはテキストの解釈であり、他者がそれらのテキストの所在を明らかにし解釈するのを助けるメタデータである。学問の多くは、エスノグラフィと同様、わずかな現象の濃密な説明で構成されるものであるため、データとメタデータの境界は不明瞭である（Geertz 1973）。

来歴　情報源が古くなればなる程、来歴の問題はより複雑になるであろう。その後の仏典の元となった最初の仏典は正確に確立されていない。なぜならば、釈迦の生涯に関わる年代について研究者の意見が一致していないからである。現在推定されているのは、彼が紀元前 4、5 世紀に生きていたということである。テキストは口頭で伝えられ、最初の記述されたテキストは紀元前 1 世紀頃に現れた。西暦 1 世紀以降のインド仏教の写本が最近発見された。その年代は、古文書学の分析と炭素年代測定の組み合わせによって決定された（Falk 2011）。インドの写本は、最古のものとして知られる中国語文書よりも前のもので、中国語のそれは西暦約 3 世紀以降のものである。

　初期の写本の来歴の曖昧さは、仏教研究という学問の一部である。研究者は、同時期の、また異なる時代の複数の言語で著されたテキストを比較し、著者や編者、翻訳者、これらのテキストの作成と伝達に関与する当事者の身元を特定しようと試みている。思想の伝達に興味を抱く研究者もいれば、言語、さらには有形のオブジェクトに興味を持つ研究者もいる。仏典は、竹や紙のようなよく知られるメディアだけでなく、アシュモレアン博物館が所蔵するゴパル

プール（Gopalpur）のレンガ[1]のような日常的なオブジェクトに存在する可能性がある。レンガの来歴さえも争点となっている（Johnston 1938）。

コレクション　CBETA や図書館、アーカイブ、博物館等のコレクションは、仏教研究のための知識インフラの一部である。資料は世界中に広く散在しているが、その表現形はデジタル技術を利用することで、一つにまとめられ得る。CBETA の設立 10 周年に、仏教学者らは自らの研究にもたらした変革的な影響力を賞賛した（Goenka et al. 2008）。CBETA は静的なシステムではない。彼らはコンテンツを追加し続け、新しい技術を取り入れ続けている。現在のバージョンは、XML や Unicode を含む最新のテキスト・エンコーディングで拡張されている。検索およびテキストマイニングの仕組みにより、CBETA の利用者はコレクションを探索したり、他の分析ツールに結果を出力したり、すべての文字、句点、その他のメタデータを損なわずに抜粋をワープロソフトに移すことができる。このシステムはコンピュータ上だけでなく、すべての主要な携帯機器、OS、電子書籍端末、ソーシャルネットワークにも対応している。

　中国仏教経典の CBETA 版は、仏教に関連する他の重要な記録をデジタル化することによって、印刷版の範囲を越えて成長し続けている。現在、CBETA には 2,370 以上の経典と 7 千万以上の中国語の単語が含まれている。このコレクションは、中国の仏典を言語分析する研究者にとって前例のない規模の情報資源である。また CBETA 版は、新しいオンラインコレクションのためにも活用されている。例えば、ベトナムでは自国語版の基礎として、CBETA コーパスの機械翻訳とベトナム語の電子辞書を組み合わせた。ベトナムの仏教学者は、コンピュータ翻訳の訂正と編集を行っている（Nguyên and Nguyên 2006）。

　コレクションが仏教研究のためのインフラとしていかに役立つかのもう一つの例は、国際敦煌プロジェクト（International Dunhuang Project; IDP）であ

---

1)　1896年、インドのウッタルプラデーシュ州（Uttar Pradesh）の都市ゴーラクプル（Gorakhpur）で発見された、仏典の刻まれたレンガのこと。5 世紀末から 6 世紀初頭のものと推測されている。

る。これは 1994 年に大英図書館によって設立され、現在では世界中に提携機関がある。中国の敦煌は、古代シルクロードの重要な交易所であった。20 世紀初頭には近くの莫高窟の一つで、約千年もの間安全に封印されてきた仏典が大量に発見された。5 万巻程の仏典は、論争という結果と共に、さまざまな手段で世界中の図書館、アーカイブ、収集家の下に分散した。これらの文書の中には、現在大英図書館が所蔵する有名な『金剛経（*Diamond Sutra*）』がある。重要な仏典で、868 年 5 月 11 日の日付がある最初の完全な刊本である（The British Library Board 2013）。IDP は、敦煌や東部シルクロードの遺跡にあった写本、絵画、織物、その他人工遺物の目録を作成し、デジタル化するプロジェクトである。本書の執筆時点では、40 万以上の画像がサイトで利用できる（International Dunhuang Project 2013）。それらは、研究や教育目的で自由に利用できる。

外部要因　仏教研究における学術情報源の利用に影響を与える外部要因は、この分野にきわめて特有のものである。おそらく古典芸術と考古学よりも潜在的リスクが少ないとはいえ、このコミュニティには独自の経済的、財産的権利、そしてデータとして扱うことに対する倫理的制約がある。

経済と価値　宗教の教義のために、仏典は他の多くの歴史的情報資源よりも広く公開されている。しかし、すべてが公開されていたり、無料であったりするわけではない。中国の仏教経典の大規模な印刷版は、入手するのに費用がかかる。これらの冊子は、販売可能な私的財と考えることができる。それを図書館が収集すれば、図書館や図書館が属するコミュニティの管理下で利用される共有資源と見なすことができる。図書館、アーカイブ、博物館、史跡にはそれぞれ、誰がどのような条件でその資料を研究できるかという独自のルールがある。

　CBETA は大正大蔵経中国語仏典のデジタル対応版であり、無料のオンライン・オープンアクセス・システムである。CD-ROM 版もある。CBETA は、それを開発し維持する協会によって所有、管理される共有資源である。仏教コミュニティは、仏教徒や研究者の両者が利用できるよう、これらの情報資源に

郵 便 は が き

恐縮ですが
切手をお貼
りください

112-0005

東京都文京区

水道二丁目一番一号

勁 草 書 房

愛読者カード係行

（弊社へのご意見・ご要望などお知らせください）

本カードをお送りいただいた方に「総合図書目録」をお送りいたします。
HP を開いております。ご利用ください。http://www.keisoshobo.co.jp
裏面の「書籍注文書」を弊社刊行図書のご注文にご利用ください。ご指定の書店様に
至急お送り致します。書店様から入荷のご連絡を差し上げますので、連絡先（ご住所・
お電話番号）を明記してください。
代金引換えの宅配便でお届けする方法もございます。代金は現品と引換えにお支払
いください。送料は全国一律100円（ただし書籍代金の合計額（税込）が1,000円
以上で無料）になります。別途手数料が一回のご注文につき一律200円かかります
（2013 年 7 月改訂）。

愛読者カード

00044-9　C300(

本書名　ビッグデータ・リトルデータ・ノーデータ

お名前　（ふりがな）　　　　　　　　　　（　　　歳）

ご職業

ご住所　〒　　　　　　　　　お電話（　　　）　　ー

本書を何でお知りになりましたか
書店店頭（　　　　　　　書店）／新聞広告（　　　　　　新聞）
目録、書評、チラシ、HP、その他（　　　　　　　　　　）

本書についてご意見・ご感想をお聞かせください。なお、一部を HP をは
め広告媒体に掲載させていただくことがございます。ご了承ください。

◇書籍注文書◇

最寄りご指定書店

市　　町（区）

書店

書名	¥	（	）
書名	¥	（	）
書名	¥	（	）
書名	¥	（	）

※ご記入いただいた個人情報につきましては、弊社からお客様へのご案内以外には使用いたし
ん。詳しくは弊社 HP のプライバシーポリシーをご覧ください。

投資している。持続可能性とフリーライダーについては、資金提供に依存する分野の場合よりも懸念事項にはなっていない。

　多くの重要な資料が個人の収集家の手元に残っており、その中には研究者が利用できるコレクションもある。研究者自身は、自らのキャリアの全般を通じて重要なコレクションを収集することができる。彼らの論文と個人蔵書は、逝去または退職時に寄贈または売却されることで貴重な情報資源になる。

財産権　所有の問題は、有形の人工遺物の管理とテキスト表現の頒布に最も関連している。これらは法律問題と同じくらい倫理の問題でもあろう。アジアの孤立した地域、特にアフガニスタン、パキスタン、チベット等がより開かれるようになるにつれ、仏教のテキストが21世紀の世の中に現れてきた。これらの中には貴重な発見もあり、他のテキストの参照や他の言語への翻訳を通してしか知られていない、長い間失われたと思われていたテキストを含んでいる。貴重な文書は、時には個人収集家の手に渡ることもある。収集家は、研究者による利用を許すことも、許さないこともある。仏典の個々の紙葉が闇市場で売られてもいる。そのため、これらの仏典は再構成されない可能性がある。最近発見されたテキストのかなりの部分は地下に消滅したままである。また、長年にわたり秘密裏に管理され、一部の研究者だけに知られ、そのテキストに関する研究を公表する準備が整ったときに初めて明らかにされるものもある（Allon 2007, 2009）。

倫理　仏教学の倫理的問題は、微妙で複雑である。宗教、学問、文化、政治は密接に絡み合っている。例えば、テキストの伝達は、何世紀にもわたってそれぞれの時代の政府によって支援あるいは制限されてきた。CBETAは台湾のプロジェクトで、世界中の中国語の読者が利用できる。台湾と中国の関係は繊細であり、仏教は中国国内、また中国と他の政府との間の緊張の源泉である。1989年にノーベル平和賞を受賞したダライ・ラマ（Dalai Lama）は、独立を目指す中国の自治区であるチベットから追放されている。研究者は、宗教組織と政府機関の間の過去、現在、そして潜在的な将来の緊張と、資料利用の影響を十分に認識している（Vita 2003）。

仏教徒の宗教団体は、文化的、歴史的、言語的人工遺物としてテキストの価値を確認し、その学問を奨励する。同様に、研究者は聖典に基礎を置く宗教的伝統を尊重する。一部の有形オブジェクトは宗教的な畏敬の念を必要とするが、そのほとんどは学術的な研究に役立っている。テキストは釈迦の存在の代わりとなるものである。釈迦を想起させる人工遺物は、寺院のある区域に祀られている。レンガの碑文は、仏の恵みとして建物の壁に組み込まれたのかもしれない。興味深い倫理的な疑問がデジタル技術で生じている。例えば、仏教の修行僧がコンピュータや他の技術機器に祀られているテキストをどのように見ているか等である。

仏教学における研究の実施

この事例研究では、ある中国仏教文献学者の最近の研究について記述する。彼のプロジェクトの一つは、異なる言語のテキストを比較し、その起源の共通性についての議論を提示するというものであった。これが一つの雑誌論文となり、この研究者はこれらのテキストを研究し続けている（Zacchetti 2002）。彼の別のプロジェクトの一つは、重要な初期の中国仏教の仏典（Zacchetti 2005）の校訂概要版である。彼のその後の研究は CBETA に大きく依存しており、CBETA は彼の学問における新たな研究課題、方法、証拠資料をもたらしている。

中国仏教文献学における学問に必要な専門知識の深さと幅広さには、圧倒される。この研究者は、既に扱った事例の科学者が考古学と冶金学の二つの教育を受けたのと同様に、中国研究と文献学の教育を受けている。彼は学問の教育や研究出版のほとんどを英語で行っているが、特に注目すべきは、この研究者が扱う言語の数と多様さである。古典文献学はラテン語とギリシャ語の知識を必要とするが、これらは言語学的には英語に近い。この研究者は、文献学教育の一環としてラテン語とギリシャ語を学んだ。それを基礎として、彼は中国語、サンスクリット語、チベット語、パーリ語、そして日本語を学んだ。後者の言語群とその関連する文字は、欧米の研究者によって広く研究されていない。彼の第一言語はイタリア語で、イタリア語で教育や出版も行っている。中国史・中国文化の上級課程を教えるとき、彼は中国語で講義する。彼の豊富な

語学スキルは、アジア全域の古代文化で記録され理解されてきた、仏教の歴史、文化、言語の研究のために必要不可欠である。

　デジタルコレクションとその関連の仕組みは、中国の仏教研究における言語学研究に革命をもたらしてきた。この研究者はCBETAを望遠鏡に喩える。なぜなら、これを利用してこれまで以上に遠くを見ることができるからである。この比喩を説明するために、彼は新しい技術（より良い望遠鏡）によって、これまでは見えていなかった現象をいかに見ることができるようになったかを記したイタリア人の同胞であるガリレオを引き合いに出す。彼はまた、CBETAや同種のコレクションを顕微鏡とも喩える。なぜなら、各テキストをより詳細に調べることができるからである。彼は、テキストの各部分について独自の用語索引を作成し、それらをデータマイニングし、新しい種類の比較を行うことができる。

研究課題　この研究者は、テキスト間の関係を研究することにより、テキストが特定の時代や場所で、異なる文化によっていかに伝達され、理解されたかを明らかにできると考えている。雑誌論文で取り上げられた研究課題は、彼が初期の中国の仏典の印刷版を研究し、古代インド語であるパーリ語で読んだテキストとの類似性を認めたときに思いついたものであった。これらのテキストは独立していると推定されてきたため、これらのテキスト間の地理的または文化的関係を確立できれば、重要な歴史的発見となるであろう。中国語のテキストは二つのうちの短い方である。パーリ語のテキストは、より長い経典の1章である。この中国の仏教経典は、より古いインド語のテキストの翻訳であり、現存するパーリ語のテキストもまたそのインド語のテキストの翻訳であるというのが彼の仮説であった。このように、インド語の一つのテキストが中国語とパーリ語のテキストを生み出し、これらの思想が文化間で伝達される複雑な道筋を示している（Zacchetti 2002）。

　校訂版は、可能な限りテキスト本来の意図を確立しようとするものである。彼らは、各テキストの来歴を記録し、翻訳と異本を比較し、これらのテキストが書かれ、広められ、使用された文脈についてわかっていることを明らかにすることで、それを目指している。彼らの分野で信頼できる研究として認められ

7章　人文学におけるデータの学問　231

れば、校訂版は一次資料になる。この研究者の校訂版は、二つの言語で記された類似のテキストを包括的に分析したものである。彼は重要な中国の仏典の三つの章とそれに対応するサンスクリット語の仏典との比較に何年もの研究期間を費やした。中国の経典の関連する節は単独のテキストであるが、比較対象であるサンスクリットの方は、これまでに未発表の写本の一部を含む複数のテキストの粘土板である。四つのサンスクリット語のテキストを中国語の翻訳と比較することによって、彼は何世紀も前にテキストがどのように中国語に翻訳されたのか、そしてその時代にこれら二つの文化でそのテキストの概念がどのように理解されたのかを明らかにした（Zacchetti 2005）。

データの収集　この事例研究の議論が始まるまで、この研究者の日常の語彙の中に、データという用語はなかった。彼の方法は、テキストからの用語、フレーズ、概念、文字のきわめて注意深い選択を含むものであるため、それらはデータコレクションとして解釈するのが妥当である。彼は一対比較を行うため、ワープロを使って二列の表を作成する。有形の人工遺物を扱うとき、彼は手作業で検索し、観察記録を表に入力する。実体がCBETAから選択される場合、それを文書にコピーアンドペーストして、デジタル形式で取り込む。CBETAの仕組みはテキストに加え、テキストを選択するためのメタデータも一緒に保持し、データ選択の速度と精度の両方を高める。行単位で比較することもあれば、節単位で比較することもある。各見出しには、その情報源に関する情報と、対になっているアイテムが類似しているか異なるかについての情報が注釈として豊富に付けられている。彼は中国語テキストの章番号のような、単純なファイル命名規則で表を管理している。

　雑誌論文と校訂版の単行書では、テキスト、具体的には各テキスト内の言語の使用を解釈することが彼の目的であった。彼の研究は、さまざまなデジタルツールや情報資源に依存しており、一般的に入手できるものもあれば、他の研究者がカスタマイズしたツールもある。彼にとって特に価値がある世の中に知られていないツールの一つは、漢字の歴史的な異体字を検索できるオンライン辞書である（Ministry of Education, Republic of China 2000）。

　彼が研究対象としていた中国語のテキストは印刷物であったのに対し、もう

片方はパーリ語のテキストのデジタルコレクションで見つけたものであった。彼は、それらの起源を完全に明確化するのが難しいことを認めつつも、自らの考えを裏付けるために、これらの文書の歴史や関連する学問を活用している。例えば、彼は重要な用語の「推定原型」に言及している（Zacchetti 2002, 79）。証拠を収集するために、彼は印刷物やデジタル情報源を検索する。それらは図書館にあるものもあれば、オンラインまたは CD-ROM、そして彼がキャリア全般を通じて蓄積してきたかなりの量のテキストの複製コレクションもある。彼は、従来の翻訳と、これらのテキストに最初に言及した歴史的な目録と書誌を特定している（Zacchetti 2002, 75）。

データの分析　この研究者が中国仏教文献学へアプローチする際の分析は、議論を構築するためにメモや表の中の証拠を解釈することから構成される。雑誌論文では、分析は表の左側が中国語のテキスト、右側がパーリ語のテキストである一連の表として提示されている。論文は英語で書かれているが、二つの比較結果を説明するために、注釈の多くに中国語とパーリ語のフレーズが含まれている。世に知られていない表現を説明する注釈もあれば、テキストの字句どおりの解釈と比喩的解釈を比較するような注釈もある。法律評論のように、本文よりも脚注に多くのスペースを費やしているページもある。社会科学の雑誌のように、論文は議論を位置付けるために文献レビューから始まり、証拠についての議論と結論で終わる。

　彼の単行書は、行単位、節単位で比較しているため、校訂概要版として参照される。その著作の主な部分は、2列の表でテキストを比較するというものである。雑誌論文と同様に、その比較には英語の注釈と中国語とサンスクリット語の参照が詳細に盛り込まれている。これらのうちの幾つかでは、用語の定義がどのように比較されるか、あるいは概念がどのように列挙されるかを説明している。この表では情報源、異体字、翻訳を比較して、言語がどのように進化したのか、テキストがどこに由来するのかを示している。彼の情報源には、中国語、サンスクリット語、そして関連する文字のより古い異体字がしばしば含まれている。これらの異体字が Unicode に存在しない場合、デジタル形式で適切に表現することは困難である。必要に応じて元の文字から現代の文字に翻

字し、現代の読者がコンテンツをより利用しやすくすることも、彼の分析の一部である。校訂版には、これらのテキストの来歴に関する広範な説明的議論も含まれている（Zacchetti 2005）。

知見の公表　中国仏教学者は、雑誌、図書、会議録に自らの研究成果を公開する。文献学の出版は、テキスト引用に大きく依存している。これらの引用は、フェアユースやフェアディーリングの規定に典型的な数語の引用よりも、はるかに広範囲であり、したがって独特の学術的活動である。いずれの出版物でも、テキストは現代の文字集合で表現されているが、研究者が扱っている原物の中国語文字の一部は、Unicode で表現できない古い時代の文字で書かれている。現在、Unicode はすべての一般向けソフトウェアとハードウェアに実装されているので、英語、中国語、サンスクリット語で彼が執筆したものは、少なくとも現代語に関してはコンピュータ画面やプリンタで正しく表示される。異なるキーボードやブラウザで問題が発生する可能性があるが、相互運用性は向上している。この研究者は Microsoft Word を使っているが、複数の文字を扱う人文学者の中には、LaTeX という組版言語を好む者もいる。ほとんどの出版者は、投稿原稿をこれらの形式のいずれか、または PDF 形式で受け付けている。

　彼の雑誌論文は 23 ページで、脚注が 134 箇所、3 ページにわたる参考文献が含まれている（Zacchetti 2002）。彼の校訂概要版は 469 ページ、三部構成で、それぞれに複数の章があり、さらに複数の付録と広範な書誌がある（Zacchetti 2005）。後者の著作は、主要な仏教学研究所によって、日本で単行書として出版された。著作権は存続しているが、この単行書は PDF 文書として無償でオンライン公開され、別の仏教資料のオンラインコレクションに組み込まれている。印刷版も利用できる。いずれの出版物にも、草稿を読んだり、解説や資料を提供したり、その他の方法で支援したりしてくれた研究者への謝辞がある。

データのキュレーション、共有、再利用　この研究者の研究手法と活動は、情報技術の進歩に伴って大きく進化した。自身のデータをキュレートし、共有

234　　第Ⅱ部　データの学問の事例研究

し、再利用するという彼の選択肢はさらに拡大した。彼の方法と技術の歴史を簡単に振り返ってみると、その移行が明らかになる。彼は 1994 年に中国研究で学士論文を提出した。それは、Unicode が正式に採用されたわずか 2 年後のことである。Unicode はワープロソフト、プリンタ、ディスプレイにはまだ広く実装されていなかった。アジアでは中国語、日本語、韓国語の文字集合を取り込んで表現するための他のソフトウェアが他に利用可能で、幾つかのバージョンは、既に西洋の研究図書館で使用されていた。

　一般の学生はこれら初期の漢字表現技術を利用できないため、この駆け出しの研究者は、漢字のための余白を残しながら、標準的なワープロシステムを用いてイタリア語で学位論文を執筆した。彼は学位取得のために提出する最終的な印刷版に文字を手書きした。そのため、漢字を含む彼の学位論文のデジタル版は存在しない。

　彼は、校訂概要版のために初期世代の中国語のワープロを導入した。数年間の作業成果を収めた文書は、出版用に PDF に変換された。オンラインで簡単に頒布することはできるものの、この初期の PDF 版は静的なページ画像でしか表示できなかった。その結果、出版物の中を検索できないし、コンピュータ可読の意味構造も含まれていない。彼が校訂概要版の作成に用いた 1990 年代のワープロシステムでは、中国語とサンスクリット語の文字セットが適切に表示されていたが、そのファイルは現在の技術では読み込めない。そのワープロシステムは広く採用されず、ファイルは移行されなかったのである。移行できなかったのは、Unicode 以外の方式での文字コード化、サポートされなくなったソフトウェア、サポートされなくなった物理フォーマットで保存されていること、またはこれらの組み合わせによるものであろう。理由が何であれ、結果として、彼はこの主要な著作の構文構造、意味構造を維持するコンピュータ可読版を持たないことになる。この単行書は自由に利用できるという意味ではオープンにされているが、その内容がコンピュータによって発見可能またはデータマイニング可能であるという意味ではオープンではない。彼の状況は人文学では珍しいことではないが、参照作業では特に問題がある。テキストの修正または更新には完全な新版の作成が必要となるだろう。

　現在の活動において、彼はデータとメタデータをコンピュータ可読形式で取

り込み、キュレートすることに関心を持っている。彼のデータは多くの、さまざまな情報源に由来する。これらの情報源のデータマイニングは労働集約的で、特定のテキストについて一度に作業できる研究者は数名である。彼が研究する際にデータをキュレートすることによって、後でそれらを再利用できるようになる。また、データや分析結果を他の研究者と共有することができる。このコミュニティでは、個人的なやり取りが最も一般的であるが、彼のオープンな単行書を受け入れたような、仏教研究の資料を収集するデジタルリポジトリもある。

まとめ

　人文学は、その境界の定義が最も明確でないため、学問分野を特徴付けるのが最も難しい。人文学内の分野や領域をどのようにグループ化しても、異議が唱えられるであろう。研究オブジェクト、研究課題、そのデータを特徴付ける課題を具体化する研究方法は多様である。同じオブジェクトであっても、多くの方法や多様な研究課題、多くの異なった場所や時代から研究され得る。研究者はそれぞれ、自らの知見を独自の方法で表現することができる。そうすることで、それらの表現はある現象を裏付ける実体になる。各オブジェクト、そしてオブジェクトの各表現さえも、何度も解釈し直すことができる。遺跡発掘による人工遺物、ギリシャの花瓶、仏典、3世紀中国における知識の伝播、その他人類の文化のいかなる測面であっても、新しい視点や証拠に照らして、解釈あるいは再解釈する能力は、人文学という学問の本質である。しかし、再解釈できるかは、知識がより累積的である分野とは異なる種類の知識インフラに依存する。オブジェクトや来歴を記述するための規格を開発することは、誰が分類体系や来歴の記録を確立する権限を持つかという問題に繋がる。人文学研究の特徴は、限られた資金提供や競合する利害関係者と相まって、人文学者や資金提供機関が共有インフラを大きく発展させる能力を制限してきた。

　第一の挑戦的課題、すなわち、誰が研究データを所有、管理、利用、維持するかといった問題の処理が、研究データの価値がどのように、そして誰によって活用され得るかを決定するということは、人文学において特に問題となる。

236　　第Ⅱ部　データの学問の事例研究

古典芸術と考古学、仏教研究で研究者が必要とする情報資源は、各コレクションがそれぞれのコミュニティによって管理されたり、維持されたりしているか否かにかかわらず、世界中に広く散在している。CLAROS テストベッドのようなインフラを構築する活動は、共通のプラットフォーム上でコレクションを集約し、新しい技術的な機能を用いてコレクションを強化することで何が達成できるかを実証している。コレクション統合の同様の手法は、CLARIN や Europeana、DPLA といったインフラの取り組みの基礎になっている。これらのすべてが持続可能性という課題を抱えている。仏教の宗教団体が開発したCBETA は、最も持続的なインフラ支援を行っているように見える。

　文脈と時間を越えて、そして長い期間をかけて知識を伝達するという、第二の挑発的課題もまた人文学では難しい。しかし、重要な特徴の幾つかが明らかになりつつある。ここで提示した事例では、オブジェクトを比較し、それらをより詳細に調査する能力がきわめて重要である。多くの研究プロジェクトでは、オブジェクトの表現を比較することが、有形のオブジェクトの比較よりも、学術目的に同等、あるいは優れた役割を果たすことができる。CLAROSでは、ギリシャの花瓶の画像を並べて比較したり、回転させたり、拡大したりすることができる。CBETA によって初めて、中国の仏典の大規模な検索と比較が可能になった。古い時代の手書き文字の画像を拡大することができる。ピサのグリフィンにおける三次元の可視化によって、人間の目には見えない詳細がもたらされている。これらの技術は類似した学術目的に役立つものであるが、学術的文脈を越えて移転可能というわけではない。CLAROS は興味あるコレクションを取り扱っているが、遺跡研究の冶金学者に対してはほとんど何も提供していない。なぜなら、そのレコードには必要な金属情報が含まれていないからである。CBETA のために開発された仕組みは、中国語を使って研究活動を行える、文字や文化の専門家である研究者にとっては強力なツール群である。知識インフラの課題は、専門領域を越えて移転できるような形で機能を一般化することである。

　第三、第四の挑戦的課題に関して、人文学のこれらの領域における出版の形式とジャンルが他の多くの分野とは異なっている。古典芸術と考古学の両方の事例において、出版物は個々の著者の名前がある短い節に分かれている。仏教

文献学の事例として紹介した出版物は、長いデータ表を提供する学術活動と、本文よりも広範囲に及ぶ脚注が付くという慣習との混合体である。データの公開はこれらの学問分野では一般的ではないが、その活動の一部はオープンにされている。CLAROS はオープンソースプログラムを提供し、提携機関から提供されたレコードのコレクションを構築している。ピサのグリフィンに関する金属データは、それに関する出版物の中に表形式で提示されている。仏教文献学の出版物は、実体の比較表を提示することで、議論の詳細な証拠を提供した。こうした行動はいずれも、科学分野においてはデータ公開とは見なされないが、これらのコミュニティの学術コミュニケーション機能に役立っている。

　最後に、これらの学問分野の知識インフラの歴史を強調することが重要である。再解釈は続くが、彼らの研究は何世紀にもわたって蓄積されたコレクションと専門知識に依存している。知識はゆっくりと時間をかけて、また文脈を越えて伝達されるが、それは必ずしも容易あるいは十全ではない。古典芸術、考古学、遺跡研究の冶金学、仏教研究の研究者は、二、三の例を挙げれば、パピルス、印刷、紙等多くの新技術に自らの活動を適合させてきた。彼らは経済、財産権、倫理、競合する利害関係者の地雷原を歩んでいる。多くの者が情報技術の新たな革新的利用を行い、他の研究者に対して競争的優位を獲得している。彼らはまた、新技術のリスクにも直面している。特に、仏教文献学者は、前世代のソフトウェアから彼が精力を傾けたデータを取り出すことができなかった。デジタル形式でしか取り込めない文化的記録は、傍観していては存続させることはできない。実質的なインフラへの投資が行われない限り、現在研究され続けているパピルス、楔形文字、ギリシャの花瓶、金属の彫像とは異なり、それらは消えてしまうであろう。これらの分野で最も弾力性のある知識インフラは、研究者の個人的なネットワークである。彼らは古いメディアと新しいメディアを同じように駆使して知識を交換している。彼らは長く、そして定期的な議論を通して、アイデアを共有し、証拠を発展させている。彼らは、インターネットや図書館目録、その他の情報源では発見できない情報資源への入口を提供する。ビッグデータは通常、デスクトップにやって来るが、これらの研究者は多くの場合、データのところに赴かなければならない。彼らの知識インフラは、知的情報資源、有形情報資源、そしてデジタル情報資源の複雑な組

み合わせに何らかの形で適応し、それらを効果的に活用する手段を提供しなければならない。

第Ⅲ部

データ政策と実践

8章

データの共有、公開、再利用

あちらを向いても水ばかり、
なのに船板干割れてちぢむ。
こちらを向いても水ばかり、
なのに一滴飲めはせぬ。

──サミュエル・テイラー・コウルリッジ著.『古老の舟乗り』第2部.（出典：『対訳コウ
　　ルリッジ詩集』上島建吉編. 岩波書店，2002，（岩波文庫，赤221-3），p. 221.）

はじめに

　17世紀にガリレオ・ガリレイ（Galileo Galilei）（Galilei 1610）が、18世紀にヘ
ンリー・キャベンディッシュ（Henry Cavendish）（Cavendish 1798）が自らの科
学的論拠の裏付けとして、自身のデータセットをすべて提供したことはよく知
られている。木星の衛星に関するガリレオの著作や、地球の密度についてのキ
ャベンディッシュの著作は、彼らのデータ、方法論、そして論拠が今なお検証
可能であるという点で、科学における画期的な出来事となっている（Goodman
et al. 2014）。今日の研究者が自らのデータを進んで共有するかどうか尋ねられ
たら、多くの研究者が進んでそうすると答えるだろう。その同じ研究者らに自
らのデータを公開するかどうか尋ねたら、彼らは通常、そうはしないことを認
めるだろう（Tenopir et al. 2011; Wallis, Roland, and Borgman 2013）。やる気と行
動はイコールではない。したがって、「こちらを向いてもデータばかり、なの
に一滴飲めはせぬ」という状況が多くの研究分野において当たり前となってい

243

る。ガリレオやキャベンディッシュは今日であっても、データを公開しただろうか。

　次のような別の問い方もある。すなわち、実のところ、「データの価値は利用にある」かどうか、そして「科学データをすべて無料で公開することが、研究に由来する科学データの交換における国際的な基準として採用されるべき」（National Research Council 1997, 10）かどうかというものである。しばしば繰り返されるこうした政策綱領によって、データそれ自身が目的であるという考えが促される。データに固有の価値があるのであれば、データは繰り返し再利用されるために、捕捉され、資産としてキュレートされ、長期間にわたって維持されるべきである。これもまたしばしば繰り返されることであるが、別の見方として、研究オブジェクトは順応性が高く、変わりやすく、そして移転可能である（Latour 1987）。1章および2章ですでに説明したとおり、データは「自然のオブジェクト」ではない。むしろ、データは目的を達成するための手段であり、研究プロセスから切り離すことはできない。こうした観点からすると、データは研究プロジェクトが終了したときに、あるいは論文を公開した後であれば、処分され得る。データは資産というよりもむしろ負債であり、必ずしも保存に投資すべき価値があるものではない。おそらく真実は両者の間のどこかにある。共有することに価値のあるデータもあれば、そうでない多くのデータがあるということである。

　数十年にわたる政策がデータへのオープンアクセスを指向してきたにもかかわらず、参照できる数少ない統計を見ても、データの公開や登録は低率に留まっている。Science のスタッフが査読者を対象に行った調査に拠れば、自らが所属するコミュニティのリポジトリにデータを登録したのはわずか7.6％に過ぎず、88.7％は他の研究者が直接利用できない大学のサーバ、あるいは研究室のコンピュータに保存していた（Science Staff 2011）。その結果が公表されて以後、生態学のデータの約1％が利用できるようになったのみである（Reichman, Jones, and Schildhauer 2011）。学術雑誌がデータ利用方針を定めてもなお、これを受け入れる者は少ない。影響力の大きい50の学術雑誌（その多くはデータ公開の文書の提出を要求している）の研究論文を対象にした研究では、全データがオンラインで公開されていた論文はわずか9％であった。データ公開が適用

された論文（全体の70％がこれに該当）に注目すると、59％が雑誌の指示に部分的に従っていたが、データ公開要求の対象ではない論文はすべてのデータを公開していなかった（Alsheikh-Ali et al. 2011）。

　データを公開したり、共有したり、再利用したりできるかどうか、あるいはそれに代わる能力は、そうするための適切な知識インフラの利用可能性に依存する。同様に、それは多くの、競合する利害関係者間での同意次第である。誰がそのようなインフラに投資すべきか、そして誰が利益を享受するのか。事例研究からも明らかなように、データとその利用は文脈によって、また時と共に変化する。データの収集やツール、方針においてコミュニティが必要とするこの種の投資は、他の利害関係者との関係と同様、その都度変化する。

　この章では、三つの対照的な分析を提供する。一つは、データの公開や再利用における利害関係者の利益は、需要と供給という点においてどの程度のものになるか考察する。二つ目に、学術コミュニケーションというより広い文脈にデータの取り扱いを位置付けながら、研究者のデータ公開と再利用の動機付けについて考える。三つ目の分析は、これら二つの見方が知識インフラの計画や持続可能性にもたらす意味合いについて評価することである。これらの分析は、事例研究を基に行う。具体的には、誰が、どのように、いつ、なぜデータを共有するのか、そしてどのような効果があるのか、同様に誰が、どのように、いつ、なぜデータを再利用するのか、そしてどのような効果があるのかについての報告書、さらに多くの分野の研究者や学者との会話を対象に行う。

研究データの需要と供給

　米国学術研究会議（National Research Council）の『力のかけら（*Bits of Power*）』という報告書は、研究データへのオープンアクセスを促す多くの政策報告書の一つに過ぎない（National Research Council 1997）。その10年後、経済協力開発機構（OECD）は、公的資金による研究データへのアクセスに関する国際原則を発表した。その短い政策文書で詳しく説明された13の原則とは、公開性、柔軟性、透明性、法令遵守、知的財産の保護、公的責任、専門性、相互運用性、品質、安全性、効果、説明責任、そして持続可能性である。こうした

適用範囲の広さにもかかわらず、これらの原則は狭い範囲に抑えられている。ここでの研究データの定義は、「学術コミュニティにおいて、研究成果の正当性を立証するのに必要なものとして一般に受け入れられる、…一次資料として用いられる…事実の記録」とあるのみである。その定義は、「実験ノート、予備的分析」や実験室試料のような「有形オブジェクト」は明確に除外している（Organisation for Economic Co-operation and Development 2007, 13-14）。最近の報告書や政策の多くは、より多様な種類のデータ共有を促している（Australian National Data Service 2014; Ball 2012; Wood et al. 2010）。これらの中で、OECD のそれは、データ公開に関し多くの制約があること、そしてそれらがいかにデータの種類や裁判管轄権、その他の事柄によって異なるかを確認した、最も明確な文書の一つである。

　需要と供給は、鶏と卵の問題のようなものかもしれない。再利用への需要がなければ、公開されるデータはほとんどない。データが公開されなければ、需要はデータの再利用を促すのに必要なインフラを構築するのに不十分である。ほぼすべてのデータ共有方針は、研究者にデータの公開を義務付けたり、奨励したりすることで、供給を増やそうとしている。政策立案者や資金提供機関、学術雑誌、その他利害関係者は、鞭、すなわちデータ管理計画やデータの登録、その他類似の必須要件に焦点を当ててきた。なぜならば、彼らは提供できる飴をほとんど持っていなかったからである。驚くべきことに、これらの方針には期待されるデータの需要や、データの公開と再利用を支援するのに必要なインフラについての言及がほとんどない。

　データは公開されるべきだと力説しても、そうはならない。データ共有方針は、公開性に関する歴史的な議論を用いて、より良い研究者の本質に訴えかけている。学問の競争の激しさ、報奨と名声に対する誘因、労働と利益の不一致、研究活動への投資、研究分野や研究者間における実践の多様性、コミュニティ間での情報資源の不均衡、共有されたデータの解釈の難しさ、そしてデータを共有したり、維持したりするのに必要な資源の規模といったことは、あまり認識されていない。OECD のそれに代表される政策は、公開性や透明性を訴えるのと同様に、政府向けである。政府はまたお互いに競合関係にあり、国レベルの政策は、情報を原則として公開とするか、非公開とするかの程度に違

いがある。多くの仕組みが情報供給を増やすために存在しており、それらはいずれも、ここでの議論の目的上、データ公開と考えられる。そこには、研究者によって公開されたデータ、リポジトリや観測所、それ以外の種類のコレクションで利用できる研究データ、そして研究目的以外で集められたデータが含まれる。

研究データの供給

データ共有方針の起源は数多い。一つの要因としては、1970年代および1980年代に起きた知的財産権制度の変化に伴う情報の商品化の拡大が挙げられる（Schiller 2007）。ヒトゲノム解読の初期にヒトゲノムの特許を取得したり、商品化したりしようとする試みは、学術情報の規制に関する論争を引き起こした。こうした「アンチコモンズ」の動きは、研究用の共有資源の発展に貢献した。ヒトゲノムデータへのオープンアクセス方針を打ち立てたことは、学術データ共有実践における転機であった（Hamilton 1990; Hess and Ostrom 2007b; Koshland 1987; *Science* Staff 1987; Roberts 1987, 1990; Watson 1990）。

データ共有に関する議論が、さまざまなところで生じた。すなわち、公的あるいは私的な資金提供機関、国内の学会や資金提供協議会等の政策母体、学術雑誌の出版者、教育者、世間一般、そして研究者自身からである。以前から発展してきたデータを共有することの四つの理論的根拠（Borgman 2012a）をここで改めて挙げておく。(1)研究を再現すること。(2)公共の資産を一般に公開すること。(3)研究に投資を活用すること。(4)研究と革新を進めること。完全なリストではないが、これらは研究データの共有に関わる政策や実践、利害関係者の供給面における相互作用を検証するための枠組みを提供してくれる。

理由、理論的根拠、論拠、動機、誘因、そして利益はしばしば混同される。*理論的根拠*とは意見や信念、あるいは実践の統制原則を説明するものである。逆に、*論拠*は説得することを目的としている。個人や組織が行動を起こすときの一連の理由である。これら理論的論拠の根底にあるのが動機と誘因である。それは表に表しているか、裏に潜めているかどうかの違いである。*動機*は、人に行動を起こさせるものであり、*誘因*は人に行動を駆り立てる外部の刺激である。この場合の*受益者*は、個人、組織、コミュニティ、経済部門、あるいはあ

る特定の目的のためにこれらのデータを利用する等、データ共有の営みから利益を享受するその他の利害関係者である。

研究の再現　再現性はしばしば科学にとっての「金本位制」と言われる（Jasny et al. 2011）。再現性は研究データを共有する理論的根拠として影響力があるが、問題を含むものでもある。基本的に研究目的であっても、それは公益を提供するものとしても見なされ得る。研究の再現性は、学術研究を裏付けるものであり、そうすることで、公的資金がきちんと使われていることを確認することになる。しかし、この議論はある種の研究にのみ当てはまるだけであり、そして幾つかの疑わしい仮説に基づくものである。

再現性の定義　この理論的根拠にかかる最も根本的な問題は、何が「再現性」とされるかについての合意がないことである。追試と再現性について扱った*Science* の特別号では、複数の分野にわたって再現性という競合する概念を強調した。特に「オミクス」分野（ゲノミクス、トランスクリプトミクス、プロテオミクス、メタボロミクス等）は挑戦的な分野である。この分野では、「臨床的に意味のある発見は、数百万の分析の中に隠れている」という（Ioannidis and Khoury 2011, 1230）。再現性、妥当性、有用性、追試、そして繰り返し精度の間には微妙な区別があり、個々の「オミクス」分野の中でさえ、それぞれ違った意味を持つ。科学および社会科学にわたるこれらの用語の使用の多様さは、非常に幅広い（Ioannidis and Khoury 2011；Jasny et al. 2011; Peng 2011; Ryan 2011; Santer, Wigley, and Taylor 2011; Tomasello and Call 2011）。

　再現性に関する新たなねじれは、研究成果の公表前後に、科学者がお金を払って、自分達の研究やそれに関連するデータを第三者に立証してもらっていることである。再現性イニシアティブ（Reproducibility Initiative）の議論は、もしあればそれがどのような問題を解決するのか、このイニシアティブは科学の改革に向かおうとしているのかどうか、そして情報資源を新しい研究から逸らすことになるのではないかを中心に展開している。対を成す研究と追試は、文献を取り散らかすという懸念から、出版者からの反応は冷めたものであった（Bamford 2012; Science Exchange Network 2012）。

何を再現するかの決定　研究のどの部分が再現されるべきか、またどのような目的のためかを考慮するとき、研究の再現、反復、追試、妥当性確認、検証といった概念を区別することの難しさが明らかになっている。観測法、材料、条件、器具、ソフトウェア等をすべて同じにして正確な複製を試みようとする取り組みもある一方、類似のインプットと方法で比較できる結果を得ようとするものもある。前者の取り組みは、特定の論文を確証するものであり、後者は実験の対象となった仮説を確認することで、より正当な学問を生み出すことになるだろう。

　再現性には観測や実験の正確な複製、ソフトウェア・ワークフローの厳格な複製、必要とされるエフォートの度合い、専用ツールが必要かどうか等、幾つかのレベルがある。計算科学は、再現性において最も期待できる分野である。なぜならば、データとソフトウェアが適切に利用可能であれば、正確にプロセスを繰り返すことができるからである（Stodden 2009a, 2009b, 2010; Vandewalle, Kovacevic, and Vetterli 2009）。研究上の作業の詳細な記録を保持する科学ワークフローソフトは、しばしば再現性を目的としているか、少なくとも来歴記録を維持する能力を有している（Bechhofer et al. 2010; De Roure, Goble, and Stevens 2009; Goble, De Roure, and Bechhofer 2013; Hettne et al. 2012）。

　薬や治療法の臨床試験は、複製や検証に関係するが、すべてを再現するコストがあまりに高すぎてできない。とはいえ、ある特定の集団で成功した治験は別の集団でも再現されるであろう。根拠に基づく医療は、再現性それよりもむしろ、治験者集団、方法、調査結果の比較を通じて得られた結果の妥当性を立証する多様な治験の系統的レビューに依存する（Chalmers 2011; Cochrane Collaboration, 2013; Goldacre 2012; Thomas 2013）。バイオメディカル企業は多くの場合、第一段階として雑誌論文で報告された結果を再現し、一連の研究が多くの利益を生む可能性があるかどうかを判断する。企業は公表された研究のために数千万、あるいは数億ドルをかけることもあるが、多くの場合うまくいかない。利害関係者は、こうした方式が誤った投資を回避するのに有意義な資金の使い方であるかどうか、あるいは科学的手法の欠陥を明らかにするものであるかどうかについての意見は一致しない。*Wall Street Journal* は、後者の意見である（Naik 2011）。しかしながら、科学の報道記事はしばしば、実際の結果と

8章　データの共有、公開、再利用　249

は正反対とまではいかないまでも、誤解を招きかねない程度にまで方法や結果を単純化している（Goldacre 2008）。

不正の発見　出版された論文が主要な雑誌から取り下げられるときはいつでも、査読者がデータや手続きについて何を知っていたか、あるいは知っているべきだったかに関する疑問が生じる（Brumfiel 2002; Couzin and Unger 2006; Couzin-Frankel 2010; Normile, Vogel and Couzin 2006）。心理学研究における不正の事例が注目を集めた後、心理学研究者らのグループは、心理学分野の主要雑誌に掲載された最近の論文を追試するプロジェクトを開始した。追試という取り組みが心理学研究を強化するのかどうか、あるいは革新的な方法を適用する研究者が不当に告発されてしまうのではないかといった緊張がすぐに高まった（Carpenter 2012; Doorn, Dillo, and van Horik 2013; Enserink 2012a）。

　有効で、適切で、あるいは合理的なデータレビューを構成する要素は何かという課題は、最近になってようやく策定が始められたところであり、その視界には答えはほとんどない（Borgman 2007; Lawrence et al. 2011; Parsons and Fox 2013）。欠陥のある知見を割り出すのに、必ずしもデータへのアクセスが必要なわけではない。多くの場合、同じ画像や図表が複数の論文で見つかる場合等のように、不正は論文の公表後に初めて発見され得る（Couzin and Unger 2006; Wohn and Normile 2006）。不正や非行、間違いを区別することは、より難しい問題である。査読は、学術研究成果の妥当性を確認するには不完全な方法であるが、より良い仕組みはまだ実現していない。レフェリーと呼ばれることもある査読者は、与えられた情報に基づいて研究報告の信頼性や妥当性を評価することが期待される。査読は再現性よりも、専門家による判断を当てにしている（Arms 2002; Fischman 2012; Fitzpatrick 2011; Harnad 1998; King et al. 2006; Shatz 2004; Weller 2001）。

論争の解決　最も意欲的な考え方は、科学的あるいは学術的論争を解決する手段として、再現性を見ることである。もしある結果が裏付けられ得る、あるいはその逆であるならば、その解が明らかになるはず、もしくは明らかになるように思われる。しかし、結果を再現する試みは多くの場合、これらの論争の元

となっている認識論的不一致を明らかにし、学術的探究の核心に踏み込むことになる。20世紀初めにアルフレッド・ウェゲナー（Alfred Wegener）によってプレートテクトニクス理論が提唱されたが、広く受け入れられるようになったのは、海底の地図を作る技術の発展によって彼のモデルが確証された1960年代のことであった。ウェゲナーは、それぞれの専門分野において彼の理論の優位さを科学者に納得させられるだけの十分な深みは欠いていたものの、数多くのさまざまな分野から裏付けとなる事実を活用していた（Frankel 1976）。同じように、重力波が存在しているかどうかを解決するための物理学での試みは、有効性の確認方法に関して意見の相違があったため失敗した。こうした重力波を検知する実験のみが適切に行われればよいと考える研究者もいれば、他方で重力波の検知に失敗した実験のみを信用する研究者もいた（Collins 1975, 1998）。

公共資産の公開　データ公開にかかるもう一つの共通の理論的根拠は、公的資金による成果物は一般に公開されるべきということである。この理論的根拠は、オープンガバメントや出版物のオープンアクセス、そしてデータのオープンアクセスといった論拠に見出される（Boulton 2012; Lynch 2013; Wood et al. 2010）。例えば、英国の政策は出版物とデータのオープンアクセスを兼ね備えている（Research Councils UK 2011, 2012c; Suber 2012b）。オーストラリアは研究倫理規定に研究計画を組み入れている（National Health and Medical Research Council 2007; Australian National Data Service 2014）。米国の政策は、資金提供機関によって異なる。米国国立衛生研究所（National Institute of Health）はデータ管理計画に取り組む以前から、PubMed Central を通じて、研究出版物のオープンアクセスを確立してきた。全米科学財団（National Science Foundation）は出版物のオープンアクセスは扱わずに、データ共有およびデータ管理計画に取り組んだ。米国の政策は研究情報に対する新しい連邦政策の下で一つにまとまる可能性もあるが、未だ初期の段階にすぎない（Burwell et al. 2013; Holdren 2013a, 2013b）。

　これらの政策を融合させた結果、出版物とデータのオープンアクセスが同等視されるようになり、3章で確認された問題を生じさせている。出版物のオー

プンアクセスは、研究者、実務家、学生、一般市民かどうかにかかわらず、すべての読者に利益を与える。データのオープンアクセスが直接的な利益を与えるのはごくわずかの人々であり、その利益は利害関係者によって異なる。例えば、治験データのオープンアクセスに関する初期の報告書では、その要求の大多数は製薬会社や法律家、コンサルタントからのものであり、学術研究者からはごくわずかであった（Bhattacharjee 2012; Cochrane Collaboration 2013; Fisher 2006; Goldacre 2012; Marshall 2011; Rabesandratana 2013; Vogel and Couzine-Frankel 2013）。

研究への投資の活用　三つ目のデータ公開に関する理論的根拠は、他者がデータを活用する機会を持つべきであるということである。ここでもまた、利害関係者の利益の差異が明らかとなる。研究者がデータを公開する動機は、彼らが受益者であると認めている人々から影響を受けやすい。この理論的根拠は、研究データを受け入れ、キュレートできるより多くのリポジトリ、データの利活用に用いられるより良いツールやサービス、そして知識インフラへの別の投資といった必要性を後押しする。また、大学によって生み出されたデータの「価値を切り開く」ことを望んでいる民間部門の利害関係者の論拠を支持することにもなる（Biemiller 2013; Thomson Reuters 2013）。しかし、この理論的根拠は、学術コミュニケーションにおいては異なる役割を果たす、研究への投資とデータへの投資を融合してしまう。

　古いデータの予期しない利用例が、可能な限りデータを保持し続けることを支持する論拠を強化するためにしばしば用いられる。1793年に妻マリー・アントワネット（Marie Antoinette）と共に断頭台で処刑された、ルイ16世（Louis XVI）の微量のDNAが直系の子孫から採取したDNAと照合された。分析の結果、ルイ王の遺伝的リスク要因として糖尿病、肥満、双極性障害があることが明らかとなった。この結果は、ルイ王の優柔不断さの原因についての議論に新しい情報を提供した（*Science* Staff 2013）。古い時代のDNAの解読に関する進展は、*Science* によって名付けられた2012年「その年の飛躍的進歩」に数えられた（Gibbons 2012; *Science* Staff 2012）。未来での予期しない応用は図書館や博物館、アーカイブでは古典的な問題であるが、これらにおいてさえすべて

を保存し続けることはできないでいる。

研究と革新の進展　最後の理論的根拠は、データの共有が研究と革新を進める
だろうということである。これは、学術研究の利益について検討しているとい
う点で、前の二つとは異なっている。この理論的根拠は、「科学は良いデータ
に依存する」（Whitlock et al. 2010, 145）や「科学データのキュレーションはデー
タを集め、組織化し、検証し、保存する手段であり、そうすることで科学者
は社会に立ちはだかる重要な研究課題に取り組む新しい方法を発見できる」
（Data Conservancy 2010）といった文章に暗示されている。それは研究データ
を持続可能にする知識インフラへの投資を支持する論拠になり、それによって
データは専門的実践の高い基準に従ってキュレートされる。すべてのデータが
キュレーションの価値があるわけではないが、保持する価値のあるデータは、
研究コミュニティの資産になるよう、きちんと保持されるべきである。

研究データの需要

　データ共有の四つの理論的根拠は、データが共有状態に置かれれば利用者が
やって来るという再利用の仮説に基づいている。その仮説は、データを共有す
ることで他者が「価値を切り開く」という主張の中に暗示されている（Thom-
son Reuters 2013）。しかし、研究データは複雑で社会技術的なものであり、公
開市場で取り引きされ得るような単なる商品ではなく、コミュニティの中に存
在するものである。もし研究者が再利用するためにデータを積極的に求めるな
らば、より多くのデータが共有されるであろう。データの再利用に対する需要
が最も大きいのは、4章で扱ったように、相互依存性の高い分野である。これ
らの分野は、器具や収集物、その他の情報資源を共有するための知識インフラ
に大きな投資を行ってきた。その事例研究で検討したように、データの学問の
あらゆる側面が研究者がいつ、どのようにデータを公開し、再利用するか、あ
るいはデータを公開し、再利用するかどうかということに影響するように思わ
れる。

　研究者に積極的にデータを再利用しないよう促す学問分野もある。ジェイミ
ー・カラン（Jamie Callan）とアリスター・マファット（Alistair Moffat）（Callan

8章　データの共有、公開、再利用　253

and Moffat 2012）に拠れば、データの再利用は街灯の下で失くした鍵を見つけるようなものである。なぜならば、光のある場所では興味深いデータや問いが至るところに見つかるからである。これまでは地図に載っていなかった領域を描くことによって、キャリアは生まれる。新たなデータを用いて新たな問いかけをすることは、新分野を開拓する最も信頼できる方法である。古いデータを使って新たな問いかけをすることもまた、新しい知見に繋がり得るが、再分析が価値ある貢献であることを編集者や査読者に納得させることは難しいとも言える。研究を追試することによって同じ問いに答えることは、ほとんど認められないし、公表することもきわめて困難である。

　科学および社会科学の研究は、リポジトリを通じた公的なデータ交換よりも、私的な交換がより一般的であることを示している。研究者は他の研究者にデータを求めることは稀であり、自分のデータを求められることも稀であるという報告がある（Faniel and Jacobsen 2010; Pienta et al. 2010; Wallis et al. 2013）。データを求められたとき、研究者はデータを共有することが義務付けられている情報資源、データを求める者との関係、データが作られてからの経過時間といった要素によって、応じるかもしれないし、そうしないかもしれない（Campbell et al. 2002; Hanson, Surkis, and Yacobucci 2012; Hilgartner and Brandt-Rauf 1994; Hilgartner 1997）。マシュー・S・メイヤニック（Matthew S. May-ernik）（Mayernik 2011）は、データが公開されない理由として、誰がデータを求めているのか、あるいはそのデータがどのような目的に有用であるのかを研究者が想像できないためであることを明らかにした。

　データ再利用の実際を評価するのに最も困難なのは、何をもって「再利用」とするのかについての合意がないことである。同様に、再利用はデータ、あるいは他の形式の情報の「利用」が何を意味しているのかに依存する。情報の探索、要求、そして利用は情報科学において古くからある悩ましい問題である。学問や文脈を超えて適用できる「情報利用」の十分な定義はない。したがって、「利用」や「再利用」についての合意がないことも驚くに当たらない。長い年月の分析の後、天文学のアーキビストらは望遠鏡の書誌に関する国際的な合意に達したが、望遠鏡からの「データを利用すること」が何を意味しているのかという明確な定義は作られなかった（IAU Working Group Libraries

2013）。定義問題は滝のようになって落ちる。アーカイブは、何を「査読付き」出版物であると考えるかということと、「観測」のような主要概念をどのように判断するかということとによって異なる。天文学におけるデータ利用の指標は、その分野を通じてほぼ同じであるが、その指標は隣接分野には転用できないし、学問分野を超えて比較もできない。

　要するに、需要供給モデルは、データの公開や共有、再利用という課題を適切に特徴付けるものではない。こうした活動に関わる動機、誘因、利害関係者を明らかにするためには、学術研究の実際についてのさらに深い分析が必要である。

研究者の動機

　データ共有は実施そのものが難しく、投資利益によって正当化することも難しい。データの再利用を念頭に置きながら研究を行う研究者はほとんどいないように思われる。データは目的を達成するための手段に過ぎず、一般にそれは目的それ自身というよりも文献の中で報告される研究の知見である。公表される、あるいは共有されるための生産物としてデータを取り扱うことは、研究の方法や実践に変化を求めることになる。幾つかの事例に拠れば、研究の実践に際しては受け入れられるものの、所有権、倫理、資源、コミュニティ規範といった解決困難な問題が共通している。ほぼすべての分野において、研究者は自らのデータを共有できるようにするのに投資できる資源はわずかであり、仮に共有するとしても、研究者のデータを引き受けるリポジトリが存在しない。データの公開を促進する政策の成功は、資金提供機関や学術雑誌、図書館、アーカイブ、あるいは研究者の認識よりも知識インフラへのより多くの徹底的な投資にかかっているのかもしれない。

文献とデータ

　3章で紹介したように、学問において、データは文献とは非常に異なった役割を担っている。文献のオープンアクセスとデータのそれを同等視しようとすることは、データと文献との複雑な関係をわかりにくくする。その関係は、10

章で明らかにするように、ゆっくりではあるが進化し続けている。

研究の伝達　研究の伝達は、図書や雑誌よりもはるか以前から存在している。「しばしば繰り返し引き写された写本の中に不安定に保存された」（Meadows 1998, 3）アリストテレス以来のギリシャ人による議論は、今日に至るまで研究思考に影響を与えている。学術コミュニケーションは、次第により形式化され、より専門化されるようになった。図書は、長文の伝達様式として最初に現れた。学術雑誌は研究者間での手紙の交換を正式なものにするために、17世紀に創設された。雑誌の様式が次第に進歩して、現在の出版形態となる。論文は著者責任表示、タイトル、抄録、参考文献、図表等の形式的な構造を持っている。これらはそれぞれの分野に対応する構造に分化していったが、中心となる要素は学術的探究のどの分野で扱われる論文でも同じままである。さらに言えば、印刷体とオンライン形式との間でも、その様式にほとんど違いはない。

　図書や雑誌論文、会議録掲載論文、その他の文献により、研究成果はコミュニティによる検証が可能となっている。文献は、結論を支持する論拠、方法、証拠資料、手続きについての十分な詳細を収録しているが、その結果を再現するのに十分なものはおよそ含んでいない。幾つかの分野の学術雑誌は、詳細な表や図を掲載している。証拠資料についての説明がほとんどない論拠からなる論文が大半の分野もある。

　想定される読者がその論拠や証拠を理解するのに不必要だと見なされる詳細を省略するために、文献が必然的に研究活動を単純化してしまう。省略された詳細の中には、科学では機械の設定、校正、フィルター、プロトコルが、社会科学では統計解析、データ整理、インタビュー設計、フィールドワークのプロトコルの方法が、そして人文学ではアーカイブ資料の検索、翻訳、現場を利用する権利の確保の方法があるだろう。その論文を理解するのに必ずしも必要がない一方で、こうした詳細はそのデータを理解するのには必要であるだろう。

　このように、文献はデータを入れる単なる容器ではない。研究者は自身の研究の妥当性や重要性を他者に納得させるために、自らの物語を形式化する。文献は証拠に裏打ちされた論拠である。文献は共同研究者、資金提供者、査読者、編集者、出版者、プログラム委員長、そして研究者仲間との長い交渉過程

の末に固定化された生産物である。どんな研究から得られる知見でも、その論文が投稿される雑誌の読者や、図書原稿を持ちかける出版者の編集者、あるいは会議の出席者に訴えかけるために、戦略的に作り出される。同様の、あるいは類似の知見は、多様な読者に適応しているだろう。著者は、文献に応じて専門用語や研究課題、データ、図表、原稿の長さや構成、論拠を選択している。参考文献の形式でさえ、論文によって異なっている（Bowker 2005; Kwa 2011; Latour and Woolgar 1979, 1986; Lynch and Woolgar 1988a; Merton 1963b, 1970, 1973; Star 1995; Storer 1973）。

　個々の論文や会議録掲載論文、図書、その他の文献に関連する「データ」が何であるかを識別することはしばしば難しい。研究者は一連の問題の個々の関係性を明らかにするために、継続して、長期間にわたって、さまざまな方法を用いてデータを集める。彼らは、さまざまな程度で記録されているであろう蓄積されたデータを利用して、それぞれの文献で異なった議論を展開する。研究者はそれぞれの論文に合ったデータセットを別々に抽出するかもしれないし、しないかもしれない。データセットがいかに抽出されたかを説明するには、一連の過去の論文やこれまでのデータ整理の段階で用いられた方法を説明する必要がある。文献に関する一般原則は、それがより完全に理解されるためには、参照されている他の文献を読む必要があることを認めつつ、個々の文献が単独で理解され得るのに十分個別的であるべきということである。

　一旦出版されれば、これら固定化された生産物は、独自の存在となる。読者はそれぞれ、自身の知識をその文献に持ち込み、その人なりの解釈をする。知見を得るために論文を読む者もいれば、方法論を知るためにその論文を読む者もいる。あるいは特定の図表を求める者もいれば、文献レビューを目的とする者もいる。同じ分野の読者は、研究成果の速報を知るためにプレプリントを読む。関連分野の読者は、その知見を自身の分野における最近の発展と比較するために、プレプリントの公表から1年後にその論文を読む。異なった分野の読者は、転用できるかもしれない方法や知見を探索するためにその論文を読む。5年、ないし10年後に、博士課程の学生が博士論文執筆のために、その論文を評価する。そのときまでに、その論文は画期的なものであると判断されるかもしれないし、その分野が道を踏み誤るような不正あるいは偽の研究成果であ

ると考えられてしまうかもしれない（Brown and Duguid 1996, 2000; Latour and Woolgar 1986)。

研究の公表　各文献でデータセットを公開することは、学術コミュニケーションにおいて決して普通のことにはならなかった。出版者の視点からは、出版過程にデータセットを組み込むことに賛同することは、印刷体と電子版での頒布との間で違いがある。印刷体の世界では、大規模なデータセットを複製するコストは、あまりにも高額である。著者は決められたページ数に制約されており、一般にそれは、必要最小限の証明となる証拠を用いて、論拠を詳細に説明するのに充てられる。方法論の節は、しばしばスペースの都合上、そしてその読者は、それ程詳細な説明を必要としないその分野における十分な専門家であることを前提とされているので、あっさり片付けられる。

　デジタル世界では、経済状態が変化している。印刷やページの制約は、主たる問題ではなくなった。しかし、*Science* や *Nature* のような印刷体と電子版の両方で出版される学術雑誌は、それぞれの論文に同じ文量を充てることを維持している。したがって、印刷体で4ページの論文は、同じ長さの電子論文に変換される。こうした制約は、オンラインでのみ出版され、方法論やデータに関する重要な情報を含む「補足情報」を求めることによって、部分的に克服されている。補足情報は、おおよそ科学出版の特徴であって、社会科学や人文学分野では一般的にはなっていない。査読者は、例えばある実験がどのように動作したのかに関してより多くの証拠を求めるかもしれないし、著者はその学術雑誌の編集方針という制約の中で、そうした要求を満たさなければならない。中には、本文に入れるべき情報、補足情報に入れるべき情報は何か、どこにでも、そしてリンク情報でも良いものは何か、これらの関係をどのように明らかにしなければならないか等、厳格なルールを持っている雑誌もある。データセットや他の形式の証拠がより膨大になるにしたがって、出版者は長期保存やキュレーションのコストへの対応に懸念を抱いている。データの再利用という視点から見たときのより大きな問題点は、学術雑誌の購読の壁の背後にあったり、著者のウェブサイトに登録されたりしているデータセットが容易に発見できないことである。

資産および負債としてのデータ

　出版時にデータを公開するための要件は、著者がそのデータセットとの「関係を絶つ」ことであると推測される。データ公開は、ゲノミクスのような、文献とデータセットとの一致が比較的明確であり、「データセットが比較的単純で、均質で、明確に定義されている」(Shotton 2011) 分野ではよく見られる。ある特定の種や地域、人工遺物を対象とする長期にわたる研究を基盤としている研究者の場合、データは積み重ねられる分だけ、その価値がより大きくなる。こうした研究者は、決してデータとの関係を絶つことはないであろう。彼らは特定の文献に関連するデータを公開したがらない。なぜならば、それが長期間にわたるデータ公開を意味するかもしれないからである。同様に、単一の文献に関係するデータの再現にも問題がある。なぜならば、報告されている一連の観測結果は、それ以前の研究やさらに前の研究データの解釈に大きく依存することもあるからである。

　データセットはまた、他の研究者と交換したり、協働を促すものとして利用されたり、持参金として持たされたりする資産でもある。人文学の研究者は、新しい職場や新たな共同研究先に資料の山を持っていくかもしれない。もしデータが公開されたならば、データは物々交換を可能とする資産としての価値を失う。研究者が見返りに何らかの価値を得ないのであれば、説得してこれらの資産を譲渡させるのは難しい。特にそれらのデータを得るのに多大な努力と予算が伴っていたならば、なおのことである (Borgman 2007; Edwards et al. 2011; Hilgartner and Brandt-Rauf 1994)。タイミングは、データ公開のもう一つの要素である。研究者は必要以上に速やかにデータを公開しないことで、自分達の共同研究やその研究での投資を守っている。もしデータがあまりにも早く公開されるならば、共同研究者は連携に必要な付帯的作業や諸経費の負担を渋るだろう。公開猶予期間は、成果公開を優先したい研究者とタイムリーな頒布との均衡を意図したものである。

　データは負債でもある。その種類にもよるが、データの保管には物理的な場所とコンピュータ資源が必要である。データを管理するためには人的資源も必要となる。公開に向けてデータを準備するのに費やす時間は、他の研究活動に費やせない時間である。同様に、補助金に含まれるデータ管理用の資金は、研

究を遂行するのに利用できない資金である。データを公開する諸権利は、データを保管する責任から切り離せないだろう。それ故、法的、経済的課題がデータ共有の問題にまで広がるのである。データ公開の権利や責任が誰にあるのかが明らかでないため、データが公開されないこともしばしばである。研究者は、データを「所有」しているのが自分自身なのか、所属する大学なのか、研究室や学科か、資金提供機関か、出版者か、あるいはその他の存在なのかがわからないかもしれない。その答えは、データ公開の問題が生じるまでは重要でないのであろう。共同研究者や裁判管轄権が多ければ多い程、データ公開の権利を確かめることはより難しくなる（Arzberger et al. 2004; Berman et al. 2010; Birnholtz and Bietz 2003; Hirtle 2011; Reichman, Dedeurwaerdere, and Uhlir 2009; Stanley and Stanley 1988）。

　研究者はまた、データの誤用や間違った解釈が行われる場合の、法的責任および自分達の評判を傷つける危険性を懸念している。研究者は、自らの研究に対するマスメディアの重大な過ちを痛い程経験しているため、データの誤用は、ささいな心配事に映るかもしれない（Goldacre 2008）。しかし、データ要素の選択的抽出、ヒト被験者あるいは実験動物の同定、その他の誤用の形態は、それらが専門知識の欠如や情報管理の不足、あるいは悪意によるものであろうと、本物の問題である。気候変動に関する地球規模の比較研究は、データへのオープンアクセスに依存しているが、気候研究の政治問題化がこれらの分野の研究者にデータ公開を慎重にさせている（Costello et al. 2011; Gleick 2011; Overpeck et al. 2011; Santer et al. 2011; Servick 2013）。

データの公開

　研究者は、現在そして将来の研究のために自身のデータを管理することに大きな困難を抱えている。効果的にデータを管理する手段を持つことは、他の研究者が解釈できる方法でデータを公開するための必須条件である。

表現と移転可能性　研究の文脈からデータを抽出することの難しさは、「移転可能性」問題として知られる。データを移転可能にするためには、それがデータとなった状況から切り離す必要がある。その結果、ある程度の意味が失われ

る。来歴を記録することで、その意味の幾らかは残すことができるが、正確な文脈は決して完全には伝えられない。データはコミュニティの境界を定める「境界オブジェクト」となり得る。データは、分野毎、あるいは研究者毎の利用、記述、記録、解釈の方法によって異なった意味を持つ（Bishop and Star 1996; Bowker 2005; Kanfer et al. 2000; Star, Bowker, and Neumann 2003; Star and Griesemer 1989; Star 1983, 1989)。

　2章で明らかにしたように、データは研究や学問の目的のために、現象の証拠として用いられる実体である。これら実体がその表現から切り離されることはほとんどあり得ない。研究者が公園の子ども、あるいは中国仏典の中の語句を研究しようとも、彼らは関心のある特定の現象の証拠として、ある特定の方法でそれぞれデータを表現する。こうした表現が一旦、STATA や Word、R、あるいは他のツールの形式のファイルの一部になれば、それらが特定の現象の証拠であるという理由を奪われる。

　ソフトウェアツールは、データ交換の摩擦の種になり得る。例えば CENS において、あるグループは著名なオープンソースの統計パッケージである R を使い、別のグループは Matlab や別のツールを好んで使っていた。データを交換するために、各グループはそれぞれのデータを最小公分母的な解決策として、Excel のスプレッドシートに出力していた。Google のスプレッドシートや同様の方法でデータを共有する者もいた。CENS は、データの学問のスモールサイエンス側の端に位置するが、ジャネット・ヴァーテッシ（Janet Vertesi）とポール・ドゥリッシュ（Paul Dourish）（Vertesi and Dourish 2011）は、天文学でも同じ問題、すなわちグループがデータを交換するためにソフトウェアに合わせて最小公分母的にデータを整理しなければならないという事態に直面した。同様に、質的データは NVivo や Atlas. ti といった分析ツールから、構造を喪失することでスプレッドシートやワープロソフトに出力され得る。こうした変形は分析能力の大きな損失に繋がる。データ交換にスプレッドシートを利用することはきわめて当たり前のことであり、そのためスプレッドシートがデータ登録の共通の形式になっている（California Digital Library 2013)。

　共通の規格は、一連のツールを用いたデータの分析、可視化、文書記録、共有、再利用を可能にする。規格は、コミュニティ内、あるいはコミュニティ間

におけるハードウェアやソフトウェア、ツール、プロトコル、実践の相互運用性に徐々に広まっていく。逆に、これら同一の規格がお互いに相互運用性のないデータやシステムのサイロを生み出す。最小公分母的な形式は、関連する当事者間でデータを交換するための唯一の手段であるかもしれない。サイロは、情報学の規範問題である。人的にも技術的にも多くの変換の仕組みがあるが、それらはあくまでも変換である（Busch 2013; Lampland and Star 2009; Libicki 1995; *Nature* Staff 2012; Star 1991）。

　共同研究者間での交換のように、即時の再利用が期待されるデータの共有は、何年先になるかもわからずどのような利用者が利用するかわからない場合に比べ、データの公開は容易である。後者の場合、その記録や表現形はデータ作成者と利用者との間を繋ぐ唯一の手段である。未来の利用者は別の研究者かもしれないし、コンピュータかもしれない。データマイナー、あるいはボットは何を「読み取り」、索引化し、抽出するかについての独自の基準を持っている。時間、専門分野の知識、言語、その他の要素において、著者からの距離が大きければ大きい程、研究やデータセットのテーマ、方法、データ、知見、そして文脈を解釈することがより困難になるだろう。

　データ共有方針はデジタルデータと有形オブジェクトとでは異なる。明確に標本や試料に言及するデータ共有方針もある。物理的な標本が郵送されるという、生物科学研究室間でのデータ共有の形式もある。中には、スタッフをデータが所在する研究室やアーカイブ、フィールド現場に送って、データ共有を行う場合もある。研究資料提供契約は、こうした種類のデータ共有を規定している。

来歴　アーカイブ的な意味における「保管の継続性」、コンピュータ的な意味における「オリジナル状態からの変換」という点で、来歴の問題は多様な関わりと処理過程を通じて進展するデータの解釈で生じる（Buneman, Khanna, and Tan 2000; Carata et al. 2014; Groth et al. 2012）。データとその表現形は、ソフトウェアとは非常に緊密に、またハードウェアともしばしば結びつく傾向にある。センサネットワークや天文学におけるパイプライン処理、冶金学の走査型電子顕微鏡は、ハードウェアとソフトウェアの処理が複雑に絡み合う事例であ

る。処理過程を再現したり、その結果を解釈したりするには、そのソフトウェアの利用を必要とする。オープンソースであれ、商用のものであれ、ソフトウェアは絶えず変化する。データの記録には各ソフトウェアのバージョンの情報やデータが処理されたプラットフォームの設定が必要であろう。統計ソフトや数学ソフト、ワークフローソフトといった処理・分析ツールは各処理でのシステムやデータの正確な情報を保持することがほとんどないため、結果の解釈は困難になり得る（Claerbout 2010; Goble and De Roure 2009）。

　データの解釈に必要なソフトウェアの中には、研究者が自らのデータを収集、処理、分析、記録するために開発した自前のツールがあるかもしれない。研究者は、気象モデルであれ、パピルスの記号の列であれ、研究中の現象をモデル化するためのプログラムを書く。プログラムは、プログラミングのスタッフを必要とする程のかなりの投資になることもあるが、多くの場合統計的、視覚的、あるいは他のツールで記述されるスクリプトで構成される。コンピュータ科学では、ソフトウェアはプロジェクトによって生じる「データ」でもある。

　研究者は基礎データの公開よりも、輪をかけて自らのプログラムは公開したがらない。それには幾つかの理由がある。一つは、そのプログラムの「乱雑さ」に対する懸念である。研究レベルのプログラムは多くの場合、記録管理が乏しく、その出来栄えは十分とは言えないことがある。単発の研究プロジェクトのように、すぐに利用することを意図して作成されたプログラムは、再利用を見越して文書で記録しておくことはめったにない。二つ目の懸念は、そのソフトウェアの支配権である。プログラムへの研究者の知的投資は、個々のデータセットや出版物を超えるものである。現象のモデル化、あるいは他の分析プログラムは、研究者の競争上の強みである。基本プログラムは公開せずに、モデルから生み出される出力やモデルのパラメータが共有されることもある。

　データ公開と再利用に関して未検討の側面は、初期の処理決定が後のデータセットの解釈に与える影響についてである。データのクリーニングの仕方や整理の方法についての最初の決定が、データの来歴がいかに完全に回復され得るかを決定する可能性がある。天文学や生物学、そして再利用が一般的な「オミクス」分野のような専門分野では、研究者はデータをクリーニングしたり、整

理したりして、データベースを構築している。アレクサンダー・ブロッカー（Alexander Blocker）とシャオリ・メン（Xiao-Li Meng）（Blocker and Meng 2013）の説明に拠れば、前処理決定は多くが不可逆的なので、統計学的な観点からは「きわめて信用できないものとなり得る」。最初の仮説がそれに続くすべての段階における分析を束縛する。それ故、下流に位置する研究者による再利用は、こうした仮説に依存する。それぞれの推論は、その前の段階での処理が基となった仮説と同程度の妥当性しか持たない。そして、それらは知ることもできない。多くの科学的不一致は、多面的推論という統計学的問題に端を発している。一緒に活動している共同研究者でさえ、こうした仮説を見逃し得る。再利用は共同研究の外側、あるいは近接分野の研究者にとってはさらに危険である。なぜならば、彼らは前処理決定について問うべき質問が何かを知る可能性が低いからである（Blocker and Meng 2013; Meng 2011）。

　前処理やその他のデータクリーニング、データ整理といった方法についての決定は、ある特定の一連の研究課題や現象を念頭に置いて為される。これらのデータが異なった課題で再利用される場合は、異なった前処理決定が必要となるだろう。例えば、癌についての新しい理論が、治療に対する反応がきわめて個別的であると示唆したとする。薬、あるいはその他の治療法が例外的に数名の患者にのみ効果がある事例は、データ分析から除外される可能性がある。なぜならば、分布曲線の両端の観測結果は、一般に統計的に外れ値として扱われるからである。なぜある薬はある人には作用して、他の人には作用しないのかという新しい仮説を生み出すために、古いデータをデータマイニングするという新たな取り組みがこれら外れ値を分析するだろう（Kaiser 2013）。しかし、こうした決定は高くつく。NASA は 2 章で説明したとおり、さまざまな処理レベルのデータを保持している。自身のデータ情報資源をさまざまな処理レベルで、あるいは各処理段階が再分析、あるいは再利用できるよう十分な記録をつけて保持できる研究者はほとんどいない。

　データセットの来歴は、線形的な順序を持った関係性というよりも、ネットワーク形態としてより良く理解される。分野にもよるが、ある一つのデータセットはソフトウェアツールや器具、プロトコル、実験ノート、技術文書、そして一つないしそれ以上の文献といった研究オブジェクトに関連している。こう

264　　第Ⅲ部　データ政策と実践

したオブジェクトが繋がることで、個々のオブジェクトがより有用で、発見の役に立つことになる。文献と関連するデータセットを結びつけることは特に有益である。なぜならば、これらはお互いに価値を付加するからである。論文は、多くのデータセットの発見に用いられる主要な手段であり、おそらく唯一の公開された記録文書である。個々の研究オブジェクトは記述されなければならないし、オブジェクト間の関係が明記されなければならないので、そうしたリンクの形成は、データ管理における投資と言える。リンクトデータのような技術はこうした関係を記録したり、発見したりするのに役立ち得るが、未完成の解決策である（Bechhofer et al. 2010, 2013; Borgman 2007; Bourne 2005; Parsons and Fox 2013; Pepe et al. 2010）。

再利用のためのデータ収集

古い DNA 標本、気候の記録、輸送の流れ、そして携帯電話のデータ転送量を再利用したり、マンホールの蓋の爆発のパターンを特定したりする可能性のある魔法（Anderson 2006, 2008; Mayer-Schonberger and Cukier 2013）は、往々にしてデータを再利用する危険性を不明瞭にする。古いデータを別の目的のために再利用するには、データのクリーニング、コード化、検証という大きな努力が必要となる。ダナ・ボイド（danah boyd）とケイト・クロウフォード（Kate Crawford）（boyd and Crawford 2012, 668）が述べるように、「データが大きければ大きい程、より良いデータであるとは限らない」。干し草の山が大きくなる程、一本の針を探すのは容易でなくなる。同じように、研究者は他の研究者、リポジトリ、あるいはその他外部情報資源からデータを得ようとするときの決断には慎重である（J. Boyle 2013; Eisen 2012; Kwa and Rector 2010）。

背面利用と前面利用　データ情報資源は、データセットの添付の有無にかかわらず、学術文献の中で参照されないことがある。参照の欠如は、その研究でデータが使われていないことを意味するものではなく、データの利用、再利用が言及されていないことを表しているに過ぎない。測定器の校正、測定値の検証、現場状況の評価等を目的として取得されたデータは、言及に値するとは見なされないし、学術的なフィールドワークにおいて「利用」と見なされること

8章　データの共有、公開、再利用　265

もない。研究者の個人的なファイルや図書館、博物館、アーカイブ、デジタルリポジトリ、屋根裏部屋、倉庫等での情報の検索や、友人や同僚への質問は、研究活動の一部である。証拠の収集というこれらの側面は、文献に明示的に記載されない傾向があるが、その実践は多様である。知見は多くの検索、情報源、情報資源、利用、再利用に依存するかもしれないが、説明が必要とは思われないために言及されない。

　これらは、データの利用と再利用を実践の中で記録するのが難しい理由の一つである。研究課題の立証のために新たなデータを収集する者は、背面的な目的のために他の情報をも探すことができるかもしれない。例えば、CENS や天文学の研究では、こうした類の情報は、データリポジトリ、全天観測、天気や土地利用に関する政府の記録、また時には他の研究者から得られてきた。知見を解釈するためには必須であるが、これらの情報源は論文に記載されなかったり、明示的に引用されなかったりする傾向があった。研究者によって収集された新しいデータ情報源については、研究の前面に置かれ、言及されてきた（Borgman, Wallis, and Mayernik 2012; Wallis et al. 2012; Wynholds et al. 2012）。

　データの前面利用と背面利用に関するこれら初期の知見は、調査者によって収集されなかったデータを利用するという意味で、データの再利用が報告されている以上に多い可能性を示唆している。データと外部情報源との比較は、優れた方式かつ文献で報告する必要のない方法に関する一種の暗黙知と見なされているのかもしれない。9 章で述べるように、データ引用の割合は一部の分野で増加しているように見える。実際のデータの再利用が増加しているのか、あるいはデータ情報源を引用することが良い実践としてより受け入れられてきているのかはわかっておらず、おそらく知ることもできないだろう。これらは、何かがデータであると考えられるのはいつか、報告に適すると考えられる類の根拠とは何か、研究過程のどの部分がコミュニティ内で暗黙知として適切に放って置かれているのかといった問題のように思われる。これらは心理学的な意味で、図と地（figure and ground）の問題かもしれない。幾つかのオブジェクトはデータとして前面に来て、その他は文脈として、または単にノイズとして背面に残ったままになる。

266　　第Ⅲ部　データ政策と実践

解釈と信頼　研究者はデータの選択に自らの評価を賭けているため、他者のデータを信頼できるかが非常に重要である。出版物と個人的人脈は、データを発見するための主要な手段であり、特に共有リポジトリに依存する分野以外ではそうである。可能であれば、研究者は調査者に連絡を取り、データの作成やクリーニング、処理、分析、報告の各方法について議論する（Faniel and Jacobsen 2010; Wallis et al. 2013; Zimmerman 2003, 2007）。関連する問題に取り組んでいるコミュニティは、異なるリポジトリにデータを提供することもある。それらのデータは、メタデータの違い、分類の方法、あるいはコミュニティの境界外にある情報資源を認識していないため、互いに隠される可能性がある。タンパク質構造のような具体的な情報の検索によって、それを記述した論文が得られる場合、研究者は、その構造がデポジットされているであろうアーカイブを探すのではなく、論文の著者に連絡する可能性がある。

　驚くべきことに、データの共有や再利用に大きな関心が寄せられているにもかかわらず、データの再利用に関連する状況や動機、あるいは実践を調査した研究はほとんどない。地震工学研究者を対象に研究しているイクシェル・M・ファニール（Ixchel M. Faniel）とトロンド・E・ジェイコブセン（Trond E. Jacobsen）（Faniel and Jacobsen 2010, 357）は、データの再利用性を評価するために用いる三つの質問を特定した。すなわち、「(1)そのデータは関連があるか、(2)そのデータは理解可能か、(3)そのデータは信頼できるか」。これら地震工学研究者は通常、自身の観測を比較できる技術的パラメータを求めている。彼らは、天文学やセンサネットワーク研究で見られるような目的のための「背面データ」を求めているようである（Wallis et al. 2012; Wynholds et al. 2012）。

知識インフラ

　データリポジトリ、データ管理の専門知識を持つ人的資源、優れたツール、データ共有にクレジットを与える方法等、知識インフラへの戦略的投資は、データの公開と再利用を増加させる可能性がある。効果を上げるためには、知識インフラは公開される可能性のある多くの種類のデータ、それらが利用される可能性のある多くの方法、そして提供者と利用者間でデータに関する知識を伝

える方法に対応できなければならない。これらはまた、適切な期間、情報資源のキュレーションと利用を支援する必要がある。

　公開と再利用を支援するためのインフラの欠如は、データ共有に関する最も初期の政策報告書の幾つかで認識されていた。1985年の全米科学アカデミー（US National Academies of Science）の報告書『研究データの共有（*Sharing Research Data*）』は、資金提供機関、調査者、研究者、雑誌編集者、査読者、データアーカイブ、大学、そして図書館の実践において変更を求める勧告を行った（Fienberg, Martin, and Straf 1985）。同様に、2007年に発表されたOECD原則の長いリストは、多くの利害関係者のインフラに対する懸念を反映している。人々が利用したい情報システムあるいは知識インフラの構築は、見かけよりもはるかに難しい（Markus and Kell 1994）。インフラは一度にすべて構築できるものではなく、静的でもない。それらは多くの流動的部分を持つ複雑な生態系である。インフラは、実践、政策、技術、利害関係者の変化に適応しなければならない。知識インフラの構成要素間のすべての関係が特定できないとしても、その主要な構成要素は特定され得る。

リポジトリ、コレクション、アーカイブ

　研究者へのデータ公開の要請は、そのデータがどこでどのように公開され、どのくらいの期間入手可能かという問題を提起する。不完全であっても、最も明白な返答は、研究者がデータを提供できるリポジトリをさらに発展させることである。アーカイブ、コレクション、データシステム、データバンク、情報システム、あるいはリポジトリのいずれであれ、技術は出発点に過ぎない。これらはコレクション構築方針、寄託とアクセスの規則、分類とデータ構造の規格、持続可能性の計画といったガバナンスモデルを必要とする共有資源である。コレクションとガバナンスはコミュニティと関連するが、学術コミュニティの境界は穴が多く、重なり合う部分もある。

　リポジトリは、2章で紹介したように、小規模な研究チームやコミュニティに役立つ研究コレクションを基に、ボトムアップで成長することがよくある。これらのコレクションは、協働の間は共有を促進するが、持続できない可能性がある。より大規模なコミュニティを引き付けるものは、情報資源コレクショ

268　　第Ⅲ部　データ政策と実践

ンとなる可能性がある。最も成功するものは、長期にわたって資金を集め、コミュニティのための基準を設定できる参照コレクションになる（National Science Board 2005）。大規模プロジェクトの戦略目標として、トップダウンで確立されるコレクションもある。これは天文学ミッション、特に宇宙望遠鏡の場合に当てはまる。データアーカイビングは、主要な望遠鏡ミッションの比較的少額の予算で済み、データの長期利用を可能にする。データは、観測機器の利用終了後も長く価値を持ち続ける。

　データは、同時にも、また時間の経過の中でも、多様な方法で表現できる。研究者は、複数のリポジトリにデータセットを登録することもできるし、どのリポジトリにも登録しないこともできる。彼らの選択は、資金提供機関、学術雑誌、所属機関との契約、そして各リポジトリの収集方針に左右される場合がある。研究領域の範囲内で収集するリポジトリも、研究材料別、地域別に収集するリポジトリもある。誰からの提供でも受け入れるリポジトリがある一方、コンソーシアムのメンバーからのみデータを受け入れるリポジトリもある。大学図書館は、所属機関内に本拠を置く研究プロジェクトからデータを取得し始めている。しかしながら、ほとんどの図書館では、他に拠点を持たない小規模なデータセットだけを受け入れるか、あるいはデータの発見を支援する登録サービスを行えているに過ぎない。

　データのリポジトリも、キュレーションへの関わりという点で大きく異なる。提出された形式でデータをバックアップするのはコストを要するが、長期間にわたるそれらの維持には、新しい技術やフォーマットの出現の度に移行するためのはるかに大きな投資が必要である。各リポジトリは、受け入れるデータの品質とフォーマット規格を明示している。データの内容と構造の検証、メタデータや来歴記録を用いたデータセットの増強、その他の付加価値サービスの提供への投資の程度は、とても多様である。科学的または学術的検証のほとんどを提供者に任せ、技術基準を満たすデータを受け入れるものもある。デポジットを受け入れる前に、品質基準に照らしてデータを審査するものもある。一旦デポジットされたら通常、データへのアクセスの維持および提供に対する責任は、研究者からリポジトリに移される。リポジトリはデータを無期限に、または一定期間保管することを約束することになる。リポジトリは品質基準と

持続可能性計画の認証を受けることがあるが、多くの場合、認証の取得は任意である（Consultative Committee for Space Data Systems 2012; Data Seal of Approval 2014; Jantz and Giarlo 2005; Digital Curation Centre 2014）。

　研究者がデータを公開する意思がある限りにおいて、彼らは、自身のデータをキュレートし、無期限に利用できるようにしてくれる信頼できるリポジトリに進んで公開する傾向があるだろう。リポジトリはメタデータ、来歴、分類、データ構造の標準化、移行によって、データに価値を付加することができる。また、データをより発見しやすくし、ツールやサービスを通じてより使いやすくすることで、価値を付加することもできる。これらはコミュニティ、大学、そして補助金を提供する機関や政府によって行われる実質的な投資である。

　リポジトリは知識インフラの不可欠の部分であり、データの公開と再利用のための主要な構成要素である。しかしながら、それは万能薬からは程遠い。設計上考慮すべき事項は、学術コミュニティや環境によって異なる。コンテンツの構造によるコレクションの組織化は、人々がそのコンテンツをどのように検索するかを考えた組織化よりも容易である。個々のシステムは、コンテンツとそのコミュニティで認知された利用に合った基準を用いて、内部的に一貫性を持たせようとする。リポジトリは個々に異なる目的を持っているため、リポジトリを横断的に検索する有効な手段はほとんどない。人々は、そしてコンピュータのエージェントはそれぞれ、それらのデータに関するさまざまな検索を行うかもしれない。人々の検索要求は時間と共に変化する。ロボットもまた学習し、適応する。予期せぬ検索質問のためにデータを作りかえることは、そのデータの作成時と同じ目的のためにデータを単純に再利用するよりもさらに高い目標である。横断的な仕組みが必要であり、そうした仕組みに対するガバナンスも欠かせない。

　他の様式の研究から、より小さな補助金から、そして他の種類のデータの作成から資源を減少させるという理由から、コレクションの整備に反対する研究者もいる。大規模なデータ集約的イニシアティブが、新たな一連の発見主導型の研究を妨げそうな場合には、非生産的と見なされるであろう。また効果的な再利用のためには、大き過ぎたり、あるいは小さ過ぎたりする等、不適切な規模でデータが集められていると指摘する者もいる（J. Boyle 2013; Eisen 2012;

Kwa and Rector 2010)。粒度と表現は、あらゆる情報システムの設計における基本的な課題である。あるコミュニティのデータ利用を促進する構造、ツール、分類は、別のコミュニティにとっての障壁を作ることになる。すべてが画一的ではうまくいかない。扱う情報が研究データのように順応性が高い場合は特にそうである。一般的な知識インフラ、特にデータリポジトリの設計においては、さまざまなレベルの粒度、コンテンツを活用するためのさまざまなツール、アクセス手段の柔軟性に対応することが不可欠である。

個人的な活動

リポジトリは、他者が再利用できるようにデータを公開する手段の一つに過ぎない。データはまた、補足情報の一部としてウェブサイトに掲載されたり、単に要求に応じて提供されたりする。雑誌の実情に関する研究は、雑誌論文と共に公開されるデータの量がどのくらいであるかを明確に示すことがいかに難しいかを示している（Alsheikh-Ali et al. 2011）。雑誌が論文に関連するデータの公開義務を表明している場合でも、雑誌編集者はその遵守状況に関する詳細な統計をとりそうにない。データや説明資料の種類、形式、量は非常に幅広い。データレジストリの識別子は、あるコミュニティのコレクションに登録されたことを証明するために付与され、要求に応じてデータが利用可能であるという表明を意味する場合もある。これらの公開手段はいずれも、資金提供機関の要件または勧告を満たすであろう。

前述したように、リポジトリからデータを取得するよりも、データを個人的に共有するほうがより一般的になる可能性がある（Faniel and Jacobsen 2010; Pienta et al. 2010; Wallis et al. 2013）。こうしたデータ共有の方法は、特定することも記録することも困難である。したがって、研究や統計はほとんどない。研究者は、特定のデータセットの内容、文脈、強み、制約、そしてある現象への適用性について議論することができるため、個人的なコミュニケーションは非常に効果的となり得る。

個人間のデータ共有は、再利用のための共通かつ効果的な仕組みではあるが、規模が拡大しない。研究者は、他者に自らのデータを特定の状況でのみ役立つようにするために、時間と労力を費やすであろう。それは、研究者がその

データを求めている人をどれ程知り信頼しているか、何を求められているか、そのデータがどのような目的で利用されようとしているかによる。要求が頻繁または煩雑な場合は、謝絶されることもあるだろう。ウェブサイトにデータセットやその情報を掲載してデータを共有すれば、文書化の負担は軽減されるが、データが誰によっていかに再利用されるかに関する管理を概ね放棄することになる。

　これらの方法はそれぞれ不完全ではあるが、データ再利用の可用性を高めるものであり、知識インフラで備えられるべきである。個人的な共有や公のウェブサイトへの掲載は、データの公開要件を満たす場合があるが、発見可能性や来歴、利用可能性、持続可能性を発展させることはほとんどない。個人的な共有が機能するのは、研究者が依然としてデータを保持し続け、その文脈に精通している間に、同時に再利用するときのみである。同様に、ウェブサイトに掲載されるデータセットは通常、特定のバージョンのソフトウェアに関連付けられた静的ファイルである。研究データに関する知識は、学生が卒業し、ポスドクがチームを離れるとすぐに衰退する。これらのデータへのアクセスは、ソフトウェアの進化、コンピュータの更新、記憶装置の処分、詳細についての記憶の消失に伴い低下する。

人的インフラ

　データを公開、共有、再利用する能力は、人的インフラに大きく依存する。データは未処理のデータセット、すなわち最小限の説明書を伴った記号の列として公開され得るが、適切な表現と説明書がなければ再利用する価値はほとんどない。アーカイブ標準に沿ってデータを文書化する専門知識を持つ研究者はほとんどいない。メタデータや来歴等の概念は、少なくとも情報専門家以外の大学院コースでは中心概念ではない。これらの技能を学ぶのに必要な時間はしばしば、研究外の時間と見なされる。データの文書化は、それが行われる場合は、一般に大学院生や他の研究スタッフに委託される。これらは多くの場合、データに最も近い人々であり、特に科学では、彼らがほとんどの収集と分析を行う。それらに取り組むために必要な時間、見返り、その受益者によるが、研究者はこれらの活動の一部を図書館員やアーキビストに喜んで委ねる可能性が

ある。

データを公開可能かつ再利用可能にするための投資は、インフラの問題である。それらは個々の研究者の責任ではなく、コミュニティの問題と見なされるべきである。データ管理に必要な人的資源に投資する機関は、これらのデータをより再利用することができる。データをキュレートし、規格や分類体系、関連ツールを管理する者は、データを作成する者とそれらを再利用する者の間の仲介者である。この作業の多くは、必要の都度、データリポジトリや他の機関の情報専門家によって行われている（Lee, Dourish, and Mark 2006; Mayernik, in press）。

3章で説明したように、大抵の場合、これは目に見えない仕事である。データを移転可能な方法で表現する研究者や情報専門家の労働から恩恵を受ける人々は、そのような投資に気付かずに喜んでいるかもしれない。すべての構成要素をスムーズにやり取りするために必要な作業の不可視性は、インフラの際立った特徴である。この作業の不可視性はまた、利害関係者間の緊張関係を鮮明にする。リポジトリ、データ管理のための各機関での作業、他のインフラ部分に投資を行う者は、必ずしも直接の受益者ではない。他のコミュニティ、他の国、その他のセクターの利害関係者が実質的な受益者である可能性がある。そこには、持続可能性とフリーライダーの容易なアクセスという課題も含め、これら共有資源のガバナンスという課題がある。

解決困難な問題

データリポジトリ等の共有資源のガバナンスは可能だが、その方法は定型的と言うには程遠い（Ostrom and Hess 2007）。継続的な交渉が必要である。事例研究で明らかとなった外部の影響から生じるものを含め、幾つかの問題は解決困難であるように見える。それらは解決はできないが、交渉は可能かもしれない。例えば、データの所有権やライセンス、権利は、分野、実践、政策、および裁判管轄権によって異なる。連携の早期に行われた合意は摩擦を減らすかもしれないが、必ずしもそれを取り除くわけではない。

守秘義務や倫理的な問題が故に、一部のデータ形式は共有できない。ヒト被験者に関する社会科学研究の大部分は、データ公開を制限する規制の下で行わ

れている。ヒト被験者に関するデータが公開される場合、可能な範囲で匿名化
される。これらのデータが単独で利用される場合は、名前を識別名に置き換え
る等の基本的な手法で十分である。また、国勢調査で用いられるような方式で
は、個人が特定できないくらいの大きな単位でデータが集計される。ただし、
あるデータセットで匿名化された人は、複数のデータセットが結合された場合
に、しばしば同定されることがある。再同定は年齢、性別、地理的な位置、退
院日、子どもの数等の情報を組み合わせることによって、驚く程簡単である。
匿名の DNA 提供者が、公的な系譜学データベースで再同定されている（Bo-
hannon 2013b; Gymrek et al. 2013; Rodriguez et al. 2013）。研究に役立つようにし
ながら安全にデータを匿名化する方法を見つけるのは、技術的および政策上の
課題である（Ohm 2010; Sweeney 2002）。ヒト被験者に関するデータを資格要
件を満たした研究者にのみ、そして再同定を決して行わないことを条件に公開
するというのは一つの方法である。このようなモデルには、組織的な監視が必
要である。

分野別知識インフラ

　事例研究は、多くの研究分野でデータの学問に関する豊富な詳細情報をもた
らした。各研究分野において、どのようにデータが管理され、そうするよう動
機付けされているか、また関係する利害関係者について簡単にまとめ、各分野
で知識インフラの要件が異なる状況を示す。

科学
　科学はデータの取り扱い、データ共有活動、知識インフラへの投資におい
て、決して同質ではない。

天文学　天文学におけるデータの供給は、主にトップダウンである。主要な国
内および国際的ミッションが宇宙および地上で望遠鏡の開発や供用を行う。宇
宙ミッションは、データコレクションに最も大きな投資を行っている。データ
は観測機器から地上局、そしてデータリポジトリに流し込まれ、そこでデータ

がパイプライン処理される。データはクリーニング、校正、検証の後、コミュニティに公開される。

　スローン・デジタル・スカイサーベイ、ハッブル、チャンドラ、プランク等の天文学ミッションから公開される各データには通常、データセットの方法と来歴を記録したデータ論文が添付されている。データ論文は、公開のために天文学の学術雑誌に投稿される。そこには、チームメンバー全員の名前が記載される。データ論文は、この分野で最もよく引用されている論文の一つであり、研究者がデータ共有の功績を認められる手段である。

　天文学は、事例研究で扱った領域の中で最も幅広い知識インフラを持っている。共有資源には、望遠鏡、データリポジトリ、分類体系、その他多くの資源が含まれる。コミュニティには、データ構造、メタデータ、オントロジーの標準に関する合意がある。このコミュニティには、これら標準形式でデータを分析するためのソフトウェアツールのパッケージがある。1990年代初頭以来、天文学分野では書誌レコードを天体物理データシステム（Astrophysics Data System; ADS）に登録し、国際的な出版活動を整理してきた。ADS は 19 世紀にまで遡って天文学文献を扱っている。これらの文献に記載されている天体は、SIMBAD、NED および関連するシステムで目録化されている。これらのシステムは密接に相互参照されており、文献は天体にリンクし、天体のレコードはその天体への言及がある文献にリンクされている。WorldWide Telescope（WWT）は、データを視覚化するためのプラットフォームを作成するために、これらおよび他の情報源からのデータと文献を結合している。WWT は学術および教育のプラットフォームとして役立てるため、天文学向けの研究ツールに統合されつつある（Accomazzi and Dave 2011; Accomazzi 2010; Eichhorn 1994; Genova 2013; Goodman, Fay, et al. 2012; Hanisch 2013; Norris et al. 2006; Pepe, Goodman, and Muench 2011; Udomprasert and Goodman 2012; White et al. 2009; WorldWide Telescope 2012）。

　天文学の広範な知識インフラにもかかわらず、天文学コミュニティは、リポジトリデータから得られたものであっても、観測提案書等の他の手段によって得られたものであっても、独自のデータを公開することを研究者に期待していない。データを受け入れる幾つかのデータリポジトリが存在するが、そのほと

んどがミッション支援アーカイブである。一部の研究者は、事例研究のCOMPLETEサーベイのように、彼らが所属するチームのウェブサイトにデータを投稿する。Dataverse等の大学のリポジトリでは、天文学固有のアーカイブ機能が構築されている（Goodman, Muench and Soderberg 2012）。データ引用の割合は増加しているが、データ情報源へのリンクのある天文学文献は比較的少数である（Pepe et al. in press）。

　チャンドラX線観測衛星（Chandra X-Ray Observatory）は、管理への集中的な投資を通じて、天文学データの価値が時と共にいかに高まるかの例を示している。チャンドラチームは、1999年のミッション開始以来、データに付加価値を与えるための指標と手段の開発によって、利用状況を記録してきた。チャンドラのデータアーカイブ・スタッフは、チャンドラに言及している天文学文献を検索し、チャンドラのデータが利用されているかどうか、もしそうであるならばどのように利用されているかを確認するために慎重にそれらの文献を読んだ。彼らの指標では、ある論文が特定の観測との明白なリンクを有していること、また何らかの特性がその観測に由来していることを求めている。彼らは、チャンドラ学術論文、チャンドラ関連論文、インストルメント開発論文を区別する。データセット、文献、天体に付加したメタデータをリンクすることで、適格なデータ利用機能がチャンドラアーカイブやADS、SIMBADに追加された。この処理は、追加の学術的な説明の提供によってデータに価値を付加し、新たな検索項目の追加によってデータセットをより容易に発見できるようにしている。チャンドラチームは、著者がデータ情報源を明示的に引用することはほとんどないため、リンクの形成を行っている（Becker et al. 2009; Blecksmith et al. 2003; Lagerstrom et al. 2012; Rots and Winkelman 2013; White et al. 2009; Winkelman and Rots 2012a, 2012b; Winkelman et al. 2009）。

　これらの管理の取り組みは、データの「利用」を定義することの難しさも明らかにする。アーノルド・H・ロッツ（Arnold H. Rots）、シェリー・L・ウィンケルマン（Sherry L. Winkelman）、グレン・E・ベッカー（Glenn E. Becker）（Rots, Winkelman, and Becker 2012）が見出したように、「観測」という概念は観測所によって異なり、一つの天文学ミッションの中でも異なる可能性がある。これらの曖昧さ、およびリポジトリ間を指標によって比較することによる

曖昧さの結果を受けて、国際的なワーキンググループは、天文学データアーカイブの利用に関する統計の最善実践を策定した（IAU Working Group Libraries 2013）。

センサネットワーク科学技術　CENS でのデータ収集を標準化し、メタデータ標準を採用しようとする試みは、この研究コミュニティの探索的、仮説生成型の性格とは相容れないものであった。再利用が行われる場合は、文脈情報がデータセットと共に確実に転送されるよう、多くの場合、個人的な共有を伴った。リポジトリに寄与する可能性が最も高いデータは、ゲノムや地震データ等の標準化された活動およびプロトコルに由来するものであった。一部のソフトウェアはプログラムのリポジトリに提供された。データを公開する意思を持ったチームはしばしばあったが、チームのどのメンバーが公開に責任を負うべきかという点を解決できなかった（Borgman et al. 2012; Wallis and Borgman 2011; Wallis 2012）。

　CENS の研究者は、個々のチーム内を除いて、長期的なデータの照合を必要としなかった。ほとんどの CENS 研究者は、研究現場間での比較よりも、自分達の観察結果の一貫性に重きを置いていた。気候変動や生物多様性の喪失を評価するには、地球規模での比較可能性が必要であるが、これは CENS とは異なる種類の研究プログラムである。例外は参加型自然保護区で、そこでは植物相や動物相、気候の総合的な観察・観測データを収集した（James San Jacinto Mountains Reserve 2013, Natural Reserve System 2013）。これらは、一部の種類の CENS 研究の背景データとして機能した。

　CENS の実地調査からもたらされる探索的データを受け入れるリポジトリはほとんどない。CENS にもリポジトリの需要はほとんどなかった。なぜならば、研究者は誰が自分のデータを利用するのか想像できなかったからである（Mayernik 2011）。CENS は、共有と再利用を促進するための小規模なデータアーカイブ設備を整備したが、データの提供は低調だった（Wallis et al. 2010）。環境学や生態学のコミュニティは、CENS の後期になって初めて、リポジトリとデータ共有要件の整備を推進し始めた（Dryad 2013; Reichman, Jones, and Schildhauer 2011; Whitlock 2011）。

8章　データの共有、公開、再利用　277

CENS と長期生態学研究センター（Long Term Ecological Research Centers;
LTER）に共通する多くの状況の一つに、データの共有、再利用、および比較
を改善するための仕組みとして生態学メタデータ言語（Ecological Metadata
Language; EML）標準を採用する取り組みがあった。フローランス・ミラーラ
ンド（Florence Millerand）とジェフリー・C・ボーカー（Geoffrey C. Bowker）
（Millerrand and Bowker 2009）は、LTER の現場で EML がどのように受け入
れられたかについての矛盾する発言を確認した。EML 開発者が語ったのは、
その標準が LTER コミュニティ全体で採用されたこと、したがって成功した
ということであった。別の説明は研究現場で EML の実装に携わった情報管理
者のものである。それに拠れば、EML は複雑な標準であり、その全体を理解
することは難しく、提供されたツールは現場の実践に合わなかった。彼らの見
解では、EML は部分的に成功しただけであった。CENS の経験は後者の発言
に相当する。EML は幾つかの CENS チームの研究活動に最も良く合致してい
たので、共通のデータリポジトリで利用するための標準として提案された。し
かしながら、200 ページもの EML マニュアルは、小グループを萎縮させるも
のであった。彼らは、自分達のニーズの解決法としては「重量級」過ぎるとい
う理由で、EML を拒否した。ほとんどの人々は、階層的なファイルフォルダ
と、データ要素や変数に名称を付与する別の独自の命名規則を用いて、データ
の組織化を続けた（Wallis et al. 2010）。

CENS の共同研究は、共有データではなく、相互に関心のある研究課題を中
心に形成された。科学者は自らの研究を行うためのより良いツールを必要とし
た。コンピュータ科学や工学の研究者には、技術を開発して試験できる実世界
のアプリケーションが必要であった。各チームは、それぞれの一連のデータ収
集活働の来歴を再構築できる可能性があるが、共同配置では完全には再構築で
きない。これは悪い結果ではない。むしろ、問題を共同で解決できるように、
お互いの領域について十分に学ぶには、チームが費やす努力の大きさを表して
いる。相互運用性の問題にもかかわらず、彼らはそれでも協働できたのであっ
た（Edwards et al. 2011; Mayernik, Batcheller, and Borgman 2011; Olson, Zimmer-
man, and Bos 2008; Wallis et al. 2008; Wallis et al. 2007）。

ゲノミクス　ゲノミクスは、詳細な事例研究としては展開しなかったが、他の科学の事例の知識インフラとは対照的な例を提供してくれる。ゲノミクスの研究者は自分のデータを再利用する必要があるため、チームがゲノムの配列決定を行い、それをリポジトリに登録するといったように、データ供給はボトムアップで形成される。これらの研究者は、研究室、ハードウェア、ソフトウェア、およびスタッフに多大な資源投資を行っている。彼らはより容易に共有される標準化された形式のデータに繋がるよう、その手続きの標準化に意欲的である。ゲノミクスは非常に競争の激しい研究分野である。チームは、癌、アルツハイマー病、汎発性インフルエンザ、その他致死性疾患の治療法を競い合って探している。彼らの考えでは、生命と資金は危機に瀕している。ヒトゲノムの特許と管理に関する初期の脅威は、ゲノムデータの大洪水と相まって、データ共有に関する歴史的合意に繋がった（Watson 1990）。それらの合意以来、新薬の臨床試験の成功率は低下し、治験実施のコストも上昇している。臨床試験結果の公表に対する公的な圧力も高まっている。ゲノムデータの共有において約束された成果として、創薬のスピードを高め、治験の重複を減らし、研究の被験者数をより減らし、コストを削減し、患者や臨床医により多くの利益をもたらすことが挙げられている。

　利害関係者間の激しい競争にもかかわらず、共有資源が整備されつつある。複数の製薬会社と研究コンソーシアムが臨床試験、ゲノム配列、タンパク質構造に関するデータを共有し始めた。すべての関係者が参加に前向きというわけではなく、各関係者は共有と再利用のために独自の条件を課すこともある（den Besten, Thomas, and Schroeder 2009; Bhattacharjee 2012; Check Hayden 2013; Corbyn 2011; Couzin-Frankel 2013b; Edwards et al. 2009; Edwards 2008b; Goldacre 2012; Howe et al. 2008; Nelson 2009; Rabesandratana 2013; Weigelt 2009; Williams, Wilbanks, and Ekins 2012）。

　タンパク質構造を公開した後でも、その研究を主導するチームは、それらのデータを科学的機能の説明に使用する面で優位性を持ち続ける。彼らは数週間から数ヶ月の時間を、データの生成、クリーニング、整理に費やしてきた。クリーニングされた、校正後の最終版のデータのみが報告され、公開される。プロトコルと中間的な処理の記録は保持されているが、多くのデータが生成さ

れ、整理されるので、正確な手順は復元できそうにない。温度、湿度、その他の実験条件のわずかな違いが観測に影響するため、各実験の正確な条件は再現できない。彼らは他の研究者による再利用を支援するために、データと一緒にプロトコルを公開する。しかし、他の研究者が彼らの実験結果を再現しようと試みる中で、プロトコルからのわずかなズレが非常に異なった結果を生み出すことがあることに気付く。高度な科学的基準が適用された場合であっても、タンパク質の結晶化等の段階的処理は確率論的であり得る。

　これらのデータの蓄積は、競争上の利益の特筆すべき合同と言えるが、課題もはらんでおり、そこには予見されるものもそうでないものもある。ゲノミクスやその他の生物医学のデータ共有と再利用の最前線に、Structural Genomics Consortium（2013）と Sage Bionetworks（2013）という二つの大規模な協力事業がある。これらは研究助成金や製薬会社等、さまざまな資金源から資金を調達している。最高の人材の採用と維持のためには、研究者は *Science*、*Nature*、*Cell* 等の一流雑誌に知見を公開できなければならない。ここに、データと知見との間にある穴だらけの境界が明らかになる。データが論文を投稿する前に登録されている場合、雑誌はそれを「事前公表」とみなし、論文原稿の検討を拒否することがある。しかし、今までにない知見は、タンパク質とモデルの生物学的機能を明らかにする力を持つ可能性がある。このように、データの公開は、知見の報告とは異なる学術的活動である。製薬会社は、遺伝子発現とタンパク質との相関に基づいて新薬の開発を進めることができ、同時に学術研究チームはその相関を説明する生物学を追求する。

　人の遺伝情報の公開に、複雑な生物医学的倫理問題が絡んでいる。例えば、「偶発的発見」を公開する提案は、生命倫理学者、生物医学研究者、政策立案者、臨床医、患者の間に大きな意見の対立があることを露わにしている。予期しない遺伝的結果は患者に伝えられなければならないと考える者もいれば、その患者が受けた検査の条件とは無関係の発見を記録の一部に含めるべきかどうかは患者または臨床医が決定すべきだと考える者もいる（Couzin-Frankel 2013a; McGuire et al. 2013; Wolf, Annas, and Elias 2013）。

社会科学

　社会科学の研究にも、事例研究が示すように、一連のさまざまなデータ共有の実践がある。これらがデータの公開や解釈、再利用の可能性に影響を与えている。

インターネット研究　ワールド・インターネット・プロジェクト（World Internet Project）の参加者として、オックスフォード・インターネットサーベイ（Oxford Internet Survey）を実施している研究者は、時間と場所を超えてデータを比較する必要があり、比較可能性の担保のために内部的一貫性の維持に意欲的である。彼らは調査サイクル毎のデータセットについて、学術雑誌での公表のためにデータを活用している間はデータの公開を差し止める。資格要件を満たした研究者に公開されるデータセットは、調査会社が提供する「生」の観測データであり、一般的な統計パッケージである STATA によって取り込める形式である。

　ウェブサイトを通じて、非商用利用を保証する簡単なライセンスでデータセットを公開することで、オックスフォード大学インターネット研究所（Oxford Internet Institute）にはリクエストとダウンロードに関する記録がある。しかし、実際の利用を追跡する方法はない。ダウンロードした利用者によるデータの詳細な特性に関わる検索質問の多くを欠いているが、彼らはデータが研究の背景的目的、あるいは調査方法の科目等の教育目的で役立っていると推測している。彼らはアーカイブにデータセットを提供していないので、内部利用で必要とされる以上のメタデータや来歴記録を付加する必要がない。

　Twitter のフィードや他のソーシャルネットワークのデータは、サービスを所有する企業から入手することができる。データがプロバイダとの契約によって取得される場合、それらの契約が研究者がデータを公開できるかどうかを決定する可能性がある。スクレイピングサイト[1] によってデータが収集されると、サービスプロバイダが配信を制限しようとしても、データを管理すること

---

1)　検索エンジン等のウェブサイトから情報を抽出するコンピュータソフトウェア技術のこと。ウェブ・クローラーあるいはウェブ・スパイダーとも呼ばれる。

は困難である。自分自身や他人に関する情報の管理や公開の能力は、インターネット政策の灰色領域にある（J. E. Cohen 2012）。学術雑誌は、公開できない独占的なデータに基づいた論文の公開を懸念している。同様に、情報検索の研究者は、他者による追試のために公開できないデータセットに関連する研究の実施を懸念している。

社会技術研究　6章でも議論されている社会技術研究チームは、インタビューの質問、プロトコル、コーディング規則、その他の方法を、時間や研究現場を超えて知見が比較できるような形にしている。機器、コーディング規則、インタビュー、フィールドノートの再利用には、ヒト被験者委員会による毎年の承認が必要である。被験者は、データの再利用条項に同意または非同意を選択できる。複数の大学が関わる共同プロジェクトの場合、ヒト被験者対象のプロトコルは各参加大学内および大学間相互でそれぞれ承認されなければならない。

　自由回答型のインタビューやエスノグラフィは、特に人々が所属するコミュニティ内で知られている場合には、アンケート調査や医療記録よりも匿名化が困難である。事例研究のように、科学技術研究者の録音は匿名化することができない。声には特徴があり、認識が可能である。書き起こし文でも、認識可能な程度が若干下がるに過ぎない。研究関心、隠喩の選択、特徴的な話し方といった細部により、人物を特定可能である。他者が再利用するのに十分な情報を保持する形でこれらの資料を匿名化する編集作業は、それ自体、研究プロジェクトである。こういった類のデータから知見を報告するには、学術的な技能が必要である。会話の微妙な解釈の保持の一方で、関係者の身元の特定に繋がる詳細が提供されないように配慮しつつ、説明はできるだけわかりやすいように慎重に編集される。こうしたデータの利用は難しい。再利用はさらに困難である。

人文学

　人文学のデータはすべての分野の中で最も非定形であるが、再利用は増加しているようである。これらの研究者は、自らのデータを開拓する新しい方法や、新たな課題への問いかけの仕方を見い出しつつある。

古典芸術と考古学　CLAROS プロジェクトは、コレクション構築でもあり、インフラでもある。彼らはキュレーション記録の本来の目的からは離れて、研究者や学習者、一般大衆がそれを再利用できるようにしている。画像検索や博物館間検索等の新しい機能が追加されている。そうしたコレクションは、さまざまな人々にとって有用である。ガバナンスの課題は、「すべての人々にすべてのものを」であり、システムの生き残りの主張に十分な程にコミュニティに役立つことである。CLAROS プロジェクトは、幾つかの方法で維持され得る複雑なシステムである。一つの方法は、対話型システムを維持することであり、もう一つはそのコンテンツをダークアーカイブとして維持することである。正規の運用システムとは別に「バックエンドデータ」をアーカイブする試みは、芸術および人文学データシステム（Arts and Humanities Data System）の廃止の最大の要因であった（Reimer, Hughes, and Robey 2007; Robey 2007, 2011）。

　ピサのグリフィン（Pisa Griffin）研究では、美術史家と遺跡研究の冶金学者は、世界中のアーカイブや二次資料からデータを収集している。彼らはまた、オブジェクト自体も詳しく調査する。研究者は、この銅でできたオブジェクトの金属と類似のオブジェクトとを比較できる形式の表データを提供している。ピサのグリフィンに関する文献には、情報が見つかった文献やその他の文書への参照や脚注が含まれている。研究者に具体的な情報を提供する人々の名前が挙げられることもある。訪問したアーカイブや証拠が見つかったコレクションに言及するのは稀である。これらは、当該分野内の背景データと考えることができる。資料の入手先であるアーカイブやコレクションからは、そのコレクションがどのように利用されたか、または得られた証拠がどのように再利用されたかは決してわからないであろう。解釈を発表することは、データの公開よりもコミュニティにとって重要である。稀に学問が正確性や不正行為を理由に疑義が抱かれた場合にのみ、メモやその他の記録が公開される傾向がある（Wiener 2002）。

仏教学　中国の仏教文献学者は、これまでの研究の過程で多くの資料を蓄積し、それらのデータマイニングを続けている。これらは最近までは、主に紙の

コレクションであった。現在では、非西洋言語の非常に古いテキスト情報を取り込んだり、頒布したり、再利用したりできるようになったので、より多くの調査対象のデジタル記録を蓄積している。ほんの数年前でも、こうしたことはこの小さく結束の強い研究者コミュニティにとっては想像のできない機能であった。彼は、将来的にこれらの情報資源をデータマイニングしたり組み合わせたりできるように、それらの維持に意欲的になっている。同様に、CBETA へのアクセスにより、はるかに大きな一連のデジタル情報資源が利用可能になっている。彼は公表した文献の中で、長い表形式で自らの分析の詳細を報告している。

　仏教コミュニティが支援する CBETA や他のコレクションは、共有資源の特殊な事例である。このコミュニティは、宗教的信条に基づき、何世紀にもわたってテキストの普及を促進してきた。したがって、これらのデジタル情報資源の持続可能性は、これらの研究者にとっては心配ではないようである。このコレクションは、元々 135 巻程であった数を超えて拡大し続けており、この分野の研究者にとって比類のない幅広さと質の高さを持っている。

まとめ

　データの学問における資金提供機関、学術雑誌、その他の利害関係者の政策は、データの共有や再利用に対する研究者の動機付けや、必要とされる知識インフラへの投資には最小限の配慮を行うだけで、再利用可能なデータの供給を増やすことに重点を置いてきた。データ共有の促進の論拠は、研究の再現、公的資産の一般への公開、研究への投資の活用、研究や革新の推進の可能性といった、利害関係者の最もな懸念を反映している。これらの論拠は多くの場合、学問領域内および領域間のきわめて多様なデータ研究活動を反映しない一般的な政策に繋がってしまう。データは資産でもあり、負債でもある。研究が自らのデータを再利用したり、コミュニティ内の研究者と共同利用したりする能力に左右される場合は、データの公開と再利用の誘因が存在する。研究が局所的でかつ探索的である場合、あるいは研究が長期にわたって集積された証拠に依存する場合、データ公開の誘因はほとんどない。

文献のオープンアクセスとデータのオープンアクセスを同等視することは、学術コミュニケーションを誤解することになる。文献はデータの容れ物をはるかに超えるものである。それらは証拠に裏付けられた主張であり、データとそうした主張との関係には大きなばらつきがある。データセットが個別的で、文献と1対1で対応する分野では、データの公開がうまくいくであろう。文献が主に解釈からなる分野では、データ公開は不適切かもしれない。データの公開は、雑誌論文の発表の次の一歩というような簡単なことではない。データを他者に役立つように表現することは、相当な資源を消費する可能性があり、そしてそれらは研究には直接費やされない資源である。

　データの公開、共有、再利用は、知識インフラの問題としてより良く理解される。データの供給の強調は、需要の問題を惹起する。ほとんどの分野で、再利用可能なデータの需要は非常に低いように見える。しかし、その実践は非常にさまざまであるため、データの利用や再利用の定義は難しい。学問領域、文脈を超えて、そして時間をかけてデータを移転することは、きわめて困難である。データは、市場での商品化や交換が可能な自然のオブジェクトではない。データは現象の証拠として用いられる実体である。同じ観測結果やオブジェクトはさまざまな方法で表現され得る。その結果、同じ実体が別の文脈に移された場合、異なるデータになることがたびたびある。解釈や方法、そして実践におけるわずかな変化によって、それらの実体が、多少異なる現象のわずかに異なる証拠として評価される結果にもなり得る。観測の前に行われた前処理のように、研究の初期段階で行われた決定は、研究段階の残りのプロセスに影響を及ぼすデータと見なされている。

　データは、ソフトウェアやハードウェア、計測器、プロトコル、文書化から切り離せない。研究者は、こうしたデータ処理の複雑さに対処する多くの方法を持っている。多くの場合、それらは研究活動に深く埋め込まれた意思決定に関係しており、文書化したり、他者に伝えたりすることが困難な暗黙知の一部である。この他にも、そのコミュニティでは知っていて当然のとるに足らないことなので、説明書や文献から省略される場合もある。データセットは、その技術的文脈から抽出され、解釈のために最低限必要な共通項からなるツールにまで整理される。データを移転可能とするには、これらの微妙な問題への対処

と、移転に伴う意味の喪失に対する認識が必要である。

　知識インフラは、コミュニティ内およびコミュニティ間の情報交換を促進することができる。多くの場合、研究者の最大の課題は自らのデータを管理することにある。自分のデータを活用できることが、共有のための前提条件である。データ管理方法、ツール、人的資源にかかる知識インフラの整備は、データ公開を促進するだろう。多くのコミュニティにとってのもう一つの有用な可能性は、メタデータや分類体系等、研究オブジェクトを表現する手段を共有することにある。もしコミュニティが情報交換のための表現その他の規格に同意できれば、共有コレクションを構築するための基礎を持つことになる。そして共有コレクションは、情報資源を結合する必要があるコミュニティから生じる可能性が最も高い。これらのコレクションは、短期または長期にわたって、大小のコミュニティに役立つであろう。

　しかし、研究コミュニティの境界には穴が多く、継続的に変化している。個々の研究者は、複数のコミュニティのメンバーであるかもしれないし、それらの会員であることは、研究課題や最新の研究の変化への適応をもたらす。あるコミュニティ内でのデータ共有を容易にする規格、実践、表現は、コミュニティ間のデータ共有に障壁を生み出す可能性がある。これらの障壁が克服され得るのは、多くの場合、個々の研究者間の個人的なコミュニケーションによる場合である。個人間の議論やグループ内での知識の共有は、知識インフラの重要な部分である。しかしながら、それでは規模は拡大しない。各研究者は、限られた数の他の研究者とだけデータを1対1で共有することができる。個人的な共有は、時間が経過しても拡大しない。データとデータに関する知識は、助成がなければ急速に衰える。

　最も重要なことは、研究データの共有、公開、再利用を効果的にしたいならば、知識インフラに行われるべき投資の水準を認識する必要があるということである。どんなデータセットまたはコレクションの価値も、はるか後になるまで明らかにはならない。しかし、その価値の実現には、金銭的、技術的、人的資源への膨大な投資が必要である。知識インフラには、多くの場合、国際的な境界を越えたさまざまな競合する利害関係者の関与が必要である。これらに対する投資のコストと利益は、均等には分布していない。適切な運営、相当な期

間の維持、フリーライダーへの対処のためには、これらのすべてが必要である。研究者は公益のためにデータを公開すべきであるとの宣言は、あまりにも単純化し過ぎである。これらはコミュニティの責任である。データの共有や公開、再利用によって何を成し遂げようとしているのかについて、より広い対話が必要である。もし二人の研究者がお互いのデータの学問についてもっと学びたい場合には、個人的な共有が最も迅速な手段である。次世代の利益のためにデータ情報資源を管理するのであれば、技術、コレクション、要員、ガバナンスへの大きな投資が必要である。目標は間違いなく、これらと他の多くを組み合わせたものである。利害関係者と既得権者はたくさんいるが、すでに存在する情報資源をより有効に活用するための素晴らしい機会もまたたくさんあるのである。

9章

データのクレジット、帰属、発見

はじめに

　文献が科学宇宙の星や惑星であるならば、データは「暗黒物質」である。影響力は大きいが、われわれのマッピング方法ではほとんど観測されない。

——CODATA-ICSTI データ引用規格と実践に関するタスクグループ（CODATA-ICSTI Task Group on Data Citation Standards and Practices）.「引用されなければ、気付かれない（Out of Cite, Out of Mind）」

　データは記述され、保存され、発見可能な状態に置かれない限り、学術コミュニケーションにおける「暗黒物質」のままである。データ引用は図書館、出版者、学会、リポジトリ、資金提供機関の検討課題の上位にある。CODATA、研究データ同盟（Research Data Alliance）、研究データ情報委員会（Board on Research Data and Information）（米国）、情報システム合同委員会（Joint Information Systems Committee）（英国）、DataCite 等の研究情報に関わる組織にとって、データにクレジットを与えることは緊急の課題となっている。データ引用に関する国際タスクグループが設置されている。利害関係者は、会議やワーキンググループを開催している。声明書が発行され、規格が整備されつつある（Altman and King 2007; Crosas et al. 2013; Institute for Quantitative Social Sciences 2011; Research Data Alliance 2013）。
　表面的には、データ引用は、書誌引用のための既存の仕組みを適応させるという簡単な技術的問題であるように思われる。それを正確に行うための努力は、いかなる形式の学問的貢献にもクレジットを与えるために、誰が、何を、

288　　第Ⅲ部　データ政策と実践

どのように、なぜ、いつといったことについて、長年にわたる議論を喚起してきた。クレジットの管理と付与、責任の帰属、文献の発見といった学術活動は、何世紀もの間に徐々に一体化してきた。その結果生まれた知識インフラは、不完全ではあるが、新旧の文献双方にとってこれらの機能を支援するのに十分安定している。それ故、今日の分散型デジタルネットワークで、ガリレオの著作を発見して引用することができる。このインフラは、研究者の生産性、学術雑誌や出版者、国の影響、そして専門分野間および時間の経過の中でのアイデアの流通を評価するためのメトリクスで覆われている（Borgman and Furner 2002; Borgman 1990; Cronin 1984, 2005; Kurtz and Bollen 2010）。

　データにクレジットを与えることは、解決策に到達するための献身的な取り組みにもかかわらず、見かけよりもはるかに複雑な課題である。引用のための技術的な仕組みは、それらが組み込まれている知識インフラの表面的な特徴に過ぎない。文献、データ、記録、ウェブページ、人、場所、あるいは組織のいずれに対する引用行為であっても、社会的慣習がその根底にある。各文献について、著者は引用に値するオブジェクトを選択する。選択は実践に基づいて行われるが、誰がどの項目をいつ、どのように、なぜ引用するかといったことは十分に理解されていない。引用のための方法は科学、社会科学、人文学、法学のそれぞれ異なる出版スタイルマニュアルに例示されているように、専門分野間で大きく異なる。著者名、論文タイトル、ページ番号、あるいは数値識別子の完全なリストの有無にかかわらず、多くのスタイルに従って、文献に引用が付けられる。引用は明示的であることもあるし、曖昧なこともある。というのも、根拠となる重要な情報源には言及されないかもしれないからである。参考文献は主にオブジェクトが固定され、安定し、完全な単位であると仮定している。これらの条件はいずれもデータでは想定できない。

　研究オブジェクトのクレジット、帰属、発見の仕組みは、学術コミュニケーションとは切り離せないが、引用という社会的慣行に関する理論があまりに欠けている。引用方法は教えられるのではなく、事例から学ぶ傾向がある。実践は隣接領域のコミュニティのそれとは孤立して、あるいは対立して、各コミュニティ内で独立して出現、進化する。著者クレジットの配置は学問領域間でも大きく異なり、学問の境界を越えた協調と混乱の対立に繋がる。誰がクレジッ

トを受けるべきかを決定するには、部分的には、どの成果あるいはプロセスにクレジットの価値があると見なされるかによって決まる。

　学術的なクレジットや帰属、発見、独自性、持続性、書誌コントロールといった一連のより幅広い原則に精通していない実務家が実用本位の決定を下した場合、知識インフラが破壊されるおそれがある。データベース制作者は、ソートアルゴリズムの効率を向上させるために、論文の著者の順序を並べ替えることが知られている。出版者は、ブランディング目的で、論文のデジタルオブジェクト識別子（DOI）を変更することが知られている。著者は元の情報の名前を確認するよりも、引用文献の著者のミドルネームのイニシャルを削除する。文献やデータへの引用の完全性を損なう可能性は、無限である。小さな意思決定は、時間の経過と共に学問領域に波及するため、大きな影響を与える可能性がある。

　データにクレジットを与えるための基準、方針、実装の選択には、多くの懸念がある。データの引用方法が成功するには、コミュニティ、すなわち文献を執筆し、その中で証拠としてデータを利用する研究者が採用するかどうかにかかっている。また、データ引用を実現可能かつ魅力的にする知識インフラへの投資にも依存する。データを発見可能となるような形で記述し組織化するには、かなりの人的労力が必要になる。この章では、引用が学術研究の理論と実践にどのように組み込まれているかを調査し、知識インフラの一部としてのデータのクレジットと帰属の広範な概念化を提案する。

原則と問題

　データ引用の懸念の中には、特定のデータオブジェクトに関わっている複数の当事者へのクレジットを割り当てる方法をはじめ、ライセンス、所有権、管理に関する法的要件、引用されるべきデータオブジェクトの単位、長期間にわたる来歴の追跡、データの完全性と検証可能性の維持、既存の書誌コントロールの仕組みとの統合、既存のデジタルネットワークの規格と技術との統合、人やコンピュータによる発見可能性、データの運営と管理、共有と再利用の促進、データに関連する個人および組織の識別、評価や政策等の二次利用のため

の引用の仕組みの活用、学問分野や利害関係者の間での異なる実践の調整がある。これは、一見「データ引用」といった単純な表現のように見えるものに求められる、膨大な要件リストである（Borgman 2012b）。

　有意義な出発点は、書誌引用が組み込まれた学術コミュニケーション・システムを評価し、データ引用で現在、懸案事項となっている幾つかの理論上の曖昧さを引き出すことである。これらの識見は、データのクレジット、帰属、発見に適用できるはずである。この交差的方法で調査できる多くの問題の中で、最も顕著なものとして、引用の方法、引用の理由、クレジットを割り当てる方法、責任の帰属の仕方、人およびオブジェクトの特定方法、データ引用の実装方法、クレジットと帰属における引用の役割、書誌引用とデータ引用の原則の違い、学術コミュニケーションにおける利害関係者の異なる関心が挙げられる。

　科学政策とインフラに関係する利害関係者は、データ引用のための一連の要件をまとめている。これまでに発表された最も包括的な原則は、国際タスクグループによって公表されたものである（CODATA-ICSTI Task Group for Data Citation Standards and Practices 2013）。

Ⅰ．地位の原則：データ引用は、他のオブジェクトの引用と同様、学術的記録において重要なものと認められるべきである。
Ⅱ．帰属の原則：引用は、そのデータに責任を持つすべての当事者に学術的なクレジットおよび法的帰属を容易に与えられるようにすべきである。
Ⅲ．持続性の原則：引用は、引用されたものと同じくらい永続的であるべきである。
Ⅳ．アクセスの原則：引用はデータそのものと、人およびコンピュータが情報に基づいて参照データを利用するのに必要なメタデータや説明書の両方へのアクセスを容易にすべきである。
Ⅴ．発見の原則：引用は、データとその説明書の発見を支援すべきである。
Ⅵ．来歴の原則：引用は、データの来歴の確立を促すべきである。
Ⅶ．単位の原則：引用は、データを特定するのに必要な最も詳細な記述を支援する必要がある。

9章　データのクレジット、帰属、発見　　291

Ⅷ. 検証可能性の原則：引用には、データを明確に特定するのに十分な情報が含まれていなければならない。

Ⅸ. メタデータ標準の原則：引用は、広く普及しているメタデータ標準を採用すべきである。

Ⅹ. 柔軟性の原則：引用方法は、コミュニティ間で異なった実践に対応するのに十分柔軟であるべきであるが、コミュニティ間のデータの相互運用性を損なう程大きく異なるべきではない。

CODATA-ICSTI 報告書が公表された直後に、他のグループはこの一連の原則を議論し、さらに改善し始めた。本書執筆時点で、図書館、出版者、科学政策機関、データリポジトリ、その他の部門の代表者は、類似してはいるが、より簡潔な次の八つの原則で意見の一致を図った。すなわち、重要性、クレジットと帰属、証拠、一意の識別、アクセス、永続性、バージョン管理と情報の粒度、そして相互運用性と柔軟性である（Datacitation Synthesis Group 2014）。実装グループも形成されつつある。

これらの原則に関する合意の達成に、数年の議論を要した。これらは、多くの利害関係者が学術コミュニケーションの組織的取り決めに責任を持ち得る、クレジットと発見のための実行可能な仕組みの必要性から生じる運用上の要件である。これとは対照的に、ここでの議論は研究行動の理論と証拠から始まる。研究者は、新旧の証拠を基に、多数の調査方法を用いて、多数の一連の調査を進める。その証拠となる情報源は、静的でも動的でも、明確でも異議のあるものでも、一つでも複雑でも、希少でも豊富であっても良い。これらの情報源に基づく文献には、一人もしくは数千人の名前が含まれる。著者性の判断基準は、分野によって大きく異なる。このことは、どの行為やオブジェクトが引用にふさわしいかの判断基準でも同様である。書誌引用の技術的枠組みは、さまざまな実践に対応するために何世紀にもわたって進化してきたが、脆弱である。特に、その枠組みは実践に適応しているのであって、その逆ではない。技術的枠組みを確立し、研究者にそれを採用するよう求めるのは危険な方法である。研究オブジェクトのクレジット、帰属、発見のための学術的実践から始めるほうがより有望である。

理論と実践

学問における引用の役割は、20世紀半ばまでに社会学者の関心を呼び起こし、数種の専門誌と会議シリーズを含む、学術コミュニケーションと計量書誌学に関する浩瀚な文献を生み出した。計量書誌学、すなわち出版された文献の関係性に関する研究の起源はより古い。計量書誌学の起源が中世のタルムード (Talmud)[1] 研究者にあるとする者がいる (Paisley 1990)。テキスト分析が計量書誌学に類似していることを根拠として、紀元前数百年頃まで遡るとする者もいる。情報の発見に引用を用いる現代的な方法は通常、法律分野のシェパードの引用索引 (Shepard's citators) にその由来を求める。19世紀後半から、フランク・シェパード (Frank Shepard) はステッカーを、後には印刷体の索引を用いて、判例がその後の判例において支持されたか、覆されたか、異議が付されたかといった結果にリンクできるようにした。20世紀後半までに、これらのリンクは自動化された。今や、判例の現在の法的状況を見つけるのに、Lex-isNexis の Shepardize 機能[2] を用いて検索することができる。

1955年、ガーフィールド (Eugene Garfield) は学術雑誌論文の引用文献リストを反転させ、引用文献から検索できるようにした *Science Citation Index (SCI)* を考案した (Garfield 1955)。1960年代半ばまでに、コンピュータを用いて作られた SCI は印刷体で発行され、1970年代初めにはオンラインデータベースとなった。*Social Sciences Citation Index* と *Arts and Humanities Citation Index* がこれに続いた。引用リンク、すなわちあるオブジェクトから次のオブジェクトへの参照の追跡は、最新の検索エンジンで用いられている手法の一つである。

実体とスタイル：引用方法

引用の仕組みは、著者や読者の実践に深く組み込まれており、基本的な原則

---

1) ユダヤ教の聖典の一つ。ユダヤ教の口伝律法ミシュナとその注釈ゲマラを集大成したもの。

2) Shepardize 機能とは、判例や法令等の引用を参照したり、それらの評価を確認したりできる LexisNexis の機能の一つ。

や前提をあまり考慮せずに使用されている。一般的な言葉遣いは、明確な概念を合成する傾向がある。例えば、参照されるや、引用されるといったものである。参照している、あるいは引用している文献は、引用文献の形式を制御する。引用する著者は、引用文献を、被引用著者の分野で最も一般的に使用される参照スタイルで完全かつ正確に記述する。他方、引用する著者が著者名のスペルを間違えたり、名前を省略したり、並べ替えたり、タイトル、発行年月日、巻、号、ページ番号、その他の要素で誤ったり、異なる引用スタイルを使用したりする可能性もある。例えば、普段から米国心理学会（American Psychological Association）のスタイルガイドラインに従っている著者は、自らの文献が法律、科学または人文学の文献に引用されたときに、その文献が異なって記述されることに気付くであろう。一度作成されたら、間違いや異なった形式は拡散する傾向がある。一旦、文献またはデータセットがコンピュータネットワークに公開されると、8章で説明したように、著者は引用、利用、または解釈の仕方を管理できない。

　著者が参考文献リストや脚注、あるいは書誌で別の文献を引用すると、引用文献と被引用文献との間に関係が生み出される。完全な印刷体の世界では、引用文献から被引用文献への関係は単方向性である。シェパード（*Shepard's*）やその後 *Science Citation Index* が参照文献リストを反転させ始めてから、引用は双方向の関係として扱うことができるようになった。文献が完全にデジタル化された世界では、双方向の関係が自動的にリンクされる可能性がある。これらのリンクの有効性は、引用文献の正確さと、引用文献および被引用文献を一意に特定できるかにかかっている。また、リンキングを支援する技術基盤に出版界が参加しているかどうかにも依存する。さらに、これらの技術インフラの基礎となるのは、コンピュータ科学における長い議論から生じた対称および非対称のデータ構造に関するソフトウェア工学の判断である。これらの関係を確立するのは容易ではなく、リンクが形成される仕組みは、利用者にはほとんど見えない。著者や読者は、シームレスに機能する引用文献から被引用文献、またはその逆のリンクに出会っている。また、リンクが壊れていたり、間違っていたり、存在していなかったり、あるいは有料の壁やその他認証の必要なページにリンクしている場合もある。

なぜ一部のリンクが機能し、一部は機能しないのかを理解するには、学術コミュニケーション・システムとそれを支援する技術に関する洗練された知識が必要である。大部分の利用者にとって、システムは不透明である。インフラの不可視性は利用を容易にするが、その複雑さは隠蔽される。文献のリンキングの原則と仕組みをデータのリンキングに移転するには、この複雑さの幾つかを明らかにする必要がある。

　また、利用者にはほとんど見えないものに、メタデータ要素、および引用プロセスの基盤にある表現スタイルに関する合意がある。ほぼすべての書誌引用スタイルは、著者、文献のタイトル、発行日の基本的なメタデータ要素が一致する。それ以外については、雑誌論文の巻、号、ページ番号、出版者、図書であれば出版地等、メタデータはジャンルによって異なる傾向がある。これらの項目は、出版者の管理システムと、図書館が展開する目録作成および索引作成システムと繋がりがあり、両者とも学術コミュニケーション・システムの主要な利害関係者である。研究分野、システム、分類体系に特有のメタデータに続き、ユニフォームリソース名（uniform resource name; URN）やデジタルオブジェクト識別子（digital object identifier; DOI）等の所在と識別のためのメタデータが現れた。

　メタデータ要素の選択は、それらが引用で提示されるスタイルとは別物である。米国心理学会、現代語学文学協会（Modern Language Association）、法律（*Bluebook*）、科学編集者会議（Council of Science Editors）等の一般的なスタイルマニュアルは、メタデータ要素の順序、完全な著者名を使うのか、あるいはイニシャルを使用するのか、雑誌タイトルの省略形、その他のメタデータを含むかどうかといった点で違いがある。本文と参照文献リストに番号を付ける必要があるスタイルマニュアルもあれば、本文中で引用を示し、文献リストをアルファベット順に並べるものもある。Zotero、Endnote、Mendeley 等の文献管理ツールは、記述メタデータを取り込み、タグ付けと注釈付けを支援する。また、これらのメタデータ要素を何千もの引用スタイルで参照文献リストとして表現することができる。CrossRef 等の引用文献と被引用文献をリンクする技術は、引用のスタイルにはとらわれない（Council of Science Editors and the Style Manual Committee 2006; CrossRef 2009, 2014; EndNote 2013; Mendeley 2013;

American Psychological Association 2009; Harvard Law Review Association 2005; Zotero 2013; Modern Language Association of America 2009)。

これらは、書誌引用の根底にある見えないインフラのほんの一例である。書誌引用は何世紀にもわたって進化してきたもので、その源は専門家にしか見えない。この仕組みはほとんどの目的にとって十分に安定しているため、インフラの脆弱性は容易には明らかにならない。書誌引用は、情報の発見、情報源に対するクレジット付与という基本機能、および著者であることという帰属を適切に支援する。こうしたインフラは、著者や学術雑誌、出版者、国の影響を評価するために引用を数えたり、時間、地理的位置、学問的境界を越えた知識の流通をマッピングしたりするといったように、引用が二次目的で用いられるときに崩壊し始める。そして、それはデータを引用することでも起きる。

引用行動の理論：何を、いつ、そしてなぜオブジェクトを引用するか

誰が何を引用するのか、いつそうするのか、そしてなぜそうするのかという疑問は、引用過程の中で最も不確かで、最も探究されていない分野である。また、学術コミュニケーションにおける理論構築の有望な分野でもある。データの利用と再利用に関する研究は、データ引用のための安定したシステムの設計を提示すべきである。

リンクの意味　発見、クレジット、帰属、評価メトリクスの基礎として、文献間のリンクを扱うことは、当初から問題があった。関係は意味を持ち、その意味は客観的に数えることができると考えるのが当然だからである。デービッド・エッジ（David Edge）（Edge 1979）が学問をマッピングするための量的メトリクスとして引用を使用することに対して行った批判は、今日まで反響が続いている。科学史研究者の観点からは、彼の精密な分析は、引用が研究者、論文、またはプロジェクトへの影響を測る客観的な測度ではないことを明らかにしている。仮にそうであったとしても、任意の文献で参照する文献の選択は、研究過程を詳細に検討することによって理解され得る。著者は自らの選択を後から正当化できるため、遡及的な説明でさえ疑わしい。

エッジの論文は、計量書誌学者を集結させる呼び掛けとなり、多くの人が反

応した（MacRoberts and MacRoberts 1989, 2010; McCain 2012; White 1990）。ハワード・ホワイト（Howard White）（White 1990）は、引用メトリクスの妥当性に関する対立は、経験的にすぐには解決されないと認識していた。彼は相反する視点を次のように簡潔に説明した（p. 91）。すなわち、「一方で、特定の関心や個人的特性という観点から、伝記風にしか考えたくない人々がいる。もう一方で、抽象度の高い、高度に集積されたデータを信頼して、パターンを探そうとする人々がいる」。

　ホワイトは、さらにこれらの差について、現実を「地上レベル」で見るか、「空中」からの視点かというように特徴付けた。彼はこれらの視点が不十分であることを明らかにした。集約的な視点では、地上レベルでは見えないパターンが明らかになるが、地上レベルに実際に何があるかを十分に理解していないとそのパターンが解釈できないという危険性がある。望遠鏡も顕微鏡もいずれもデータを見るのに必要だが、それらは対照的な視点を提供する。

　空中視点からの満足のいくモデルは、各分野の実践に関するより適切な理論的理解を必要とする。しかし、数十年の研究にもかかわらず、研究者が記事や論文、図書、あるいはその他の文書でどのように引用するものを選択するかについてはほとんど知られていない。関係性の客観的指標として、引用を数えたりマッピングしたりする際に、暗黙の前提となっているのは、著者は必要なものすべてを選択したり、必要なもののみを選択したりしながら、可能な限りすべての情報源の中から参照文献を選定しているということである。したがって、各論文で作られた一連の引用は最適でなければならず、その論文に関連するすべての情報源の必要かつ十分な記録でなければならない。参照文献は引用されたオブジェクトの正確で完全な記述であることも暗黙の前提である。実際には、これらの前提はいずれも真実でも一般化可能でもない。

　引用に対する空中と地上レベルからの視点は、理論的な視点の違いだけでなく、方法論的なアプローチにおける違いからも一致しない。引用の集合は、学問分野、コミュニティ、国の間での情報の流通をマッピングするために使用される。また、学術雑誌、大学、その他の大規模な組織の影響を評価するためにも用いられる。そのグループ内の個人について推論するために、集合的な統計を用いるときに問題が生じるが、これは「生態学的誤謬（ecological fallacy）」[3]

9章　データのクレジット、帰属、発見　　297

(Babbie 2013; Robinson 1950) として知られる。引用やその他の指標は、どのグループでも均等には分布しない。影響力のあるコミュニティであっても、同等の影響力を持つ個々の著者で構成されているわけではない。少数の非常によく引用される論文が、任意のグループの合計を歪める可能性がある。優れた学術雑誌ができの良いとは言えない論文を掲載することもあるし、逆もまた同様である。そのグループにおける個人の行動や影響の代理として、任意のグループの集合的な統計を使用することは、統計的に無効である。

参照文献の選択　参照文献を選ぶ際の社会的実践は、上述した客観的理想とはかけ離れている。参照文献は、文献での議論を支持するために、その説明の中で使用される。著者は、自らの知見に反する文献も参照するが、全般的に言えば、矛盾した証拠や確定的でない知見よりも、広範にわたって裏付けとなる証拠を引用する傾向がある。著者は引用していないものもたくさん読んでいる。著者は時には、その分野の古典的な著作であれ、他の論文で参照されているものであれ、学部長や権限のある地位にいる者の著作であれ、読んでいないものを引用することがある。

　著者が引用に値すると考える内容は、投稿先、読者、その他の多くの要因によって異なる。著者は、学位論文、年間文献レビュー、図書を執筆するときには網羅的に文献を読む。別の場面では、幅広い文献レビューを行うのではなく、最も身近で、あるいは最も簡単に手に入れやすい机上やデスクトップにあるものを選択する場合がある。彼らは、そのコミュニティと査読者に対して自身の議論を位置付ける手段として、論文を投稿しようとしている学術雑誌から過度の参照を行うかもしれない。その反対が強制的な引用であり、参照文献リストに掲載されることによる明示的な承認を期待する者がいる（Cronin 2005）。参照文献の選択は、著者全員による選択ではなく、文献レビューを担当した共著者の論文利用だけを反映しているのかもしれない。参照文献リストの長さは、文献のページ数制限、あるいは学術雑誌が定める参照文献の上限数

---

3)　統計分析において、集団レベルで観察された結果が個人レベルで観察された結果に当てはまらない現象のこと。

によって制限されることもある。

　参照の実践はまた、個人的なスタイルの問題でもある。一部の著者は、オッカムの剃刀[4]を適用して、論文の議論を支持するのに必要かつ十分な参照のみを慎重に選択する。その一方で、より深く主題を追求する読者の関心を呼び起こすために、引用をちりばめ、参照文献であふれんばかりにする著者もいる。剽窃や不正に対する非難をおそれて、防御的に引用する者もいる。

　引用は、肯定的であれ否定的であれ、多くの理由から行われるが、評価目的で使用されたり、引用ネットワークにマッピングされたりする場合は、それぞれが単一の単位として数えられる。事実の記録や議論の支持、議論の論駁、方法に関する背景の提示、当該論文の元となった著者自身の先行研究の特定または確認、指導研究者への敬意表明、投稿先の学術雑誌における関連文献の同定といったことが、参照という行為の中ではすべて同等のものとして扱われている。

引用行動の理論化とモデル化　安易なカウントへの言及の減少は、引用行動の包括的な理論を求める機運を生み出した（Cronin 1981, 1984; Zhang, Ding, Milojević 2013）。一般的な理論が不足しているため、多くの者が参照が行われる理由の分類を試みている。ベン・アミ・リペッツ（Ben-Ami Lipetz）（Lipetz 1965）は、引用を分類した最初の一人であった。彼の目標は、検索に引用を用いることで「検索ノイズ」を減らすことであった。引用文献は、他の文献に比べ、その論文の内容により関連しているからである。リペッツは、引用・被引用文献との関係を分類する29の「関係指標」を提案した。これらは、引用元論文の本来の貢献度や意図、それ以外の貢献度、論文間の識別関係、引用元論文に引用されている論文の傾向の四つのカテゴリに分類された。データは、「データ変換」と「データの蓄積」の二つのカテゴリで言及されている。このように、データ引用と他の種類の引用とを区別できるかは、情報検索の初期段

---

4)　科学的単純性の原則のことで、「あることを説明するために導入する仮説は、必要以上に複雑なものであってはならない」というもの。（出典：『法則の辞典』山崎昶編著．朝倉書店，2006，p.64.）

階からの懸念であった。

　引用を分類する多くの試みは、研究目的——学術コミュニケーションの理論を発展させるものもあれば、検索システムを改善するものもある——によって異なるし、研究の基礎となる文献集合によっても異なる。例えば、人文学の引用実践は、科学のそれとは大きく異なる。引用行動を分類する試みもまた、理論、方法、研究課題、文献集合がさまざまであるので、著者がいつ、どのように、なぜ引用するのかといった包括的な理論には到達していない。範囲、仮定、そして目的の違いにより、多くの類型を融合することはできない。なぜ、どのように実践が異なるかがほとんど理解されていないことを考えると、書誌引用行動の包括的な理論は見込みがない。

　著者、オブジェクト、データ、およびそれらの間の関係は、形式的にモデル化することができる。例えば、SCoRO（Scholar Contributions and Roles Ontology）（Shotton 2013）は、セマンティックウェブ標準に基づいており、クラス、オブジェクトのプロパティ、データのプロパティ、名前付き個体、その他の学術的貢献の特性を記述する。オントロジーには、100以上の名前付き個体カテゴリがあり、アクセスプロバイダ、エージェント、データ分析者、研究者、原稿の改訂者、権利保有者、学者、補助金獲得者等の細かな区別を行える。SCoRO は、学術コミュニケーションの理論的モデルを起源としていなかった。むしろ、その起源は、セマンティック形式での公開に利用できるカテゴリと関係性の網羅的なリストの提供を試みる技術的なものである。類似の、しかしより簡便な引用の分類が、著者や出版者によって整備されてきている（Harvard University and Wellcome Trust 2012）。

　分類は、それを誰が行うか、すなわち著者、学生、索引作成者、編集者、文書に注釈を付ける後の読者、あるいは引用実践を研究する研究者が行うかによって異なる。人間であろうとコンピュータであろうと、索引作成者は、表面レベルの意味に基づいて引用を分類できるが、著者の意図を把握することはできない。著者はその論文に関連すると考えている文献を引用するが、多くの場合、個々の文献の参照目的をより詳細に区別することは困難である。

　著者は利用可能な情報源の集合の中から候補となる引用を選択するしかなく、その集合は大きく変化する。著者の中には、世界的に卓越した図書館にア

クセスできる者もいれば、最小の情報資源しか持たず、現在刊行されている文献をごくわずかしか利用できない者もいる。文献へのオープンアクセスの拡大は、研究者や学生が利用できる情報資源の集合において、さらなる公平性を生み出し、おそらく引用のパターンを変えるであろう。論文に添付される参照文献の数は増え続けている。どのような文献の一連の参照文献であっても、そこで扱われる内容にとって必要かつ十分な情報源の最適な集合であるとはほとんど言えないであろう。

データの引用　データの引用に関して知られていることは、データがほとんど引用されないことである。データ引用の研究に拠れば、近年論文の数は増加しているものの、参照文献リストや脚注にデータを含む論文の割合はわずかであるという。ここでもまた、データ引用は書誌引用、URN、本文での言及、あるいは他の方法で説明される可能性があるので、その知見を比較するのは難しい。カウント数の比較には問題がある。データは論文中で報告されたり、図表として論文に含まれたりすることが多い。著者は論文中のデータの代わりに論文を引用する。一部の分野では、「データ論文」や「インストルメント論文」が出版され、特定の貢献に対してクレジットを与えている。これらは、データ自体を引用するための代理として機能する、非常によく引用される文献である。反対に、8章で説明した前面と背面の例のように、著者は引用していないデータを用いることもある。

　データの引用または利用を構成するものを決定することは、複雑かつ文脈的なものである。8章のチャンドラ X 線観測衛星（Chandra X-Ray Observatory）の例で説明したように、天文学のデータアーキビストは、分類に用いる基本単位である観測の定義の仕方について意見が異なっている。天文学コミュニティは最終的に、データ利用の統計の最善実践について国際的な合意を達成した。論文の著者は利用するデータを明示的に引用することはほとんどないので、その実装は論文とデータセット間のリンクを形成する情報専門家の活動に依存する。

明確かあるいは異議が存在するか：誰がクレジットされ、誰に帰属するのか？

　すべての引用スタイルで意見が一致する唯一のメタデータ要素は、*作成者*、すなわち引用のオブジェクトに責任を有する当事者である。ほとんどの場合、作成者は個人著者または複数の著者である。このほか、委員会、共同研究、あるいは全米科学財団（National Science Foundation; NSF）のような政府機関といった団体が作成者になり得る。さらに、責任ある当事者には、貢献者、編集者、翻訳者、パフォーマー、芸術家、キュレーター、イラストレーター等も挙げられる。責任表示は非常に複雑になってきており、映画クレジットのように、個人や組織をカテゴリによって分けた長いリストで扱うことを提案する者もいる。

引用された著者名の表示　引用過程の最もわかりやすい部分は、文献に含める参照文献リストを作成することである。各参照文献は、その名前を表示することにより、作成者にクレジットを与える。引用した著者にとって、引用文献の作成者名はその文献に責任表示として示されていることから明らかである。現代の雑誌論文や図書では、著者表示は明示的で、引用文献の中で簡単に再記述される。また、引用する著者は、誰が、そして何がクレジットを受けるべきかについて判断を下さなければならない場合もある。サイバーインフラストラクチャに関する著名な NSF の報告書は、「アトキンス報告（the Atkinson report）」、「サイバーインフラストラクチャに関するブルーリボンパネル報告（Blue Ribbon Panel Report on Cyberinsrastructure）」等、さまざまに引用されているが、それは *Revolutionizing Science and Engineering through Cyberinfrastructure: Report of the National Science Foundation Blue-Ribbon Panel on Cyberinfrastructure* というタイトルの全部または一部からとられたり、その委員会に参加する個人著者から名付けられたりしたものである（Atkins et al. 2003）。

　整合性のとれた記入を維持するため、目録作成者は数百ページにわたる規則を参照する。引用する著者は、ほとんどの論文作成マニュアルからクレジットについて案内が得られるにもかかわらず、その場その場で対応する傾向がある。参照文献が不正確であると、これらの異なった形式が検索エンジンや書誌

データベースで増殖してしまう。著者表示の一貫性を保とうとしているにもかかわらず、Christine L. Borgman の文献への参照は、ミドルイニシャルがあったりなかったり、時にはドイツ風の Borgmann という姓であったりする場合がある。共通の名前を持つ著者は、イニシャルが省略されると、例えば、Clifford A. Lynch と Cecilia P. Lynch が「Lynch, C.」に統合されるように、一つに合体されてしまう。名前、日付、ページ番号、DOI、URN、その他の文献の詳細にかかる異なる形式は、情報発見を弱体化させる。引用統計の精度は、それに応じて変化する。

　さらに問題を複雑にしているのは、同一性の問題に関してこれから説明するように、同じ人物が複数の名前で出版したり、異なった名前で知られたりしていることである。文献やデータセットの作成者は多くの場合、好ましい形式で引用を提示する。それは一貫性に寄与するが、それを保証するものではない。ウェブページや灰色文献のクレジットは、さらに一貫性が低くなる。検索エンジンは参照文献中のある種の曖昧さを解決できるが、参照の形式がほとんど共通していないため、同じオブジェクトへのポインタとして認識するのが難しい。

　おそらく究極の敬意は、書誌引用の中に参照された人物のアイデアを示すことであり、名辞を与えることではない。アイデアが一般に認められた知識の一部になると、引用を除去して取り込まれるので（McCain 2012）、その結果知的な痕跡を濁らせる。例えば、「イノベーションの普及」は、その言葉を作ったエヴェレット・M・ロジャーズ（Everett M. Rogers）に触れることなく、頻繁に言及されている（Rogers 1962）。そのような除去は、あるときは意図的に、あるときは無意識に、学問全体を通じて生じている。ある分野で周知の知識は、別の分野では新たな発見であり得る。研究者と学生はいずれも、あるアイデアの初期の起源に気付かないかもしれない。特に人文学の分野では、著者は他者のアイデアを遠回しに引用するが、それは読書というものがそのコミュニティの中で絶え間ない対話の一部であることを前提としているからである。アイデアのクレジットを追跡することは、計量書誌学と同様、歴史的探究であり、科学捜査であり得る。

9章　データのクレジット、帰属、発見　　303

著者クレジットの協議　さらに複雑なのは、文献やデータセットの著者として表記される資格がある当事者を決定する過程である。著者やその他の責任表示の形式は、社会的慣習である。こうした慣習は人、チーム、コミュニティ、公開先、時間によって異なる。1950年代半ばまで、ほとんどの学術文献の著者は一人であった。論文当たりの著者数が増えるにつれて、文献に対する責任がより拡散した（Wuchty, Jones, and Uzzi 2007）。1990年代後半までに、論文にはしばしば複数の著者がおり、ときには数百になることもあった。単独著者の割合は低下し続けている（Davenport and Cronin 2001; King 2013）。

　共同研究者は、各論文において誰を著者として挙げるか、またその掲載順について協議する。雇用と昇進にかかる著者クレジットと引用の価値が高まるにつれて、これらの交渉はますます激化している。著者というのは、文章を執筆すること、データを収集すること、参照文献を編集すること、データを分析すること、あるいは実験装置を構築することに対するクレジットであっても、なくても良い。その文献にその人が関与しているかどうかは別にして、補助金を獲得した部署または研究室の長を礼儀として著者に加えることがある。著者としての責任は、論文間で分かれているかもしれない。例えば天文学で行われるように、一つの共同研究のメンバーのうち、ある者はデータ論文、ある者はインストルメント論文、ある者は学術論文に名前が掲載される。アンケート調査研究では、アンケートを作成した者は、各論文に著者として名前が掲載されたり、されなかったりするが、データを再利用する際には重要な連絡先となる可能性がある。

　第一著者は、今後の在職資格審査、就職活動、または全国的な評価のため等、誰が「それを必要としているか」に基づいて順次、順番に代わったり、割り当てられたりしているかもしれない。ある分野では、第一著者の位置が最も重要である。他の分野では、最後の著者の位置が最も名誉がある。著者はアルファベット順に、また二つのアルファベット順、すなわち最初は学生の著者、2番目に教員の著者といった形で並べられても良い。名前の出現順序に関わりなく、責任著者として挙げられた者が最も重要な場合もある。

　文献には、著者以外の貢献を明示する謝辞が含まれることがよくある。謝辞は、計量書誌学的評価ではめったにカウントされない。学術コミュニケーショ

304　　第Ⅲ部　データ政策と実践

ンにおける謝辞の役割に関する幾つかの研究に拠れば、特定の謝辞が人とアイ
デアの間の関係の重要な記録になり得ることが明らかになっている（Cronin
and Franks 2006; Cronin 1995）。補助金の資金源は謝辞の中で述べられる傾向に
あるが、引用文献であったり、著者になったりすることはない。著者や出版者
が文献に資金源に関する情報をタグ付けできるよう、4,000を超える標準化さ
れた資金提供機関名の分類を含む、資金源のオントロジーが整備されてきてい
る（CrossRef 2013）。資金提供機関と出版者は、参照の形式の標準化により、
特定の資金源によって生み出された文献の追跡が改善されることを期待してい
る。

　著者の数が少ない場合、通常、各論文の著者は共同研究者間で協議される。
医学や生物学、物理学等、各論文に多くの著者がいる分野では、出版者は著者
として名前を挙げるための条件を指定する倫理規則を発行してきた（Commit-
tee on Publication Ethics 2013; International Committee of Medical Journal Editors
2013）。すべての著者は、出版前に最終原稿に署名するよう求められる。各著
者の研究や論文執筆における貢献が識別できるよう、役割分担毎に明示するこ
とを求める雑誌もある。貢献にはデータ収集、データ分析、執筆等が含まれる
が、SCoRO では100以上の役割にまでは分かれていない（Shotton 2013）。

　高エネルギー物理学のような分野では、著者は集合的であるかもしれない。
例えば、CERN の最初のヒッグス粒子論文は、著者を「アトラス共同研究
（The Atlas Collaboration）」と表現し、2,932名の著者名をリストアップしてい
る（Aad et al. 2012）。著者の基準は、CERN 共同研究によって明確に述べられ
ている。そうすることで、ある一定の期間、研究の初期段階に貢献した人々が
知見に対するクレジットを得ることを確実にできる。その結果、故人も著者に
なることができる（Mele 2013）。G・アド（G. Aad）らの論文は、「存命中にそ
の実験に対する自らの貢献の大きな影響と意義を見られなかった ATLAS の
同僚に捧げられている」。しかし、特定することは論争を排除するものではな
い。粒子を命名したピーター・ヒッグス（Peter Higgs）は、その存在を主張し
た理論家の一人に過ぎない（Cho 2012）。ノーベル物理学賞はヒッグスとフラ
ンソワ・エングラート（François Englert）に授与され、ATLAS 共同研究への
授与を期待する者もいたが、授与されなかった。

人文学では、論文当たりの著者数は徐々に増えてきてはいるが、多くの分野で単独著者が一般的なままである。共著論文と言っても、個別に執筆されたセクションの集まりであることもある。例えば、7章で扱われている古典芸術と考古学の分野では、共著論文は個別の単位で構成され、それぞれに一人または二人の著者の名前が付与されている（Contadini, Camber, and Northover 2002; Faolàin and Northover 1998; Kurtz et al. 2009）。

責任性　著者性に関する今日の議論は、アイデアや文献の責任性に関する非常に古い議論に立ち戻る。個人と集団の責任に関する概念は、文化や文脈によって何世紀にもわたって変化している（Eisenstein 1979; Fitzpatrick 2011）。初期の宗教文書、芸術作品、その他の文化遺産にはしばしば署名がないし、日付もない。その後の学問は、それらの起源と来歴を特定しようとして、何世紀にもわたって議論してきている。研究者は、長期間にわたって複製、統合、分割、解釈、注釈付け、編集、翻訳されたテキストの再構成を試みている。7章の仏教研究の事例に見られるように、テキストもまた、繰り返し語られたり、書かれたりして少しずつ変化しながら口頭伝承を通して伝えられてきた。

　アイデアを記録した個人は、現存する記録された歴史に寄与した。その個人には、研究者だけでなく、修道士、写字生、商人、記録を作成した官吏も含まれる。今日の剽窃と見なされる活動は、他の文脈では正式な学問と見なされる。執筆、編集、複製の境界は時間の経過と共に曖昧になっている。記録の責任性を解釈する上で、多くの役割が重要になる。例えば、「伝承者」とは、霊的な真理に従って、時には匿名で手渡すテキストの制作者である（Editors 2013; Mayer 2010）。現代の正典に自らのアイデアを取り入れたが故に名前が抹消された研究者は（McCain 2012）、知識への貢献者として名も知られていない大集団の一員である。こうした理由、あるいはそれ以上の理由から、著者性を「貢献者性」として見直すことを好む者もいる（Harvard University and Wellcome Trust 2012）。

データのクレジット　データに責任を有する当事者を特定することができれば、データを発見し、再利用する可能性が高まる。しかし、データに対する責

任の考え方は、仏教経典の著者性程には理解されていない。航海用海図、対数表、国勢調査記録等のデータの編纂は、作成者の責任所在が匿名であるにもかかわらず役に立っている。著者、編集者、編纂者、貢献者、収集者の役割は分かち難い。データを利用する当事者がある特定の引用を伴った情報源に帰する法的責任を負う可能性がある場合のように、クレジットと帰属は状況によっては異なる（Pearson 2012）。情報の生産と事実の編纂との区別は、何を著作権で保護するかに法的な影響を与える。

　文献の著者性は、3章と8章に示した理由から、データにはうまく当てはまらない。文献は著者によって生み出された議論であり、データはその議論を支持するために利用される証拠である。これらのデータは多くの情報源から得られたものであり、その途中で多くの人、実験装置、過程が関係している可能性がある。文献は一つのオブジェクトであり、想定された読者によってそれ自体が理解され得るものである。データは独立ではない。データは文脈と、プロトコルやソフトウェア、実験装置類、方法、データが記述されている文献等の関連オブジェクトから意味を導き出す。データセットに責任を有する人々の名前を正確に挙げることは不可能である。なぜならば、著者の列に彼らの名前が入ることがほとんどないからである。天空観測のようにデータセットが大規模な場合、他者が利用できるようにデータに関する十分な説明をデータ論文に記す。こうしたデータの引用は、直接データセットにではなく、データ論文に対して行われる。

　CENSの研究者がデータの著者性について最初に尋ねられたとき、データの著者という用語は、彼らの心に響く用語ではないことが明らかとなった（Wallis, Borgman, Mayernik, and Pepe 2008）。データは文献に関連していたが、その関係は1対1ではなかった。一つのデータセットで複数の論文が執筆され、一つの論文は複数のデータセットに基づいて執筆される場合がある。さらに調査したところ、チーム内での責任に関する合意の欠如が、データがデポジットされなかった主な理由であることが明らかになった。主任研究者、データ分析を担当した学生、あるいは他のチームメンバーがデータの公開または投稿の責任を負うべきかどうかは不明であった（Wallis, Rolando, and Borgman 2013）。データを収集し分析した学生やポスドク研究員は、データの特徴や来歴に最もよく

精通していた。研究者はプロジェクトについての法的責任を負い、ほとんどの論文で責任著者である。責任著者は、研究がどのように行われたかを最も詳細に知っている者ではなく、最も安定した居場所を持つ者である。

ジリアン・ウォリス（Jillian Wallis）（Wallis 2012）の学位論文は、CENS という一つの研究センター内ではあるが、著者性とデータ管理の責任の問題に関するこれまでで最も広範囲な研究である。彼女は、研究者がどのようにデータの責任を認識しているか、チーム内でのデータ管理の作業はどのように割り当てられているか、個人がどのような作業に対して責任を負っているか、またどのような基準に対して責任を有しているかを調査した。データ管理作業の詳細は、研究課題やチームによって異なるものの、研究対象とした6チームのそれぞれに責任に対する異なるパターンがあることがわかった。データがある者から別の者に引き渡されたときのように、プロジェクトの間に責任が何度か変わっていた。論文の著者性とデータ管理の責任は多くの点で結びついていた。すべての事例において、「データに対する責任」は曖昧な概念であり、詳細に説明するのにしばしば長い議論を必要とした（Wallis 2012, 174）。

データに責任を有する個人と連絡が取れるようになれば、データにクレジットを与えることで、再利用が容易になる。データが記載されている文献を通じてデータが発見された場合、著者が最初の連絡先となる。したがって、データのクレジットは文献のクレジットに関連付けられる。研究者は自身の文献への参照によって恩恵を受けるため、ほとんどの研究者はデータセットではなく文献の引用を好むように思われる。

文献から独立してデータセットが引用される場合、来歴の問題が発生する。データの来歴は、データセットを統合したり、データマイニングしたりする際の連鎖的な問題である。8章で述べた多面的推論問題は、後の当事者がデータ処理の初期段階を理解する必要があるときに発生する。来歴記録は、複数の世代のデータセットで進める必要があり、キュレーションに多額の投資を必要とする。来歴はクレジットの問題でもある。権利を保持せずにパブリックドメインにデータを公開する研究者もいるが、ほとんどのデータ作成者はその後の利用のためにクレジットを求める。来歴記録には、そのデータで何ができるのか、誰に帰属されるのか、そしてどのようにして行うのかを正確に明記するデ

ータライセンス等の法的契約を含めることができる（Ball 2012; Guibault 2013）。

名称または番号：同一性問題

　参照は特定のオブジェクトに行われる。そのオブジェクトは文献、データセット、人、場所、ウェブページ、レコード、ソフトウェア、ワークフロー、その他実体等多様である。理想的には、オブジェクトは一意に識別される必要があり、その結果引用と被引用との間の正確な関係が確立される。研究オブジェクトの一般的な表現形式である識別子とメタデータレコードによって、人やコンピュータは引用されたオブジェクトや引用しているオブジェクトの所在を特定したり、発見したり、検索したりできるようにすべきである。識別はまた、オブジェクトが存続している限り持続すべきであり、そうすることでその引用が正確かつ発見可能であり続ける。実際には、同一性も永続性も絶対的なものではない。人は名前を変え、文書はバージョンを更新し、デジタルオブジェクトはあるコンピュータから別のコンピュータに転送されたときにその所在が変わり、ソフトウェアの世代を超えて移行するとその形式が変化し、ビット単位で同一にはならない。3章で紹介した記録文書は、文献かデータかを問わず、デジタル環境における安定性が印刷体環境よりもはるかに低い。ヘルベルト・ファン・デ・ソンペル（Herbert van de Sompel）（Van de Sompel 2013）がこの問題に対して枠組みを提示しているように、「記録版[5]」ではなく「複数の記録版」の技術インフラを構築する必要があるだろう。

人と組織の同定　同一性と永続性は、深い概念的な根源を持つ解決困難な問題である。著者、編集者、学生、教員、雇用者、従業員、親、子ども、友人、同僚、監督者、市民、兄弟、運転者、会員等、Facebook がそれらを統合しようと努力しているにもかかわらず、個人は多くの役割とアイデンティティを持っている。個人は運転免許証、パスポート、従業員 ID、有権者登録、保険証、

5）　訳注：NISO. Journal Article Versions（JAV）: Recommendations of the NISO/ALPSP JAV Technical Working Group（NISO-RP-8-2008）. April 2008. を参照。http://www. niso.org/publications/rp/RP-8-2008.pdf

クレジットカード、デビットカード、マイレージカード、ショップの会員カード、フィットネスクラブ会員証といった、ある名前空間内で一意の識別子を持つ、多くの本人識別の方法を持っている。世界的なレベルでの識別のあらゆる試みは、ある特定の目的でどのように人を識別するか、誰が資格を有しているか、本人と認証する条件に関する一連の共通した問題に遭遇する。車を借りるには運転免許証が必要であるし、国境を越えるにはパスポートが必要である。これらの身分照会の形式は、飛行機の搭乗券を確認するのには受け入れられるかもしれないが、それぞれの目的からすれば交換することはできない。

　一貫性があり、永続性のある形式で個人名を確立することは困難を伴う。姓の概念は大きな論争の種であり、名前の順序は非常に文脈的である。現代の多様な名前を並列するのは困難である。歴史的な名前のバリエーションを並列するには、その分野のかなりの知識が必要である。法的名称は、その言語の文字集合に由来する。英語に翻字されると、漢字やハンガリー語の発音区別記号は置き去りにされてしまう。アジアや中央ヨーロッパでは通常、姓は名の前に付いている。したがって、ハンガリーの Berend Ivan は、米国の Ivan Berend と同じ人物となる。西洋で学んでいるアジアの学生は、一般的に Ding Jian が James Ding と呼ばれるように、西洋風の名前を採用しているし、西洋人がアジアで用いるためにアジア風の名前を採用することもある。ラテン系およびヒスパニック系の伝統では、配偶者や子どもは親やパートナーとの関係を表現するために複合的な名前を得る。幾つかの地域では、結婚や学位のために接頭辞や接尾辞を得ている。配偶者は時にはパートナーの敬称を得る。個人は著者表記、法的記録、社交行事等、その機会にふさわしい名前を名乗る。これらは、名前やその目的が時間、言語、地域、文脈によってどのように変化するかを示すほんの一例である。一人ひとりが単一の、永続的な名前を持っていると仮定する情報システムは、失敗する運命にある。システムが意図した用途を支援できるよう、十分に信頼性を備えた複数の名前のバージョンをクラスタ化することが課題である（Borgman and Siegfried 1992）。

　人が識別される各名前空間には、適格性、識別性、適用性の規則がある。著者名も例外ではない。図書館の目録規則には、著者、編者、イラストレーター、その他の貢献者を特定するための基準が含まれている。これらの規則によ

って、目録内および索引作成者間で一貫性が生み出されている。しかしながら、内部の一貫性は、システム間の不一致という代償を生じさせ得る。目録規則は社会的慣行から生じているので、国や地域によって異なるさまざまな文化が反映されている。1960年代に図書館のコンピュータ化が加速して以来、国際規則がより調整されてきたものの、依然として独自の規則も反映している。著者名は各国の国立図書館によって国内で標準化されており、雑誌論文の著者よりも図書の著者の方がより完全にカバーされている。

　図書館の名称典拠ファイルは、名称の優先形式、すなわち典拠形式と、異形との相互参照を確立する。例えば、ペンネームで発表する著者は、その人物がそれぞれの名前でどれ程よく知られているかに応じて、ペンネームからの参照を含む法的名称の下に登録され、その逆もまた同様である。サミュエル・クレメンス（Samuel Langhorne Clemens）は、マーク・トウェイン（Mark Twain）という名前で出版した。少なくとも米国では、目録記入は、Clemensからの相互参照を伴ったTwainの下にある。ハリー・ポッターシリーズの著者、J. K. ローリング（J. K. Rowling）は、秘密を保とうとして、後に別のペンネームで出版した。ハリー・ポッターの図書のレコードは、J. K. Rowlingの下で登録され、Joanne Kathleen Rowlingのような異形からの相互参照がある。目録作成者は今後、彼女の秘密のペンネームからの相互参照を追加するかどうか判断することになるだろう。

同一性と発見　情報システムは、広く二つのカテゴリに分けることができる。一つは、取り込み時に情報を組織化するもので、もう一つは、検索時に組織化するものである。図書館目録システムは一つ目のものであり、一貫した記入の形式を確立し、調整し、維持するためのインフラに投資している。これらは、非常に長期間にわたる発見可能性と情報管理に効果をもたらす高価な投資である。検索エンジンは二つ目のタイプであり、検索時に異形の曖昧さを除去して、一致させようとするものである。後者の手法には、規模の問題がある。コンピュータで一致させることができない形式は検索者に返されるため、検索結果の長いリストには、著者名や論文名、日付、その他の記述における差異に起因する重複が含まれる。このリストは、学術雑誌の普及と一論文当たりの著者

数の増加に伴ってさらに長くなる。スミス、ジョーンズ、ガルシア、チェン、リー、グエン等、一般的な著者名は曖昧さを除去するのが難しい。もう一つの課題は、他の手掛かりに基づいて類似の名前を明確にするために、人を介在させずに、コンピュータによる検索を発展させることである。

　名前の曖昧さ除去における規模の問題が加速するにつれ、技術的および政策的解決策が求められている。著者を一意に特定する識別子を確立するシステムやサービスは、レコードの作成時であれ変換時であれ、取り込み時に資料を組織化する。VIAF、ORCID、ISNI は、名称形式を標準化するための緩やかな組織的取り組みである。VIAF（Virtual International Authority File 2013）は、各国の国立図書館が主導し、OCLC がシステムを運営するイニシアティブである。ORCID（Open Researcher and Contributor ID）は、出版業界が主導している（Haak et al. 2012; Open Researcher and Contributor ID 2011）。ISNI（International Standard Name Identifier）は OCLC がシステムを運営しているが、著者や貢献者をはるかに超えた識別を目的としている。ISNI は芸術家、パフォーマー、その他の権利保有者にも用いられる ISO 規格である（International Standard Name Identifier International Agency 2013）。

　VIAF は、図書館や他の組織が自らのシステムで確立した典拠形を使用する組織的な活動である。著者は、存命中であれ故人であれ、直接的に VIAF に参加することはなく、ほとんどの人はその存在を知らない。ORCID は、識別対象となる著者および機関の参加に大きく依存している。個人は ID 登録し、オンライン著作目録を作成することで、その文献が自分自身のものであると表明することが奨励されている。参加出版者は、論文投稿時に著者に ORCID 番号を含めるよう依頼したり、要求したりすることによって、ORCID の実装を進めている。大学等の機関は、書誌を作成したり、研究者データベース等のサービス層を形成することで、所属する著者の文献であることを主張することが求められている。ORCID は主として現代の著者に関心を寄せているが、ISNI は現存するデータベース中の歴史的人物や歴史的記録のための識別子の確立により焦点を当てている。

　VIAF、ORCID、ISNI、その他のサービスが採用され、実装される限り、個人名に関連する情報を管理するインフラは強化される。これらが成功するに

は、名前の同定、信頼、協力、柔軟性という解決困難な問題をいかにうまく舵取りするかにかかっている。一つの実体だけで、それ自身信頼の枠組みを確立することはできない。多くの著者は、出版者やその他中央集権的機関が主導する活動に疑念を抱いている。個人のウェブサイトを管理して、オンライン上でのプレゼンスを管理することに多大な努力をしている著者もいる。そうしたがらない者も、それができない者もいる。多くの著者は、図書館員が図書館の書誌的存在を維持することを好むであろう。

　より大きな問題は、誰が識別子を発行する権限を持ち、誰が識別子を管理し、そして誰が識別子を編集できるのかを中心に展開する。中には、例えば次のような学術コミュニケーションの核心に踏み込む課題がある。すなわち、誰が文献の権利を主張する権限を持っているか、著者として記載されていない者が文献の権利を主張できるか、大学は現在の教員、元教員、スタッフ、学生に代わって権利を主張することができるか、誰が故人の文献の権利を主張できるか、係争をどのように解決するか、個人は複数のアイデンティティを維持できるか、研究者は自らの研究文献とフィクション著作とを区別することができるか等である。それを採用するかどうかはまた、誰が識別子システムを実装し、維持するかにかかっている。運用システムに関心を持つ出版者、大学、図書館、データアーカイブ、その他の利害関係者が技術的および人的資源を投資する限り、成功する可能性がある。その採用にあたって、研究者に自らのアイデンティティの管理を依存する限り、成功する可能性は低い。これに最も近いものは機関リポジトリの採用であるが、これまでは著者の貢献率は低かった。機関リポジトリの成功は、所属する著者に代わって図書館が文献の収集、目録作成、登録に投資することに大きく依存してきた。

オブジェクトの識別　研究に用いるオブジェクトは、個人や組織に比べ、一意に識別するのが容易ではない。情報の発見は、アイテムの一意の識別と、関連オブジェクトの照合に依存する。何百件もの結果を返すハムレットの検索はおよそ役に立たない。検索結果にシェークスピアの戯曲と小さな村[6]が含まれて

---

6)　訳注：“hamlet”という語には、「集落」の意味もあるため。

9章　データのクレジット、帰属、発見　　313

いる場合は特にそうである。著者は、これまでの章で扱ったボルヘス、ガリレオ、ボルテールの参照等、どのバージョンの著作や翻訳を引用するかを決定する必要がある。利害関係者や名前空間にはそれぞれ、関係性や相互参照を管理する独自の方法がある。例えば、図書館の目録作成の原則は、著作、表現形、体現形、個別資料という階層関係に基づいており、検索システムに実装され得る（Mimno, Crane, and Jones 2005）。

　図書は、識別するのに最も安定したオブジェクトであるように思われるかもしれない。しかし、図書は多くの複製物だけでなく、ハードカバーやペーパーバック、複数のデジタル版、翻訳等の形式で存在しており、それぞれに国際標準図書番号（International Standard Book Number; ISBN）という名前空間の固有の番号が割り当てられている（International Standard Book Number Agency 2013）。異形には新しい ISBN が必要である。例えば、映画、戯曲、子ども向けの版、または別の出版者による買収の場合である。図書館は、各著作と関連著作とを区別するのに十分なメタデータを与えるために目録を作成する。貸出図書館は、物理的なオブジェクトである図書を利用者に貸し出せるよう、それぞれの図書館で固有の番号を付与し一冊一冊を区別する。一方、利用者はその図書館でのみ有効な固有の図書館カード番号を持っている。

　同様に、雑誌には、それらを一意に識別する国際標準逐次刊行物番号（International Standard Serial Number; ISSN）が割り当てられている（International Standard Serial Number International Centre 2013）。雑誌のタイトルが時々変わり、新しい ISSN が生じる。例えば、*American Documentation* は、*Journal of the American Society for Information Science*（*JASIS*）に、それから *Journal of the American Society for Information Science and Technology*（*JASIST*）、そして今は *Journal of the Association for Information Science and Technology*（*JASIST*）となった。学会も雑誌編集も継続しているにもかかわらず、この雑誌には四つの ISSN がある。引用メトリクスは、それぞれの名前と番号によって個別の雑誌毎に生じる。

　印刷体出版物に由来する ISBN や ISSN は、個々の雑誌論文を管理するのに十分ではない。デジタルオブジェクト識別子（Digital Object Identifier; DOI）は、1990 年代後半に出版業界が固有かつ永続的な識別子を個々の文献に割り

314　　第Ⅲ部　データ政策と実践

当てるために開始された（Paskin 1997, 1999）。それは雑誌論文に広く採用され、古いものにも遡及的に割り当てられている。DOI は、いわゆるハンドルと呼ばれるものの一種で、インターネット情報資源を固有かつ永続的な識別子で管理するシステムである（Corporation for National Research Initiatives 2013）。DOI の利用が増加するにつれて、その使用に一貫性がなくなり、時には論文を参照することもあれば、論文内の個々の図表を指し示したり、さらにはデータを参照したりすることもある。リポジトリに登録されたプレプリント等の異形の文献には、出版された論文の DOI とは別個の DOI を付与することもできる。DOI は、映画産業等の他分野でも採用されており、応用範囲という面でも一貫性が低下している。デジタルオブジェクトを識別するための DOI、URL、URN、その他のシステムの利点については、多くの議論がある（Altman and King 2007; Sompel and Lagoze 2009; Van de Sompel et al. 2012）

　オブジェクト識別子の選択に関する議論の下に埋もれているのは、粒度という扱いにくい問題である。どのような単位で引用すべきか。論文の複数のバージョンがオンラインに出現したり、図表等論文の細目レベルで個別に引用されるにつれて、文献の引用単位はより明確でなくなりつつある（Cronin 1994; Nielsen 2011）。書誌引用は、文献全体を参照するか、または脚注を介してページ番号に「深くリンクする」ことによって、これらの問題の幾つかに対処している。本書で採用しているスタイル（*Chicago Manual of Style* 2010）のように、文献全体への参照では、文献の最後に一つの引用文献リストを作成する。脚注はより個別的な参照をもたらすが、引用側の文献内で、同一の被引用オブジェクトに対して複数の表現をもたらしてしまう。法学や人文学の引用スタイルで一般的な *ibid.* や *op. cit.* 等は、最初の引用、同じページの箇所の引用、引用文献中での後の引用で、同じオブジェクトを異なった形で記述する。脚注に記したものすべてを記載した参照文献一覧は、文献の最後で提供される場合もあるし、されない場合もある。脚注がページ番号によって文献の一部分のみを参照しているとき、参照されているオブジェクト全体は識別不能になる可能性がある。印刷体出版物で長い間安定した識別子であるページ番号は、デジタルオブジェクトでは無意味となる。ページの長さは、デジタルオブジェクトが表示される画面のサイズと形状に左右されることがあり、ページ番号があったと

しても、個々の表示装置によって割り当てられることになる。

　雑誌論文に添付されている補足資料は、データの単位が問題となるもう一つの領域である。多くの雑誌、特に科学では、研究の解釈、検証、再現に必要な補足的な情報を要求する。データセットを含むこともあるそうした資料は、通常、オンラインで入手でき、論文からリンクされている。補足資料が増えるにつれて、その存在が自己完結型の研究報告の概念を損なう懸念が生じた（Maunsell 2010）。さらに問題を複雑にしているのは、検索エンジンがこれらの資料をインデックスすることがほとんどなく、発見が困難になっているということである。国際的な標準化機関によって公表されているように、補足資料の最善実践は、コンテンツ全体、追加されたコンテンツ、関連するコンテンツを区別することである（National Information Standards Organization 2013）。

　各リポジトリにはデータセット、あるいはその他のデポジット単位の範囲に関する独自の規則がある（Gutmann et al. 2009）。リポジトリ内のデータの引用は、粒度の観点から見ても容易に達成できる問題であり、DataCite が最初に取り組んだものである。DataCite はデータの発見、利用、再利用を容易にする国際的な非営利団体である。提携組織には、国立図書館、研究図書館、学協会、標準化機関、DOI 財団が含まれる（Brase et al. 2014; DataCite 2013）。

　データは、有形の標本、デジタル記録、多様なレベルで加工されたデータセット、実験ノート、コーディング規則、フィールドノート、アーカイブ記録、写真、注釈等、多くの種類のオブジェクトとバージョンで構成され得るため、識別には特に問題がある。これらに加え、会話、スライド、図表、ビデオ、ツィート、ブログの投稿等のデジタルオブジェクトが一意の識別子を持つと、単位問題はさらに拡大する。

　これらの多くのオブジェクト間の関係は、階層的であることはほとんどない。むしろ、関係のネットワークが任意のデータセットの来歴を理解するために不可欠である。オブジェクトの再利用と交換（Object Reuse and Exchange; ORE）等のこれらの関係の公的なモデルは、リンクと発見に役立つが、その構築は労働集約的である（Pepe et al. 2010）。

　データは、さまざまな単位で、さまざまな場所に存在し、さまざまな目的のためにさまざまな方法で引用することができる。前述した粒度の原則は、著者

に「データを識別するのに必要な最も洗練された記述」を引用するよう促している（CODATA-ICSTI Task Group on Data Citation Standards and Practices 2013）。表、表の中のセル、複合図の一部等、より小さな単位の引用は、来歴の追跡が容易になる場合がある。特により大きな単位の文脈の中にそれらが位置付けられる場合はそうである。まさにその時々の断片のデータセットであるストリーミングデータの引用は、さらに別の課題である。関連するアイテムが同時に表示されるようにしながら、一意にかつ永続的に個々のアイテムを識別できるかは、図書館目録作成、アーカイブ活動、情報検索、そしてデータ引用における古典的な問題である（Agosti and Ferro 2007; Renear, Sacchi, and Wickett 2010; Svenonius 2000）。

技術にかなう理論：行為としての引用

　引用方法は現在、引用の作成、発見、検索、データマイニング、カウント、引用地図といった技術で具体化されている。ブラウザバーを1回クリックするだけで、完全なメタデータを持つ書誌レコードを作成し、個々の雑誌のスタイル形式の引用を生み出すことができる。Zotero は現在、6,789件の引用スタイルをサポートしている（Zotero 2014）。ある記事から別の記事への参照は、クリック可能なリンクになっている。引用は、論文を検索するための検索語なのである。著者の引用数は、h-index、g-index、その他学術的影響を計るメトリクスを生み出している。雑誌への引用回数は、雑誌インパクトファクター（Journal Impact Factors; JIF）となる。これは、出版先をランク付けするために用いられたり、テニュア（終身在職権）や昇進のために投稿すべき場所のリストとして具体化されたりする。引用地図は、アイデアの流通、大学や国の影響をモデル化するのに用いられる。

　こうした技術の中には、学術コミュニケーションの理論に基づくものもある。書誌コントロールの多様な起源や長い歴史を参照することなく開発された、デジタルオブジェクト管理用の工学的解決方法を持つ技術もある。いずれにしても、その成果は、ソフトウェアコードが、何が引用され得るのか、あるいはできないのか、引用はどのように行われ得るか、そしてそれによって何がなされ得るのかを判定するというものである。ローレンス・レッシグ（Lawrence Lessig) は、コードがいかに活動を固定化し、社会規範、市場、法律等、他の必要不可欠な存在を締め出せるかを説いた (Lessig 1999, 2001, 2004)。早期の選択が重要であり、今はデータのクレジット、帰属、発見の実践を確立する初期段階である。タイプライターのキーボードのように、技術の早期選択は、発明者の想像を超える長期的影響を与えてきた (David 1985; Mullaney 2012)。

　印刷体の世界では、引用は固定したオブジェクト間の安定したリンクである。デジタル世界では、引用は変わりやすいオブジェクト間のリンクである。引用、被引用のオブジェクトのいずれも、その形式や所在が永久に固定されることはないだろう。クレジット、帰属、発見を目的として引用を使用するには、そのインフラに固定という概念を加えなければならない。例えば、一意かつ永続的な識別子は、来歴を維持するために不可欠である。オブジェクトのバージョンが変われば、新しい識別子とリンクが必要である。そしてバージョン管理では、どの程度の変更が新しいバージョンであるかを規定する規則が必要である。ソフトウェア工学では、バージョン管理が体系化されている。天文学等のビッグデータを扱う研究分野では、多くの場合、バージョンをデータリリースとして体系化している。しかし、ほとんどの研究環境においては、バージョン管理は現場の実践の問題である。

リスクと報奨：通貨としての引用

　データ引用の主な論拠の一つは、データに関わる研究者にクレジットを提供することがデータ共有の誘因になるということである。それはしばしば繰り返されているが、未検証の仮説である。特にデータセットが広く利用されている場合は、データへの引用が評価されるであろう。しかし、文献のクレジットは、非常に高い価値をもたらすため、データの引用に反対する研究者がいる程である。研究者は彼らの論文がデータの代わりに引用されることを好む。データ引用に関する研究者の関心は、その意図する目的によって異なるように思われる。例えば、チャンドラX線データの利用状況を追跡するチームに拠れば、リンクがそのレコードの学術的価値を付加するのであれば、研究者はデータと文献のリンキングを喜んで支援したという。一方彼らは、運営上の説明責

任という目的のために、引用やリンクに時間を費やすことにそれ程積極的ではなかった（Winkelman and Rots 2012a; Winkelman et al. 2009）。

雇用や昇進、評価に文献や引用のメトリクスが多く用いられる程、それらはより綿密に検証される。どのようなメトリクスでも、特に引用カウントのような単純なものは、操作され得る。同僚が自分自身、その同僚、学生、指導教員の文献を引用できるし、逆に競合他者への参照を少なくすることもできる。文献数や引用数を増やすために、研究成果を小さな単位に「サラミ化」できる。貢献していない著名人を著者に入れる等で引用率を高める方法を見抜くのが難しいこともある。それが、出版倫理がより体系化された理由の一つである（Committee on Publication Ethics 2013）。データ引用も、特に粒度の問題を考えると操作されやすい。100 あるいは 10 万個のデータオブジェクトをそれぞれ引用できるときに、どうして一つのデータセットを引用するだろうか。

引用メトリクスの弱点はよく知られており、雑誌インパクトファクターやその他の指標が最初に提案された時点から研究され続けてきた。引用メトリクスは誤った推論、すなわち集合の特徴をその集合の個々に適用するという生態学的誤謬を伴うことが多い。雑誌に対する引用は、その雑誌に掲載された論文全体に均等には配分されず、通常は幾つかの非常に引用頻度の高い論文によるところが大きい。論文が雑誌の号単位でまとめられていたときは、論文と雑誌の引用の間の相関は高かった。論文が雑誌とは独立した単位で検索されるようになると、その相関は低下した（Lozano, Lariviere, and Gingras 2012）。トムソン・サイエンティフィック（Thomson Scientific）（旧科学情報研究所（Institute for Scientific Information）、現在のトムソン・ロイター（Thomson Reuters）[7]）が算出する雑誌インパクトファクター（Journal Impact Factors; JIF）は、学術的影響度の予測には最も向かないメトリクスの一つである（Bollen et al. 2009）。しかし、それは高被引用誌の編集者からの反論があるにもかかわらず、雑誌や研究者個人の評価に一般的に最もよく利用されるメトリクスの一つであり続けている（Alberts 2013; The PLoS Medicine Editors 2006）。JIF は、科学分野から

---

7)　雑誌インパクトファクターの提供元は、2017 年からクラリベート・アナリティクス（Clarivate Analytics）となった。

開始されたため、2年間の引用期間に基づいている。社会科学と人文学の引用の時間差はずっと長くなる傾向がある。したがって、JIF はこうした学問分野ではさらに妥当性に欠ける（Borgman 2007）。

　書誌引用メトリクスの問題は、インターネット上の文書やリンクに計量書誌学の方法を適用するウェブメトリクスあるいはウェボメトリクスに引き継がれた（Ingwersen 1998; Thelwall, Vaughan, and Bjorneborn 2005）。計量書誌学の信頼性と妥当性の問題について十分な教育を受けた研究者達は、出版者データベースから算出できるもの以上の、より幅広い影響モデルを開発した。研究者の評価にインフォーマルな学術コミュニケーションの数を含めることを目指した研究者もいた。オルトメトリクス声明（*Altmetrics Manifesto*）は、学術的影響度と生産性の代替指標を提案した（Priem et al. 2010）。これには、ダウンロード、ブログでの言及、注釈やタグ付け、Twitter や Reddit 等のソーシャルメディアでの出現が含まれる。小規模な業界がオルトメトリクスを中心に発展し、出版者や論文とメトリクスを共にウェブ上に掲載する他の場所にその数を提供している。著者や読者は、現在では、ある論文の閲覧、引用、言及、共有された回数を見たり、そのリンクを辿ることができる（Chamberlain 2013; Fenner 2013; Thelwall et al. 2013; Yan and Gerstein 2011）。

　こうした個々の学術コミュニケーションの単位は、関連するオブジェクトを発見するのに役立つが、学術的生産性の代替メトリクスとしての妥当性は疑問である。厳密に言えば、新しい雑誌論文を案内するツイートは、その論文の引用である。書誌引用は、欠陥があるにしても、証拠や影響力のある情報源を認めるという歴史ある学術的実践に基づいている。インフォーマル・コミュニケーションやデータの引用における言及の意味については、ほとんどわかっていない。そうした書誌コントロールという仕組みの上でデータの評価やクレジットの活動をモデル化するということは、それと共に未検証の仮説を持ち込むことを意味する。

　引用カウントの価値、特にトムソン・ロイターやエルゼビアの *Engineering Index* の索引対象となっている雑誌から得られた引用数は膨大になり、著者クレジットが高額で売買されている。*Science* が実施した調査に拠れば、中国には「盛んな学術闇市場」があり、出版の数日前に論文の著者クレジットがやり

取りされているという。また、論文を中国語から英語へ翻訳し、英文誌に再投稿するといった自己剽窃の事例もあった。著者や雑誌、編集者、代理店、その他関係者が、教員の年収と同じくらい高い謝礼で、さまざまな仕組みに関わっていた（Hvistendahl 2013）。中国に焦点を当てた *Science* の調査では、中国では研究者はこれらの雑誌での公開によって大きな見返りが得られ、*Science Citation Index* に収録された文献は、2000 年以来 6 倍に拡大したという。他の地域の不正の程度は不明であるが、出版者や研究者は一様に、引用カウントの不正操作の可能性を認めている。

　研究評価に関するサンフランシスコ宣言（San Francisco Declaration on Research Assessment; DORA）が公開される程に、研究評価への引用その他のメトリクスの広範な適用によって、研究者は大きく脅かされるようになった。DORA は、米国細胞生物学会（American Society for Cell Biology）によって開始されて以来、多くの雑誌、学会、研究者によって支持されてきた。DORA に関する論説は、さまざまな学術雑誌や報道に登場している。DORA は、学術的なコミュニケーションのさまざまな利害関係者グループに指針を提供し、研究者をより広範な基盤に立ちかつより微妙な差異を明らかにできる研究者評価の方法を呼び掛けている（Declaration on Research Assessment 2013）。計量と規範を通じて把握される学術研究職（Academic Careers Understood through Measurement and Norms; ACUMEN）といったプロジェクトは、データの役割を含む、学術的生産性と影響度の評価に対するより包括的なアプローチを推進している（Research Acumen 2013）。

　こうしたメトリクスの多くは、たんに簡単に数えられるものを数えているに過ぎない。研究者や資金提供機関、研究政策立案者、出版者、図書館、その他の利害関係者が、こうしたメトリクスを学術的証拠の基準に照らして検討することなく、引用カウント、オルトメトリクス、その他の指標を額面どおりに受け入れることが未だにいかに多いかは、驚くべきことである。

まとめ

　データ引用は、十分に定義されていない問題の解決策である。文献とデータ

が同等のものであるという理由から、書誌引用をデータ引用に重ね合わせて考えるのは見当違いである。データを発見可能にすることが手近な現実問題である。文献は、科学宇宙の星や惑星であり、今後もそうであろう。データを暗黒物質ではなくするには、クレジットを与えるという方法によって、データを十分な光で照らす必要がある。ネットワーク内のノードは、同等の価値を持つ必要はない。密接に結合した星の集団は、銀河間の疎な領域と共存するであろう。本質的な要件は、関連する研究オブジェクト間の経路を辿ることができ、それらのオブジェクトの発見、データマイニング、結合を可能とする手段を持つことである。

　データアーカイブ、出版者、そして図書館は、データ発見の重要な利害関係者である。なぜならば、これらが提供するサービスは、データ管理や再利用を容易にするからである。データ引用のための安定したインフラは、大規模な資源の投資にかかっている。その中には引用や発見が可能な方法でデータを表現する情報専門家も含まれる。学問の著者には、書誌引用の勤勉さと正確さを達成しようとする者はほとんどいない。彼らがデータ引用における専門家になる可能性はさらに低いだろう。

　書誌引用は、データ引用が目指すべき金本位制と見なされている。実際には、書誌引用は、意図した目的を支えることがほとんどない不安定な知識インフラである。知識インフラは、何世紀にもわたって何世代もの研究者の変化し続ける実践と技術に合わせて進化し、また適応してきた。それはクレジットや帰属、あるいはアイデアの流通の対応付けのためというよりも、発見のためにより良く機能している。新たな機能が追加されるたびに、書誌引用インフラはより不安定になる。引用メトリクスが学術的生産性に適用されたときに、統計的推論、信頼性、または妥当性に関する厳しい基準には決して対応できることはなかった。それらは容易に不正操作の対象とされ、今や詐欺にさらされているが、それでもなお学問の報奨制度に深く組み込まれ続けている。データ引用は、データの選択や収集、編纂、クリーニング、処理、分析、管理、解釈、マイニング、結合、ライセンス供与、実験装置の準備、抽出、可視化、発表、音楽ビデオによる研究紹介[8]にクレジットを割り当てる手段である。データ引用は、それ自体が目的ではない。より大きな問題は、データに関連する多くの役

割を理解し、その役割のいずれがクレジットに値するか、そしてそのクレジットを割り当てる最良の方法は何かについて、コミュニティ内で合意に達することである。その結果、クレジットは発見と再利用を容易にする。データ実践へのクレジットを組み込んだ安定した知識インフラは、データに基づいて証拠を収集し、作成し、分析し、解釈し、公表する人々、すなわち研究者自身の誘因と報奨制度を常に念頭に置きながら、多様で競合する利害関係者の銀河を包含しなければならない。

---

8) 3章の最後で紹介されている *Dance Your PhD* を指している。

10章

何を保持するか、そしてその理由は？

はじめに

　ビッグデータ、リトルデータ、そしてノーデータの概念さえも、きちんと理解されないままである。より良いデータ管理、共有、認定、帰属を促進する取り組みはかなり志向されているが、利害関係者はその出発点、最終目標、そしてそこに至る道筋に賛成していない。データと呼ばれるものは何かについての合意が欠けており、すべての領域にまたがるデータの学問の多様性に対応する共有、公開、デポジット、認定、帰属表示、引用、アクセス維持の政策を確立するのは困難なままである。データへのアクセス維持は困難で費用のかかる作業であり、コストと便益は利害関係者間に偏って分布する。何を保持するか、そしてその理由に関する疑問は、誰が、どのように、なぜ、誰に対して、どれくらいの期間、データを保持していくかという疑問と分離できない。個々の研究者、学生、図書館員、アーキビスト、研究担当者、あるいは雑誌編集者は、この巨象の難問にせいぜい蟻の目を持つに過ぎないのかもしれない。

　データの中には間違いなく永久保持に値するものがあり、それらの価値は形成の時点で明らかである。他にも、単独あるいはより大規模な集積物の一部として、後に貴重になった場合に保存に値するものがあるかもしれない。多くのデータは一時的な価値を持ち、それは当初の時点で明らかかもしれないし、明らかではないかもしれない。これらのケースを判断するのは難しいし、データが失われる前に十分に早期に取得およびキュレートするかを判断するのも同様である。さらに困難であるのは、データ自体の特性が欠けている場合に、それらのデータが何であるのかを判断することである。将来の利用はデータがどん

な現象に関しどのように表現されるか、それらの表現と現象が時の中でどのように変化するかにかかっているかもしれない。予期しない目的での利用が最大の価値をもたらすかもしれないが、これらは最もリスクを伴う投資である。個々の研究者には、他者が将来のある日に、何らかの理由、何らかの形式でデータを望む場合に備えて、データを保持する理由はほとんどない。

　データコレクションの構築は、それらを将来の利用者に利用可能とする最も明快な方法である。図書館、アーカイブ、博物館、データリポジトリは、それぞれのコレクションのためにオブジェクトを選択し評価する専門的ガイドラインを有している。記憶の機関として、それらの所蔵はロングテールの性質を持つ。すなわち、資料の約 20％ が利用の約 80％ を集めるのである。利用の追跡は選択方針に情報をもたらすが、有用な 20％ は常に変化する。オブジェクトの中には最初は人気があるが、時間の経過と共に関心が徐々に弱まるものもある。反対に最初の利用はほとんどないが、後に関心が高まるものもある。その他の利用はランダムなパターンとなる。数件のオブジェクトは手付かずのままで、発見されるのを待っている。最も権威ある機関でさえ、将来の価値を見誤ることがある。オックスフォード大学のボドリアン図書館は周知の通り、ある図書館員が 1664 年に出版されたシェイクスピアのサード・フォリオを代替品と見なしたために、ファースト・フォリオの一冊を売却した。彼らは 20 世紀の初めに巨額の費用をかけて、彼らの 17 世紀のファースト・フォリオを再取得した。シェイクスピアの 449 回目の誕生日に、彼らはこのお宝オブジェクトのデジタル複製を公開した（University of Oxford 2013a）。

　研究データへのアクセスの維持は、学術コミュニケーションのすべての利害関係者を含む知識インフラの問題である。デジタル保存は、研究データへのアクセスに交差する問題であり、同様のインフラおよび規模の性質を有する。デジタル保存の経済分析を担った国際的パネルによって、四つの構造的課題が明らかにされた。四つの課題とは、「⑴長期にわたる対象期間、⑵広範囲の利害関係者、⑶整わない、または弱い誘因、⑷利害関係者の役割と責任に関する明確さの欠如」である。パネルは、⑴「説得力のある価値提案をまとめること」、⑵「公益のために保存する明確な誘因を提示すること」、⑶「デジタルのライフサイクルを通じた保存に向けた現在および効率的な資源の流れを確かな

ものとするために、利害関係者間の役割と責任を定義すること」という三つの政策提言を行った（Berman et al. 2010, pp. 1-2）。

これらは、デジタル保存あるいは研究データのいずれか一方を検討する場合でも手ごわい課題である。データのデジタル表現物の保存は、それらの価値を維持する一つの要素に過ぎない。デジタルあるいは別の方法によっても、データは決して単独では存在しない。データは、研究方法、理論、機器、ソフトウェア、コンテクストから分離できない。研究データへのアクセスの維持には、個々のオブジェクトとオブジェクト間の関係のキュレーションが必要である。それらを実行するための方法と手段は、事例研究で明らかであるように、研究領域によって異なる。オープンデータに関して、ビッグデータ、リトルデータ、ノーデータの問題を再びあげれば、困難な課題はデータを発見可能、利用可能、アクセス可能、理解可能、解釈可能とすることであり、相当期間にわたってそうした条件を保つことである。最初のステップは、これらの問題がいかに個々の研究者またはコミュニティを超えて分布しているかを検討することである。二つ目は、何を誰に対して提供するかを検討することである。三つ目は、進んでそうした投資を行う者は誰か、そしてそうした投資が最大の便益をもたらす条件を特定することである。データへのアクセスのための価値提案は、利害関係者によって異なる、複雑に絡みあった一連の要因によって決まる。これらの課題は1章で提示した挑戦的課題（provocations）の観点から評価される。

挑戦的課題の再考

何が保存に値するかは、それぞれの位置次第である。少数の分野では、大規模な研究プロジェクトが、その使命の一部としてデータ収集を行っている。取得しない観測はデータ消失と見なされる。分野によっては研究者がデータを提供できるデータリポジトリがあるが、多くの分野ではそうではない。ほとんどの場合、何を、どのように、どれくらいの期間保存するかは個々の研究者やチームの裁量に委ねられている。キャリア全体にわたってすべてのメモ、記録、図書、論文、デジタルオブジェクト、自然標本を保持し続けたいと考える研究者がいる一方で、ほとんどの研究者は保存に値すると考えるデータの管理によ

り良い方法があったらと強く願っている。しかし、データ公開に対する姿勢は、退職が近づく中で変わることが多い。自分の知的遺産を確かなものにするために、研究者は長期管理のために、長く保持してきたコレクションをアーカイブやリポジトリに提供するかもしれない。

　もし、より多くの研究データが保持され、時宜に適った方式で活用可能となったとしたら、多くのグループの利益となるだろう。学者、学生、大学、図書館、アーカイブ、博物館、資金提供機関、出版者、会社、納税者、政策立案者、患者、一般市民等の、学問に関わる利害関係者のいずれもが各自ではほとんど手段を持っていない。これは、知識インフラ問題として処理するのが相応しい、集合的な挑戦である。より多くの利害関係者が加われば、議論はより深まることだろう。

権利、責任、役割、リスク

　研究データに関する責任は拡散している。第一の挑戦的課題に提示したように、多くの団体が発祥から解釈に至る間にそれらを処理する可能性があるからである。

> 　データの再現性、共有、再利用は、数十年、場合によっては数百年にわたって議論されてきた問題である。誰が研究データを所有、管理、利用、維持するかといった問題の処理は、その価値がどのように、そして誰によって活用され得るかを決定する。

　研究を実施する者が必ずしも使用するデータのすべてを所有しているわけではない。データに関する法的権利は、天文学におけるように機器に結びついているかもしれないし、中国仏教の経典のデジタル版におけるように編集者に結び付いているかもしれない。研究チーム内では、初期的なコレクションと管理の責任は大学院生に任せられているかもしれないが、維持は主任研究者に委ねられる。意図的にまたはデフォルト設定で、データの保護は、その来歴に関し最も知識を有するものではなく、最も永続的な保存場所の団体の責任となることもある。法的所有権の確立は、関連する実践、団体、裁判管轄の多さゆえ

10章　何を保持するか、そしてその理由は？　　327

に、解決困難な問題である。ある特定の事例において所有権が明確かどうかにかかわらず、コレクション、分析、管理の責任は複数の団体の肩にかかっている。「現実所有は所有権決定の九分の勝ち目（possession is nine-tenths of the law）」という法的表現は、研究データにもあてはまる。土地であれデータであれ何かを保有する者は、そうでないと証明されるまで、所有しているものと推定される。所有者は、倫理および法律の範囲内で、所有権を基に望むことを行える。自分のデータを保持または寄託するよう法的義務を負わされる研究者はほとんどいない。

　物理的にであれデジタル形式であれ、データの保存には費用がかかる。2007年までに、デジタル情報は記憶装置の生産スピードを超える速度で形成されていた（Berman 2008）。研究者は、情報資源の生成または利用を行う者すべてに不可欠なこととして、何を保存するかに関し選択的でなければならない。研究者は一般に、オフィス、研究室、家庭において物理的スペースの制約を受けている。大学および研究コンソーシアムは、コストを研究プロジェクトあるいは大学の学科に課金しているにしても、デジタル保存のための共有のサーバスペースを提供している。クラウドストレージは代替モデルであるが、研究データ用には未だ信頼性に欠ける（Kolowich 2014）。クラウドストレージのコストは下がったが、長期のデータ保存コストは横ばいまたは上昇という予測もある（Rosenthal 2010, 2014）。研究データへのアクセス維持には、解釈に必要な情報（手順、コードブック、ソフトウェア、サンプル、メタデータ、規格等）が必要である。これらの資源は多くの場合、データ自体よりも大量になる。

　研究者はおそらく、他の誰よりも優れたハウスキーパーではない。教員のオフィスを不意に訪問してみれば、細部まで行き届いた卓上ではなく「書類の山」がより普通で、多くはその中間であることがわかる。*Science* のピアレビュアーを務めるような最もエリート層の科学者集団であっても自分のデータを手元に保存し、コミュニティのリポジトリにデータの多くをアーカイブしているのは 1,700 人の回答者のうちのわずか 7.6% に過ぎなかった（Science Staff 2011）。データ管理を要求する機関はほとんど無く、研究室毎、多くは個人毎に異なるその場しのぎの方式に終わっている。研究者は、ゲノム配列、臨床試験記録、地震記録のように、必須要件となっている場合はデータを寄託してい

る。彼らは、再度利用することがかなり期待できる場合にはデータを保持するだろうが、再利用に十分な状態で保存できるかは別の問題である。学生やスタッフがプロジェクトから離れてしまうと、データに関する専門知識が取り返しのつかない程に失われてしまう可能性がある。ソフトウェアのアップデートやコンピュータの更新によって、特にデータが新たな世代の技術に移転されない場合は、データファイルは解釈可能でなくなってしまうかもしれない。ビットが損傷し、リンクは壊れ、標本用の冷蔵庫は除去され、オフィスの移動やコンピュータの更新によってレコードが失われる。

データ管理はたんに個々の研究者の責任というより、機関の懸案事項と見るのが最も相応しい。利用可能な支援の程度は、分野や機関によって大きく異なる。分野によっては、研究者が一連のツール、技術標準、受入と寄託のためのリポジトリを容易に利用できるのに対して、これらのいずれもが存在しない分野もある。大学やその他の研究機関は、データの管理、メタデータの付与、新たなプラットフォームへの移転、寄託、発見、その他の種類の調整を支援する情報専門家をきちんと備えているかもしれない。しかし、これらは例外である。より大きな問題は、コストと便益の均等でない分布である。多方面で、データ管理は、機関に直接的便益をほとんどもたらさない、資金が提供されない義務と見られている。デジタル資産の保存と管理の費用を誰が負担するかは明らかではない。大学の研究担当者、図書館、学科、個々の研究者にとって、データは資産と同程度に負債でもあるかもしれない。

データの共有

人間または機械間のデータ共有は、第二の挑戦的課題に提示したように、複雑な活動である。

> 文脈や時を超えた知識の移転は難しい。データの形式や表現によっては、分野、文脈、時を超えた共有が可能なこともあり得るが、多くの場合はそうではない。どんな特徴が重要か、どれがそうでないかを理解することが、学問の実践と政策の担当者に情報を提供するために、そして知識インフラに対する投資を導くために必要である。

10章 何を保持するか、そしてその理由は？　329

知識は個人が直接に同期的に交流するときに、完全にやり取りされる可能性が高い。その場合、お互いに質問し合い、意図を明確にすることができる。タスクは詳説され、実際の方式が示され、スキルが特定され、そして暗黙知はより明確にされ得る。人と人の関わりから離れる段階ごとに、より多くの仲介が生じる。メタデータや他の形式の説明書が、データの発見、解釈、利用のために必要となる。そうした説明書は内部での交換を改善し、研究コミュニティ内で意味を持つことになろうが、コミュニティ間では障害を形成する可能性がある。したがって、研究データを共有する能力は、誰がどんなコミュニティや目的のためにデータを管理するのかに強く依存する。4章の経済学的議論と事例研究の例に目を向ければ、ある種の研究データは共有資源として扱うことが可能であるが、他は私的財にとどまるだろう。データの中には公共財として公開されるものもあろうし、有料財またはクラブ財として販売されるものもあるだろう。その違いは、データそれ自体の性質ではなく、データのパッケージ化あるいは扱われ方の問題である。同じ一連の観測データが、異なる表現をとるにしても、これらの各々の経済的条件の下で同時に利用可能となることもあるかもしれない。

　特定のセットのデータが別個に利用可能であろう天文学の例が、データ共有の条件を評価する際の難しさを表している。観測データは、研究者がデータをどのように得ているかによって三つの一般的カテゴリにグループ化できる。三つのカテゴリとは、データのコレクション、研究者によって新たに集められたデータ、派生データである。NASA は、他の多くの国内機関、国際機関との連携の下、天文学の共有資源に対する最大の投資者になっている。データコレクションの形成と管理は NASA のミッションの一部である。これらのリポジトリには、科学者、データ科学者、ソフトウェア技術者が配置されている。投資は、データの移転、データを調査するためのツール、利用者がデータの発見、受入、利用、解釈を行う際の支援要員に対して行われている。天文学者は観測が実施されてから長年にわたってデータをマイニングすることで、これらのリポジトリを大いに活用している。

　二つ目のカテゴリである新たに収集されたデータは、天文学研究者によって直接入手された観測記録である。5章の COMPLETE サーベイのように、天

330　　第Ⅲ部　データ政策と実践

文学者の中には、望遠鏡から独自の観測データを得るために提案書を作成する者もいる。こうした観測は、機器に関連したパイプラインを通して処理されるかもしれないし、そうでないかもしれない。また、観測データを取得するために自ら機器を作り、そのためのパイプラインを構築する天文学者もいる。これらのデータは、クリーニングと校正を行った後、リポジトリまたは機関のコレクションに移されるかもしれない。その中には、プロジェクトのウェブサイトで、あるいは要求に応じて直接公開されるものもある。しかし、新たに収集されたデータの大部分は、天文学においてさえ、研究者の管理に委ねられているようである。

　三つ目のカテゴリの派生データは、アーカイブから入手したデータ、または複数の情報源からのデータを組み合わせたデータである。研究者がチャンドラX線観測衛星あるいはスローン・デジタル・スカイサーベイのようなキュレートされたコレクションからデータを得る場合、研究者は自分の研究課題を処理するためにデータを変換する。多くの場合、彼らはそれらのデータを他のコレクションあるいは新たに収集したデータと比較する。例えば、COMPLETEサーベイでは複数のリポジトリの観測データを新たに収集したデータと統合していた。派生データは他のリポジトリに置かれる、または直接公開されるかもしれないが、その多くは研究者の管理下に留められる可能性が高い。

　この三部構成のモデルは、共有資源を維持する他の分野にも適用できる。データリポジトリのデータキュレーションへの投資の程度、および情報資源の集中化の程度はさまざまである。共有コレクションの中には、一つの情報源から生じるものがある。スローン・デジタル・スカイサーベイは、単一の望遠鏡の観察データで構成され、多年にわたって総観的に収集されたものである。CBETA は、中国仏教の経典の単一のテキスト本文のデジタル化から始まった。また、異種の情報源からデータを受け入れ、データ作成者の品質保証に頼るコレクションもある。リポジトリの中には、データセットのコンテンツを点検するのに十分なスタッフを擁し、自らの品質基準に合致するデータだけを受け入れているところもある。スタッフは、メタデータ、追加の説明、新たなフォーマットへの移行、ヘルプデスクを通じて価値を付加できる。コレクション間には幾つかの重複が存在するが、欠落も多い。研究者は隣接分野のコレクシ

ョンに気づいていないかもしれず、未だに発見が問題である。

　リポジトリまたは他の情報資源からデータを引き出すために、研究者は入手可能な来歴情報に頼っている。それに続く分析、解釈、管理と来歴の記録は、研究者の手に委ねられている。派生データは、新たに収集されたデータと比べ永住の地を見つけられそうにないように見える。データであれそれ以外であれ、自らの情報資源から派生した生産物、特に他の情報源と統合した生産物を集めるアーカイブはほとんど無いようである。アーカイブ担当者は多くの場合、自分で来歴あるいはその後の活動を点検できない研究オブジェクトの受け入れに気乗りがしない。スローン・デジタル・スカイサーベイといった少数のデータコレクションでは、入念に点検した後で派生データの生産物を受け入れている。

　とりわけ、共有資源がほとんど存在しない領域では、データ共有はさらに体系化されていない。センサネットワークの科学技術の領域では、パートナーは自分のデータ資源を維持する以外にない。これらは、配置毎に異なる研究課題、技術、プロトコルで新たに収集されたデータであった。チームは必要に応じて自分達のデータ資源をプールしたが、その場合でも、データはタスク毎あるいはプロジェクト毎に整合しないかもしれなかった。ソーシャルメディアの研究では、研究者は一般のストリームからデータを引き出すが、その後自らの研究課題を処理するためにそれらを変換するかもしれない。異なるチームのデータが比較可能かどうかにかかわらず、データが入手された際の適法な契約が共有を妨げる可能性がある。資金提供機関がデータ管理計画を義務化する場合、研究者は自分達のデータの潜在的価値により気づくようになるかもしれない。しかし、そうした計画がリポジトリ、ツール、スタッフ配置といったデータ共有の有効な手段によって支援されなければ、データの共有と再利用の促進で意図した結果にはならないだろう。

出版物とデータ

　第三の挑戦的課題に提示したように、データと出版物の間のさまざまな類似性は、政策と実践に関する議論の理解を容易にするのではなく、むしろ分かりにくくしがちである。

学術出版の機能は、形式および分野の増殖にもかかわらず、依然として安定している。データは、学術コミュニケーションにおいて雑誌論文、図書、会議論文が担っている役割とは異なる目的を果たす。データを出版物として扱うことには、新たなモデルの学術コミュニケーションの探求をだしにして、既得権者の役割を強調するリスクがある。学術におけるデータの機能は、多様な利害関係者の視点から検証されなければならない。

　本書を通じて見たように、研究者は議論を行うために出版物を執筆し、データはそうした主張を裏付ける証拠である。クレジット、帰属、著者性は出版物と関連付けられているが、容易にまたは十分にはデータには対応しない。出版物の中には、最小限の叙述を盛り込んだ、データがたくさん含まれるものがある。他の多くは、あったとしてもついでにデータに言及する叙述的なものである。主張に対する証拠の比率がどうであれ、出版物はデータのパッケージをはるかに超えた存在である。出版物からの独立した産物としてのデータの分離は、その意味のほとんどを取り去ってしまう。出版物は独立した単位となるよう意図され、その領域に通じた読者によって解釈可能となっている。出版物はデータを発見するための手段に成り得るし、その逆も同様である。したがって、出版物とデータの間のリンクはそれぞれの価値を拡大する。しかし、データと出版物のリンクにあまりに強く焦点を当てるリスクは、データと出版物の1対1の関係を実体化することにある。再現性目的のデータ保持は、データセットをより一般的に探求可能な方式で表現するのではなく、出版物サイズの単位とすることを強いる可能性がある。

　学術出版物に対するオープンアクセスは、ピーター・スーバー（Peter Suber）（Suber 2012a）が説明したように（3章）、学術に特有な二つの理由から実現可能である。研究者は少なくとも初期的には自らの出版物に関する権利を所有しており、そして研究者は収益のためではなく影響度のために執筆するのであるから、それらをできるだけ広範に流通させたいと動機付けされている。これらのいずれもがデータには当てはまらず、データ管理と政策の他の多くの要素に悪影響を与えている。研究者は、特に結果的に引用が増加する場合、自分

10章　何を保持するか、そしてその理由は？　333

の出版物の発見可能性が増大する方式を歓迎する。

　学術出版のビジネスモデルは、過去数十年の間に根本的な変化を遂げた。出版プロセスのほとんどの局面が、著者による投稿からオンラインの流通や利用を通じてデジタル化されている。DOI のような一意で永続的な識別子が出版の時点で付与され、また古い資料にも遡及的に付与されている。リポジトリは DOI、ハンドルやその他の識別子をデータセットに付与している。ORCID（Open Researcher and Contributor ID）のような一意で永続的な識別子が個々の著者に対して付与されている。これらおよびその他の識別子は、9 章で見たように、CrossRef、Object Reuse and Exchange（OAI-ORE）あるいは ResourceSync といった技術と共に、デジタルオブジェクトをリンクするために利用できる。これらの同じ技術進歩が出版者となるための障壁を下げ、オープンアクセス運動に貢献してきた。出版者はその大小にかかわらず新たなデータマイニング・サービスを提供し、雑誌、大学、学科、リポジトリ、資金提供機関、個々の研究者のパフォーマンスに関するカスタマイズした報告書を提供するために、デジタルオブジェクトの統合を目指している。

　図書館およびアーカイブは、コレクションの構築と管理の専門家である。図書館は主として出版された資料に、アーカイブは他に存在しないアイテムに焦点を当てている。研究図書館は、大学のカリキュラムに合致する深さのあるコレクションを備え、ほとんどの知識領域にわたって広範囲に収集を行っている。認証評価ガイドラインに従って、博士課程のプログラムは学部だけのプログラムよりも、より包括的なコレクションによって支援されている。アーカイブのコレクションは一般にずっと小さく、領域あるいは資料のタイプにより集中している。領域に関する深さを備えたコレクションは研究者や学生を大学に引きつける。これらはそれぞれの機関の中心資産である。科学技術の多くの領域の研究者は、大学図書館にデジタルのサービスだけを望んでいる。人文学の多くの領域の研究者は、印刷資料およびアーカイブ資料に強く依存している。彼らは図書館に充実した歴史のコレクションの維持と、それらを利用する物理的スペースの提供を期待している。研究者と学生は、デジタル資料と物理的資料の両方と、それらを利用するための建物、発見と解釈を支援するスタッフを必要としている。すべての利用者が、その作業が目に見えるかどうかにかかわ

らず、情報資源を選択、収集、組織化し、利用可能とする情報専門家の専門知識に頼っている。

　処理すべき機関の課題の中でも、保存とアクセスのバランスが特に重要である。印刷資料を山の下に保存するといった、保存に最も有効な形式はアクセスには向かない。反対に、ページの低解像度イメージのようなアクセスに有効な形式は保存には向かない。多くの場合、機関は両方を行うが、そのためにはある種の資産に対しては二重のシステムが必要となる。研究データに適用する際には、この違いがより大きなものとなる。デジタルファイルは、災害による消失の際に復元できるようダークアーカイブに保存することができるが、こうしたデジタルファイルはほとんどあるいはまったくアクセスを提供しない。その価値を維持する方法で研究のためにアクセスを提供するには、オンラインの双方向的システム、領域に相応しい技術的装置、コンピュータの能力、情報資源の活用の際に利用者を支援するスタッフの専門知識が必要である。これらの活動には、領域に関する専門知識とキュレーションに対する継続的投資が求められる。

　デジタル保存というより大きな問題の処理であっても、多くの、ほとんどの大学は大規模な領域のコレクションへのアクセスを維持する責任を果たすのではなく、ダークアーカイブや専門的資料の小規模なコレクションの管理によってより良く対応している。後者のためには、研究コミュニティ、大学コンソーシアム、あるいは国全体でのインフラ投資が求められる。ほとんどの研究領域にとって、データ資源の集約が最も実行可能な活用手段である。

　また、出版物とデータの違いは、何をなぜ保存するかの検討にも関係している。一つは、出版物はたくさんのコピーあるいはコレクションに存在する可能性があるが、1回だけ目録処理されれば良いという点である。図書館は20世紀の初頭に目録の負担を共有し始め、後にそうした提携関係を共有のデジタルサービスへと発展させた（Borgman 2000）。研究データは、それぞれのセットが独自で、それぞれのメタデータと来歴記録が必要となる点で、アーカイブ資料により類似している。独自のアイテムを記述し、それらを共通の構造に統合するためには、より多くの作業量が必要である。しかし、いずれの場合でも、コレクションは成長につれて価値を増す。大学図書館は、それぞれが何を収集

10章　何を保持するか、そしてその理由は？　　335

するかについてのコンソーシアム契約を行い、資源の集中を促進し、コミュニティの構成員へのアクセス提供を行っている。同じことがデータのコレクションについても実行可能である。

　図書館とアーカイブは何を受け入れるかについて相互補完的方針を持つ。専門的な業界用語で、図書館は選定しアーカイブは鑑定する。両方とも、無期限の保存を前提に情報資源を受け入れる。図書館は、情報が時代遅れになったときまたは新たな版が出されたとき、より多くの資料の間引きあるいは「登録抹消」を行う。いつ廃棄あるいは処分を行うかの判断は、受け入れの時点よりも難しい意思決定になることがある。出版物に関しては、図書館は「最終コピー（last-copy）」協定を行っている。パートナーの一つがキュレーションに責任を持ち、他のパートナーはコピーを廃棄しても良いというものである。しかし、最終コピー契約は、データのような独自のオブジェクトには適用できない。データによっては数ヶ月のうちに有用でなくなるものも、数十年のものもあるだろう。保有計画はデータに関しては、とりわけ問題が多いのである。研究者と図書館員は、有効期限の決定に際し行き詰まった状況の中で、お互いに譲りあうことが多い。

　出版物とデータへの異なる投資は、事例研究の中でも注目に値する。出版物へのアクセス維持はすべての研究領域に共通する。データへのアクセス維持は良くても同じではない。事例として挙げた中で最も包括的な知識インフラを有する天文学においても、出版物、オブジェクトの分類、データは別々に管理されている。この分野の文献は天体物理データシステム（Astrophysics Data System; ADS）にキュレートされる一方で、CDS[1] と NED[2] が出版物で命名された天体の目録を作成している。これらの三つの機関は密接に繋がっており、出版物とオブジェクトの間にリンクを形成している。しかし、宇宙ミッションの観測記録は、地上ミッションの場合よりも、より良くキュレートされている。天体オブジェクト、出版物、データの間の最も広範囲なリンクは、ADS、

---

1)　ストラスブルグ天文データセンター（CDS: Centre deDonnes astronomiques de Strasbourg）

2)　NASA 銀河系外データベース（NASA/IPAC Extragalactic Database）

CDS、NED と天文学データリポジトリの情報専門家によって行われている。他にも天文学の図書館員によってリンクが行われており、彼らのローカル・コレクションに付加価値を与えている。最も一貫性に欠けるリンク形成は天文学出版物の著者によって行われたものであり、著者は他の出版物を引用するがデータの引用は滅多に行わない（Accomazzi and Dave 2011; Pepe et al., in press）。天文学やその他の領域において、発見可能性のために出版物とデータをリンクする知識インフラの頑健性は、必要な作業を行う情報専門家への投資によって左右される。

データへのアクセス

第四の挑戦的課題に提示したように、データへのアクセス提供は出版物へのオープンアクセス提供よりもさらにいっそう難しい。

> 学術の成果は、オープンアクセス出版、オープンデータ、オープンソース・ソフトウェアといった動きを通じて、より広範に流通しつつある。学術に関するデータと出版物の異なる目的は、流通の誘因、手段、実践に影響を与えている。データへのオープンアクセスの提供は、研究者、図書館、大学、資金提供機関、出版者、その他の利害関係者に影響を与えるが、そのことはほとんど理解されていない。

データの発見と入手の能力は、共有資源に投資を行った分野で最大となる。データの共有化あるいは集約化が容易に行える領域では、そうした情報資源の構築に向けた誘因が存在している。天文学、生物学、生物医学、それに科学の「オミクス（omics）[3]」分野、社会科学のサーベイ調査、人文学のテキスト・コーパス（textual corpora）は疑う余地の無い例である。これらの領域のすべてで、データは比較、結合され得る。研究者はプールにアクセスするために、見返りとして自分のデータを進んで提供する。しかし、すべての共有資源の場合

---

3) 訳注：ゲノミクス（genomics）、トランスクリプトミクス（transcriptomics）、プロテオミクス（proteomics）、メタボロミクス（metabolomics）などの総称。

と同様に、それらは統制されなければならない。持続可能性とフリーライダーは継続的な課題である。研究コレクションの立ち上げは困難である。研究コレクションを、情報資源あるいは参照コレクションとする機関の責任の確立はさらに困難である。それらのすべてが生き延びるわけではない。最も頑健なデータリポジトリでさえ、資金提供が止まった場合に備え、資産の整理の概要をまとめた継承計画を持っている。フリーライダーを積極的なメンバーに変えるためには、賢いマネージメントが必要である。

　ほとんどの研究データは、積極的に破壊または置き去りにされて無くなるまで、旧式のファイルとして衰えていく傾向にある。その理由は、本書を通じて見たようにたくさんある。自分の装置に残っていたとしたら、たいていの研究者は、当座の計画された研究プロジェクトの目的に役立てるのに十分なように、そのデータを記述するだろう。データへのアクセスを向上させるために、より多くのデータが再利用可能な形式で保持されなければならないが、そのためには誘因の変化が必要である。ほとんどの研究者にとって、根本的な問題は自らのデータのより良い管理である。彼らは、自分のデータを自分が再利用可能な方式でアーカイブ化するためのツール、サービス、支援を必要としており、それが彼らのデータが後に他者にとって有用となる可能性を向上させる。

　許諾のルールが重要である。研究者は、自らの情報資源に対する管理を維持可能な、データ管理の解決手法を必要としている。研究やデータによっては、さまざまな種類の管理が必要かもしれない。これには、占有期間、ライセンス供与、協力協定、ヒト被験者の法令の遵守が含まれるだろう。研究者がデータを必要に応じて自分自身が利用可能で、信頼性があり条件に適合したシステムにアーカイブできれば、彼らはその後に進んでデータを公開するかもしれない。ひとたびリポジトリに格納されれば、許諾のパラメータの変更によって、データを連携研究者や一般に利用可能にできるだろう。Dataverse や SciDrive のようなシステムは、データを確実にアーカイブすることがオープンアクセスへの第一歩であるという原則で運営している（Crosas 2011; Drago et al. 2012; Goodman et al. 2014; SciDrive 2014）。データの説明は最善ではないかもしれないが、他の方式では失われてしまうデータをキュレートし、データの発見可能性を向上させる手段を提供する。データをより容易に保持できるようになれ

ば、データをより再利用できるようにするための投資への意欲が増すだろう。同様に、キュレーションへの投資が発見可能性を向上させるだろう。確実に保存されているデータは、より容易に引用される。出版物はデータを発見するための主たる道のままであるかもしれない。それは、出版物がデータをより詳細に記述するからでもあるし、研究者がデータセットの引用よりも出版物の引用を好むからでもある。

　データは負債でもあり資産でもある。データの保持は費用がかかり、さらに誤用、誤った解釈、法的責任はデータ公開の阻害要因である。最近の事例では、データ公開の公式な要請によって、何ヶ月にも及ぶ交渉、詳細な法律相談、すべての関係者が望むよりも多量の広報がもたらされた。ある有名大学の地震工学研究者は、倒壊の危険のあるロサンゼルスのコンクリート建造物を調査した。全米科学財団（National Science Foundation）の助成金を基にした出版物で知見を説明したが、そこには建造物のリストを含めなかった。ロサンゼルス市の職員が、建造物の安全評価に利用するためそのリストを要請した。研究者と大学当局は、当初は建造物の所用者からの訴訟の可能性を理由に断った。大学は、科学研究のために収集されたデータと個々の建物の耐震性評価を区別したのである。最終的に、関係者は編集済リストの公開と地震のリスクに関する法的表現に同意した（Lin, Xia, and Smith 2014a, 2014b; Smith, Xia, and Lin 2013; Xia, Smith, and Finnegan 2013）。関連したすべての利害関係者が、内容的に一致したわけではないが、当然の懸念を抱いた。

　公共政策のための地震工学の利用は、出版物とデータの予期しない目的での利用のほんの一例である。この問題に対するより一般的な解決策は、出版物、データ、その他のデジタルオブジェクトの大規模なコーパスに対してコンピュータ分析あるいはマイニングを可能にすることである。尋ねられそうな質問を想定するのではなく、後々の検索者がおそらくは API を用いてそれぞれのアルゴリズムを書くことができるようにすることである。後者の方式は、さまざまな装いで提案されてきた（Bibliographic Services Task Force 2005; Bourne 2005; Bourne et al. 2011; Shotton et al. 2009）。この方式の弱点は、コンテクストと来歴情報の喪失、結果の解釈に必要なオブジェクト間の関係の維持の難しさである。再利用自由という意味でのオープンデータ（Open Data Commons

10章　何を保持するか、そしてその理由は？　　339

2013）は必要だが、研究目的では十分な条件ではない。OECD 原則に盛り込まれた、柔軟性、透明性、適法性、知的財産権保護、正式な責任、プロ意識、相互運用性、品質、セキュリティ、効率性、説明責任、持続可能性という完全な意味でのオープンデータはずっと高い制約である（Organisation for Economic Co-operation and Development 2007）。

利害関係者とスキル

　研究者は既存のデータを活用するよりも、新たなデータを収集または生成する方がより功績を認められる。第五の挑戦的課題に示したように、もし報奨制度がゆるやかであっても再利用により価値を置くように変化するとしたら、新たなスキルや新たなインフラが必要である。

　　　　知識インフラは、オープンアクセス、データ駆動型研究、新技術、ソーシャルメディア、そして実践および政策面での変化に適応するよう進化し続けている。利害関係者の中には得をする者も、損をする者もいる。コスト、便益、リスク、責任は再配分されつつある。新たな種類の専門知識が必要となっているが、その有用性は文脈および研究領域によって異なることになるだろう。

　利害関係者は、どんなデータがなぜ保存する価値があるのかという基本的質問に対して相反する答えを持つ。なぜ何らかのデータを保存すべきなのか？　どのデータを保存するかを決定する基準は？　どのデータが保存する価値があるか決定するのは誰か？　誰に向けて保存すべきなのか？　どんな目的や利用を予想すべきなのか？　どんな形式で、そしてどんな付属情報をつけて保存すべきなのか？　どれくらいの期間保存すべきなのか？　誰が保存を担当すべきなのか？　価値があると考えられるデータの短期的、長期的な持続可能性の確保に誰が資金を提供するのか？　誰がそのデータにアクセスすべきなのか？　アクセス、利用、再利用に関しどんな方針を採るべきなのか？　データ資源の有用性を維持するために必要なツール、技術、設備、人的資源はどんなものか？
　上述したように、データが新たに収集される場合または利用可能な情報資源

340　　第Ⅲ部　データ政策と実践

から引き出された場合に、データの管理、キュレーション、提供の責任は通常はその研究者が負う。データ管理には、その研究領域の専門知識と情報の組織化やキュレーションに関する専門知識の両方が必要である。データの詳細、そのコンテクスト、利用法に応じて、かなりの技術的な専門知識も必要となろう。ある研究領域における専門家であるからといってデータ管理の専門家になれるわけではない。そうしたスキルは、学問領域の大学院課程で教えられることはめったにない。

しかし、研究者がデータ管理に関してどれだけの重荷を進んで担うかは明らかでない。ほとんどとまでは言わないまでも多くの研究者が、データの管理に費やす時間と資源を、自らの研究に対する労力の損失と考えている。彼らはこれらの責務を図書館またはアーカイブのスタッフに委ねることを望んでいるかもしれないが、そうした連携も整備に時間を要する。図書館は現在のサービス提供まで範囲を拡大してきており、すべての図書館がデータ管理を自らの活動範囲内であると考えているわけではない。出版者はデータをキュレートするよりも、データのインデックス形成とリポジトリへのリンクにより前向きである。

データ科学の教育プログラムは、データ分析、管理、組織化、キュレーション、アクセスをさまざまに取り扱っている。全米アカデミーズ（US National Academies）によるデジタル保存の要員に関する調査は、求められる一連のスキルの定義の難しさを明らかにした（Hedstrom et al. 2014）。スタッフ配置の主たる問題は、データ管理に含まれるほとんどの労働が目に見えない作業であることである。情報専門家、ソフトウェア技術者、科学プログラマー、機器製作者、そしてその他の技術専門家が学術の基盤を支えている。これらのスキルは多くの場合、軽んじられており昇進経路は不明である。雇用保障や昇進の道を欠く「ソフトマネー」契約の下で能力ある人々を採用するのは難しい。研究データの保存と活用の成功のためには人的インフラへの投資が決定的に重要である。仮に頑健な知識インフラを持続させたいのならば、研究コミュニティはこれらの人々を雇用し、昇進経路を提供しなければならない。

データ管理、キュレーション、デジタル保存における専門知識の必要な組み合わせは利害関係者によって異なるだろう。大学、学科、図書館、研究チーム

は、その組織のあらゆる場所でこれらの種類の専門知識を必要としている。データリポジトリは、それ自体が資金提供機関、研究コミュニティ、あるいは他の機関から支援を受けているが、その研究領域、データ管理、技術のそれぞれにおけるスキルを備えた専門家を必要としている。新たなプレイヤーがこの空白に参入しつつあるが、その一部は公的組織であり、一部は民間組織である。欧州連合は、出版物、データ、その他のコンテンツをリポジトリに取り込む、Open Access Infrastructure for Research in Europe（OpenAIRE）に資金を投じている。CERN に本部を置く Zenodo は OpenAIRE の構成要素であり、他のリポジトリで所蔵されない研究オブジェクトを受け入れている。オーストラリアはデータ管理を研究実施規約（code of research conduct）に組み込み、その後、リポジトリ、スタッフ配置、個々の機関とのさまざまな連携を含むデータ管理の国家基盤の構築を開始した（Australian National Data Service 2014; National Health and Medical Research Council 2007; Open Access Infrastructure for Research in Europe 2014; Schirrwagen et al. 2013; ZENODO 2013）。

　大学の機関リポジトリと arXiv や SSRN といったオープンアクセスリポジトリは、プレプリント、リプリント、そして灰色文献への重点的な取り組みを継続している。その中には、テキスト資料への補遺としてデータセットを受け入れるものもあるだろう。他にも、例えば Dataverse では特にデータセットを対象としている（ArXiv.org 2013; Crosas 2011; J. King 2013; Social Science Research Network 2014）。SlideShare や FigShare のような営利企業は広範囲の研究オブジェクトを集め、DOI を付与してそれらのオブジェクトをより発見可能としている。Thomson Reuters はリポジトリのデータセットを登録する *Data Citation Index* を立ち上げた。これらは、研究オブジェクトに付加価値を与えるサービスを提供しているプレイヤーのほんの一部に過ぎない。その中には短期的な目的を持つ者もいるし、研究資源への長期的なアクセスの維持に関心を持つ者もいる。

知識インフラの過去、現在、未来
　最後の第六の挑戦的課題に提示したように、知識インフラの構築は鶏と卵の問題である。

知識インフラは、研究者の世代を超えて発展し、変化する。設計面と政策面における長期的視点が必要であるが、研究資金提供は短いサイクルで運営されている。今日、明日、その後の研究データの受入、維持、活用のためにインフラに対する相当の投資が必要である。それらの投資は、今日行う選択が明日およびその後にどのようなデータや情報資源が利用可能となるかを決定するので、議論を引き起こすことになろう。

　緊張関係はたくさん存在する。特に、「技術インフラという長期的問題」においてである（Ribes and Finholt 2009）。個人、プロジェクト、組織は異なる時間枠で動いており、相反する目的が直ぐには明らかとならないかもしれない。たいていの研究資金提供は5年またはそれ以内のサイクルである。多くの助成金は、1年から2年の長さである。データリポジトリが研究助成金を受けるとしても、数年毎に更新を迎える。「それを造れば、彼らは来るだろう」という仮定は、リスクの多い戦略になることがある。コンセプトの証明が達成される時には、助成金は終わっているかもしれない。研究資金提供が終了するとき、連携は潔く解散し、資源と専門知識は次のプロジェクトに移るかもしれない。あるいは、専門知識を持つ者は取り残され、データは崩壊に向かい、技術は消散し、インフラの重要な部分はほったらかしにされるかもしれない。知識インフラの最初、中間、あるいは終わりは、未だにほとんど理解されていない（Cummings et al. 2008; Duderstadt et al. 2002; Edwards et al. 2007, 2011, 2013; Lee et al. 2006; Olson, Zimmerman, and Bos 2008; Ribes and Jackson 2013）。

　研究インフラへの資金提供は、研究への資金提供とは異なる。技術、人材、サービスの共有インフラに投資するよう政府や資金提供機関を説得するのは、米国のサイバー・インフラストラクチャ計画、英国のeサイエンス計画、オーストラリアの全国データサービス、そして他の場所の同様の冒険的事業で学んだように、困難な提案になる可能性がある。これらの冒険的事業の仕様は大きく異なるが、多くの研究者が、共有技術や共有資源が個々の大学や研究者の手の届かないものであることを認識し、こうした投資に支持を表明している。一方では、トップダウン的、中央集権的な解決法に見える投資に抵抗し、反対す

10章　何を保持するか、そしてその理由は？　　343

る者もいる。これらは、短期間の資金提供サイクルと政治の急転の中をうまく舵取りしなければならない長期の取り組みである。また、そこにはそれぞれが異なる時期に展開するたくさんの流動的部分が存在する。大学や出版社はずっとゆっくりと動いている。新興企業は迅速に動くことができるが、長期の持続可能性には投資しないだろう。

　データの保存と活用の能力は、データ管理に対する機関の投資によっても左右される。研究者は、目的が運営上の説明責任の場合よりも、そうした投資が研究に付加価値を与える場合に、データをキュレートしようと意欲を高められるように見える。研究者およびデータ管理に投資しようという者は、どんなデータが保存に値するかについて共同決定を行うことができる。もしデータの価値が急激に低下すると受け止められたら、それらを保存する理由はほとんど存在しない。旧来からのデータ、ハードウェア、ソフトウェアは維持が困難で高くつく。データの中には、エミュレーション・レイヤーで動作させることによってのみ復元可能なものもあるが、この方式は通常正当化が難しいものである（Brooks 1975; Jackson and Buyuktur 2014; Lee et al. 2006; Mayernik, in press; Segal 2005; Winkelman and Rots 2012a）。

　短期間のみ有用なデータは、それらを流通させアクセスを提供するサイトに寄託または掲載されるかもしれない。長期間にわたって価値を持つデータや他の研究オブジェクトは、図書館、アーカイブ、博物館、あるいは資金が潤沢なリポジトリのいずれであれ、安定した機関に委ねられるのが望ましい。研究者の中には、新たな技術を迅速に導入し適応させる者もいる。将来のサポートが確実と見られる技術だけを導入する、リスク嫌いの者もいる。同様に、独占的ソフトウェアにデータを保持する者も、オープンなフォーマットにデータを保持する者もいる。サイロはどこにでもあり、相互運用性は遠い目標のままである。

まとめ

　どんなデータを保存するかという疑問に対する一般的な答えは存在しない。それは、データとは何かという疑問に対する一般的な答えが存在しないからで

344　　第Ⅲ部　データ政策と実践

ある。全般的な合意の不在にもかかわらず、ほとんどの研究者は自分がデータだと考えるものが何であれ、より良い管理手段を求めている。より良い管理はより持続可能なデータに、同様にデータの発見と共有のより良い手段に繋がりそうである。これらは、研究者の肩だけに担わせることはできない高価な投資である。データへのより良いアクセスには、研究コミュニティ、資金提供機関、大学、出版者、その他の利害関係者による知識インフラへの投資が必要である。技術、政策、実践が多くの方式で交わる。知識インフラのたくさんの流動的部分を一つに編みこむためには、目に見えない作業を通じてそれらの部分をまとめ上げる人々への投資が必要である。

　これまでは不可能だった規模で、研究者に、データの収集、発見、検索、分析、流通が可能になっている。それらのデータの中には永久に保存する価値を持つものも、束の間の価値しか持たないものもある。中には、保持するよりも必要に応じてより容易に再生成できるものもある。人間の歴史を通じて、すべてを保存することが選択肢であったことは無い。情報の将来における利用は決して完全には予想できない。古い情報に新たな証拠を見出す能力は、多くの形式の学問の核心である。データの維持は、単純な格納とバックアップよりもずっとハードルが高い。課題は、データを発見可能、利用可能、アクセス可能、理解可能、解釈可能にすることであり、それらを長期間にわたって行うことである。利害関係者は、ある領域でどんな種類のデータがその投資の程度に見合うのか、あるいはそれらのデータが誰に対して価値を持つのかについて同意しないかもしれない。最も難しい部分は、関連する当事者を代表してそうした投資を積極的に行うのは誰かを見定めることである。データへのアクセスのための価値ある提案は、知識インフラのための価値ある提案である。研究領域、コミュニティ、国を越えて複雑に絡みあった一連の利害関係者と共に行うのは難しいことではあるが、きわめて長期の視点が必要である。本書の前提を再度述べれば、データの価値はその利用にある。利害関係者が何をなぜ保存するのか、そして知識インフラの維持のために必要な目に見えない作業への投資について合意することができなければ、ビッグデータもリトルデータも同じくすぐにノーデータに変わってしまうだろう。

10章　何を保持するか、そしてその理由は？　　345

参考文献

Aad, G., T. Abajyan, B. Abbott, J. Abdallah, S. Abdel Khalek, A. A. Abdelalim, 0. Abdinov, et al. 2012. "Observation of a New Particle in the Search for the Standard Model Higgs Boson with the ATLAS Detector at the LHC." *Physics Letters [Part B]* 716(1): 1-29. doi: 10.1016/j.physletb.2012.08.020.

Abbate, Janet. 1999. *Inventing the Internet.* Cambridge, MA: MIT Press.

Accomazz, Alberto. 2010. "Astronomy 3.0 Style." *Astronomical Society of the Pacific Conference Series* 433: 273-281.

Accomazz, Alberto, and Rahul Dave. 2011. "Semantic Interlinking of Resources in the Virtual Observatory Era." *Astronomical Society of the Pacific Conference Series* 442: 415-424. doi: arXiv:1103.5958.

Acropolis Museum. 2013. "The Frieze." http://www.theacropolismuseum.gr/en/content/frieze-0.

Agosti, Maristella, and Nicola Ferro. 2007. "A Formal Model of Annotations of Digital Content." *ACM Transactions on Information Systems* 26(1). doi: 10.1145/1292591.1292594.

Agre, Philip E. 1994. "From High Tech to Human Tech: Empowerment, Measurement, and Social Studies of Computing." *Computer Supported Cooperative Work* 3(2): 167-195. doi: 10.1007/BF00773446.

Ahn, Christopher P., Rachael Alexandroff, Carlos Allende Prieto, Scott F. Anderson, Timothy Anderton, Brett H. Andrews, Éric Aubourg, et al. 2012. "The Ninth Data Release of the Sloan Digital Sky Survey: First Spectroscopic Data from the SDSS-III Baryon Oscillation Spectroscopic Survey." *Astrophysical Journal* 203: 21. doi: 10.1088/0067-0049/203/2/21.

Akyildiz, I. F., W. Su, Y. Sankarasubramaniam, and E. Cayirci. 2002. "Wireless Sensor Networks: A Survey." *Computer Networks* 38(4): 393-422. doi: 10.1016/S1389-1286(01) 00302-4.

Alabaster, Jay. 2013. "Library of Congress Saves 500 Million Tweets Per Day in Archives." *Computerworld* (January 8). http://www.computerworld.com/s/article/9235421/Llbrary_of_Congress_saves_500_million_tweets_per_day_in_archives.

Alarcón, Enrique. 2000. "Corpus Thomisticum." www.corpusthomisticum.org.

Alberts, Bruce. 2012. "The End of Small Science'." *Science* 337(6102): 1583. doi: 10.1126/science.1230529.

Alberts, Bruce. 2013. "Impact Factor Distortions?" *Science* 340(6134): 787. doi: 10.1126/science.1240319.

Allen, Erin. 2013. "Update on the Twitter Archive at the Llbrary of Congress." (January 4). http://blogs.loc.gov/loc/2013/01/update-on-the-twitter-archive-at-the-library-of-congress.

Allon, Mark. 2007. "Recent Discoveries of Buddhist Manuscripts from Afghanistan and Pakistan: The Heritage of the Greeks in the North-west." In *Memory as History: The Legacy of Alexander in Asia,* ed. Himanshu Prabha Ray and D. T. Potts. New Dehli: Aryan Books International.

Allon, Mark. 2009. "Recent Discoveries of Buddhist Manuscripts from Afghanistan and Pakistan and Their Significance." In *Art, Architecture and Religion along the Silk Roads,* ed. Ken Parry, 133-178. Belgium: Brepols.

Alsheikh-Ali, Alawi A., Waqas Qureshi, Mouaz H. Al-Mallah, and John P. A. Ioannidis. 2011. "Public Availability of Published Research Data in High-Impact Journals." *PLoS ONE* 6: e24357.

Altman, Micah, and Gary King. 2007. "A Proposed Standard for the Scholarly Citation of Quantitative Data." *D-Lib Magazine* 13(3/4). doi: 10.1045/march2007-altman.

Altschul, S. F., W. Gish, W. Miller, E. W. Myers, and D. J. Lipman. 1990. "Basic Local Alignment Search Tool." *Journal of Molecular Biology* 215(3): 403-410. doi: 10.1016/S0022-2836(05)80360-2.

American Psychological Association. 2009. *Publication Manual of the American Psychological Association.* 6th ed. Washington, DC: APA.

Ancient Lives. 2013. Home page. http://ancientlives.org.

Anderson, Chris. 2004. "The Long Tail." *Wired.* http://www.wired.com/wired/archive/12.10/tail_pr.html.

Anderson, Chris. 2006. *The Long Tail: Why the Future of Business Is Selling Less of More.* New York: Hyperion.

Anderson, Chris. 2008. "The End of Theory: The Data Deluge Makes the Scientific Method Obsolete." *Wired.* http://www.wired.com/science/discoveries/magazine/16-07/pb_theory.

Anderson, David P., Jeff Cobb, Eric Korpela, Matt Lebofsky, and Dan Werthimer. 2002. "SETI@home: An Experiment in Public-Resource Computing." *Communmications of the ACM* 45(11): 56-61. doi: 10.1145/581571.581573.

Anderson, Robert J. 1994. "Representations and Requirements: The Value of Ethnography in System Design." *Human-Computer Interaction* 9(3): 151-182. doi: 10.1207/s15327051hci0902_1.

Archaeology Data Service. 2013. Home page. http://archaeologydataservice.ac.uk.

Arms, William Y. 2002. "What Are the Alternatives to Peer Review? Quality Control in Scholarly Publishing on the Web." *Journal of Electronic Publishing* 8. http://www.press.umich.edu/jep/08-01/arms.html.

Aronova, Elena, Karen S. Baker, and Naomi Oreskes. 2010. "Big Science and Big Data in Biology: From the International Geophysical Year through the International Biological Program to the Long-Term Ecological Research (LTER) Network, 1957-Present." *Historical Studies in the Natural Sciences* 40: 183-224. doi: 10.1525/hsns.2010.40.2.183.

Arts & Humanities Research Council. 2012. "Technical Plan." http://www.ahrc.ac.uk/Funding-Opportunities/Research-funding/RFG/Application-guidance/Pages/

Technical-Plan. aspx.

Arts and Humanities Data Service. 2008. Home page. http://www.ahds.ac.uk.

ArXiv. org. 2013. "ArXiv. org e-Print Archive." Home page. http://arxiv.org.

Arzberger, Peter, P. Schroeder, Anne Beaulieu, Geoffrey C. Bowker, K. Casey, L. Laaksonen, D. Moorman, Paul F. Uhlir, and Paul Wouters. 2004. "An International Framework to Promote Access to Data." *Science* 303. 1777-1778. doi: 10.1126/science.1095958.

Association for Computing Machinery. 1992. "ACM Code of Ethics and Professional Conduct." http://www.acm.org/about/code-of-ethics.

Association of Internet Researchers. 2012. "Ethics Guide." http://aoir.org/documents/ethics-guide.

Atkins, Daniel E., Kelvin K. Droegemeier, Stuart I. Feldman, Hector Garcia-Molina, Michael L. Klein, Paul Messina, David G. Messerschmitt, Jeremiah P. Ostriker, and Margaret H. Wright. 2003. "Revolutionizing Science and Engineering through Cyberinfrastructure: Report of the National Science Foundation Blue-Ribbon Panel on Cyberinfrastructure." Washington, DC: National Science Foundation. http://www.nsf.gov/cise/sci/reports/atkins.pdf.

Australian Law Reform Commission. 2014. "Defining 'Non-Consumptive' Use." http://www.alrc.gov.au/publications/8-non-consumptive-use/defining-%E2%80%98non-consumptive%E2%80%99-use.

Australian National Data Service. 2014. Home page. http://www.ands.org.au.

Ayers, Edward L. 2003. *In the Presence of Mine Enemies: The Civil War in the Heart of America, 1859-1863.* W. W. Norton.

Ayers, Edward L. 2007. "The Valley of the Shadow: Two Communities in the American Civil War." http://valley.lib.virginia.edu.

Ayers, Edward L., and Charles M. Grisham. 2003. "Why IT Has Not Paid Off as We Hoped (Yet)." *EDUCAUSE Review* 38(6): 40-51. http://www.educause.edu/pub/er/erm03/erm0361.asp.

Babbie, Earl. 2013. *The Practice of Social Research.* 13th ed. Belmont, CA: Wadsworth.

Baca, Murtha. 1998. *Introduction to Metadata: Pathways to Digital Information.* Los Angeles: Getty Information Institute.

Baca, Murtha. 2002. *Introduction to Art Image Access: Issues, Tools, Standards, Strategies.* Los Angeles: Getty Publications.

Bakshy, Eytan, Jake M. Hofman, Winter A. Mason, and Duncan J. Watts. 2011. "Everyone's an Influencer: Quantifying Influence on Twitter." In *Proceedings of the Fourth ACM International Conference on Web Search and Data Mining,* 65-74. New York: ACM. doi: 10.1145/1935826.1935845.

Ball, Alex. 2012. "How to License Research Data." Digital Curation Centre. http://www.dcc.ac.uk/resources/how-guides/license-research-data.

Ball, James. 2013. "Verizon Court Order: Telephone Call Metadata and What It Can Show." *The Guardian* (June 12). http://www.guardian.co.uk/world/2013/jun/06/

参考文献　349

phone-call-metadata-information-authorities.

Bamford, Connor. 2012. "Solving Irreproducible Science." *The Scientist.* http://the-scientist.com/2012/09/26/solving-irreproducible-science.

Barbier, Geoffrey, Zhuo Feng, Pritam Gundecha, and Huan Liu. 2013. "Provenance Data in Social Media." *Synthesis Lectures on Data Mining and Knowledge Discovery* 4(1): 1-84. doi: 10.2200/S00496ED1V01Y201304DMK007.

Bard, Jonathan. 2013. "The Living World." Unpublished manuscript. University of Oxford.

Barrett, Timothy H. 2008. *The Woman Who Discovered Printing.* New Haven, CT. Yale University Press.

Basken, Paul. 2012. "NIH to Begin Enforcing Open-Access Policy on Research It Supports." *Chronicle of Higher Education* (November 19). http://chronicle.com/article/NIH-to-Begin-Enforcing/135852/?cid=at.

Batalin, Maxim A., Mohammad Rahimi, Yan Yu, Duo Liu, Aman Kansal, Gaurav S. Sukhatme, William J. Kaiser, et al. 2004. "Call and Response: Experiments in Sampling the Environment." In *Proceedings of the 2nd International Conference on Embedded Networked Sensor Systems,* 25-38. New York: ACM. http://cres.usc.edu/pubdb_html/files_upload/420.pdf.

Beaulieu, Anne, Sarah de Rijcke, and Bas van Heur. 2012. "Authority and Expertise in New Sites of Knowledge Production." In *Virtual Knowledge: Experimenting in the Humanities and Social Sciences,* ed. Paul Wouters, Anne Beaulieu, Andrea Scharnhorst, and Sally Wyatt, 25-56. Cambridge MA: MIT Press. http://mitpress.mit.edu/books/virtual-knowledge-0.

Beaumont, Christopher N., Stella S. R. Offner, Rahul Shetty, Simon C. O. Glover, and Alyssa A. Goodman. 2013. "Quantifying Observational Projection Effects Using Molecular Cloud Simulations." *Astrophysical Journal* 777(2): 173. doi: 10.1088/0004-637X/777/2/173.

Becher, Tony. 1989. *Academic Tribes and Territories: Intellectual Enquiry and the Culture of Disciplines.* Buckingham, UK: SRHE & Open University Press.

Becher, Tony. 1994. "The Significance of Disciplinary Differences." *Studies in Higher Education* 19(2): 151-161. doi: 10.1080/03075079412331382007.

Bechhofer, Sean, Iain Buchan, David De Roure, Paolo Missier, John Ainsworth, Jiten Bhagat, Philip Couch, et al. 2013. "Why Linked Data Is Not Enough for Scientists." *Future Generation Computer Systems* 29(2): 599-611. doi: 10.1016/j.future.2011.08.004.

Bechhofer, Sean, David De Roure, Matthew Gamble, Carole Goble, and Iain Buchan. 2010. "Research Objects: Towards Exchange and Reuse of Digital Knowledge." *Nature Precedings.* doi: 10.1038/npre.2010.4626.1.

Becker, Glenn, Arnold Rots, Sherry L. Winkelman, Michael McCollough, Aaron Watry, and Joan Hagler. 2009. "It's Not Just for Data Anymore: The Many Faces of the Chandra Data Archive." In *Chandra's First Decade of Discovery, Proceedings of the Conference Held 22-25 September, 2009 in Boston, MA,* 65. http://adsabs.harvard.edu/abs/2009cfdd.confE.65B.

Bell, Gordon, Tony Hey, and Alex Szalay. 2009. "Beyond the Data Deluge." *Science* 323: 1297–1298. doi: 10.1126/science.1170411.

Benkler, Yochai. 2007. *The Wealth of Networks: How Social Production Transforms Markets and Freedom.* New Haven, CT: Yale University Press.

Berlekamp, Elwyn. 2012. "Small Science: Radical Innovation." *Science* 338(6109): 882. doi: 10.1126/science.338.6109.882-a.

Berman, Francine. 2008. "Got Data? A Guide to Data Preservation in the Information Age." *Communications of the ACM* 51: 50–56. doi: 10.1145/1409360.1409376.

Berman, Francine, Brian Lavoie, and Paul Ayris, G. Sayeed Choudhury, Elizabeth Cohen, Paul Courant, Lee Dirks, et al. 2010. "Sustainable Economics for a Digital Planet: Ensuring Long-Term Access to Digital Information." San Diego: National Science Foundation, Andrew W. Mellon Foundation, Library of Congress, Joint Information Systems Committee of the UK, Council on Library and Information Resources, National Archives and Records Administration. http://brtf.sdsc.edu/publications. html.

Bhattacharjee, Yudhijit. 2012. "Pharma Firms Push for Sharing of Cancer Trial Data." *Science* 338(6103): 29. doi: 10.1126/science.338.6103.29.

Bibliographic Services Task Force. 2005. "Rethinking How We Provide Bibliographic Services for the University of California." University of California Libraries. http://libraries. universityofcalifornia. edu/sopag/BSTF/Final. pdf.

Biemiller, Lawrence. 2013. "Universities Must Encourage Researchers to Share Data, Panel Says." *Chronicle of Higher Education.* http://chronicle.com/blogs/wiredcampus/universities-must-encourage-researchers-to-share-data-panel-says/45409.

Bietz, Matthew J., and Charlotte P. Lee. 2009. "Collaboration in Metagenomics: Sequence Databases and the Organization of Scientific Work." In *ECSCW 2009,* ed. Ina Wagner, Hilda Tellioğlu, Ellen Balka, Carla Simone, and Luigina Ciolfi, 243–262. London: Springer. http:/link.springer.com/chapter/10.1007/978-1-84882-854-4_15.

Bietz, Matthew J., and Charlotte P. Lee. 2012. "Adapting Cyberinfrastructure to New Science: Tensions and Strategies." In *Proceedings of the 2012 iConference,* 183–190. New York: ACM. doi: 10.1145/2132176.2132200.

Biglan, Anthony. 1973. "The Characteristics of Subject Matter in Different Academic Areas." *Journal of Applied Psychology* 57(3): 195–203. doi: 10.1037/h0034701.

Bijker, Wiebe E. 1995. *Of Bicycles, Bakelites and Bulbs: Toward a Theory of Sociotechnical Change.* Cambridge, MA: MIT Press.

Bijker, Wiebe E., Thomas P. Hughes, and Trevor Pinch. 1987. *The Social Construction of Technological Systems. New Directions in the Sociology and History of Technology.* Cambridge, MA: MIT Press.

Binding, Ceri, Keith May, and Douglas Tudhope. 2008. "Semantic Interoperability in Archaeological Datasets: Data Mapping and Extraction via the CIDOC CRM." In *Research and Advanced Technology for Digital Libraries,* ed. Birte Christensen-Dalsgaard, Donatella Castelli, Bolette Ammitzbøll Jurik, and Joan Lippincott, 280–290. 5173. Berlin: Springer.

Birnholtz, Jeremy P., and Matthew J. Bietz. 2003. "Data at Work: Supporting Sharing in Science and Engineering." In *Proceedingsof the 2003 International ACM SIGGROUP Conference,* 339–348. New York: ACM.

Bishop, Ann Peterson, and Susan Leigh Star. 1996. "Social Informatics of Digital Library Use and Infrastructure." *Annual Review of Information Science & Technology* 31: 301–401.

Blair, Ann M. 2010. *Too Much to Know: Managing Scholarly Information before the Modern Age.* New Haven, CT: Yale University Press.

Blecksmith, E., S. Paltani, A. Rots, and Sherry L. Winkelman. 2003. "Chandra Data Archive Download and Usage Database." In *ASP Conference Series* 295: 283. http://adsabs. harvard.edu/abs/2003ASPC.295.283B.

Blocker, Alexander W., and Xiao-Li Meng. 2013. "The Potential and Perils of Preprocessing: Building New Foundations." *Bernoulli* 19(4): 1176–1211. doi: 10.3150/13-BEJSP16.

Blomberg, Jeanette, and Helena Karasti. 2013. "Reflections on 25 Years of Ethnography in CSCW." *Computer Supported Cooperative Work* 22(4–6): 373–423. doi: 10.1007/s10606-012-9183-1.

Bloom, Harold. 1994. *The Western Canon: The Books and School of the Ages.* New York: Harcourt Brace.

Bohannon, John. 2013a. "Dance Your PhD: And the Winner Is...." *Science* (November 15). http://news.sciencemag.org/scientific-community/2013/11/dance-your-ph.d.-and-winner-%E2%80%A6.

Bohannon, John. 2013b. "Genealogy Databases Enable Naming of Anonymous DNA Donors." *Science* 339(6117): 262. doi: 10.1126/science.339.6117.262.

Bollen, Johan, Huina Mao, and Xiao-Jun Zeng. 2010. "Twitter Mood Predicts the Stock Market." *Journal of Computational Science* 2(1). doi: 10.1016/j.jocs.2010.12.007.

Bollen, Johan, Herbert Van de Sompel, Aric Hagberg, and Ryan Chute. 2009. "A Principal Component Analysis of 39 Scientific Impact Measures." *PLoS ONE* 4(6): e6022. doi: 10.1371/journal.pone.0006022.

Bollier, David. 2007. "The Growth of the Commons Paradigm." In *Understanding Knowledge as a Commons: From Theory to Practice,* ed. Charlotte Hess and Elinor Ostrom, 27–40. Cambridge, MA: MIT Press.

Borges, Jorge Luis. 1999. "The Analytical Language of John Wilkins." Trans. Lilia Graciela Vazquez. *ALAMUT.* http://www.alamut.com/subj/artiface/language/johnWilkins.html.

Borgman, Christine L. 1990. *Scholarly Communication and Bibliometrics.* Newbury Park, CA: Sage.

Borgman, Christine L. 2000. *From Gutenberg to the Global Information Infrastructure: Access to Information in the Networked World.* Cambridge, MA: MIT Press.

Borgman, Christine L. 2003. "The Invisible Library: Paradox of the Global Information Infrastructure." *Library Trends* 51: 652–674.

Borgman, Christine L. 2006. "What Can Studies of e-Learning Teach Us About e-Research? Some Findings from Digital Library Research." *Computer Supported Cooperative Work* 15(4): 359-383. doi: 10.1007/s10606-006-9024-1.

Borgman, Christine L. 2007. *Scholarship in the Digital Age. Information, Infrastructure, and the Internet.* Cambridge, MA: MIT Press.

Borgman, Christine L. 2009. "The Digital Future Is Now. A Call to Action for the Humanities." *Digital Humanities Quarterly* 3. http://digitalhumanities.org/dhq/vol/3/4/000077/000077.html.

Borgman, Christine L. 2011. "Is Data to Knowledge as the Wasp Is to the Fig Tree. Reconsidering Licklider's Intergalactic Network in the Days of Data Deluge." In *Accelerating Discovery: Human-computer Symbiosis SOYears On.* Park City, UT: Argonne National Labs, ICIS. https://sites.google.com/site/licklider50.

Borgman, Christine L. 2012a. "The Conundrum of Sharing Research Data." *Journal of the American Society for Information Science and Technology* 63(6): 1059-1078. doi: 10.1002/asi.22634.

Borgman, Christine L. 2012b. "Why Are the Attribution and Citation of Scientific Data Important?" In *For Attribution—Developing Data Attribution and Citation Practices and Standards. Summary of an International Workshop,* 1-10. Washington, DC: National Academies Press. http://www.nap.edu/catalog.php?record_id=13564.

Borgman, Christine L 2013. "Keynote Presentation: 'ADS, Astronomy and Scholarly Infrastructure'" presented at the Astrophysics Data System 20th Anniversary Symposium (May 8). Harvard-Smithsonian Center for Astrophysics, Cambridge, MA: http://conf.adsabs.harvard.edu/ADSXX.

Borgman, Christine L., and Jonathan Furner. 2002. "Scholarly Communication and Bibliometrics." *Annual Review of Information Science & Technology* 36: 3-72.

Borgman, Christine L., Andrea L. Gallagher, Sandra G. Hirsh, and Virginia A. Walter. 1995. "Children's Searching Behavior on Browsing and Keyword Online Catalogs: The Science Library Catalog Project." *Journal of the American Society for Information Science American Society for Information Science* 46: 663-684. doi: 10.1002/(SICl)1097-4571(199510)46:9<663:AID-ASI4>3.0.co;2-2.

Borgman, Christine L., Anne J. Gilliland-Swetland, Gregory H. Leazer, Richard Mayer, David Gwynn, Rich Gazan, and Patricia Mautone. 2000. "Evaluating Digital Libraries for Teaching and Learning in Undergraduate Education: A Case Study of the Alexandria Digital Earth ProtoType (ADEPT)." *Library Trends* 49(2): 228-250.

Borgman, Christine L., Dineh Moghdam, and Patti K. Corbett. 1984. *Effective Online Searching: A Basic Text.* New York: Marcel Dekker.

Borgman, Christine L., and Susan L. Siegfried. 1992. "Getty's Synoname[TM] and Its Cousins: A Survey of Applications of Personal Name Matching Algorithms." *Journal of the American Society for Information Science American Society for Information Science* 43 (7): 459-476. doi: 10.1002/(SICI)1097-4571(199208)43:7<459:AID-ASI1>3.0.CO;2-D.

Borgman, Christine L., Sharon Traweek, Peter Darch, Milena Golshan, Elaine Levia, Camille Mathieu, Ashley E. Sands, and Jillian C. Wallis. 2014. "Knowledge Infrastructures

Lab." *Los Angeles: University of California at Los Angeles, Department of Information Studies*. http://knowledgeinfrastructures.gseis.ucla.edu/index.html.

Borgman, Christine L., Jillian C. Wallis, and Noel Enyedy. 2006. "Building Digital Libraries for Scientific Data: An Exploratory Study of Data Practices in Habitat Ecology." In *10th European Conference on Digital Libraries*, Lecture Notes in Computer Science 4172: 170–183. Berlin: Springer.

Borgman, Christine L., Jillian C. Wallis, and Noel Enyedy. 2007. "Little Science Confronts the Data Deluge: Habitat Ecology, Embedded Sensor Networks, and Digital Libraries." *International Journal on Digital Libraries* 7: 17–30. doi: 10.1007/s00799-007-0022-9.

Borgman, Christine L., Jillian C. Wallis, and Matthew S. Mayernik. 2012. "Who's Got the Data? Interdependencies in Science and Technology Collaborations." *Computer Supported Cooperative Work* 21(6): 485–523. doi: 10.1007/s10606-012-9169-z.

Borgman, Christine L., Jillian C. Wallis, Matthew S. Mayernik, and Alberto Pepe. 2007. "Drowning in Data: Digital Library Architecture to Support Scientific Use of Embedded Sensor Networks." In *Joint Conference on Digital Libraries*, 269–277. New York: ACM. http://doi.acm.org/10.1145/1255175.1255228.

Boruch, Robert F. 1985. "Definitions, Products, Distinctions in Data Sharing." In *Sharing Research Data*, ed. Stephen E. Fienberg, Margaret E. Martin, and Miron L. Straf, 89–122. Committee on National Statistics, Commission on Behavioral and Social Sciences and Education, National Research Council. Washington, DC: National Academies Press. http://books.nap.edu/catalog.php?record_id=2033.

Bos, Nathan, Ann Zimmerman, Judith Olson, Jude Yew, Jason Yerkie, Erik Dahl, and Gary M. Olson. 2007. "From Shared Databases to Communities of Practice: A Taxonomy of Collaboratories." *Journal of Computer-Mediated Communication* 12(2). http://jcmc.indiana.edu/vol12/issue2/bos.html.

Boulton, Geoffrey. 2012. "Open Your Minds and Share Your Results." *Nature* 486(7404): 441. doi: 10.1038/486441a.

Boulton, Geoffrey, Philip Campbell, Brian Collins, Peter Elias, Wendy Hall, Graeme Laurie, Onora O'Neill, et al. 2012. "Science as an Open Enterprise." The Royal Society. http://royalsociety.org/policy/projects/science-public-enterprise/report.

Boulton, Geoffrey, Michael Rawlins, Patrick Vallance, and Mark Walport. 2011. "Science as a Public Enterprise: The Case for Open Data." *Lancet* 377(9778): 1633-1635. doi: 10.1016/S0140-6736(11)60647-8.

Bourne, Philip E. 2005. "Will a Biological Database Be Different from a Biological Journal?" *PLoS Computational Biology* 1: e34. doi: 10.1371/journal.pcbi.0010034.

Bourne, Philip E., Timothy Clark, Robert Dale, and Anita de Waard, Eduard H. Hovy, and David Shotton, eds. 2011. "Force 11 Manifesto: Improving Future Research Communication and e-Scholarship." http://www.force11.org/white_paper.

Bowen, G. Michael, and Wolff Michael Roth. 2007. "The Practice of Field Ecology: Insights for Science Education." *Research in Science Education* 37: 171-187.

Bowker, Geoffrey C. 2013. "Data Flakes. An Afterword to 'Raw Data' Is an Oxymoron." In *"Raw Data"Is an Oxymoron,* ed. Lisa Gitelman, 167-171. Cambridge, MA: MIT Press.

Bowker, Geoffrey C. 2005. *Memory Practices in the Sciences.* Cambridge, MA: MIT Press.

Bowker, Geoffrey C., Karen S. Baker, Florence Millerand, David Ribes, Jeremy Hunsinger, Lisbeth Klastrup, and Matthew Allen. 2010. "Toward Information Infrastructure Studies: Ways of Knowing in a Networked Environment." In *International Handbook of Internet Research,* ed. Jeremy Hunsinger, Lisbeth Klastrup, and Matthew Allen, 97-117. Dordrecht: Springer. http://www.springerlink.com/index/10.1007/978-1-4020-9789-8_5.

Bowker, Geoffrey C., and Susan Leigh Star. 1999. *Sorting Things Out: Classification and Its Consequences.* Cambridge, MA: MIT Press.

boyd, danah, and Kate Crawford. 2012. "Critical Questions for Big Data." *Information, Communication & Society* 15(5): 662-679. doi: 10.1080/1369118X.2012.678878.

Boyle, James, and Jennifer Jenkins. 2003. "The Genius of Intellectual Property and the Need for the Public Domain." In *The Role of Scientific and Technical Data and Information in the Public Domain,* ed. Julie M. Esanu and Paul F. Uhlir, 10-14. Office of Scientific and Technical Information Programs, Board on International Scientific Organizations, Policy and Global Affairs Division, National Research Council, National Academies. Washington, DC: National Academies Press.

Boyle, John. 2013. "Biology Must Develop Its Own Big-data Systems." *Nature* 499(7456): 7. doi: 10.1038/499007a.

Boyle, Paul. 2013. "A U. K. View on the U. S. Attack on Social Sciences." *Science* 341 (6147): 719. doi: 10.1126/science.1242563.

Brady, Henry. 2004. "Testimony to the Commission on Cyberinfrastructure for the Humanities and Social Sciences." http://www.acls.org/cyberinfrastructure/cyber_meeting_notes_august. htm#brady_summary.

Brase, Jan, Yvonne Socha, Sarah Callaghan, Christine L. Borgman, Paul F. Uhlir, and Bonnie Carroll. 2014. "Data Citation." In *Managing Research Data: Practical Strategies for Information Professionals,* ed. Joyce M. Ray, 167-186. Lafayette, IN: Purdue University Press.

The British Library Board. 2013. "Sacred Texts: Diamond Sutra." http://www.bl.uk/onlinegallery/sacredtexts/diamondsutra.html.

British Museum. 2013. "Parthenon Sculptures." http://www.britishmuseum.org/about_us/news_and_press/statements/parthenon_sculptures. aspx.

Brooks, Frederick. 1975. *The Mythical Man-Month: Essays on Software Engineering.* Reading, MA: Addison-Wesley.

Brown, Ian, and Christopher T. Marsden. 2013. *Regulating Code: Good Governance and Better Regulation in the Information Age.* Cambridge, MA: MIT Press.

Brown, John Seely, and Paul Duguid. 1996. "The Social Life of Documents." *First Monday* 1. http://firstmonday.org/ojs/index.php/fm/article/view/466/387.

Brown, John Seely, and Paul Duguid. 2000. *The Social Life of Information.* Boston: Harvard Business School Press.

Bruckman, Amy, Kurt Luther, and Casey Fiesler. Forthcoming. "When Should We Use Real Names in Published Accounts of Internet Research?" In *Digital Research Confidential,* ed. Eszter Hargittai and Christian Sandvig. Cambridge, MA: MIT Press.

Brumfiel, G. 2002. "Misconduct Finding at Bell Labs Shakes Physics Community." *Nature* 419: 419-421.

Bruns, Axel, and Yuxian Eugene Liang. 2012. "Tools and Methods for Capturing Twitter Data during Natural Disasters." *First Monday* 17(4). doi: 10.5210/fm.v17i4.3937.

Bryson, Bill. 2008. *Bryson's Dictionary for Writers and Editors.* New York. Broadway Books.

Buckland, Michael K. 1991. "Information as Thing." *Journal of the American Society for Information Science American Society for Information Science* 42: 351-360.

Budapest Open Access Initiative. 2002. "Budapest Declaration on Open Access." http://www.soros.org/openaccess/read.shtml.

Buneman, Peter, Sanjeev Khanna, and Wang-Chiew Tan. 2000. "Data Provenance: Some Basic Issues." In *Foundations of Software Technology and Theoretical Computer Science.* Vol. 1974, ed. S. Kapoor and S. Prasad, 87-93. Lecture Notes in Computer Science. Berlin. Springer.

Buneman, Peter, Sanjeev Khanna, and Wang-Chiew Tan. 2001. "Why and Where: A Characterization of Data Provenance." In *Database Theory-ICDT 2001.* Vol. 1973, ed. Jan Van den Bussche and Victor Vianu, 316-330. Berlin: Springer.

Burdick, Anne, Johanna Drucker, Peter Lunenfeld, Todd Presner, and Jeffrey Schnapp. 2012. *Digital_Humanities.* Cambridge, MA: MIT Press.

Burke, Peter. 2000. *A Social History of Knowledge: From Gutenberg to Diderot.* Cambridge, UK. Polity Press.

Burke, Peter. 2012. *A Social History of Knowledge II: From the Encyclopaedia to Wikipedia.* Cambridge, UK: Polity Press.

Burnard, Lou D. 1987. "Knowledge Base or Database? Computer Applications in Ethnology." In *Toward a Computer Ethnology,* ed. J. Raben, S. Sugita, and M. Kubo, 63-95. Osaka. National Museum of Ethnology. http://cat.inist.fr/?aModele=afficheN &cpsidt=11990052.

Burwell, Sylvia M., Steven VanRoekel, Todd Park, and Dominic J. Mancini. 2013. "Open Data Policy-Managing Information as an Asset." Executive Office of the President, Office of Management and Budget. www. whitehouse. gov/. . . /omb/memoranda/2013/m-13-13. p.

Busch, Lawrence. 2013. *Standards: Recipes for Reality.* Cambridge, MA: MIT Press.

California Digital Library. 2013. "DataUp." Home page. http://dataup.cdlib.org.

callan, Jamie, and Alistair Moffat. 2012. "Panel on Use of Proprietary Data." *SIGIR Forum* 46(2): 10-18. doi: 10.1145/2422256.2422258.

Caltech. 2013a. "Caltech Announces Open-Access Policy." http://www.caltech.edu/content/caltech-announces-open-access-policy.

Caltech. 2013b. "Caltech Center for Advanced Computing Research." http://www.cacr. caltech.edu/main/?tag=astronomy&paged=2.

Campbell, Eric G., Brian R. Clarridge, Manjusha Gokhale, Lauren Birenbaum, Stephen Hilgartner, Neil A. Holtzman, and David Blumenthal. 2002. "Data Withholding in Academic Genetics: Evidence from a National Survey." *Journal of the American Medical Association* 287: 473–480. http://jama.ama-assn.org/cgi/content/full/287/4/473.

Carata, Lucian, Sherif Akoush, Nikilesh Balakrishnan, Thomas Bytheway, Ripduman Sohan, Margo Selter, and Andy Hopper. 2014. "A Primer on Provenance." *Communications of the ACM* 57(S): 52–60. doi: 10.1145/2596628.

Carpenter, Siri. 2012. "Psychology's Bold Initiative." *Science* 335(6076): 1558–1561. doi: 10.1126/science.335.6076.1558.

Case, Donald O. 2002. *Looking for Information: A Survey of Research on Information Seeking, Needs, and Behavior.* San Diego: Academic Press.

Case, Donald O. 2006. *Looking for Information: A Survey of Research on Information Seeking, Needs, and Behavior.* 2nd ed. San Diego: Academic Press.

Case, Donald O. 2012. *Looking for Information: A Survey of Research on Information Seeking, Needs and Behavior.* 3rd ed. Bingley, UK: Emerald Group Publishing.

Cavendish, Henry. 1798. "Experiments to Determine the Density of the Earth." *Philosophical Transactions of the Royal Society of London* 88(1): 469–526. doi: 10.1098/rstl.1798.0022.

CBETA Chinese Electronic Tripitaka Collection. 2013. Home page. http://www.cbeta.org.

Center for Embedded Networked Sensing. 2012. Home page. http://research.cens.ucla.edu.

Center for Embedded Networked Sensing. 2013. "CENS eScholarship Repository." http://repositories.cdlib.org/cens.

Centre National de la Recherche Scientifique. 2012. "Aladin Sky Atlas." http://aladin.u-strasbg.fr.

Centre National de la Recherche Scientifique. 2013. "CDS VizieR Service." http://vizier.u-strasbg.fr/viz-bin/VizieR.

Cha, Meeyoung, Hamed Haddadi, Fabricio Benevenuto, and Krishna P. Gummadi. 2010. "Measuring User Influence in Twitter: The Million Follower Fallacy." In *ICWSM'10: Proceedings of Fourth International AAAI Conference on Weblogs and Social Media,* 10–17. Palo Alto, CA: AAAI.

Chalmers, Iain. 2011. "Systematic Reviews and Uncertainties about the Effects of Treatments." *Cochrane Database of Systematic Reviews.* http://www.thecochranelibrary.com/details/editorial/691951/Systematic-reviews-and-uncertainties-about-the-effects-of-treatments.html.

Chamberlain, Scott. 2013. "Consuming Article-Level Metrics: Observations and Lessons." *Information Standards Quarterly* 25(2): 4. doi: 10.3789/isqv25no2.2013.02.

Chang, Kevin, Nathan Yau, Mark Hansen, and Deborah Estrin. 2006. "SensorBase. org—A Centralized Repository to Slog Sensor Network Data." In *Proceedings of the International Conference on Distributed Networks (DCOSS)/EAWMS.* http://escholarship.

org/uc/item/4dt82690.

Check Hayden, Erika. 2013. "Geneticists Push for Global Data-Sharing." *Nature* 498(7452): 16–17. doi: 10.1038/498017a.

Chicago Manual of Style. 2010. 16th ed. Chicago: University of Chicago Press.

Cho, Adrian. 2012. "Who Invented the Higgs Boson?" *Science* 337(6100): 1286–1289. doi: 10.1126/science.337.6100.1286.

Claerbout, Jon. 2010. "Reproducible Computational Research: A History of Hurdles, Mostly Overcome." http://sepwww.stanford.edu/sep/jon/reproducible.html.

CLARIN European Research Infrastructure Consortium. 2013. Home page. http://www.clarin.eu/external.

Cochrane Collaboration. 2013. Home page. http://www.cochrane.org.

CODATA-ICSTI Task Group on Data Citation Standards and Practices. 2013. "Out of Cite, Out of Mind: The Current State of Practice, Policy, and Technology for the Citation of Data." *Data Science Journal* 12: 1–75. https://www.jstage.jst.go.jp/article/dsj/12/0/12_OSOM13-043/_article.

Cohen, Jon. 2012. "WHO Group: H5N1 Papers Should Be Published in Full." *Science* 335 (6071): 899–900. doi: 10.1126/science.335.6071.899.

Cohen, Julie E. 2012. *Configuring the Networked Self: Law, Code, and the Play of Everyday Practice.* New Haven, CT: Yale University Press.

Collins, Christopher E. 2011. "Twitter and Rheumatology Based Medical Education—Analysis of the First 100 Followers." *Arthritis and Rheumatism* 63(Sl0): 85. doi: 10.1002/art.33310.

Collins, Harry M. 1975. "The Seven Sexes: A Study in the Sociology of a Phenomenon, or the Replication of Experiments in Physics." *Sociology* 9: 205–224.

Collins, Harry M. 1998. "The Meaning of Data: Open and Closed Evidential Cultures in the Search for Gravitational Waves." *American Journal of Sociology* 104: 293–338.

Collins, Harry M., and Robert Evans. 2007. *Rethinking Expertise.* Chicago: University of Chicago Press.

Committee on Networked Systems of Embedded Computers. 2001. *Embedded, Everywhere: A Research Agenda for Networked Systems of Embedded Computers.* Washington, DC: National Academies Press. http://www.nap.edu/catalog.php?record_id=10193.

Committee on Publication Ethics. 2013. Home page. http://publicationethics.org.

ConservationSpace. 2013. Home page. http://www.conservationspace.org/Home.html.

Consultative Committee for Space Data Systems. 2012. "Reference Model for an Open Archival Information System." Issue 2. Consultative Committee for Space Data Systems. http://public.ccsds.org/publications/RefModel.aspx.

Contadini, Anna. 1993. "Il Grifone Di Pisa." In *Eredità dell'Islam—Arte Islamica in Italia,* ed. Giovanni Curatola. Milan: Silvana Editoriale.

Contadini, Anna. 2010. "Translocation and Transformation. Some Middle Eastern Objects in Europe." In *The Power of Things and the Flow of Cultural Transformations: Art and Culture between Europe and Asia,* ed. Lieselotte E. Saurma-Jeltsch and Anja Eisenbeiss, 42–64. Berlin: Deutscher Kunstverlag.

Contadini, Anna, Richard Camber, and Peter Northover. 2002. "Beasts That Roared: The Pisa Griffin and the New York Lion." In *Cairo to Kabul: Afghan and Islamic Studies Presented to Ralph Pinder-Wilson,* ed. Warwick Ball and Leonard Harrow, 65–83. London: Melisende.

COordinated Molecular Probe Line Extinction Thermal Emission Survey of Star Forming Regions [COMPLETE]. 2011. Home page. http://www.cfa.harvard.edu/COMPLETE.

Corbyn, Zoë. 2011. "Researchers Failing to Make Raw Data Public." *NATNews* (9–14).doi: 10.1038/news.2011.536.

Corporation for National Research Initiatives. 2013. "Handle System." http://www.handle.net.

Costello, Anthony, Mark Maslin, Hugh Montgomery, Anne M. Johnson, and Paul Ekins. 2011. "Global Health and Climate Change. Moving from Denial and Catastrophic Fatalism to Positive Action." *Philosophical Transactions of the Royal Society A* 369: 1866–1882. doi: 10.1098/rsta.2011.0007.

Council of Science Editors, and the Style Manual Committee. 2006. *Scientific Style and Format: The CBE Manual for Authors, Editors, and Publishers.* Reston, VA: CSE and Rockefeller University Press.

Courant, Paul N. 2009. "The Stakes in the Google Book Search Settlement." *The Economists' Voice* 6(9): 1–6. doi: 10.2202/1553-3832.1665.

Couzin, Jennifer, and Catherine Unger. 2006. "Cleaning up the Paper Trail." *Science* 312: 38–43. doi: 10.1126/science.312.5770.38.

Couzin-Frankel, Jennifer. 2010. "As Questions Grow, Duke Halts Trials, Launches Investigation." *Science* 329(5992): 614–615. doi: 10.1126/science.329.5992.614.

Couzin-Frankel, Jennifer. 2013a. "Return of Unexpected DNA Results Urged." *Science* 339 (6127): 1507–1508. doi: I0.1126/science.339.6127.1507.

Couzin-Frankel, Jennifer. 2013b. "Unmasking 'Invisible' Drug Trials." http://news.sciencemag.org/scienceinsider/2013/06/unmasking-invisible-drug-trials.html.

Crabtree, *Pam J.* 1990. "Zooarchaeology and Complex Societies. Some Uses of Faunal Analysis for the Study of Trade, Social Status, and Ethnicity." *Archaeological Method and Theory* 2: 155–205. doi: 10.2307/20170207.

Cragin, Melissa H., Carole L. Palmer, Jacob R. Carlson, and Michael Witt. 2010. "Data Sharing, Small Science and Institutional Repositories." *Philosophical Transactions of the Royal Society A. Mathematical, Physical and Engineering Sciences* 368: 4023–4038. doi: 10.1098/rsta.2010.0165.

Cragin, Melissa H., and Kalpana Shankar. 2006. "Scientific Data Collections and Distributed Collective Practice." *Computer Supported Cooperative Work* 15: 185–204.

Crane, Diana. 1970. "Nature of Scientific Communication and Influence." *International Social Science Journal* 22: 28–41.

Crane, Diana. 1972. *Invisible Colleges: Diffusion of Knowledge in Scientific Communities.*

Chicago: University of Chicago Press.

Crane, Gregory R. 2006. "What Do You Do with a Million Books?" *D-Lib Magazine* 12(3). http://www.dlib.org/dlib/march06/crane/03crane.html.

Crane, Gregory R., Alison Babeu, and David Bamman. 2007. "eScience and the Humanities." *International Journal on Digital Libraries* 7: 117-122. doi: 10.1007/s00799-007-0031-8.

Crane, Gregory R., and Amy Friedlander. 2008. "Many More Than a Million. Building the Digital Environment for the Age of Abundance. Report of a One-day Seminar on Promoting Digital Scholarship." Washington, DC: Council on Library and Information Resources. www. clir. org/activities/digitalscholar/Nov28final. pdf.

Creative Commons. 2013. "Creative Commons License Choices." http://creativecommons. org/choose.

Crombie, Alistair C. 1994. *Styles of Scientific Thinking in the European Tradition: The History of Argument and Explanation Especially in the Mathematical and Biomedical Sciences and Arts.* London: Duckworth.

Cronin, Blaise. 1981. "The Need for a Theory of Citing." *Journal of Documentation* 37(1): 16-24. doi: 10.1108/eb026703.

Cronin, Blaise. 1984. *The Citation Process. The Role and Significance of Citations in Scientific Communication.* London: Taylor Graham. http://garfield.library.upenn.edu/cronin/citationprocess.pdf.

Cronin, Blaise. 1994. "Tiered Citation and Measures of Document Similarity." *Journal of the American Society for Information Science American Society for Information* Science 45 (7): 537-538. doi: 10.1002/(SICI)1097-4571(199408)45:7<537:AID-ASI8>3.0.CO;2-Q.

Cronin, Blaise. 1995. *The Scholar's Courtesy: The Role of Acknowledgement in the Primary Communication Process. London: Taylor Graham.* London: Taylor Graham.

Cronin, Blaise. 2005. *The Hand of Science: Academic Writing and Its Rewards.* Lanham, MD: Scarecrow Press.

Cronin, Blaise, and Sara Franks. 2006. "Trading Cultures: Resource Mobilization and Service Rendering in the Life Sciences as Revealed in the Journal Article's Paratext." *Journal of the American Sodety for Information Science and Technology* 57(14): 1909-1918. doi: 10.1002/asi.20407.

Crosas, Mercè. 2011. "The Dataverse Network®. An Open-Source Application for Sharing, Discovering and Preserving Data." *D-Lib Magazine* 17(1/2). doi: 10.1045/january2011-crosas.

Crosas, Mercè, Todd Carpenter, David Shotton, and Christine L. Borgman. 2013. "Amsterdam Manifesto on Data Citation Principles." https://www.forcell.org/AmsterdamManifesto.

CrossRef. 2009. "The Formation of CrossRef: A Short History." http://www.crossref. org/01company/02history.html.

CrossRef. 2013. "FundRef." http://www.crossref.org/fundref.

CrossRef. 2014. "Home Page." http://www.crossref.org.

Cuff, Dana, Mark Hansen, and Jerry Kang. 2008. "Urban Sensing: Out of the Woods." *Communications of the ACM* 51: 24-33. http://doi.acm.org/10.1145/1325555.1325562.

Cummings, Jonathon, Thomas A. Finholt, Ian Foster, Carl Kesselman, and Katherine A. Lawrence. 2008. "Beyond Being There: A Blueprint for Advancing the Design, Development, and Evaluation of Virtual Organizations." Washington, DC: National Science Foundation. http://www.educause.edu/Resources/BeyondBeingThereABlueprintfo rA/163051.

Cuneiform Digital. Library Initiative. 2013. Home page. http://cdli.ucla.edu.

Curwen, Thomas. 2013. "Capturing the Mysteries of the Sun One Drawing at a Time." *Los Angeles Times* (October 28). http://www.latimes.com/local/columnone/la-me-cl-mt-wilson-sun-spots-20131028-dto, 0, 4430093. htmlstory#axzz2jJfYqvCU.

Dalrymple, Dana. 2003. "Scientific Knowledge as a Global Public Good: Contributions to Innovation and the Economy." In *The Role of Scientific and Technical Data and Information in the Public Domain,* ed. Julie M. Esanu and Paul F. Uhlir, 35-51. Office of Scientific and Technical Information Programs, Board on International Scientific Organizations, Policy and Global Affairs Division, National Research Council, National Academies. Washington, DC: National Academies Press.

Darch, Peter, Annemarie Carusi, Sharon Lloyd, Marina Jirotka, Grace De La Flor, Ralph Schroeder, and Eric Meyer. 2010. "Shared Understandings in e-Science Projects." Technical Report. Oxford e-Research Centre, Oxford University. http://www.oerc. ox.ac.uk/sites/default/files/uploads/ProjectFiles/FLESSR/HiPerDNO/embedding/ Shared_Understanding%2030%20June.pdf.

Das, Sudeshna, Lisa Girard, Tom Green, Louis Weitzman, Alister Lewis-Bowen, and Tim Clark. 2009. "Building Biomedical Web Communities Using a Semantically Aware Content Management System."*Briefings in Bioinformatics* 10(2): 129-138. doi: 10.1093/bib/bbn052.

Daston, Lorraine J. 1988. "The Factual Sensibillty," *Isis* 79(3):452-467. doi: 10.2307/234675.

Datacitation Synthesis Group. 2014. "Joint Declarion on Data Citation Principles—Final." *Forcell: The Future of Research Communications and Scholarship.* http://www. forcell.org/datacitation.

DataCite. 2013. Home page. http://www.datacite.org.

Data Conservancy. 2010. Home page. http://www.dataconservancy.org/about.

Data Documentation Initiative. 2012. FAQ. http://www.ddialliance.org/resources/faq.html.

Data Publishing. 2013. Home page. http://datapublishing.com/about.

Data Seal of Approval. 2014. Home page. http://www.datasealofapproval.org/en.

Davenport, Elisabeth, and Blaise Cronin. 2001. "Who Dunnit? Metatags and Hyperauthorship." *Journal of the American Society for Information Science and Technology* 52(9): 770-773. doi: 10.1002/asi.1123.

David, Paul A. 1985. "Clio and the Economics of QWERTY." *American Economic Review* 75: 332-337.

David, Paul A. 2003. "The Economic Logic of 'Open Science' and the Balance between Private Property Rights and the Public Domain in Scientific Data and Information: A Primer." In *The Role of the Public Domain in Scientific Data and Information,* ed. Julie M. Esanu and Paul F. Uhlir, 19–34. National Research Council. Washington, DC: National Academies Press. http://www.stanford.edu/group/siepr/cgi-bin/siepr/?q=system/files/shared/pubs/papers/pdf/02-30.pdf.

David, Paul A. 2004a. "Can 'Open Science' Be Protected from the Evolving Regime of Intellectual Property Protections." *Journal of Institutional and Theoretical Economics* 160. http://www-siepr.stanford.edu/papers/pdf/02-42.pdf.

David, Paul A. 2004b. *Towards a Cyberinfrastructure for Enhanced Scientific Collaboration. Providing Its 'Soft' Foundations May Be the Hardest Part.* Oxford: University of Oxford.

David, Paul A., Matthijs den Besten, and Ralph Schroeder. 2010. "Will e-Science Be Open Science?" In *World Wide Research. Reshaping the Sciences and Humanities,* ed. William H. Dutton and Paul W. Jeffreys, 299–316. Cambridge, MA: MIT Press.

David, Paul A., and Michael Spence. 2003. "Towards Institutional Infrastructures for e-Science: The Scope of the Challenge." Oxford Internet Institute Research Reports. Oxford: University of Oxford. http://papers.ssrn.com/sol3/papers.cfm?abstract_id=1325240.

Day, Ronald E. 2001. *The Modern Invention of Information: Discourse, History, and Power.* Carbondale. Southern Illinois University Press.

De Angelis, Catherine D., Jeffrey M. Drazen, Frank A. Frizelle, Charlotte Haug, John Hoey, Richard Horton, Sheldon Kotzin, et al. 2005. "Is This Clinical Trial Fully Registered?—A Statement from the International Committee of Medical Journal Editors." *New England Journal of Medicine* 352(23): 2436-2438. doi: 10.1056/NEJMe058127.

De La Flor, Grace, Marina Jirotka, Paul Luff, John Pybus, and Ruth Kirkham. 2010. "Transforming Scholarly Practice: Embedding Technological Interventions to Support the Collaborative Analysis of Ancient Texts." *Computer Supported Cooperative Work* 19(3-4): 309-334. doi: 10.1007/sl0606-010-9111-1.

De Roure, David, Carole Goble, and Robert Stevens. 2009. "The Design and Realisation of the Virtual Research Environment for Social Sharing of Workflows." *Future Generation Computer Systems* 25(5): 561-567. doi: 10.1016/j.future.2008.06.010.

Declaration on Research Assessment. 2013. Home page. http://am.ascb.org/dora.

DeNardis, Laura. 2011. *Opening Standards the Global Politics of Interoperability.* Cambridge, MA: MIT Press. http://search.ebscohost.com/login.aspx?direct=true&scope=site&db=nlebk&db=nlabk&AN=386853.

Den Besten, Matthijs, Arthur J. Thomas, and Ralph Schroeder. 2009. "Life Science Research and Drug Discovery at the Turn of the 21st Century: The Experience of SwissBioGrid." *Journal of Biomedical Discovery and Collaboration* 4: 5. doi: 10.5210/disco.v4i0.2452.

Deshpande, Amal, Carlos Guestrin, Samuel R. Madden, Joseph M. Hellerstein, and Wei Hong. 2004. "Model-driven Data Acquisition in Sensor Networks." In *Proceedings of the Thirtieth International Conference on Very Large Data Bases,* ed. Mario A. Nascimento, M. T. Ozsu, Donald Kossmann, *ReneeJ.* Miller, Jose A. Blakeley, and K. B. Schiefer, 588-599. Toronto: Morgan Kaufmann. http://dl.acm.org/citation. cfm?id=1316689.1316741.

DeVorkin, David H., and Paul Routly. 1999. "The Modern Society: Changes in Demographics." In *The American Astronomical Society's First Century,* ed. David H. DeVorkin, 122-136. Washington, DC: American Astronomical Society.

Di Gennaro, Corinna, and William H. Dutton. 2007. "Reconfiguring Friendships: Social Relationships and the Internet." *Information Communication and Society* 10(5): 591-618. doi: 10.1080/13691180701657949.

The Digital Archaeological Record. 2013. Home page. http://www.tdar.org/about.

Digital Curation Centre. 2013. "Disciplinary Metadata." http://www.dcc.ac.uk/resources/metadata-standards.

Digital Curation Centre. 2014. "Trustworthy Repositories." http://www.dcc.ac.uk/resources/repository-audit-and-assessment/trustworthy-repositories.

Digital Public Library of America. 2013. Home page. http://dp.la.

Digital Social Research. 2013. Home page. http://www.digitalsocialresearch.net/wordpress.

Directory of Open Access Journals. 2013. Home page. http://www.doaj.org.

Disco, Cornelis, and Eda Kranakis, eds. 2013. *Cosmopolitan Commons: Sharing Resources and Risks across Borders.* Cambridge, MA: MIT Press.

Doorn, Peter, Ingrid Dillo, and René van Horik. 2013. "Lies, Damned Lies and Research Data: Can Data Sharing Prevent Data Fraud?" *International Journal of Digital Curation* 8(1): 229-243. doi: 10.2218/ijdc.v8i1.256.

Drago, Idilio, Marco Mellia, Maurizio M. Munafo, Anna Sperotto, Ramin Sadre, Aiko Pras, John Byers, and Jim Kurose. 2012. "Inside Dropbox: Understanding Personal Cloud Storage Services." In *Proceedings of the 2012 ACM Conference on Internet Measurement Conference,* 481-494. New York: ACM. doi: 10.1145/2398776.2398827.

Dryad. 2013. Home page. http://datadryad.org.

Duderstadt, James J., Daniel E. Atkins, John Seely Brown, Marye Anne Fox, Ralph E. Gomory, Nils Hasselmo, Paul M. Hom, et al. 2002. *Preparing for the Revolution: Information Technology and the Future of the Research.* Washington, DC: National Academies Press.

Duguid, Paul. 2005. "'The Art of Knowing': Social and Tacit Dimensions of Knowledge and the Limits of the Community of Practice." *Information Society* 21: 109-118. doi: 10.1080/01972240590925311.

Duguid, Paul. 2007. "Inheritance and Loss? A Brief Survey of Google Books." *First Monday* 12. http://firstmonday.org/htbin/cgiwrap/bin/ojs/index.php/fm/article/view/1972/1847.

Dutton, William H., and Grant Blank. 2011. *Next Generation Internet Users: The Internet in Britain 2011.* Oxford: Oxford Internet Institute, University of Oxford.

Dutton, William H., Grant Blank, and Darja Groselj. 2013. *OxIS 2013 Report: Cultures of the Internet.* Oxford: Oxford Internet Institute, University of Oxford.

Dutton, William H., Corinna di Gennaro, and A. Millwood Hargrave. 2005. *Oxford Internet Survey 2005 Report: The Internet in Britain.* Oxford: Oxford Internet Institute, University of Oxford.

Dutton, William H., and Paul W. Jeffreys, eds. 2010. *World Wide Research: Reshaping the Sciences and Humanities.* Cambridge, MA: MIT Press.

Dutton, William H., and Adrian Shepherd. 2006. "Trust in the Internet as an Experience Technology." *Information Communication and Society* 9(4): 433-451. doi: 10.1080/13691180600858606.

Dutton, William H., Ellen J. Helsper, and M. M. Gerber. 2009. *Oxford Internet Survey 2009 Report: The Internet in Britain.* Oxford: Oxford Internet Institute, University of Oxford.

Easterbrook, Steve M., and Timothy C. Johns. 2009. "Engineering the Software for Understanding Climate Change." *Computing* in *Science* & *Engineering* 11(6): 65-74. doi: 10.1109/MCSE.2009.193.

eBird. 2013. Home page. http://ebird.org/content/ebird.

Edge, David O. 1979. "Quantitative Measures of Communication in Science: A Critical Review." *History of Science* 17: 102-134.

Editors. 2013. "Authors, Plagiarists, or Tradents?" Chinese Buddhist Encyclopedia. http://chinabuddhismencyclopedia.com/en/index.php?title=Authors%2C_plagiarists%2C_or_tradents%3F.

Edwards, Aled M. 2008a. "Bermuda Principles Meet Structural Biology." *Nature Structural & Molecular Biology* 15(2): 116. doi: 10.1038/nsmb0208-116.

Edwards, Aled M. 2008b. "Open-Source Science to Enable Drug Discovery." *Drug Discovery Today* 13(17-18): 731-733. doi: 10.1016/j.drudis.2008.04.011.

Edwards, Aled M., Chas Bountra, David J. Kerr, and Timothy M. Willson. 2009. "Open Access Chemical and Clinical Probes to Support Drug Discovery." *Nature Chemical Biology 5* (7): 436-440. doi: 10.1038/nchembio0709-436.

Edwards, Paul N. 2010. *A Vast Machine: Computer Models, Climate Data, and the Politics of Global Wanning.* Cambridge, MA: MIT Press.

Edwards, Paul N. 2013. "Predicting the Weather: An Information Commons for Europe and the World." In *Cosmopolitan Commons: Sharing Resources and Risks Across Borders,* ed. Cornelis Disco and Eda Kranakis, 155-184. Cambridge, MA: MIT Press.

Edwards, Paul N., Steven J. Jackson, Geoffrey C. Bowker, and Cory P. Knobel. 2007. "Understanding Infrastructure: Dynamics, Tensions, and Design." National Science Foundation. Ann Arbor: University of Michigan.

Edwards, Paul N., Steven J. Jackson, Melissa K. Chalmers, Geoffrey C. Bowker, Christine L. Borgman, David Ribes, Matt Burton, and Scout Calvert. 2013. *Knowledge Infrastructures: Intellectual Frameworks and Research Challenges.* Ann Arbor: University of Michigan.

Edwards, Paul N., Matthew S. Mayernik, Archer L. Batcheller, Geoffrey C. Bowker, and

Christine L. Borgman. 2011. "Science Friction: Data, Metadata, and Collaboration." *Social Studies of Science* 41: 667-690. doi: 10.1177/0306312711413314.

Ehrlich, Kate, and Debra Cash. 1999. "The Invisible World of Intermediaries: A Cautionary Tale." *Computer Supported Cooperative Work* 8(1-2): 147-167. doi: 10.1023/A:1008696415354.

Eichhorn, Guenther. 1994. "An Overview of the Astrophysics Data System." *Experimental Astronomy* 5: 205-220. doi: 10.1007/BF01583697.

Eisen, Michael. 2012. "Blinded by Big Science: The Lesson I Learned from ENCODE Is That Projects like ENCODE Are Not a Good Idea." http://www.michaeleisen.org/blog/?p=1179.

Eisenstein, Elizabeth. 1979. *The Printing Press as an Agent of Change: Communications and Cultural Transformations in Early-Modern Europe.* Cambridge, UK. Cambridge University Press.

Embedded Metadata Initiative. 2013. "Embedded Metadata Manifesto." http://www.embeddedmetadata.org/embedded-metatdata-manifesto.php.

EndNote. 2013. Home page. http://endnote.com.

Enserink, Martin. 2006. "Avian Influenza: As H5N1 Keeps Spreading, a Call to Release More Data." *Science* 311: 1224. doi: 10.1126/science.311.5765.1224.

Enserink, Martin. 2012a. "Fraud-Detection Tool Could Shake Up Psychology." *Science Insider.* http://news.sciencemag.org/2012/07/fraud-detection-tool-could-shake-psychology?rss=1.

Enserink, Martin. 2012b. "Public at Last, H5N1 Study Offers Insight into Virus's Possible Path to Pandemic." *Science* 336(6088): 1494-1497. doi: 10.1126/science.336.6088.1494.

Enserink, Martin, and Jon Cohen. 2012. "One H5N1 Paper Finally Goes to Press. Second Greenlighted." *Science* 336(6081): 529-530. doi: 10.1126/science.336.6081.529.

Erdos, David. 2013a. "Freedom of Expression Turned on Its Head. Academic Social Research and Journalism in the European Privacy Framework." *Public Law.* http://papers.ssrn.com/abstract=1928177.

Erdos, David. 2013b. "Mustn't Ask, Mustn't Tell: Could New EU Data Laws Ban Historical and Legal Research?" UK Constitutional Law Group (February 14). http://ukconstitutionallaw.org/2013/02/14/david-erdos-mustnt-ask-mustnt-tell-could-new-eu-data-laws-ban-historical-and-legal-research.

Esanu, Julie M., and Paul F. Uhlir eds. 2004. *Open Access and the Public Domain in Digital Data and Information for Science: Proceedings of an International Symposium, March10-11, Paris.* Washington, DC: National Academies Press.

Estrin, Deborah, K. Mani Chandy, R. Michael Young, Larry Smarr, Andrew Odlyzko, David Clark, Viviane Reding, et al. 2010. "Internet Predictions." *IEEE Internet Computing* 14(1): 12-42. doi: 10.1109/MIC.2010.12.

Estrin, Judy. 2008. *Closing the Innovation Gap: Reigniting the Spark of Creativity in a Global Economy.* New York. McGraw-Hill.

Ettema, J. S., and F. G. Kline. 1977. "Deficits, Differences, and Ceilings: Contingent Conditions for Understanding the Knowledge Gap." *Communication Research* 4(2): 179–202. doi: 10.1177/009365027700400204.

Europeana. 2013. Home page. http://www.europeana.eu.

European Southern Observatory. 2013. "Common Pipeline Library." http://www.eso.org/sci/software/cpl.

Eysenbach, Gunther. 2011. "Can Tweets Predict Citations? Metrics of Social Impact Based on Twitter and Correlation with Traditional Metrics of Scientific Impact." *Journal of Medical Internet Research* 13(4). doi: 10.2196/jmir.2012.

Falk, Harry. 2011. "The 'Split' Collection of Kharosthi Texts." In *Annual Report of the International Research Institute for Advanced Buddhology at Soka University for the Aca demic Year 2010,* 13–23. Tokyo: The International Research Institute for Advanced Buddhology, Soka University. iriab. soka. ac. jp/orc/Publications/ARIRIAB/pdf/ARIRIAB-14. pdf.

Faniel, Ixchel M., and Trend E. Jacobsen. 2010. "Reusing Scientific Data: How Earthquake Engineering Researchers Assess the Reusability of Colleagues' Data." *Computer Supported Cooperative Work* 19: 355–375. doi: 10.1007/s10606-010-9117-8.

Faoláin, Simon Ó., and J. Peter Northover. 1998. "The Technology of Late Bronze Age Sword Production in Ireland." *Journal of Irish Archaeology* 9: 69–88.doi: 10.2307/30001693.

Fenner, Martin. 2013. "Letter from the Guest Content Editor. Altmetrics Have Come of Age." *Information Standards Quarterly* 25(2). 3. doi: 10.3789/isqv25no2.2013.01.

Field, Dawn, Susanna-Assunta Sansone, Amanda Collis, Tim Booth, Peter Dukes. Susan K. Gregurick, Karen Kennedy, et al. 2009. "'Omics Data Sharing." *Science* 326(5950): 234–236. doi: 10.1126/science.1180598.

Fienberg, Stephen E., Margaret E. Martin, and Miron L. Straf. 1985. *Sharing Research Data.* Washington, DC: National Academies Press. http://books.nap.edu/catalog.php?record_id=2033.

Finch, Janet. 2012. "Accessibility, Sustainability, Excellence: How to Expand Access to Research Publications." Report of the Working Group on Expanding Access to Published Research Findings. London: Research Information Network. http://www.researchinfonet.org/publish/finch.

Finkbeiner, Ann K. 2010. *A Grand and Bold Thing. The Extraordinary New Map of the Universe Ushering in a New Era of Discovery.* New York: Free Press.

Fischman, Josh. 2012. "Fake Peer Reviews, the Latest Form of Scientific Fraud, Fool Journals." *Chronicle of Higher Education* (September 30). http://chronicle.com/article/Fake-Peer-Reviews-the-Latest/134784.

Fisher, Celia B. 2006. "Clinical Trials Databases: Unanswered Questions." *Science* 311 (5758): 180–181. doi: 10.1126/science.1119685.

Fitzpatrick, Kathleen. 2011. *Planned Obsolescence: Publishing, Technology, and the Future of the Academy.* New York: New York University Press.

Forbes, Duncan. 2008. "So You Want to Be a Professional Astronomer." *Mercury Magazine.*

http://www.astronomynotes.com/careers/Mercury-career.pdf.

Foster, Ian, Christine L. Borgman, P. Bryan Heidorn, William Howe, and Carl Kesselman. 2013. "Empowering Long Tail Research." https://sites.google.com/site/ieltrconcept.

Foster, Ian, and Luc Moreau. 2006. *Provenance and Annotation of Data.* Heidelberg: Springer. http://www.w3.org/2011/prov/wiki/Connection_Task_Force_Informal_ Report.

Foster, Jonathan B., and Alyssa A. Goodman. 2006. "Cloudshine: New Light on Dark Clouds." *Astrophysical Journal Letters* 636(2): L105. doi: 10.1086/500131.

Foucault, Michel. 1994. *The Order of Things: An Archaeology of the Human Sciences.* New York. Vintage Books.

Fouchier, Ron A. M., Sander Herfst, and Albert D. M. E. Osterhaus. 2012. "Restricted Data on Influenza H5N1 Virus Transmission." *Science* 335(6069): 662-663. doi: 10.1126/science.1218376.

Fox, Peter, and Ray Harris. 2013. "ICSU and the Challenges of Data and Information Management for International Science." *Data Science Jornal* 12: WDS1-WDS12. https://www.jstage.jst.go.jp/article/dsj/12/0/12-WDS-001/_article.

Frankel, Henry. 1976. "Alfred Wegener and the Specialists." *Centaurus* 20(4): 305-324. doi: 10.1111/j.1600-0498.1976.tb00937.x.

Freeman, Linton C. 2004. *The Development of Social Network Analysis: A Study in the Sociology of Science.* Vancouver, BC: Empirical Press.

Friedlander, Amy. 2009. "Asking Questions and Building a Research Agenda for Digital Scholarship." In *Working Together or Apart: Promoting the Next Generation of Digital Scholarship,* ed. Kathlin Smith and Brian Leney, 1-15. Washington, DC: Council on Library and Information Resources. http://www.clir.org/pubs/resources/pubs/reports/pub145/pub145.pdf.

Frischer, Bernard, Philip Stinson, Neil A. Silberman, and Dirk Callebaut. 2002. "Scientific Verification and Model-making Methodology: Case Studies of the Virtual Reality Models of the House of Augustus (Rome) and Villa of the Mysteries (Pompeii)." In *Interpreting the Past: Heritage, New Technologies & Local Development.* Belgium: Flemish Heritage Institute.

Furnas, Alexander, and Devin Gaffney. 2012. "Statistical Probability That Mitt Romney's New Twitter Followers Are Just Normal Users: 0%." *The Atlantic.* http://www.theatlantic.com/technology/archive/2012/07/statistical-probability-that-mitt-romneys-new-twitter-followers-are-just-normal-users-0/260539.

Furner, Jonathan. 2003a. "Little Book, Big Book: Before and after Little Science, Big Science: A Review Article, Part I." *Journal of Librarianship and Information Science* 35: 115-125. doi: 10.1177/0961000603352006.

Furner, Jonathan. 2003b. "Little Book, Big Book: Before and after Little Science, Big Science: A Review Article, Part II." *Journal of Librarianship and Information Science* 35: 189-201. doi: 10.1177/0961000603353006.

Furner, Jonathan. 2004a. "Conceptual Analysis: A Method for Understanding Information as Evidence, and Evidence as Information." *Archival Science* 4: 233-265. doi: 10.1007/s10502-005-2594-8.

Furner, Jonathan. 2004b. "Information Studies Without Information." *Library Trends* 52: 427-446.

Furner, Jonathan. 2010. "Philosophy and Information Studies." *Annual Review of Information Science & Technology* 44(1): 159-200. doi: 10.1002/aris.2010.1440440111.

Gale Cengage Learning. 2013. "Eighteenth Century Collections Online." http://gale.cengage.co.uk/product-highlights/history/eighteenth-century-collections-online.aspx.

Galilei, Galileo. 1610. *Sidereus Nuncius*. Ed. Tommaso Baglioni and Herbert M. Evans. Venetiis: Apud Thomam Baglionum. http://archive.org/details/Sidereusnuncius00Gali.

Gallagher, Ryan. 2013. "NSA Phone Spying: EPIC, Privacy International File Lawsuits to Halt Government Surveillance." *Slate* (June 8). http://www.slate.com/blogs/future_tense/2013/07/08/nsa_phone_spying_epic_privacy_international_file_lawsuits_to_halt_government.html.

Gamazon, Eric R. 2012. "Small Science: High Stakes." *Science* 338(6109): 883. doi: 10.1126/science.338.6109.883-a.

Gamble, Matthew, and Carole Goble. 2011. "Quality, Trust, and Utility of Scientific Data on the Web: Towards a Joint Model." In *ACM WebSci'11*, 1-8. Koblenz, Germany. http://www.websci11.org/fileadmin/websci/Papers/177_paper.pdf.

Garfield, Eugene. 1955. "Citation Indexes for Science: A New Dimension in Documentation through Association of Ideas." *Science* 122(3159): 108-111. doi: 10.1126/science.122.3159.108.

Garfinkel, H. 1967. *Studies in Ethnomethodology*. Englewood Cliffs, NJ: Prentice Hall.

Geertz, Clifford. 1973. *The Interpretation of Cultures*. New York: Basic Books.

General Social Survey. 2013. Home page. http://www3.norc.org/gss+website.

Genova, Françoise. 2013. "Strasbourg Astronomical Data Center (CDS)." *Data Science Journal* 12: WDS56-WDS60. doi: 10.2481/dsj.WDS-007.

Getty Research Institute. 2013. "Getty Vocabularies." http://www.getty.edu/research/tools/vocabularies.

Getty Trust. 2013. "Open Content Program." http://www.getty.edu/about/opencontent.html.

Gibbons, Ann. 2012. "A Crystal-Clear View of an Extinct Girl's Genome." *Science* 337 (6098): 1028-1029. doi: 10.1126/science.337.6098.1028.

Gil, Yolanda, James Cheney, Paul Groth, Olaf Hartig. Simon Miles, Luc Moreau, and Paulo Pinheiro da Silva. 2010. "Provenance XG Final Report." W3C Incubator Group. http://www.w3.org/2005/Incubator/prov/XGR-prov-20101214.

Gilliland, Anne J. 2008. "Setting the Stage." In *Introduction to Metadata,* ed. Murtha Baca, 3rd ed. Los Angeles: Getty Research Institute. http://www.getty.edu/research/publications/electronic_publications/intrometadata.

Gilliland-Swetland, Anne J. 1998. "Defining Metadata." In *Introduction to Metadata. Pathways to Digital Information,* ed. Murtha Baca, 1-8. Los Angeles: Getty Research Institute.

Ginsparg, Paul. 1994. "First Steps towards Electronic Research Communication." *Computers in Physics* 8 (4) : 390–396. http://dl.acm.org/citation.cfm?id=187178.187185.

Ginsparg, Paul. 2001. "Creating a Global Knowledge Network." In *Second Joint ICSU Press-UNESCOExpert Conference on Electronic Publishing in Science*. Paris: UNESCO. http://people.ccmr.cornell.edu/~ginsparg/blurb/pg01unesco.html.

Gitelman, Lisa, ed. 2013. *"Raw Data" Is an Oxymoron*. Cambridge, MA: MIT Press.

Gladwell, Malcolm. 2002. *The Tipping Point: How Little Things Can Make a Big Difference*. New York: Back Bay Books.

Glaser, Barney G., and Anselm L. Strauss. 1967. *The Discovery of Grounded Theory. Strategies for Qualitative Research*. Chicago: Aldine Publishing.

Gleick, P. H. 2011. "Climate Change and the Integrity of Science (Letter to Editor; 255 Signatories)." *Science* 328: 689–690. doi: 10.1126/science.328.5979.689.

Gnip. 2013a. "Gnip Twitter Activity Streams Format." http://support.gnip.com/customer/portal/articles/477765-twitter-activity-streams-format.

Gnip. 2013b. Home page. http://gnip.com.

Goble, Carole, and David De Roure. 2009. "The Impact of Workflow Tools on Dataintensive Research." In *The Fourth Paradigm. Data-Intensive Scientific Discovery*, ed. Tony Hey, Stewart Tansley, and Kristin Tolle, 137–146. Redmond, WA: Microsoft.

Goble, Carole, David De Roure, and Sean Bechhofer. 2013. "Accelerating Scientists' Knowledge Tums." In *Knowledge Discovery, Knowledge Engineering and Knowledge Management*, ed. Ana Fred, Jan L. G. Dietz, Kecheng Liu, and Joaquim Filipe, 3–25. Berlin: Springer.

Goenka, S. N., Myungsoo Kim, Lewis Lancaster, John R. McRae, Charles Muller, Min Bahadur Shakya, Morten Schlutter, and Christian Wittern. 2008. "CBETA 10 Years." Chinese Buddhist Electronic Text Association. http://www.cbeta.org/data/cbetal0y/friends. htm.

Goldacre, Ben. 2008. *Bad Science*. London. Fourth Estate.

Goldacre, Ben. 2012. *Bad Pharma. How Drug Companies Mislead Doctors and Harm Patients*. London. Fourth Estate.

Goldsmith, Jack L., and Tim Wu. 2006. *Who Controls the Internet. Illusions of a Borderless World*. Oxford: Oxford University Press.

Goodman, Alyssa A. 2012. "Principles of High-dimensional Data Visualization in Astronomy." *Astronomische Nachrichten* 333: 505. doi: 10.1002/asna.201211705.

Goodman, Alyssa A., Joao Alves, Chris Beaumont, Tom Dame, James Jackson, Jens Kauffmann, Thomas Robitaille, et al. 2013. "The Bones of the Milky Way." *Astrophysical Journal*. https://www.authorea.com/users/23/articles/249/_show_article.

Goodman, Alyssa A., Jonathan Fay, August Muench, Alberto Pepe, Patricia Udomprasert, and Curtis Wong. 2012. "WorldWide Telescope in Research and Education." *arXiv: 1201. 1285*. http://arxiv.org/abs/1201.1285.

Goodman, Alyssa A., August Muench, and Alicia Soderberg. 2012. "Introducing the Astronomy Dataverse (theastrodata. org)." Presentation and Panel Discussion (April 2). Cambridge, MA: Harvard-Smithsonian Center for Astrophysics. http://thedata.org/presentations/introducng-astronomy-dataverse-theastrodataorg.

Goodman, Alyssa A., Alberto Pepe, Alexander W. Blocker, Christine L. Borgman, Kyle Cranmer, Merce Crosas, Rosanne Di Stefano, et al. 2014. "10 Simple Rules for the Care and Feeding of Scientific Data." *PLoS Computational Biology* 10(4): e1003542. doi: 10.1371/journal.pcbi.1003542.

Goodman, Alyssa A., Jaime E. Pineda, and Scott L. Schnee. 2009. "The 'True' Column Density Distribution in Star-Forming Molecular Clouds." *Astrophysical Journal* 692: 91–103. doi: 10.1088/0004-637X/692/1/91.

Goodman, Alyssa A., Erik W. Rosolowsky, Michelle A. Borkin, Jonathan B. Foster, Michael Halle, Jens Kauffmann, and Jaime E. Pineda. 2009. "A Role for Self-gravity at Multiple Length Scales in the Process of Star Formation." *Nature* 457 (7225): 63–66. doi: 10.1038/nature07609.

Goodman, Alyssa A., and Curtis G. Wong. 2009. "Bringing the Night Sky Closer: Discoveries in the Data Deluge." In *The Fourth Paradigm. Data-Intensive Scientific Discovery,* ed. Tony Hey, Stewart Tansley, and Kristin Tolle, 39–44. Redmond, WA: Microsoft.

Grafton, Anthony. 2007. "Future Reading." *The New Yorker* (November 5). http://www.newyorker.com/reporting/2007/11/05/071105fa_fact_grafton?currentPage=all.

Gray, Jim, David T. Liu, Maria Nieto-Santisteban, Alexander Szalay, David DeWitt, and Gerd Heber. 2005. "Scientific Data Management in the Coming Decade." *CT Watch Quarterly* 1. http://www.ctwatch.org/quarterly/articles/2005/02/sdentific-data-management.

Gray, Jim, and Alexander Szalay. 2002. "The World-wide Telescope." *Communications of the ACM* 45: 51–55.

Groth, Paul, Yolanda Gil, James Cheney, and Simon Miles. 2012. "Requirements for Provenance on the Web." *International Journal of Digital Curation* 7(1): 39–56. doi: 10.2218/ijdc.v7i1.213.

Groth, Paul, and Luc Moreau eds. 2013. "PROV-Overview." W3C. http://www.w3.org/TR/prov-overview.

Guibault, Lucie. 2013. "Licensing Research Data under Open Access Conditions." In *Information and Knowledge. 21st Century Challenges in Intellectual Property and Knowledge Governance,* ed. Dana Beldiman. Cheltenham. Edward Elgar.

Gutmann, Myron, Mark Abrahamson, Margaret Adams, Micah Altman, Caroline R. Arms, and Gary King. 2009. "From Preserving the Past to Preserving the Future. The Data-PASS Project and the Challenges of Preserving Digital Social Science Data." *Library Trends* 57: 315–337. doi: 10.1353/lib.0.0039.

Gymrek, Melissa, Amy L. McGuire, David Golan, Eran Halperin, and Yaniv Erlich. 2013. "Identifying Personal Genomes by Surname Inference." *Science* 339(6117): 321–324. doi: 10.1126/science.1229566.

Haak, Laurel L., David Baker, Donna K. Ginther, Gregg J. Gordon, Matthew A. Probus,

Nirmala Kannankutty, and Bruce A. Weinberg. 2012. "Standards and Infrastructure for Innovation Data Exchange." *Science* 338(6104): 196-197. doi: 10.1126/science.1221840.

Hackett, Edward J., Olga Amsterdamska, Michael Lynch, and Judy Wajcman. 2007. *The Handbook of Science and Technology Studies*. 3rd ed. Cambridge, MA: MIT Press.

Hamilton, David P. 1990. "Information Decontrol Urged." *Science* 248(4958): 957-958. doi: 10.1126/science.248.4958.957.

Hamilton, Michael P., Eric A. Graham, Philip W. Rundel, Michael F. Allen, William Kaiser, Mark H. Hansen, and Deborah L. Estrin. 2007. "New Approaches in Embedded Networked Sensing for Terrestrial Ecological Observatories." *Environmental Engineering Science* 24(2): 149-150.

Hanisch, Robert J. 2013. "The Future of the Virtual Observatory-US Virtual Astronomical Observatory." (August 12). http://www.usvao.org/2013/08/12/the-future-of-the-virtual-observatory.

Hanisch, Robert J., A. Farris, E. W. Greisen, W. D. Pence, B. M. Schlesinger, P. J. Teuben, R. W. Thompson, and A. Warnock. 2001. "Definition of the Flexible Image Transport System (FITS)." *Astronomy and Astrophysics* 376(1): 359-380. http://adsabs.harvard.edu/abs/2001A%26A...376.359H.

Hanisch, Robert J., and Peter J. Quinn. 2002. "The International Virtual Observatory." http://www.ivoa.net/about/TheIVOA.pdf.

Hanson, Karen, Alisa Surkis, and Karen Yacobucci. 2012. *Data Sharing and Management Snafu in 3 Short Acts*. Film and Animation. http://www.youtube.com/watch?v=N2zK3sAtr-4&sns=em.

Hardin, Garrett. 1968. "The Tragedy of the Commons." *Science* 162(3859): 1243-1248. doi: 10.1126/science.162.3859.1243.

Harnad, Stevan. 1998. "The Invisible Hand of Peer Review." *Nature 5*. http://www.nature.com/nature/webmatters/invisible/invisible.html.

Harpring, Patricia. 2010. *Introduction to Controlled Vocabularies. Terminology for Art, Architecture, and Other Cultural Works*. Los Angeles. Getty Publications.

Hart, Michael S. 1992. "History and Philosophy of Project Gutenberg." http://www.gutenberg.org/about/history.

Hart, Michael S. 2013. "Project Gutenberg." http://www.gutenberg.org.

Harvard Law Review Association. 2005. *The Bluebook. A Uniform System of Citation*. Cambridge, MA: Author.

Harvard-Smithsonian Astrophysical Observatory. 2013a. "Chandra X-ray Observatory." Home page. http://chandra.harvard.edu.

Harvard-Smithsonian Astrophysical Observatory. 2013b. "Digitizing the Harvard College Observatory Astronomical Plate Stacks." http://tdc-www.harvard.edu/plates.

Harvard-Smithsonian Astrophysical Observatory. 2013c. "The SAO/NASA Astrophysics Data System." http://adswww.harvard.edu.

Harvard University. 2010. "Open Access Policies." Harvard University Library, Office for

Scholarly Communication. https://osc.hul.harvard.edu/policies.

Harvard University and Wellcome Trust. 2012. International Workshop on Contributorship and Scholarly Attribution. http://projects.iq.harvard.edu/files/attribution_workshop/files/iwcsa_report_final_18sept12.pdf.

Hedstrom, Margaret, Lee Dirks, Nicholas Economides, Peter Fox, Michael F. Goodchild, Heather Joseph, Ronald L. Larsen, et al. 2014. "Future Career Opportunities and Educational Requirements for Digital Curation." http://sites.nationalacademies.org/PGA/brdi/PGA_069853.

Heidorn, Bryan. 2008. "Shedding Light on the Dark Data in the Long Tail of Science." *Library Trends* 57(2): 280-299. doi: 10.1353/lib.0.0036.

Hess, Charlotte, and Elinor Ostrom. 2007a. "Introduction. An Overview of the Knowledge Commons." In *Understanding Knowledge as a Commons: From Theory to Practice,* ed. Charlotte Hess and Elinor Ostrom, 3-26. Cambridge, MA: MIT Press.

Hess, Charlotte, and Elinor Ostrom. 2007b. *Understanding Knowledge as a Commons: From Theory to Practice.* Cambridge, MA: MIT Press.

Hettne, Kristina, Katy Wolstencroft, Khalid Belhajjame, Carole Goble, Eleni Mina, and Harish Dharuri. 2012. "Best Practices for Workflow Design. How to Prevent Workflow Decay." In *Proceedings of the ESWC 2012 Workshop on the Future of Scholarly Communication* in *the Semantic Web,* ed. Frank Van Harmelen, Alexander G. Castro, Christoph Lange, and Benjamin Good. Greece: Sepublica. http://ceur-ws.org/Vol-952/paper_23.pdf.

Hey, Tony, Stewart Tansley, and Kristin Tolle. 2009. "Jim Gray on eScience. A Transformed Scientific Method." In *The Fourth Paradigm. Data-Intensive Scientific Discovery,* ed. Tony Hey, Stewart Tansley, and Kristin Tolle, xix-xxxiii. Redmond, WA. Microsoft.

Hey, Tony, and Anne Trefethen. 2005. "Cyberinfrastructure and e-Science." *Science* 308: 818-821. doi: 10.1126/science.1110410.

Higgins, D., C. Berkley, and M. B. Jones. 2002. "Managing Heterogeneous Ecological Data Using Morpho." In *Proceedings14th International Conference on Scientific and Statistical Database Management,* 69-76. Edinburgh, UK. IEEE Computer Society.

Hilgartner, Stephen. 1997. "Access to Data and Intellectual Property. Scientific Exchange in Genome Research." In *Intellectual Property Rights and the Dissemination of Research Tools* in *Molecular Biology. Summary of a Workshop Held at the National Academy of Science, February 15-16, 1996,* 28-39. Washington, DC. National Academies Press.

Hilgartner, Stephen, and Sherry I. Brandt-Rauf. 1994. "Data Access, Ownership and Control. Toward Empirical Studies of Access Practices." *Knowledge* 15: 355-372.

Hine, Christine. 2000. *Virtual Ethnography.* London. Sage.

Hine, Christine. 2008. *Systematics as Cyberscience: Computers, Change, and Continuity* in *Science.* Cambridge, MA: MIT Press.

Hirsh, Sandra G. 1996. *The Effect of Domain Knowledge on Elementary School Children's*

Information Retrieval Behavior on an Automated Library Catalog. Los Angeles: UCLA.

Hirtle, Peter B. 2011. "Introduction to Intellectual Property Rights in Data Management." https://confluence.cornell.edu/display/rdmsgweb/introduction-intellectual-property-rights-data-management.

Hirtle, Peter B. 2012. "When Is 1923 Going to Arrive and Other Complications of the U. S. Public Domain." *Searcher20* (6). http://www.infotoday. com/searcher/sep12/Hirtle-When-Is-1923-Going-to-Arrive-and-Other-Complications-of-the-U.S.-Publie-Domain.shtml.

Hirtle, Peter B., Emily Hudson, and Andrew T. Kenyon. 2009. *Copyright and Cultural Institutions. Guidelines for U. S. Libraries, Archives, and Museums.* http://hdl.handle.net/1813/14142.

H-Net. 2013a. "H-Buddhism Discussion Network." https://www.h-net.org/~buddhism.

H-Net. 2013b. "What Is H-Net?" http://www.h-net.org/about.

Hockey, Susan. 1999. "Making Technology Work for Scholarship. Investing in the Data." In *Technology and Scholarly Communication,* ed. Richard Ekman and Richard E. Quandt. Berkeley. University of California Press. published in association with the Andrew K. Mellon Foundation. http://ark.cdlib.org/ark:/13030/ft5wl0074r.

Hogg, David W., and Dustin Lang. 2008. "Astronomical Imaging: The Theory of Everything." *arXiv: 0810. 3851.* doi: 10.1063/1.3059072.

Holdren, John P. 2013a. "Increasing Access to the Results of Federally Funded Scientific Research." Executive Office of the President, Office of Science and Technology Policy. http://www.whitehouse.gov/sites/default/files/microsites/ostp/ostp_public_access_memo_2013. pdf.

Holdren, John P. 2013b. "Memorandum for the Heads of Executive Departments and Agencies." Executive Office of the President, Office of Science and Technology Policy. http://www.whitehouse.gov/sites/default/files/microsites/ostp/ostp_public_access_memo_2013.pdf.

Hollan, Jim, and Scott Stornetta. 1992. "Beyond Being There." In *CHI '92,* ed. Penny Bauersfeld, John Bennett, and Gene Lynch, 119–125. New York. ACM.

Hollinger, David A. 2013. "The Wedge Driving Academe's Two Families Apart." *Chronicle of Higher Education* (October 14). http://chronicle.com/article/Why-Cant-the-Sciencesthe/142239/?cid=cr&utm_source=cr&utm_medium=en.

Howard, Jennifer. 2013a. "Posting Your Latest Article? You Might Have to Take It Down." *Chronicle of Higher Education [Blog]* (December 6). http://chronicle.com/blogs/wiredcampus/posting-your-1atest-article-you-might-have-to-take-it-down/48865.

Howard, Jennifer. 2013b. "White House Delivers New Open-Access Policy That Has Activists Cheering." *Chronicle of Higher Education* (February 22). http://chronicle.com/article/White-House-Delivers-New/137549/?cid=at&utm_source=at&utm_medium=en.

Howard, Jennifer. 2014. "Born Digital, Projects Need Attention to Survive." *Chronicle of Higher Education* (January 6). http://chronicle. com/article/Born-Digital-Projects

-Need/143799.

Howe, Doug, Maria Costanzo, Petra Fey, Takashi Gojobori, Linda Hannick, Winston Hide, David P. Hill, et al. 2008. "Big Data: The Future of Biocuration." *Nature* 455(7209): 47–50. doi: 10.1038/455047a.

Hrynaszkiewicz, Iain, and Douglas G. Altman. 2009. "Towards Agreement on Best Practice for Publishing Raw Clinical Trial Data." *Trials* 10: 17. doi: 10.1186/1745-6215-10-17.

HubbleSite. 2013a. Home page. http://hubblesite.org.

HubbleSite. 2013b. "The Telescope: Hubble Essentials." http://hubblesite.org/the_telescope/hubble_essentials.

Hughes, Thomas P. 1989. "The Evolution of Large Technological Systems." In *The Social Construction of Technological Systems: New Directions in the Sociology and History of Technology,* ed. Wiebe E. Bijker, Thomas P. Hughes, and Trevor J. Pinch, 51–82. Cambridge, MA: MIT Press.

Hughes, Thomas P. 2004. *Human-Built World: How to Think About Technology and Culture.* Chicago: University of Chicago Press.

Hugo, W. 2013. "A Maturity Model for Digital Data Centers." *Data Science Journal* 12: WDS189-WDS192.

Hunter, Jane. 2009. "Collaborative Semantic Tagging and Annotation Systems." *Annual Review of Information Science & Technology* 43: 187–239.

Hvistendahl, Mara. 2013." China's Publication Bazaar." *Science* 342(6162): 1035–1039. doi: 10.1126/science.342.6162.1035.

IAU Working Group Libraries. 2013. "Best Practices for Creating a Telescope Bibliography." *IAU-Commission5-WG Libraries.* http://iau-commission5.wikispaces.com/WG+Libraries.

Incorporated Research Institutions for Seismology. 2013. Home page. http://www.iris.edu/hq.

Ingwersen, Peter. 1998. "The Calculation of Web Impact Factors." *Journal of Documentation* 54: 236–243.

Ingwersen, Peter, and Kalervo Jarvelin. 2005. *The Turn: Integration of Information Seeking and Retrieval in Context.* Dordrecht: Springer.

Institute for Quantitative Social Sciences. 2011. "Data Citation Principles Workshop." Harvard University, May 16–17. http://projects.iq.harvard.edu/datacitation_workshop.

Institute for Quantitative Social Sciences. 2013. Home page. Harvard University. http://www.iq.harvard.edu.

Institute of Electrical and Electronics Engineers. 2013. "IEEE Code of Ethics." http://www.ieee.org/about/corporate/governance/p7-8.html.

International Astronomical Union. 2013. "About the International Astronomical Union." http://www.iau.org/about.

International Committee of Medical Journal Editors. 2013. "Recommendations for the Conduct, Reporting, Editing, and Publication of Scholarly Work in Medical Journals."

http://www.icmje.org/recommendations.

International Council of Museums. 2013. "CIDOC Conceptual Reference Model." http://www.cidoc-crm.org/who_we_are.html.

International Dunhuang Project. 2013. Home page. http://idp.bl.uk.

International Social Survey Programme. 2013. Home page. http://www.issp.org.

International Standard Book Number Agency. 2013. Home page. http://www.isbn.org.

International Standard Name Identifier International Agency. 2013. Home page. http://www.isni.org.

International Standard Serial Number International Centre. 2013. "Understanding the ISSN: What Is an ISSN?" http://www.issn.org/2-22636-All-about-ISSN.php.

International Virtual Observatory Alliance. 2013a. Home page. http://www.ivoa.net.

International Virtual Observatory Alliance. 2013b. "Virtual Observatory Applications for Astronomers." http://www.ivoa.net/astronomers/applications.html.

Inter-University Consortium for Political and Social Research. 2012. "Guide to Social Science Data Preparation and Archiving: Best Practice Throughout the Data Life Cycle." 5th edition. Ann Arbor, MI: ICPSR. https://www.icpsr.umich.edu/icpsrweb/content/deposit/guide/index.html.

Inter-University Consortium for Political and Social Research. 2013. Home page. http://www.icpsr.umich.edu/icpsrweb/landing.jsp.

Ioannidis, John P. A., and MuinJ. Khoury. 2011. "Improving Validation Practices in 'Omics' Research." *Science* 334(6060): 1230-1232. doi: 10.1126/science.1211811.

IRIS Data Management Center. 2013. Home page. http://www.iris.edu/data.

ISO 10646. 2013. "Ideograph Characters." http://glyph.iso10646hk.net/english/icharacters_l.jsp.

Jackson, Brian A., Tora K. Bikson, and Patrick P. Gunn. 2013. "Human Subjects Protection and Research on Terrorism and Conflict." *Science* 340(6131): 434-435. doi: 10.1126/science.1231747.

Jackson, Steven J. 2006. "Water Models and Water Politics: Deliberative Design and Virtual Accountability." In *Proceedings of the 7th Annual Internatiomal Conference on Digital Government Research,* ed. Jose A. B. Fortes and Ann MacIntosh, 95-104. San Diego: Digital Government Research Center.

Jackson, Steven J., and Ayse Buyuktur. 2014. "Who Killed WATERS? Mess, Method, and Forensic Explanation in the Making and Unmaking of Large-Scale Science Networks." *Science, Technology & Human Values* 39(2): 285-308. doi: 10.1177/0162243913516013.

Jackson, Steven J., David Ribes, Ayse Buyuktur, and Geoffrey C. Bowker. 2011. "Collaborative Rhythm: Temporal Dissonance and Alignment in Collaborative Scientific Work." In *Proceedings of the ACM 2011 Conference on Computer Supported Cooperative Work,* 245-254. New York: ACM. doi: 10.1145/1958824.1958861.

Jacobs, Neil. 2006. *Open Access: Key Strategic, Technical and Economic Aspects.* Oxford: Chandos.

James San Jacinto Mountains Reserve. 2013. "Data Resources." http://www.jamesreserve.

edu/data_arch.html.

Janee, Greg, and James Frew. 2002. "The ADEPT Digital Library Architecture." In *Second ACM/IEEE-CS Joint Conference on Digital Libraries*, 342–350. New York: ACM.

Jantz, Ronald, and Michael J. Giarlo. 2005. "Digital Preservation: Architecture and Technology for Trusted Digital Repositories." *D-Lib Magazine* 11. http://www.dlib.org/dlib/june05/jantz/06jantz.html.

Jasny, B. R., G. Chin, L. Chong, and S. Vignieri. 2011. "Again, and Again, and Again...." *Science* 334(6060): 1225. doi: 10.1126/science.334.6060.1225.

JavaScript Object Notation. 2013. Home page. http://www.json.org.

Jenkins, Henry, Ravi Purushotma, Margaret Weigel, and Katie Clinton. 2009. *Confronting the Challenges of Participatory Culture: Media Education for the 21st Century*. Cambridge, MA: MIT Press.

Jirotka, Marina, Rob Procter, Tom Rodden, and Geoffrey C. Bowker. 2006. "Special Issue: Collaboration in e-Research." *Computer Supported Cooperative Work* 15: 251–255.

Johnson, George. 2007. "A Trip Back in Time and Space." *New York Times* (July 10). http://www.nytimes.com/2007/07/10/science/10astro.html.

Johnston, E. H. 1938. "The Gopālpur Bricks." *Journal of the Royal Asiatic Society* 70(04): 547–553. doi: 10.1017/S0035869X00078242.

Jones, James Howard. 1981. *Bad Blood. The Tuskegee Syphilis Experiment*. New York: Free Press.

Journal of Open Archaeology Data. 2013. Home page. http://openarchaeologydata.metajnl.com.

JoVE: Peer Reviewed Scientific Video Journal. 2013. Home page. http://www.jove.com.

Kahin, Brian, and Dominique Foray. 2006. *Advancing Knowledge and the Knowledge Economy*. Cambridge, MA: MIT Press.

Kaiser, Jocelyn. 2008. "Making Clinical Data Widely Available." *Science* 322(5899): 217–218. doi: 10.1126/science.322.5899.217.

Kaiser, Jocelyn. 2013. "Rare Cancer Successes Spawn 'Exceptional' Research Efforts." *Science* 340(6130): 263. doi: 10.1126/science.340.6130.263.

Kanfer, Alana G., Caroline Haythornthwaite, B. C. Bruce, Geoffrey C. Bowker, N. C. Burbules, J. F. Porac, and J. Wade. 2000. "Modeling Distributed Knowledge Processes in Next Generation Multidisciplinary Alliances." *Information Systems Frontiers* 2(3-4): 317–331. doi: 10.1109/AIWORC.2000.843277.

Kansa, Eric C. 2012. "Openness and Archaeology's Information Ecosystem." *World Archaeology* 44(4): 498–520. doi: 10.1080/00438243.2012.737575.

Kansa, Sarah W., Eric C. Kansa, and J. M. Schultz. 2007. "An Open Context for Near Eastern Archaeology." *Near Eastern Archaeology* 70(4): 188–194.

Karabag, Solmaz Filiz, and Christian Berggren. 2012. "Retraction, Dishonesty and Plagiarism: Analysis of a Crucial Issue for Academic Publishing, and the Inadequate Responses from Leading Journals in Economics and Management Disciplines." *Journal of Applied Economics and Business Research* 4(2). http://www.aebrjournal.org/volume-

2-issue-4.html.

Karasti, Helena, Karen S. Baker, and Eija Halkola. 2006. "Enriching the Notion of Data Curation in E-Science: Data Managing and Information Infrastructuring in the Long Term Ecological Research (LTER) Network." *Computer Supported Cooperative Work* 15(4): 321–358. doi: 10.1007/sl0606-006-9023-2.

Kelty, Christopher M. 2008. *Two Bits. The Cultural Significance of Free Software.* Durham, NC: Duke University Press.

Kelty, Christopher M. 2012. "This Is Not an Article. Model Organism Newsletters and the Question of 'Open Science.'" *Biosocieties* 7(2): 140–168. doi: 10.1057/biosoc.2012.8.

Kessler, Elizabeth A. 2012. *Picturing the Cosmos. Hubble Space Telescope Images and the Astronomical Sublime.* Minneapolis: University of Minnesota Press.

King, C. Judson, Diane Harley, Sarah Earl-Novell, Jennifer Arter, Shannon Lawrence, and Irene Perciali. 2006. "Scholarly Communication: Academic Values and Sustainable Models." Berkeley: Center for Studies in Higher Education. http://cshe.berkeley.edu/publications/scholarly-communication-academic-values-and-sustainable-models.

King, Christopher. 2013. "Single-Author Papers: A Waning Share of Output, but Still Providing the Tools for Progress." *ScienceWatch.* http://sciencewatch.com/articles/single-author-papers-waning-share-output-still-providing-tools-progress.

King, Gary, Jennifer Pan, and Margaret E. Roberts. 2013. "How Censorship in China Allows Government Criticism but Silences Collective Expression." *American Political Science Review* 107(02): 326–343. doi: 10.1017/S0003055413000014.

Kintisch, Eli. 2010. "Embattled U. K. Scientist Defends Track Record of Climate Center." *Science* 327(5968): 934. doi: 10.1126/science.327.5968.934.

Klump, J. , R. Bertelmann, J. Brase, Michael Diepenbroek, Hannes Grobe, H. Höck, M. Lautenschlager, Uwe Schindler, I. Sens, and J. Wächter. 2006. "Data Publication in the Open Access Initiative." *Data Science Journal* 5: 79–83. doi: 10.2481/dsj.5.79.

Knorr-Cetina, Karin. 1999. *Epistemic Cultures: How the Sciences Make Knowledge.* Cambridge, MA: Harvard University Press.

Knowledge Network for Biocomplexity. 2010. "Ecological Metadata Language." http://knb.ecoinformatics.org/software/eml.

Knowledge Network for Biocomplexity. 2013. "Ecological Metadata Language (EML) Specification." http://knb.ecoinformatics.org/software/eml/eml-2.1.1/index.html.

Knox, Keith T. 2008. "Enhancement of Overwritten Text in the Archimedes Palimpsest." In *Computer Image Analysis in the Study of Art,* ed. David G. Stork and Jim Coddington, 6810: 681004. SPIE. doi: 10.1117/12.766679.

Kolb, David A. 1981. "Learning Styles and Disciplinary Differences." In *The Modeun American College,* ed. Arthur W. Chickering. San Francisco: Jossey-Bass.

Kolowich, Steve. 2014. "Hazards of the Cloud: Data-Storage Service's Crash Sets Back Researchers." *The Chronicle of Higher Education [Blog]* (May 12). http://chronicle.com/blogs/wiredcampus/hazards-of-the-cloud-data-storage-services-crash-sets-back-researchers/52571.

Korn, Naomi, and Charles Oppenheim. 2011. "Licensing Open Data: A Practical Guide." JISC. http://discovery.ac.uk/files/pdf/Licensing_Open_Data_A_practical_Guide.pdf.

Korsmo, Fae L. 2010. "The Origins and Principles of the World Data Center System." *Data Science Journal* 8: 55-65. doi: 10.2481/dsj.SS_IGY-011.

Koshland, Daniel. 1987. "Sequencing the Human Genome." *Science* 236(4801): 505.doi: 10.1126/science.3576182.

Kouw, Matthijs, Charles Van den Heuvel, and Andrea Scharnhorst. 2013. "Exploring Uncertainty in Knowledge Representations: Classifications, Simulations, and Models of the World." In *Virtual Knowledge: Experimenting in the Humanities and the Social Sciences,* ed. Paul Wouters, Anne Beaulieu, Andrea Scharnhorst, and Sally Wyatt, 127-149. Cambridge, MA: MIT Press.

Kranich, Nancy. 2004. "The Information Commons: A Public Policy Report." New York: The Free Expression Policy Project, Brennan Center for Justice, NYU School of Law. http://www.fepproject.org/policyreports/InformationCommons.pdf.

Kranich, Nancy. 2007. "Countering Enclosure: Reclaiming the Knowledge Commons." In *Understanding Knowledge as a Commons: From Theory to Practice,* ed. Charlotte Hess and Elinor Ostrom, 85-122. Cambridge, MA: MIT Press.

Kraut, Robert, Sara Kiesler, Bonka Boneva, Jonathon Cummings, Vicki Helgeson, and Anne Crawford. 2002. "Internet Paradox Revisited." *Journal of Social Issues* 58(1): 49-74. doi: 10.1111/1540-4560.00248.

Kuhn, Thomas S. 1962. *The Structure of Scientific Revolutions.* Chicago: University of Chicago Press.

Kuhn, Thomas S. 1970. *The Structure of Scientific Revolutions.* 2nd ed. Chicago: University of Chicago Press.

Kurtz, Donna, and T. S. Lipinski. 1995. "Telecommunications for the Arts in Archive, Museum and Gallery: The Beazley Archive and Cast Gallery, Ashmolean Museum, Oxford." In *Networking in the Humanities: Proceedings of the Second Conference on Scholarship and Technology in the Humanities,* ed. Stephanie Kenna and Seamus Ross, 97-109. London: Bowker-Saur.

Kurtz, Donna, Greg Parker, David Shotton, Graham Klyne, Florian Schroff, Andrew Zisserman, and Yorick Wilks. 2009. "CLAROS-Bringing Classical Art to a Global Public." In *Proceedings of the 2009 Fifth IEEE International Conference on e-Science,* 20-27. Oxford: IEEE. doi: 10.1109/e-Science.2009.11.

Kurtz, Michael J., and Johan Bollen. 2010. "Usage Bibliometrics." In *Annual Review of Information Science and Technology.* vol. 44. ed. Blaise Cronin. Medford, NJ: Information Today.

Kurtz, Michael J., G. Eichhorn, A. Accomazzi, C. Grant, M. Demleitner, and S. S. Murray. 2005. "Worldwide Use and Impact of the NASA Astrophysics Data System Digital Library." *Journal of the American Society for Information Science and Technology* 56(1): 36-45. doi: 10.1002/asi.20095.

Kurtz, Michael J., Güenther Eichhorn, Alberto Accomazzi, Carolyn S. Grant, Stephen S.

Murray, and Joyce M. Watson. 2000. "The NASA Astrophysics Data System: Overview." *Astronomy & Astrophysics. Supplement Series* 143(1): 41-59. doi: 10.1051/aas:2000170.

Kwa, Chunglin. 2005. "Local Ecologies and Global Science: Discourses and Strategies of the International Geosphere-Biosphere Programme." *Social Studies of Science* 35: 923-950.

Kwa, Chunglin. 2011. *Styles of Knowing*. Pittsburgh: University of Pittsburgh Press.

Kwa, Chunglin, and Rene Rector. 2010. "A Data Bias in Interdisciplinary Cooperation in the Sciences: Ecology in Climate Change Research." In *Collaboration in the New Life Sciences*, ed. John N. Parker, Niki Vermeulen, and Bart Penders, 161-176. Farnheim, UK: Ashgate.

Kwak, Haewoon, Changhyun Lee, Hosung Park, and Sue Moon. 2010. "What Is Twitter, a Social Network or a News Media?" In *Proceedings of the 19th International Conference on World Wide Web*, 591-600. New York: ACM. doi: 10.1145/1772690.1772751.

Laakso, Mikael, and Bo-Christer Björk. 2013. "Delayed Open Access: An Overlooked High-impact Category of Openly Available Scientific Literature." *Journal of the American Society for Information Science and Technology* 64(7): 1323-1329. doi: 10.1002/asi.22856.

Laakso, Mikael, Patrik Welling, Helena Bukvova, Linus Nyman, Bo-Christer Björk, and Turid Hedlund. 2011. "The Development of Open Access Journal Publishing from 1993 to 2009." *PLoS ONE* 6(6): e20961. doi: 10.1371/journal.pone.0020961.

Lagerstrom, Jill, Sherry L. Winkelman, Uta Grothkopf, and Marsha Bishop. 2012. "Observatory Bibliographies: Current Practices." In *Observatory Operations: Strategies, Processes, and Systems IV*. vol. 8448. ed. Alison B. Peck, Robert L. Seaman, and Fernando Comeron. Amsterdam: SPIE.

Lagoze, Carl, and Theresa Velden. 2009a. "Communicating Chemistry." *Nature Chemistry* 1: 673-678. doi: 10.1038/nchem.448.

Lagoze, Carl, and Theresa Velden. 2009b. "The Value of New Scientific Communication Models for Chemistry." http://ecommons.cornell.edu/handle/1813/14150.

Laine, Christine, Richard Horton, Catherine D. DeAngelis, Jeffrey M. Drazen, Frank A. Frizelle, Fiona Godlee, Charlotte Haug, et al. 2007. "Clinical Trial Registration—Looking Back and Moving Ahead." *New England Journal of Medicine* 356(26): 2734-2736. doi: 10.1056/NEJMe078110.

Lakoff, George. 1987. *Women, Fire, and Dangerous Things. What Categories Reveal about the Mind*. Chicago: University of Chicago Press.

Lampland, Martha, and Susan Leigh Star, eds. 2009. *Standards and Their Stories: How Quantifying, Classifying, and Formalizing Practices Shape Everyday Life*. Ithaca, NY: Cornell University Press.

Landsberger, Henry A. 1958. *Hawthorne Revisited: Management and the Worker: Its Critics, and Developments in Human Relations in Industry*. Ithaca, NY: Cornell University Press.

Laney, Doug. 2001. "3D Data Management: Controlling Data Volume, Velocity, and Variety." http://blogs.gartner.com/doug-laney/files/2012/01/ad949-3D-Data-Management-Controlling-Data-Volume-Velocity-and-Variety.pdf.

Lang, Dustin, David W. Hogg, Keir Mierle, Michael Blanton, and Sam Roweis. 2009. "Astrometry. net: Blind Astrometric Calibration of Arbitrary Astronomical Images." *arXiv: 0910. 2233*. doi: 10.1088/0004-6256/139/5/1782.

Large Synoptic Survey Telescope Corporation. 2010. Home page. http://www.lsst.org/lsst.

Latour, Bruno. 1987. *Science in Action: How to Follow Scientists and Engineers through Society*. Cambridge, MA: Harvard University Press.

Latour, Bruno. 1988. "Drawing Things Together." In *Representation in Scientific Practice*, ed. Michael E. Lynch and Steve Woolgar, 19-68. Cambridge, MA: MIT Press.

Latour, Bruno. 1993. *We Have Never Been Modern*. Cambridge, MA: Harvard University Press.

Latour, Bruno. 2004. *Politics of Nature: How to Bring Sciences into Democracy*. Cambridge, MA: Harvard University Press.

Latour, Bruno, and Steve Woolgar. 1979. *Laboratory Life: The Construction of Scientific Facts*. Beverly Hills, CA: Sage.

Latour, Bruno, and Steve Woolgar. 1986. *Laboratory Life: The Construction of Scientific Facts*. Princeton, NJ: Princeton University Press.

Lave, Jean, and Etienne Wenger. 1991. *Situated Learning: Legitimate Peripheral Participation*. Cambridge, UK: Cambridge University Press.

Lawrence, Bryan, Catherine Jones, Brian Matthews, Sam Pepler, and Sarah Callaghan. 2011. "Citation and Peer Peview of Data: Moving towards Formal Data Publication." *International Journal of Digital Curation* 6(2): 4-37. doi: 10.2218/ijdc.v6i2.205.

Lee, Charlotte P., Paul Dourish, and Gloria Mark. 2006. "The Human Infrastructure of Cyberinfrastructure." In *Proceedings of the 2006 20th Anniversary Conference on Computer Supported Cooperative Work*, 483-492. New York: ACM.

Lehman, Richard, and Elizabeth Loder. 2012. "Missing Clinical Trial Data: A Threat to the Integrity of Evidence Based Medicine." *British Medical Journal* 344: d8158. doi: 10.1136/bmj.d8158.

Leland, John. 2013. "Online Battle over Ancient Scrolls Spawns Real-World Consequences." *New York Times* (February 16) http://www.nytimes.com/2013/02/17/nyregion/online-battle-over-ancient-scrolls-spawns-real-world-consequences.html.

Leptin, Maria. 2012. "Open Access—Pass the Buck." *Science* 335(6074): 1279. doi: 10.1126/science.1220395.

Lessig, Lawrence. 1999. *Code and Other Laws of Cyberspace*. New York: Basic Books.

Lessig, Lawrence. 2001. *The Future of Ideas: The Fate of the Commons in a Connected World*. New York: Random House.

Lessig, Lawrence. 2004. *Free Culture: How Big Media Uses Technology and the Law to Lock Down Culture and Control Creativity*. New York: Penguin.

Levi-Strauss, Claude. 1966. *The Savage Mind*. Chicago: University of Chicago Press.

Levien, Roger. S. Robert Austein, Christine L. Borgman, Timothy Casey, Hugh Dubberly, Patrik Faltstrom, Per-Kristian Halvorsen, et al. 2005. *Signposts in Cyberspace: The Domain Name System and Internet Navigation*. Washington, DC: National Academies Press.

Lewis, Anthony, Paul N. Courant, Laine Farley, Paula Kaufman, and John Leslie King. 2010. "Google & the Future of Books: An Exchange." *New York Review of Books* (January 14). http://www.nybooks.com/articles/archives/2010/jan/14/google-the-future-of-books-an-exchange.

Libicki, M. C. 1995. "Standards: The Rough Road to the Common Byte." In *Standards Policy for Information Infrastructure*, ed. Brian Kahin and Janet Abbate, 35–78. Cambridge, MA: MIT Press.

Licklider, J. C. R. 1960. "Man-Computer Symbiosis." *IRE Transactions on Human Factors in Electronics* 1. 4–11. http://groups.csail.mit.edu/medg/people/psz/Licklider.html.

Lide, David R., and Gordon H. Wood. 2012. *CODATA@45 Years: 1966 to 2010*. The Story of the ICSU Committee on Data for Science and Technology (CODATA) from 1966 to 2010. Paris. CODATA. http://www.codata.org/about/CODATA@45years.pdf.

Lievrouw, Leah A. 2010. "Social Media and the Production of Knowledge: A Return to Little Science?" *Social Epistemology* 24 (3): 219–237. doi: 10.1080/02691728.2010.499177.

Lievrouw, Leah A., and Sonia Livingstone. 2002. *The Handbook of New Media*. London: Sage Publications.

Lin, Rong Gong, Rosanna Xia, and Doug Smith. 2014a. "In Reversal, Quake Researchers to Turn over List of Concrete Buildings." *Los Angeles Times* January 17). http://www.latimes.com/local/la-me-01-18-concrete-building-quake-20140118,0,371340. story#axzz2 tcxSukHC.

Lin, Rong Gong, Rosanna Xia, and Doug Smith. 2014b. "UC Releases List of 1,500 Buildings; Big Step for L. A. Quake Safety." *Los Angeles Times* (January 25). http://www.latimes.com/local/lanow/la-me-ln-concrete-buildings-list-20140125,0,4256501. story#axzz2 tcxSukHC.

Lipetz, Ben-Ami. 1965. "Improvement of the Selectivity of Citation Indexes to Science Literature through Inclusion of Citation Relationship Indicators." *American Documentation* 16 (2): 81–90.

Liu, Alan. 2004. *The Laws of Cool: Knowledge Work and the Culture of Information*. Chicago: University of Chicago Press.

Lofland, John, David Snow, Leon Anderson, and Lyn H. Lofland. 2006. *Analyzing Social Settings: A Guide to Qualitative Observation and Analysis*. Belmont, CA. Wadsworth/Thomson Learning.

Lozano, George A., Vincent Lariviere, and Yves Gingras. 2012. "The Weakening Relationship between the Impact Factor and Papers' Citations in the Digital Age." *Journal of the American Society for Information Science and Technology* 63 (11): 2140–2145. doi: 10.1002/asi.22731.

Lyman, Peter. 1996. "What Is a Digital Library? Technology, Intellectual Property, and the

Public Interest." *Daedalus: Proceedings of the American Academy of Arts and Sciences* 125. 1-33.

Lynch, Clifford A. 2009. "Jim Gray's Fourth Paradigm and the Construction of the Scientific Record." In *The Fourth Paradigm: Data-Intensive Scientific Discovery,* ed. Tony Hey, Stewart Tansley, and Kristin Tolle, 177-184. Redmond, WA: Microsoft.

Lynch, Clifford A. 2013. "The Next Generation of Challenges in the Curation of Scholarly Data." In *Research Data Management: Practical Strategies for Information Professionals,* ed. Joyce M. Ray. West Lafayette, IL: Purdue University Press.

Lynch, Michael E., and Steve Woolgar. 1988a. "Introduction: Sociological Orientations to Representational Practice in Science." In *Representation in Scientific Practice,* ed. Michael E. Lynch and Steve Woolgar, 1-19. Cambridge, MA: MIT Press.

Lynch, Michael E., and Steve Woolgar, ed. 1988b. *Representation in Scientific Practice.* Cambridge, MA: MIT Press.

Machlup, Fritz, and Una Mansfield. 1983. *The Study of Information: Interdisciplinary Messages.* New York: Wiley.

MacLean, Don. 2004. *Internet Governance: A Grand Collaboration.* New York: United Nations ICT Task Force.

MacRoberts, Michael H., and Barbara R. MacRoberts. 1989. "Problems of Citation Analysis: A Critical Review." *Journal of the American Society for Information Science American Society for Information Science* 40(5): 342-349.

MacRoberts, Michael H., and Barbara R. MacRoberts. 2010. "Problems of Citation Analysis. A Study of Uncited and Seldom-cited Influences." *Journal of the American Society for Information Science and Technology* 61(1): 1-12. doi: 10.1002/asi.21228.

Makice, Kevin. 2009. *Twitter API. Up and Running.* Sebastopol, CA: O'Reilly Media.

Mandell, Rachel Alyson. 2012. "Researchers' Attitudes towards Data Discovery: Implications for a UCLA Data Registry." http://escholarship.org/uc/item/5bv8j7g3.

Manyika, James, Michael Chui, Diana Farrell, Steve Van Kuiken, Peter Groves, and Elizabeth Almasi Doshi. 2013. "Open Data. Unlocking Innovation and Performance with Liquid Information." McKinsey & Company. http://www.mckinsey.com/insights/business_technology/open_data_unlocking_innovation_and_performance _with_liquid_information.

Marchionini, Gary, and Gregory R. Crane. 1994. "Evaluating Hypermedia and Learning: Methods and Results from the Perseus Project." *ACM Transactions on Information Systems* 12: 5-34.

Marcus, Adam. 2013. "Influential Reinhart-Rogoff Economics Paper Suffers Spreadsheet Error." *Retraction Watch* (April 18). http://retractionwatch.wordpress.com/2013/04/18/influential-reinhart-rogoff-economics-paper-suffers-database-error.

Marcus, George E. 1995. "Ethnography In/of the World System: The Emergence of Multi-Sited Ethnography." *Annual Review of Anthropology* 24(1): 95-117. doi: 10.1146/annurev.an.24.100195.000523.

Markus, M. Lynne, and Mark Kell. 1994. "If We Build It, They Will Come: Designing Information Systems That People Want to Use." *MIT Sloan Management Review* 35(4): 11-25.

Marshall, Catherine C. 2008a. "Rethinking Personal Digital Archiving, Part 1." *D-Lib Magazine* 14(3/4). doi: 10.1045/march2008-marshall-pt1.

Marshall, Catherine C. 2008b. "Rethinking Personal Digital Archiving, Part 2." *D-Lib Magazine* 14(3/4). doi: 10.1045/march2008-marshall-pt2.

Marshall, Catherine C. 2009. "No Bull, No Spin: a Comparison of Tags with Other Forms of User Metadata." In *Proceedings of the 9th ACM/IEEE-CS Joint Conference on Digital Libraries*, 241-250. New York: ACM. doi: 10.1145/1555400.1555438.

Marshall, Eliot. 2011. "Unseen World of Clinical Trials Emerges From U. S. Database." *Science* 333(6039): 145. doi: 10.1126/science.333.6039.145.

Mathae, Kathie Bailey, and Paul F. Uhlir eds. 2012. *The Case for International Sharing of Scientific Data: A Focus on Developing Countries; Proceedings of a Symposium.* Washington, DC: National Academies Press.

Maunsell, John. 2010. "Announcement Regarding Supplemental Material." *Journal of Neuroscience* 30(32): 10599-10600. http://www.jneurosci.org/content/30/32/10599.

Mayer, Rob. 2010. "Authors, Plagiarists, or Tradents?" *Kili Kilaya.* http://blogs.orient.ox.ac.uk/kila/2010/10/09/authors-plagiarists-or-tradents.

Mayer-Schonberger, Viktor, and Kenneth Cukier. 2013. *Big Data: A Revolution That Will Transform How We Live, Work, and Think.* Boston: Houghton Mifflin Harcourt.

Mayernik, Matthew S. In press. "Research Data and Metadata Curation as Institutional Issues." *Journal of the Association for Information Science and Technology.*

Mayernik, Matthew S. 2011. "Metadata Realities for Cyberinfrastructure: Data Authors as Metadata Creators." PhD diss., Los Angeles: University of California at Los Angeles. http://papers.ssrn.com/sol3/papers.cfm?abstract_id=2042653.

Mayernik, Matthew S., Archer L. Batcheller, and Christine L. Borgman. 2011. "How Institutional Factors Influence the Creation of Scientific Metadata." In *Proceedings of the 2011 iConference*, 417-425. New York: ACM. doi: 10.1145/1940761.1940818.

Mayernik, Matthew S., Jillian C. Wallis, and Christine L. Borgman. 2007. "Adding Context to Content: The CENS Deployment Center." In *Proceedings of the American Society for Information Science & Technology.* Vol. 44. Milwaukee, WI: Information Today.

Mayernik, Matthew S., Jillian C. Wallis, and Christine L. Borgman. 2012. "Unearthing the Infrastructure: Humans and Sensors in Field-based Research." *Computer Supported Cooperative Work* 22(1): 65-101. doi: 10.1007/s10606-012-9178-y.

McCain, Katherine W. 2012. "Assessing Obliteration by Incorporation: Issues and Caveats." *Journal of the American Society for Information Science and Technology* 63(11): 2129-2139. doi: 10.1002/asi.22719.

McCray, W. Patrick. 2000. "Large Telescopes and the Moral Economy of Recent Astronomy." *Social Studies of Science* 30(5): 685-711. doi: 10.1177/030631200030005002.

McCray, W. Patrick. 2001. "What Makes a Failure? Designing a New National Telescope, 1975-1984." *Technology and Culture* 42(2): 265-291. doi: 10.1353/tech.2001.0076.

McCray, W. Patrick. 2003. "The Contentious Role of a National Observatory." *Physics Today* 56 (10) : 55-61. doi: 10.1063/1.1629005.

McCray, W. Patrick. 2004. *Giant Telescopes: Astronomical Ambition and the Promise of Technology*. Cambridge, MA: Harvard University Press.

McCray, W. Patrick. In press. "How Astronomers Digitized the Sky." *Technology & Culture*.

McGuire, Amy L., Steven Joffe, Barbara A. Koenig, Barbara B. Biesecker, Laurence B. McCullough, Jennifer S. Blumenthal-Barby, Timothy Caulfield, Sharon F. Terry, and Robert C. Green. 2013. "Ethics and Genomic Incidental Findings." *Science* 340 (6136): 1047-1048. doi: l0.1126/science.1240156.

McLaughlin, Jamie, Michael Meredith, Michael Pidd, and Katherine Rogers. 2010. "A Review of the AHRC Technical Appendix and Recommendations for a Technical Plan." Sheffield, UK: Humanities Research Institute, University of Sheffield. http://digital.humanities.ox.ac.uk/Support/technicalappendix_final3.pdf.

Meadows, A. J. 1974. *Communication in Science*. London: Butterworths.

Meadows, A. J. 1998. *Communicating Research*. San Diego: Academic Press.

Meadows, Jack. 2001. *UnderstandingInformation*. Munchen: K. G. Saur.

Mele, Salvatore. 2013. "Higgs Boson Discovery at CERN: Physics and Publishing." *The Oxford Internet Institute, Innovation and Digital Scholarship Lecture Series Events*. http://www.oii.ox.ac.uk/events/?id=598.

Mendeley. 2013. Home page. http://www.mendeley.com/features.

Meng, Xiao-Li. 2011. "Multi-party Inference and Uncongeniality." In *International Encyclopedia of Statistical Science*, ed. Miodrag Lovric, 884-888. Berlin: Springer.

Merton, Robert K. 1963a. "The Ambivalence of Scientists." *Bulletin of the Johns Hopkins Hospital* 112: 77-97.

Merton, Robert K. 1963b. "The Mosaic of the Behavioral Sciences." In *The Behavioral Sciences Today*, by Bernard Berelson, 247-272. New York: Basic Books.

Merton, Robert K. 1968. "The Matthew Effect in Science." *Science* 159: 56-63. doi: 10.1126/science.159.3810.56.

Merton, Robert K. 1970. "Behavior Patterns of Scientists." *Leonardo* 3: 213-220.

Merton, Robert K. 1973. *The Sociology of Science: Theoretical and Empirical Investigations*. Ed. Norman W. Storer. Chicago: University of Chicago Press.

Merton, Robert K. 1988. "The Matthew Effect in Science II: Cumulative Advantage and the Symbolism of Intellectual Property." *Isis* 79: 606-623.

Merton, Robert K. 1995. "The Thomas Theorem and the Matthew Effect." *Social Forces* 74: 379-422. doi: 10.1093/sf/74.2.379.

Meyer, Eric T. 2009. "Moving from Small Science to Big Science: Social and Organizational Impediments to Large Scale Data Sharing." In *e-Research: Transformations in Scholarly Practice*, ed. Nicholas W Jankowski, 147-159. New York: Routledge.

Meyer, Eric T., and Ralph Schroeder. 2014. *Digital Transformations of Research*. Cambridge, MA: MIT Press.

Meyer, Eric T., Ralph Schroeder, and Linnet Taylor. 2013. "Big Data in the Study of Twitter, Facebook and Wikipedia: On the Uses and Disadvantages of Scientificity for Social Research." Presented at the Annual Meeting of the American Sociological Association Annual Meeting, Hilton New York and Sheraton New York.

Miles, Alistair, Jun Zhao, Graham Klyne, Helen White-Cooper, and David Shotton. 2010. "OpenFlyData: An Exemplar Data Web Integrating Gene Expression Data on the Fruit Fly Drosophila Melanogaster." *journal of Biomedical Informatics* 43(5): 752–761. doi: 10.1016/j.jbi.2010.04.004.

Milgram, Stanley. 1974. *Obedience to Authority: An Experimental View*. New York: Harper & Row.

Miller, Macy K. 2007. "Reading between the Lines." *Smithsonian Magazine*. http://www.smithsonianmag. com/science-nature/archimedes.html.

Millerand, Florence, and Geoffrey C. Bowker. 2009. "Metadata Standards: Trajectories and Enactment in the Life of an Ontology." In *Standards and Their Stories*, ed. Martha Lampland and Susan Leigh Star, 149–165. Ithaca, NY: Cornell University Press.

Mimno, David, Gregory Crane, and Alison Jones. 2005. "Hierarchical Catalog Records: Implementing a FRBR Catalog." *D-Lib Magazine* 11(10). http://www.dlib.org/dlib/october05/crane/10crane.html.

Ministry of Education, Republic of China. 2000. "Dictionaiy of Chinese Character Variants." http://dict.variants.moe.edu.tw.

MIT Libraries. 2009. "MIT Faculty Open Access Policy." Scholarly Publishing @ MIT Libraries. http://libraries.mit.edu/scholarly/mit-open-access/open-access-at-mit/mit-open-access-policy.

Modern Language Association of America. 2009. *MLA Handbook for Writers of Research Papers*. New York: The Modern Language Association of America.

Moffett, Jonathan. 1992. "The Beazley Archive: Making a Humanities Database Accessible to the World." *Bulletin of the John Rylands University of Manchester* 74(3): 39–52.

Monaghan, Peter. 2013. "'They Said at First That They Hadn't Made a Spreadsheet Error, When They Had.'" *Chronicle of Higher Education* (April 24). http://chronicle.com/article/UMass-Graduate-Student-Talks/138763.

Moreau, Luc. 2010. "The Foundations for Provenance on the Web." *Foundations and Trends® in Web Science* 2(2-3): 99–241. doi: 10.1561/1800000010.

Moreau, Luc, Paul Groth, Simon Miles, Javier Vazquez-Salceda, John Ibbotson, Sheng Jiang, Steve Munroe, et al. 2008. "The Provenance of Electronic Data." *Communications of the ACM* 51(4): 52–58. doi: 10.1145/1330311.1330323.

Mullaney, Thomas S. 2012. "The Moveable Typewriter: How Chinese Typists Developed Predictive Text During the Height of Maoism." *Technology and Culture* 53(4): 777–814. doi: 10.1353/tech.2012.0132.

Munns, David P. D. 2012. *A Single Sky: How an International Community Forged the Science of Radio Astronomy*. Cambridge, MA: MIT Press.

Murphy, Fiona. 2013. "The Now and the Future of Data Publishing." *Wiley Exchanges*.

http://exchanges.wiley.com/blog/2013/07/05/the-now-and-the-future-of-data-publishing.

Murray-Rust, Peter, and Henry S. Rzepa. 2004. "The Next Big Thing. From Hypermedia to Datuments." *Journal of Digital Information* 5(1). http://journals.tdl.org/jodi/article/view/130.

Murray-Rust, Peter, Cameron Neylon, Rufus Pollock, and John Wilbanks. 2010. "Panton Principles." http://pantonprinciples.org.

Murray-Rust, Peter, Henry S. Rzepa, S. Tyrrell, and Y. Zhang. 2004. "Representation and Use of Chemistry in the Global Electronic Age." *Organic & Biomolecular Chemistry* 2: 3192-3203.

Murthy, Dhiraj. 2011. "Twitter: Microphone for the Masses?" *Media Culture & Society* 33 (5): 779-789. doi: 10.1177/0163443711404744.

Naik, Gautam. 2011. "Scientists' Elusive Goal: Reproducing Study Results." *Wall Street Journal.* http://online.wsj.com/news/articles/SB10001424052970203764804577059841672541590.

NASA's Earth Observing System Data and Information System. 2013. "Processing Levels." *EOS DIS.* http://earthdata.nasa.gov/data/standards-and-references/processing-levels.

NASA Spitzer Space Telescope. 2013. Home page. http://www.spitzer.caltech.edu.

The National Academies. 2010. *Astro2010: The Astronomy and Astrophysics Decadal Survey.* Washington, DC: National Academies Press. http://sites.nationalacademies.org/bpa/BPA_049810.

National Aeronautics and Space Administration, Goddard Space Flight Center. 2014. "BSC5P-Bright Star Catalog." http://heasarc.gsfc.nasa.gov/W3Browse/star-catalog/bsc5p.html.

National Aeronautics and Space Administration, Goddard Space Flight Center. 2013a. "FITS Documentation." http://fits.gsfc.nasa.gov/fits_documentation.html.

National Aeronautics and Space Administration, Goddard Space Flight Center. 2013b. "FITS World Coordinate System." http://fits.gsfc.nasa.gov/fits_wcs.html.

National Aeronautics and Space Administration, Infrared Processing and Analysis Center. 2014a. "NASA Extragalactic Database (NED)." http://ned. ipac. caltech. edu.

National Aeronautics and Space Administration, Infrared Processing and Analysis Center. 2014b. "NASA Exoplanet Archive." http://www.ipac.caltech.edu/project/25.

National Aeronautics and Space Administration, Infrared Processing and Analysis Center. 2014c. "Two Micron All Sky Survey." http://www.ipac.caltech.edu/2mass.

National Aeronautics and Space Administration, Jet Propulsion Laboratory. 2014. "NASA Planetary Data System." http://pds.jpl.nasa.gov.

National Aeronautics and Space Administration, Mikulski Archive for Space Telescopes. 2013. "About MAST." http://archive.stsci.edu/aboutmast.html.

The National Archives. 2013. "Domesday Book." http://www.nationalarchives.gov.uk/domesday.

National Center for Biotechnology Information. 2013. "Taxonomy Database." http://www.

ncbi.nlm.nih.gov/taxonomy.

National Health and Medical Research Council. 2007. "Australian Code for the Responsible Conduct of Research." http://www.nhmrc.gov.au/guidelines/publications/r39.

National Information Standards Organization. 2004. *Understanding Metadata.* Bethesda, MD: NISO Press.

National Information Standards Organization. 2013. "Recommended Practice for Online Supplemental Journal Article Materials." http://www.niso.org/publications/rp/rp-15-2013.

National Institutes of Health. 2003. "NIH Data Sharing Policy." http://grants2.nih.gov/grants/policy/data_sharing.

National Institutes of Health. 2013. "NIH Public Access Policy." http://publicaccess.nih.gov/submit_process.htm.

National Optical Astronomy Observatory. 2003. "NOAO Policies for the Allocation of Observing Time." http://www.noao.edu/noaoprop/help/policies.html#dr.

National Optical Astronomy Observatory. 2013a. "AURA/NOAO Data Rights Policy." http://www.noao.edu/noaoprop/help/datarights.html.

National Optical Astronomy Observatory. 2013b. "Data." http://ast.noao.edu/data.

National Research Council. 1997. *Bits of Power: Issues in Global Access to Scientific Data.* Washington, DC: National Academies Press.

National Research Council. 1999. *A Question of Balance: Private Rights and the Public Interest in Scientific and Technical Databases.* Washington, DC: National Academies Press.

National Research Council. 2001. *The Internet's Coming of Age.* Washington, DC: National Academies Press.

National Research Council. 2013. *Proposed Revisions to the Common Rule: Perspectives of Social and Behavioral Scientists: Workshop Summary.* Washington, DC: National Academies Press.

National Science Board. 2005. "Long-Lived Digital Data Collections." http://www.nsf.gov/pubs/2005/nsb0540.

National Science Foundation. 2010a. "NSF Data Management Plans." Washington, DC: NSF. http://www.nsf.gov/pubs/policydocs/pappguide/nsf11001/gpg_2.jsp#dmp.

National Science Foundation. 2010b. "NSF Data Sharing Policy." Washington, DC: NSF. http://www.nsf.gov/pubs/policydocs/pappguide/nsf11001/aag_6.jsp#VID4.

Natural Reserve System, University of California. 2013. Home page. http://nrs.ucop.edu.

Nature Staff. 2012. "Data Standards Urged." *Nature* 492(7427): 145. doi: 10.1038/nj7427145a. http://www.nature.com/naturejobs/science/articles/10.1038/nj7427-145a.

Naylor, Bernard, and Marilyn Geller. 1995. "A Prehistory of Electronic Journals. The EIES and BLEND Projects." In *Advances in Serials Management,* ed. Marcia Tuttle and Karen D. Darling, 27–47. Greenwich, CT: JAI Press.

Nelson, Bryn. 2009. "Data Sharing. Empty Archives." *NATNews* 461(7261): 160–163. doi: 10.1038/461160a.

Nexleaf. 2013. Home page. http://nexleaf.org/about-us-O.

Nguyên, Tánh Trầntiẽl Khanh, and Hiẽn Trần Tiẽn Huyẽn Nguyên. 2006. "Computer Translation of the Chinese Taisho Tripitaka." http://www.daitangvietnam.com/ Computer%20Translation%20of%20 the%20Chinese%20Tripitaka. pdf.

Nielsen, Michael. 2011. *Reinventing Discovery: The New Era of Networked Science*. Princeton, NJ: Princeton University Press.

Nisbet, Miriam M. 2005. "Library Copyright Alliance, Orphan Works Notice of Inquiry." http://www.copyright.gov/orphan/comments/OW0658-LCA.pdf.

Normile, Dennis, Gretchen Vogel, and Jennifer Couzin. 2006. "Cloning-South Korean Team's Remaining Human Stem Cell Claim Demolished." *Science* 311: 156–157. doi: 10.1126/science.311.5758.156.

Norris, Ray, Heinz Andernach, Guenther Eichhorn, Françoise Genova, Elizabeth Griffin, Robert J. Hanisch, Ajit Kembhavi, Robert Kennicutt, and Anita Richards. 2006. "Astronomical Data Management." In *Highlights of Astronomy, XXVIth IAU General Assembly*, ed. K. A. van der Hucht. Cambridge, UK: Cambridge University Press.

Northover, J. Peter, and Shirley M. Northover. 2012." Applications of Electron Backscatter Diffraction (EBSD) in Archaeology." In *Historical Technology, Materials and Conversation: SEM and Microanalysis*, ed. Nigel Meeks. London: Archetype.

The NSA files. 2013. Home page. *The Guardian* (June 8). http://www.guardian.co.uk/world/the-nsa-files.

Nunberg, Geoffrey. 2009. "Google's Book Search: A Disaster for Scholars." *Chronicle of Higher Education*. http://chronicle.com/article/Googles-Book-Search-A/48245.

Nunberg, Geoffrey. 2010. "Counting on Google Books." *Chronicle Review* (December 16). https://chronicle.com/article/Counting-on-Google-Books/125735.

NVivo 10. 2013. "NVivo 10 Research Software for Analysis and Insight." http://www.qsrinternational.com/products_nvivo.aspx.

O'Brien, Danny. 2004. "How to Mend a Broken Internet." *New Scientist*. http://www.newscientist.com/article/mg18424736.100-how-to-mend-a-broken-internet.html.

Odlyzko, Andrew M. 2000. "The Internet and Other Networks: Utilization Rates and Their Implications." *Information Economics and Policy* 12(4): 341–365.

Office of Scholarly Communication. 2013. "UC Open Access Policy." University of California. http://osc.universityofcalifornia.edu/openaccesspolicy.

Office of Science and Technology Policy. 2013. "Expanding Public Access to the Results of Federally Funded Research." *The White House*. http://www.whitehouse.gov/blog/2013/02/22/expanding-public-access-results-federally-funded-research.

Ohm, Paul. 2010. "Broken Promises of Privacy: Responding to the Surprising Failure of Anonymization." *UCLA Law Review* 57: 1701. http://ssrn.com/abstract=1450006.

Olsen, Mark, Russell Horton, and Glenn Roe. 2011. "Something Borrowed: Sequence Alignment and the Identification of Similar Passages in Large Text Collections." *Digital Studies . Le Champ Numérique* 2(1). http://www.digitalstudies.org/ojs/index.php/digital_studies/article/view/190.

Olson, Gary M., and Judith S. Olson. 2000. "Distance Matters." *Human-Computer Interaction* 15(2): 139–178.

Olson, Gary M., Ann Zimmerman, and Nathan Bos. 2008. *Scientific Collaboration on the Internet.* Cambridge, MA: MIT Press.

Open Access Infrastructure for Research in Europe (OpenAIRE). 2014. Frequently Asked Questions. http://www.openaire.eu/en/support/faq.

Open Bibliography and Open Bibliographic Data. 2013. Home page. http://openbiblio.net.

Open Biological, Open, and Biomedical Ontology Foundry. 2013. Home page. http://www.obofoundry.org.

Open Context. 2013. Home page. http://opencontext.org.

Open Geospatial Consortium.2014. "Home Page." http://www.opengeospatial.org.

Open Data Commons. 2013. Home page. http://opendatacommons.org.

Open Geospatial Consortium. 2014. "Home Page." http://www.opengeospatial.org.

Open Researcher and Contributor ID. 2011. Home page. http://www.orcid.org.

Oransky, Ivan. 2012. "Why Aren't There More Retractions in Business and Economics Journals?" *Retraction Watch.* http://retractionwatch.wordpress.com/2012/12/12/why-arent-there-more-retractions-in-business-and-economics-journals.

Organisation for Economic Co-operation and Development. 2007. "OECD Principles and Guidelines for Access to Research Data from Public Funding." www. oecd . org/dataoecd/9/61/38500813. pdf.

Osterlund, Carsten, and Paul carlile. 2005. "Relations in Practice. Sorting through Practice Theories on Knowledge Sharing in Complex Organizations." *Information Society* 21: 91–107.

Ostrom, Elinor, and Charlotte Hess. 2007. "A Framework for Analyzing the Knowledge Commons." In *Understanding Knowledge as a Commons: From Theory to Practice,* ed. Charlotte Hess and Elinor Ostrom, 41–81. Cambridge, MA: MIT Press.

Ostrom, Vincent, and Elinor Ostrom. 1977. "Public Goods and Public Choices." In *Alternatives for Delivering Public Services. Toward Improved Perfonnance,* ed. E. S. Savas. 7–49. Boulder, CO: Westview Press.

Overpeck, Jonathan T., Gerald A. Meehl, Sandrine Bony, and David R. Easterling. 2011. "Climate Data Challenges in the 21st Century." *Science* 331: 700–702. doi: l0.1126/science.1197869.

Owen, Whitney J. 2004. "In Defense of the Least Publishable Unit." *Chronicle of Higher Education* (February 9). http://chronicle.com/article/In-Defense-of-the-Least/44761.

Oxford English Dictionary. 2014. Home page. www. oed. com.

Ozsoy, Selami. 2011. "Use of New Media by Turkish Fans in Sport Communication: Facebook and Twitter." *Joumal of Human Kinetics* 28: 165–176. doi: 10.2478/vl0078-011-0033-x.

Paisley, William J. 1980. "Information and Work." In *Progress in the Communication Sciences.* vol. 2. ed. Brenda Dervin and Melvin J. Voigt, 114–165. Norwood, NJ: Ablex.

Paisley, William J. 1990. "The Future of Bibliometrics." In *Scholarly Communication and*

Bibliometrics, ed. Christine L. Borgman, 281-299. Newbury Park, CA: Sage.

Palfrey, John G, and Urs Gasser. 2012. *Interop: The Promise and Perils of Highly Interconnected Systems.* New York: Basic Books.

PANGAEA. Data Publisher for Earth & Environmental Science. 2013. Home page. http://www.pangaea.de.

Pan-STARRS. 2012. "Pan-STARRS Data Release of PSl Surveys." http://pslsc.org/Data_Release.shtml.

Pan-STARRS. 2013a. "Camera Design-Pan-Starrs-Panoramic Survey Telescope & Rapid Response System." http://pan-starrs.ifa.hawaii.edu/public/design-features/cameras.html.

Pan-STARRS. 2013b. Home page. http://pan-starrs.ifa.hawaii.edu/public.

Parry, Marc. 2014. "How the Humanities Compute in the Classroom." *Chronicle of Higher Education* January 6). http://chronicle.com/article/How-the-Humanities-Compute-in/143809.

Parsons, M. A., and P. A. Fox. 2013. "Is Data Publication the Right Metaphor?" *Data Science Journal* 12: WDS32-WDS46. doi: 10.2481/dsj.WDS-042.

Paskin, Norman. 1997. "Information Identifiers." *Learned Publishing* 10: 135-156.

Paskin, Norman. 1999. "Toward Unique Identifiers." *Proceedings of the IEEE* 87: 1208-1227.

Pearson, Sarah Hinchcliff. 2012. "Three Legal Mechanisms for Sharing Data." In *For Attribution-Developing Data Attribution and Citation Practices and Standards. Summary of an International Workshop,* ed. Paul F. Uhlir, 71-76. Washington, DC: National Academies Press. http://www.nap.edu/openbook.php?record_id=13564&page=71.

Peng, Roger D. 2011. "Reproducible Research in Computational Science." *Science* 334 (6060): 1226-1227. doi: 10.1126/science.1213847.

Pepe, Alberto. 2010. "Structure and Evolution of Scientific Collaboration Networks in a Modern Research Collaboratory." Los Angeles. University of California at Los Angeles. http://papers.ssrn.com/sol3/papers.cfm?abstract_id=1616935.

Pepe, Alberto. 2011. "The Relationship between Acquaintanceship and Coauthorship in Scientific Collaboration Networks." *Journal of the American Society for Information Science and Technology* 62(11): 2121-2132. doi: 10.1002/asi.21629.

Pepe, Alberto, Christine L. Borgman, Jillian C. Wallis, and Matthew S. Mayernik. 2007. "Knitting a Fabric of Sensor Data and Literature." In *Information Processing in Sensor Networks.* New York: ACM/IEEE.

Pepe, Alberto, Alyssa A. Goodman, and August Muench. 2011. "The ADS All-Sky Survey." *arXiv: 1111. 3983.* http://arxiv.org/abs/1111.3983.

Pepe, Alberto, Alyssa A. Goodman, August Muench, Mercé Crosas, and Christopher Erdmann. In press. "Sharing, Archiving, and Citing Data in Astronomy." *PLoS ONE.* https://www.authorea.com/users/3/articles/288/_show_article.

Pepe, Alberto, Matthew S. Mayernik, Christine L. Borgman, and Herbert Van de Sompel. 2010. "From Artifacts to Aggregations: Modeling Scientific Life Cycles on the Semantic Web." *Journal of the American Society for Information Science and Technology* 61: 567-582. doi: 10.1002/asi.21263.

Perseus Digital Library. 2009. Home page. http://www.perseus.tufts.edu/hopper.

Petersen, Arthur C. 2012. *Simulating Nature: a Philosophical Study of Computer-simulation Uncertainties and Their Role in Climate Science and Policy Advice.* Boca Raton, FL: CRCPress.

Phelps, Thomas A., and Robert Wilensky. 1997. "Multivalent Annotations." In *Proceedings of the First European Conference on Research and Advanced Technology for Digital Libraries,* ed. Rachel Heery and Liz Lyon, 287-303. London: Springer-Verlag.

Phelps, Thomas A., and Robert Wilensky. 2000. "Multivalent Documents." *Communications of the ACM* 43: 83-90.

Pienta, Amy M., George C. Alter, and Jared A. Lyle. 2010. "The Enduring Value of Social Science Research: The Use and Reuse of Primary Research Data." http://deepblue.lib.umich.edu/bitstream/handle/2027.42/78307/pienta_alter_lyle_l0033l.pdf?sequence=1.

Pine, Kathleen, Christine T. Wolf, and Melissa Mazmanian. 2014. "The Work of Reuse: Quality Measurement in Healthcare Organizations." Paper presented at Workshop on Sharing, Re-Use, and Circulation of Resources in Cooperative Scientific Work, Baltimore, February.

Pineda, Jaime E., Erik W. Rosolowsky, and Alyssa A. Goodman. 2009. "The Perils of Clumpfind: The Mass Spectrum of Sub-structures in Molecular Clouds." *Astrophysical Journal* 699(2): L134-L138. doi: l0.1088/0004-637X/699/2/L134.

Pinter, Frances. 2012. "Open Access for Scholarly Books?" *Publishing Research Quarterly* 28(3): 183-191. doi: 10.I007/s12109-012-9285-0.

The Pisa Griffin Project. 2013. Homepage. http://vcg.isti.cnr.it/griffin.

Planck Collaboration. P. A. R. Ade, N. Aghanim, C. Armitage-Caplan, M. Arnaud, M. Ashdown, F. Atrio-Barandela, et al. 2013. "Planck 2013 Results: Overview of Products and Scientific Results." *arXiv: 1303.5062.* http://arxiv.org/abs/1303.5062.

PLoS Medicine Editors. 2006. "The Impact Factor Game." *PLoS Medicine* 3(6): e291. doi: 10.1371/journal.pmed.0030291.

Polanyi, Michael. 1966. *The Tacit Dimension.* Garden City, NY: Doubleday.

Poovey, Mary. 1998. *A History of the Modern Fact: Problems of Knowledge in the Sciences of Wealth and Society.* Chicago: University of Chicago Press.

Porter, Theodore M. 1995. *Trust in Numbers: The Pursuit of Objectivity in Science and Public Life.* Princeton, NJ: Princeton University Press.

Prayle, Andrew, Matthew N. Hurley, and Alan R. Smyth. 2012. "Compliance with Mandatory Reporting of Clinical Trial Results on ClinicalTrials. gov: Cross Sectional Study." *British Medical Journal* 344: d7373. doi: 10.1136/bmj.d7373.

Presner, Todd Samuel. 2010. "HyperCities. Building a Web 2. 0 Learning Platform." In *Teaching Literature at a Distance,* ed. Anastasia Natsina and Takis Tagialis. London: Continuum Books.

Prewitt, Kenneth. 2013. "ls Any Science Safe?" *Science* 340(6132): 525. doi: 10.1126/science.1239180.

Price, Derek John de Solla. 1963. *Little Science, Big Science*. New York. Columbia University Press.

Price, Derek John de Solla. 1975. *Science since Babylon*. New Haven, CT: Yale University Press.

Priem, Jason, Dario Taraborelli, Paul Groth, and Cameron Neylon. 2010. "Altmetrics: A Manifesto-Altmetrics. org." http://altmetrics.org/manifesto.

Pritchard, Sarah M., Larry Carver, and Smiti Anand. 2004. "Collaboration for Knowledge Management and Campus Informatics." Santa Barbara. University of California, Santa Barbara. http://www.immagic.com/eLlbrary/ARCHIVES/GENERAL/UCSB_US/S040823P.pdf.

Project Bamboo. 2013. Home page. http://projectbamboo.org.

Protein Data Bank. 2011. Home page. http://www.rcsb.org/pdb.

PubMed Central. 2009. Home page. http://www.ncbi.nlm.nih.gov/pmc.

Rabesandratana, Tania. 2013. "Drug Watchdog Ponders How to Open Clinical Trial Data Vault." *Science* 339(6126): 1369-1370. doi: 10.1126/science.339.6126.1369.

Rahtz, Sebastian, Alexander Dutton, Donna Kurtz, Graham Klyne, Andrew Zisserman, and Relja Arandjelovic. 2011. "CLAROS-Collaborating on Delivering the Future of the Past." http://dh2011abstracts.stanford.edu/xtf/view?docId=tei/ab-224.xml;query=;brand=default.

Raymond, Eric S. 2001. *The Cathedral & the Bazaar. Musings on Linux and Open Source by an Accidental Revolutionary*. Cambridge, MA: O'Reilly.

reCAPTCHA. 2013. "What Is reCAPTCHA?" http://www.google.com/recaptcha/intro/index.html.

Reichman, Jerome H., Tom Dedeurwaerdere, and Paul F. Uhlir. 2009. *Designing the Microbial Research Commons. Strategies for Accessing, Managing, and Using Essential Public Knowledge Assets*. Washington, DC: National Academies Press.

Reichman, O. J., Matthew B. Jones, and Mark P. Schildhauer. 2011. "Challenges and Opportunities of Open Data in Ecology." *Science* 331: 703-705. doi: 10.1126/science.1197962.

Reimer, Thorsten, Lorna Hughes, and David Robey. 2007. "After the AHDS. The End of National Support?" *Arts-Humanities. net: Digital Humanities and Arts*. http://www.arts-humanities.net/forumtopic/after_ahds_end_national_support.

Renear, Allen H., and Carole L. Palmer. 2009. "Strategic Reading, Ontologies, and the Future of Scientific Publishing." *Science* 325: 828-832. doi: 10.1126/science.1157784.

Renear, Allen H., Simone Sacchi, and Karen M. Wickett. 2010. "Definitions of Dataset in the Scientific and Technical Literature." *Proceedingsof the 73rd ASIS&T Annual Meeting: Navigating Streams in an Information Ecosystem* 47(1): 1-4. doi: 10.1002/meet.14504701240.

Research Acumen. 2013. Home page. http://research-acumen.eu.

Research Councils UK. 2011. "RCUK Common Principles on Data Policy." http://www.rcuk.ac.uk/research/datapolicy.

Research Councils UK. 2012a. "Guidance for the RCUK Policy on Access to Research Output."

Research Councils UK. 2012b. "RCUK Policy on Open Access and Supporting Guidance." http://www.rcuk.ac.uk/documents/documents/RCUKOpenAccessPolicy.pdlf. http://roarmap.eprints.org/671/1/RCUK%20_Policy_on_Access_to_Research_Outputs.pdf.

Research Councils UK. 2012c. "Research Councils UK Announces New Open Access Policy." http://www.rcuk.ac.uk/media/news/120716.

Research Councils UK. 2013. "RCUK Policy on Open Access: Frequently Asked Questions." http://www.rcuk.ac.uk/RCUK-prod/assets/documents/documents/Openaccess FAQs.pdf.

Research Data Alliance. 2013. Home page. https://rd-alliance.org/node.

Ribes, David, Karen S. Baker, Florence Millerand, and Geoffrey C. Bowker. 2005. "Comparative Interoperability Project. Configurations of Community, Technology, Organization." *Proceedingsof the 5th ACM/IEEE-CS Joint Conference on Digital Libraries*: 65–66. doi: I0.1145/1065385.1065399.

Ribes, David, and Thomas Finholt. 2009. "The Long Now of Technology Infrastructure: Articulating Tensions in Development." *Journal of the Association for Information Systems* 10(5). http://aisel.aisnet.org/jais/vol10/iss5/5.

Ribes, David, and Steven J. Jackson. 2013. "Data Bite Man. The Work of Sustaining a Long-term Study." In *"Raw Data" Is an Oxymoron*, ed. Lisa Gitelman, 147–166. Cambridge, MA: MIT Press.

Ridge, Naomi A., James Di Francesco, Helen Kirk, Di Li, Alyssa A. Goodman, João F. Alves, Héctor G. Arce, et al. 2006. "The COMPLETE Survey of Star-Forming Regions: Phase I Data." *Astronomical Journal* 131(6): 2921. doi: 10.1086/503704.

Roberts, L. 1987. "Who Owns the Human Genome?" *Science* 237(4813): 358-361. doi: 10.1126/science.2885920.

Roberts, L. 1990. "Genome Project. An Experiment in Sharing." *Science* 248(4958): 953. doi: 10.1126/science.2343307.

Robertson, C. Martin. 1976. "The Beazley Archive." *American Journal of Archaeology* 80 (4): 445. doi: 10.2307/503600.

Robey, David. 2007. "Consequences of the Withdrawal of AHDS Funding." Swindon, UK: Arts & Humanities Research Council. http://www.ahrcict.reading.ac.uk/activities/review/consequences%20of%20 the%20withdrawl%20of%20ahds%20 funding. pdf

Robey, David. 2011. "Sustainability and Related Issues for Publicly Funded Data Resources." In *Evaluating & Measuring the Value, Use and Impact of Digital Collections*, ed. Lorna Hughes. London. Facet Publishing.

Robey, David. 2013. "Infrastructure Needs for the Digital Humanities." *e-Research South*. http://www.eresearchsouth.ac.uk/news/infrastructure-needs-for-the-digital-humanities.

Robinson, W. S. 1950. "Ecological Correlations and the Behavior of Individuals." *American Sociological Review* 15(3): 351-357. doi: 10.2307/2087176.

Rodriguez, Laura L., Lisa D. Brooks, Judith H. Greenberg, and Eric D. Green. 2013. "The Complexities of Genomic Identifiability." *Science* 339(6117): 275–276. doi: 10.1126/science.1234593.

Rodriguez, Marko A., Johan Bollen, and Herbert Van de Sompel. 2007. "A Practical Ontology for the Large-scale Modeling of Scholarly Artifacts and Their Usage." In *Proceedingsof the 7th ACM/IEEE-CS Joint Conference on Digital Libraries*, 278–287. New York: ACM. http://portal.acm.org/citation. cfm?id=1255229.

Rogers, Everett M. 1962. *Diffusion of Innovations*. New York: Free Press of Glencoe.

Rosenberg, Daniel. 2013. "Data before the Fact." In *"Raw Data" Is an Oxymoron*, ed. Lisa Gitelman, 15–40. Cambridge, MA: MIT Press.

Rosenthal, David S. H. 2010. "Stepping Twice into the Same River." JCDL 2010 Keynote Address, Queensland, Australia. http://blog.dshr.org/2010/06/jcdl-2010-keynot.html.

Rosenthal, David S. H. 2014. "Storage Will Be Much Less Free Than It Used to Be." Presented at the Seagate Corporation. http://blog.dshr.org/2014/05/talk-at-seagate.html.

Rosolowsky, E. W. , J. E. Pineda, J. B. Foster, M. A. Borkin, J. Kauffmann, P. Caselli, P. C. Myers, and Alyssa Goodman. 2008. "An Ammonia Spectral Atlas of Dense Cores in Perseus." *Astrophysical Journal. Supplement Series* 175(2): 509–521. doi: 10.1086/524299.

Ross, Joseph S., Tony Tse, Deborah A. Zarin, Hui Xu, Lei Zhou, and Harlan M. Krumholz. 2012. "Publication of NIH-funded Trials Registered in ClinicalTrials.gov: Cross Sectional Analysis." *British Medical Journal* 344: d7292. doi: 10.1136/bmj.d7292.

Roth, Wendy D., and Jal D. Mehta. 2002. "The Rashomon Effect. Combining Positivist and Interpretivist Approaches in the Analysis of Contested Events." *Sociological Methods & Research* 31(2): 131–173. doi: 10.1177/0049124102031002002.

Rots, Arnold H., and Sherry L. Winkelman. 2013. "Observatory Bibliographies as Research Tools." Paper presented at American Astronomical Society, AAS Meeting #221. http://adsabs.harvard.edu/abs/2013AAS...22115603R.

Rots, Arnold H., Sherry L. Winkelman, and Glenn E. Becker. 2012." Meaningful Metrics for Observatory Publication Statistics." In *Society of Photo-Optical Instrumentation Engineers (SPIE) Conference Series*. Vol. 8448. doi: 10.1117/12.927134.

Ruhleder, Karen. 1994. "Rich and Lean Representations of Information for Knowledge Work. The Role of Computing Packages in the Work of Classical Scholars." *ACM Transactions on Information Systems* 12(2): 208–230. doi: 10.1145/196734.196746.

Ruixin, Yang. 2002. "Managing Scientific Metadata Using XML." *IEEE Internet Computing* 6: 52–59.

Ryan, Michael j. 2011. "Replication in Field Biology: The Case of the Frog-Eating Bat." *Science* 334: 1229–1230. doi: 10.1126/science.1214532.

Sage Bionetworks. 2013. Home page. http://sagebase.org.

Salaheldeen, Hany M., and Michael. L. Nelson. 2013. "Resurrecting My Revolution." In *Research and Advanced Technology for Digital Libraries*, ed. Trond Aalberg, Christos Papatheodorou, Milena Dobreva, Giannis Tsakonas, and Charles J. Farrugia, 333–345.

Berlin: Springer.

Salerno, Emanuele, Anna Tonazzini, and Luigi Bedini. 2007. "Digital Image Analysis to Enhance Underwritten Text in the Archimedes Palimpsest." *International Journal of Document Analysis and Recognition* 9: 79-87. doi: 10.1007/s10032-006-0028-7.

Salk, Jonas. 1986. "Foreword." In *Laboratory Life: The Construction of Scientific Facts,* by Bruno Latour and Steve Woolgar, 2nd ed. Princeton, NJ: Princeton University Press.

Samuelson, Pamela. 2009a. "Legally Speaking: The Dead Souls of the Google Book search Settlement." (April 17). http://toc.oreilly.com/2009/04/legally-speaking-the-dead-soul. html.

Samuelson, Pamela. 2009b. "The Dead Souls of the Google Book Search Settlement." *Communications of the ACM* 52: 28-30. doi: 10.1145/1538788.1538800.

Samuelson, Pamela. 2010. "Should the Google Book Settlement Be Approved?" *Communications of the ACM* 53: 32-34.

Sands, Ashley, Christine L. Borgman, Laura Wynholds, and Sharon Traweek. 2014. "'We're Working on It:' Transferring the Sloan Digital Sky Survey from Laboratory to Library." Paper presented at International Conference on Digital Curation, San Francisco. http://www.dcc.ac.uk/events/idcc14/programme.

Santer, B. D., T. M. L. Wigley, and K. E. Taylor. 2011. "The Reproducibility of Observational Estimates of Surface and Atmospheric Temperature Change." *Science* 334: 1232-1233. doi: 10.1126/science.1216273.

Savage, Mike, and Roger Burrows. 2007. "The Coming Crisis of Empirical Sociology." *Sociology* 41 : 885-899.

Savage, Mike, and Roger Burrows. 2009. "Some Further Reflections on the Coming Crisis of Empirical Sociology." *Sociology* 43(4): 762-772. doi: 10.1177/0038038509105420.

Sawyer, Steve. 2008. "Data Wealth, Data Poverty, Science and Cyberinfrastructure." *Prometheus* 26(4): 355-371. doi: 10.1080/08109020802459348.

Schiffman, Lawrence H. 2002. "The Many Battles of the Scrolls." *Journal of Religious History* 26: 157-178.

Schiller, Dan. 2007. *How to Think About Information.* Urbana: University of Illinois Press.

Schirrwagen, Jochen, Paolo Manghi, Natalia Manola, Lukasz Bolikowski, Najla Rettberg, and Birgit Schmidt. 2013. "Data Curation in the OpenAIRE Scholarly Communication Infrastructure." *Information Standards Quarterly* 25(3): 13. doi: 10.3789/isqv25no3.2013.03.

Schmidt, Kjeld. 2012. "The Trouble with 'Tacit Knowledge.'" *Computer Supported Cooperative Work* 21(2-3): 163-225. doi: 10.1007/s10606-012-9160-8.

Schnee, Scott, Thbmas Bethell, and Alyssa A. Goodman. 2006. "Estimating the Column Density in Molecular Clouds with Far-Infrared and Submillimeter Emission Maps." *Astrophysical Journal Letters* 640(1): L47. doi: 10.1086/503292.

Schrier, Bill. 2011. "Bright Shiny Objects." *Chief Seattle Geek Blog.* http://schrier. wordpress. com/tag/bright-shiny-objects.

Schroeder, Ralph. 2007. *Rethinking Science, Technology, and Social Change.* Stanford, CA:

Stanford University Press.

Schroeder, Ralph. 2014. "Big Data: Towards a More Scientific Social Science and Humanities?" In *Society and the Internet: How Information and Social Networks Are Changing Our Lives*, ed. Mark Graham and William H. Dutton. Oxford: Oxford University Press.

SciDrive. 2014. Home page. http://www.scidrive.org.

Science Exchange Network. 2012. "The Reproducibility Initiative." http://validation. scienceexchange. com/#/reproducibility-initiative.

Science Staff. 1987. "Ownership of the Human Genome." *Science* 237(4822): 1555. doi: 10.1126/science.3629252.

Science Staff. 2011. "Challenges and Opportunities." *Science* 331(6018): 692-693. doi: 10.1126/science.331.6018.692.

Science Staff. 2012. "The Runners-Up." *Science* 338(6114): 1525-1532. doi: 10.1126/science.338.6114.1525.

Science Staff. 2013. "Random Sample: Was the Downfall of Louis XVI in His DNA?" *Science* 340(6135): 906-907. doi: 10.1126/science.340.6135.906-c.

Scotchmer, Suzanne. 2003. "Intellectual property-When Is It the Best Incentive Mechanism for S&T Data and Information?" In *The Role of Scientific and Technical Data and Information in the Public Domain*, ed. Julie M. Esanu and Paul F. Uhlir, 15-18. Washington, DC: National Academies Press.

Segal, Judith. 2005. "When Software Engineers Met Research Scientists: A Case Study." *Empirical Software Engineering* 10: 517-536. doi: 10.1007/s10664-005-3865-y.

Segal, Judith. 2009. "Software Development Cultures and Cooperation Problems: A Field Study of the Early Stages of Development of Software for a Scientific Community." *Computer Supported Cooperative Work* 18(5-6): 1-26. doi: 10.1007/s10606-009-9096-9.

Sensor Modeling Language. 2010. http://vast.uah.edu/SensorML.

Servick, Kelly. 2013. "House Subpoena Revives Battle over Air Pollution Studies." *Science* 341(6146): 604. doi: 10.1126/science.341.6146.604.

Shadish, William R, Thomas D. Cook, and Donald T. Campbell. 2002. *Experimental and Quasi-experimental Designs for Generalized Causal Inference*. Boston: Houghton Mifflin.

Shankar, Kalpana. 2003. "Scientific Data Archiving: The State of the Art in Information, Data, and Metadata Management." http://works.bepress.com/borgman/234.

Shankland, Stephen. 2013. "Big Blue, Big Bang, Big Data: Telescope Funds Computing R&D." *CNET*. http://news.cnet.com/8301-11386_3-57572519-76/big-blue-big-bang-big-data-telescope-funds-computing-r-d.

Shapley, Alan H., and Pembroke J. Hart. 1982. "World Data Centers." *Eos, Transactions, American Geophysical Union* 63(30): 585. doi: 10.1029/EO063i030p00585-01.

Shatz, David. 2004. *Peer Review: A Critical Inquiry*. Lanham, MD: Rowman & Littlefield.

Shea, Christopher. 2011. "Fraud Scandal Fuels Debate over Practices of Social Psychology." *Chronicle of Higher Education* (November 13). http://chronicle.com/article/As-

Dutch-Research-Scandal/129746/?sid=wb&utm_source=wb&utm_medium=en.

SHERPA/RoMEO. 2014. "Publisher Copyright Policies & Self-archiving." http://www.sherpa.ac.uk/romeo.

Shilton, Katie. 2011. "Building Values into the Design of Pervasive Mobile Technologies." Los Angeles: University of California, Los Angeles. http://ssrn.com/paper=1866783.

Shotton, David. 2011. "Why Researchers Don't Publish Data." *Semantic Publishing.* http://semanticpublishing.wordpress.com/2011/08/04/why-researchers-dont-publish-data.

Shotton, David. 2013. "SCoRO, the Scholarly Contributions and Roles Ontology." http://www.essepuntato.it/lode. /http://purl.org/spar/scoro.

Shotton, David, Katie Portwin, Graham Klyne, and Alistair Miles. 2009. "Adventures in Semantic Publishing: Exemplar Semantic Enhancements of a Research Article." *PLoS Computational Biology* 5(4): e1000361. doi: I0.1371/journal.pcbi.1000361.

Shuai, Xin, Alberto Pepe, and Johan Bollen. 2012. "How the Scientific Community Reacts to Newly Submitted Preprints: Article Downloads, Twitter Mentions, and Citations." *PLoS ONE* 7(11): e47523. doi: I0.1371/journal.pone.0047523.

SIMBAD Astronomical Database. 2013. Home page. http://simbad.u-strasbg.fr/simbad.

Siminovitch, Lou. 2012. "Small Science: Big Science Will Prevail." *Science* 338(6109): 882–883. doi: 10.1126/science.338.6109.882-c.

Simonite, Tom. 2013. "Chinese Censorship of Twitter-Style Social Networks Weibo, Tencent, and Sina Offers Clues to Government Plans | MIT Technology Review." *MIT Technology Review.* http://www.technologyreview.com/news/511011/social-media-censorship-offers-clues-to-chinas-plans.

Sloan Digital Sky Survey. 2013a. Home page. http://www.sdss.org.

Sloan Digital Sky Survey. 2013b. "The Ninth Sloan Digital Sky Survey Data Release (DR9)." http://www.sdss3.org/dr9.

Smith, David A., Anne Mahoney, and Gregory R. Crane. 2002. "Integrating Harvesting into Digital Library Content." In *2nd ACM IEEE-CS Joint Conference on Digital Libraries,* 183–184. New York: ACM. http://www. perseus. tufts. edu/Articles/oaishort.pdf.

Smith, Doug, Rosanna Xia, and Rong Gong Lin. 2013. "Earthquake Risk: L. A. Formally Requests List of Concrete Buildings." *Los Angeles Times* (October 24). http://articles.latimes.com/2013/oct/24/local/la-me-ln-earthquake-concrete-list-20131024.

Smith, Michael E., Gary M. Feinman, Robert D. Drennan, Timothy Earle, and Ian Morris. 2012. "Archaeology as a Social Science." *Proceedings of the National Academy of Sciences of the United States of America* 109(20): 7617–7621. doi: 10.1073/pnas.1201714109.

Smith, T. R., and M. Zheng. 2002. "ADEPT Knowledge Organization Team. Structured Models of Scientific Concepts as a Basis for Organizing, Accessing and Using Learning Materials." In *Joint Conference on Digital Libraries,* 202. New York: ACM.

Snow, Charles P. 1956. "The Two Cultures." *New Statesman.* http://www.newstatesman.com/cultural-capital/2013/01/c-p-snow-two-cultures.

Sobel, Dava. 2007. *Longitude: The True Story of a Lone Genius Who Solved the Greatest*

Scientific Problem of His Time. New York: Walker.

Social Media Research Foundation. 2013. Home page. http://smrfoundation.com.

Social Science Data Archive. 2014. Home page. http://www.sscnet.ucla.edu/issr/da.

Social Science Research Network. 2014. Home page. http://www.ssrn.com/en.

Society of American Archivists. 2009. "Orphan Works: Statement of Best Practices." http://www.archivists.org/standards/OWBP-V4.pdf.

Spitzer Science Center. 2013. "Spitzer Observing Rules." http://ssc.spitzer.caltech.edu/warmmission/propkit/sor/15.

Square Kilometre Array. 2013. Home page. http://www.skatelescope.org.

Srinivasan, Ramesh. 2013. "Re-thinking the Cultural Codes of New Media: The Question Concerning Ontology." *New Media & Society* 15(2): 203-223. doi: 10.1177/1461444812450686.

Srinivasan, Ramesh, Robin Boast, Katherine M. Becvar, and Jonathan Furner. 2009. "Blobgects: Digital Museum Catalogs and Diverse User Communities." *Journal of the American Society for Information Science and Technology* 60: 666-678. doi: 10.1002/asi.21027.

Srinivasan, Ramesh, Robin Boast, Jonathan Furner, and Katherine M. Becvar. 2009. "Digital Museums and Diverse Cultural Knowledges: Moving Past the Traditional Catalog." *Information Society* 25(4): 265-278. doi: 10.1080/01972240903028714.

Stallman, Richard M. 2002. *Free Software, Free Society: Selected Essays of Richard M. Stallman.* Ed. Joshua Gay. Boston: The Free Software Foundation.

Stanley, Barbara, and Michael Stanley. 1988. "Data Sharing: The Primary Researcher's Perspective." *Law and Human Behavior* 12(1): 173-180.

Star, Susan Leigh. 1983. "Simplification in Scientific Work: An Example from Neuroscience Research." *Social Studies of Science* 13: 205-228.

Star, Susan Leigh. 1989. "The Structure of Ill-structured Solutions: Boundary Objects and Heterogenous Distributed Problem Solving." In *Distributed Artificial Intelligence,* ed. Les Gasser and M. Huhns. Vol. 2, 37-54. San Mateo, CA: Morgan Kaufmann.

Star, Susan Leigh. 1991. "Power, Technologies, and the Phenomenology of Standards. On Being Allergic to Onions." In *A Sociology of Monsters? Power, Technology and the Modern World,* ed. John Law, 27-57. Oxford: Basic Blackwell.

Star, Susan Leigh. 1995. "The Politics of Formal Representations: Wizards, Gurus and Organizational Complexity." In *Ecologies of Knowledge: Work and Politics in Science and Technology,* ed. Susan Leigh Star, 88-118. Albany: State University of New York Press.

Star, Susan Leigh. 1999. "The Ethnography of Infrastructure." *American Behavioral Scientist* 43(3): 377-391. doi: 10.1177/00027649921955326.

Star, Susan Leigh, and Geoffrey C. Bowker. 2002. "How to Infrastructure." In *Handbook of New Media,* ed. Leah A. Lievrouw and Sonia Livingstone, 151-162. London: Sage.

Star, Susan Leigh, Geoffrey C. Bowker, and Laura J. Neumann. 2003. "Transparency beyond the Individual Level of Scale: Convergence between Information Artifacts and

Communities of Practice." In *Digital Library Use: Social Practice in Design and Evaluation,* ed. Ann Peterson Bishop, Nancy Van House, and Barbara P. Buttenfield, 241–270. Cambridge, MA: MIT Press.

Star, Susan Leigh, and J. Griesemer. 1989. "Institutional Ecology, 'Translations,' and Boundary Objects: Amateurs and Professionals in Berkeley's Museum of Vertebrate Zoology, 1907–1939." *Social Studies of Science* 19: 387–420. doi: 10.1177/030631289019003001.

Star, Susan Leigh, and Karen Ruhleder. 1996. "Steps toward an Ecology of Infrastructure: Design and Access for Large Information Spaces." *Information Systems Research* 7: 111–134.

Star, Susan Leigh, and Anselm Strauss. 1999. "Layers of Silence, Arenas of Voice: The Ecology of Visible and Invisible Work." *Computer Supported Cooperative Work* 8(1-2): 9–30. doi: 10.1023/A:1008651105359.

Starke, Marcus. 2013. "The Bright Shiny Object Syndrome of Marketing: Avoid It or Assess It?" *Business Innovation from SAP.* http://blogs.sap.com/innovation/sales-marketing/the-bright-shiny-object-syndrome-of-marketing-avoid-it-or-assess-it-024063.

Stata Data Analysis and Statistical Software (STATA). 2013. Home page. http://www.stata.com.

Steve: The Museum Social Tagging Project. 2013. "Welcome to the Steve Project." http://www.steve.museum.

Structural Genomics Consortium. 2013. "SGC Mission and Philosophy." http://www.thesgc.org/about/what_is_the_sgc.

Stodden, Victoria C. 2009a. "Enabling Reproducible Research: Open Licensing for Scientific Innovation." *International Journal of Communications Law and Policy* 13: 1–55. http://papers.ssrn.com/sol3/papers.cfm?abstract_id=1362040.

Stodden, Victoria C. 2009b. "The Legal Framework for Reproducible Scientific Research: Licensing and Copyright." *Computing in Science & Engineering* 11: 35–40. doi: 10.1109/MCSE.2009.19.

Stodden, Victoria C. 2010. "Reproducible Research: Addressing the Need for Data and Code Sharing in Computational Science." *Computing in Science & Engineering* 12(5): 8–12. doi: 10.1109/MCSE.2010.113.

Stokes, Donald. 1997. *Pasteur's Quadrnt. Basic Science and Technological* Innovation. Washington, DC: Brookings Institution Press.

Storer, Norman W. 1973. "The Normative Structure of Science." In *The Sociology of Science: Theoretical and Empirical Investigations,* by Robert K. Merton, 267–278. Chicago: University of Chicago Press.

Suber, Peter. 2012a. *Open Access.* Cambridge, MA: MIT Press.

Suber, Peter. 2012b. "SPARC Open Access Newsletter" (September 2). http://www.earlham.edu/-peters/fos/newsletter/09-02-12.htm#uk-ec.

Sullivan, Woodruff T., Dan Werthimer, Stuart Bowyer, Jeff Cobb, David Gedye, and David Anderson. 1997. "A New Major SETI Project Based on Project SERENDIP Data and 100, 000 Personal Computers." In *IAU Colloq. 161: Astronomical and Biochemical Or-*

igins and the Search for Life in the Universe, 1: 729. http://adsabs.harvard.edu/abs/1997abos.conf.729S.

Summers, Lawrence. 2013. "The Buck Does Not Stop with Reinhart and Rogoff." *Financial Times* (May 3). http://www.ft.com/cms/s/2/4ldl4954-b317-11e2-b5a5-00144feabdc0.html#axzz2chzkbMZX.

Svenonius, Elaine. 2000. *The Intellectual Foundation of Information Organization*. Cambridge, MA: MIT Press.

Sweeney, Latanya. 2002. "K-anonymity: a Model for Protecting Privacy." *International Journal on Uncertainty, Fuzziness and Knowledge-based Systems* 10(5): 557–570. doi: 10.1142/S0218488502001648.

Szalay, Alexander. 2008. "Jim Gray, Astronomer." *Communications of the ACM* 51: 59–65.

Szalay, Alexander. 2011. "Cosmology: Science in an Exponential World." *TEDx-Caltech*. http://www.youtube.com/watch?v=hB92o4H46hc&NR=1.

Takakusu, Junjirō, and Kaikyoku Watanabe. 1932. *Taishō Shinshū. Daizōkyō (The Buddhist Canon, New Compilation of the Taishō [1912–1925] Era)*. Vol. 1–85. Tokyo: Taishō Issaikyō Kankōkai.

Taper, Mark L., and Subhash R. Lele, eds. 2004. "Models of Scientific Inquiry and Statistical Practice: Implications for the Structure of Scientific Knowledge." In *The Nature of Scientific Evidence: Statistical, Philosophical, and Empirical Considerations*, 17–50. Chicago: University of Chicago Press.

Tenopir, Carol, Suzie Allard, Kimberly Douglass, Arsev Umur Aydinoglu, Lei Wu, Eleanor Read. Maribeth Manoff, and Mike Frame. 2011. "Data Sharing by Scientists: Practices and Perceptions." *PLoS ONE* 6 (6): e21101. doi: 10.1371/journal.pone.0021101.

Text Encoding Initiative. 2013. Home page. http://www.tei-c.org.

Thelwall, Mike, Stefanie Haustein, Vincent Larivière, and Cassidy R. Sugimoto. 2013. "Do Altmetrics Work? Twitter and Ten Other Social Web Services." *PLoS ONE* 8(5): e64841. doi: 10.1371/journal.pone.0064841.

Thelwall, Mike, Liwen Vaughan, and Lennart Bjorneborn. 2005. "Webometrics." *Annual Review of Information Science & Technology* 39: 81–135.

Thomas, Katie. 2013. "Breaking the Seal on Drug Research." *New York Times* (June 29). http://www.nytimes.com/2013/06/30/business/breaking-the-seal-on-drug-research.html.

Thomson Reuters. 2013. "Unlocking the Value of Research Data: A Report from the Thomson Reuters Industry Forum." Thomson Reuters. http://researchanalytics.thomsonreuters. com/m/pdfs/1003903-1.pdf.

Tichenor, Philip J., George A. Donohue, and Clarice N. Olien. 1970. "Mass Media and Differential Growth in Knowledge." *Public Opinion Quarterly* 34: 158–170.

Tomasello, Michael, and Josep Call. 2011. "Methodological Challenges in the Study of Primate Cognition." *Science* 334: 1227–1228. doi: 10.1126/science.1213443.

Udomprasert, Patricia, and Alyssa A. Goodman. 2012. "WWT Ambassadors: WorldWide Telescope for Interactive Learning." In *Annual Meeting of the American Astronomical*

Society. Austin, TX: AAS.

Uhlir, Paul F. 2006. "The Emerging Role of Open Repositories as a Fundamental Component of the Public Research Infrastructure." In *Open Access, Open Problems*, ed. Giandomenico Sica. Monza, Italy. Polimetrica.

Uhlir, Paul F. 2007. "Open Data for Global Science: A Review of Recent Developments in National and International Scientific Data Policies and Related Proposals." *Data Science Journal* 6: 1–3. http://www.codata.org/dsj/special-open-data.html.

Uhlir, Paul F., ed. 2012. *For Attribution—Developing Data Attribution and Citation Practices and Standards: Summary of an International Workshop*. Board on Research Data and Information. Washington, DC: National Academies Press.

Uhlir, Paul F., and Daniel Cohen. 2011. "Internal Document." Board on Research Data and Information, Policy and Global Affairs Division, National Academy of Sciences.

Uhlir, Paul F., and Peter Schröder. 2007. "Open Data for Global Science." *Data Science Journal* 6: 36–53. http://www.codata.org/dsj/special-open-data.html.

UK Data Archive. 2014. Home page. http://www.data-archive.ac.uk.

Unicode, Inc. 2013. "Chronology of Unicode Version 1.0." http://www.unicode.org/history/versionone.html.

United Nations Educational, Scientific and Cultural Organization. 1970. "Convention on the Means of Prohibiting and Preventing the Illicit Import, Export and Transfer of Ownership of Cultural Property." http://portal.unesco.org/en/ev.php-URL_ID=13039&URL_D0=DO_TOPIC&URL_SECTION=201. html.

United Nations Educational, Scientific and Cultural Organization. 2013. "UNESCO Database of National Cultural Heritage Laws." http://www.unesco.org/culture/natlaws.

United States Copyright Office. 2006. "Report on Orphan Works." Washington, DC: Register of Copyrights. http://www.copyright.gov/orphan/orphan-report.pdf.

University of Arizona Science Mirror Lab. 2013. "Casting for GMT3 to Start!" University of Arizona. *Steward Observatory Mirror Lab* (August 24). http://mirrorlab.as.arizona.edu/castings/projects/gmt/gmt3_casting.

University of Maryland University Libraries. 2013. "Primary, Secondary and Tertiary Sources." http://www.lib.umd.edu/ues/guides/primary-sources.

University of Oxford. 2013a. "Bodleian Libraries Launch Shakespeare's First Folio Online." *Oxford Thinking* (April 23). http://www.campaign.ox.ac.uk/news/first_folio.html.

University of Oxford. 2013b. "CLAROS: The World of Art on the Semantic Web." http://www.clarosnet.org/XDB/ASP/clarosHome/index.html.

University of Oxford Podcasting Service. 2011. *CLAROS—A Virtual Art Collection*. http://podcasts.ox.ac.uk/claros-virtual-art-collection-video.

Unsworth, John, Paul Courant, Sarah Fraser, Mike Goodchild, Margaret Hedstrom. Charles Henry, Peter B. Kaufman, Jerome McGann, Roy Rosenzweig, and Bruce Zuckerman. 2006. "Our Cultural Commonwealth: The Report of the American Council of Learned Societies Commission on Cyberinfrastructure for Humanities and Social Sciences." New York: American Council of Learned Societies. http://www.acls.org/

cyberinfrastructure/cyber.htm.

Urbina, Ian. 2013. "I Flirt and Tweet. Follow Me at #Socialbot." *New York Times* (August 10). http://www.nytimes.com/2013/08/11/sunday-review/i-flirt-and-tweet-follow-me-at-socialbot.html.

US Department of Health and Human Services. 1979. *The Belmont Report.* Washington, DC: U. S. Government Printing Office. http://www.hhs.gov/ohrp/humansubjects/guidance/belmont.html.

Van de Sompel, Herbert. 2013. "From the Version of Record to a Version of the Record" presented at the Coalition for Networked Information (April 15). http://www.youtube.com/watch?v=fhrGS-QbNVA&feature=youtube_gdata_player.

Van de Sompel, Herbert, and Carl Lagoze. 2009. "All Aboard. Toward a Machine-Friendly Scholarly Communication System." In *The Fourth Paradigm: Data-Intensive Scientific Discovery,* ed. Tony Hey, Stewart Tansley, and Kristin Tolle, 1-8. Redmond, WA. Microsoft.

Van de Sompel, Herbert, Robert Sanderson, Martin Klein, Michael L. Nelson, Berhard Haslhofer, Simeon Warner, and Carl Lagoze. 2012. "A Perspective on Resource Synchronization." *D-Lib Magazine* 18(9/10). doi: 10.1045/september2012-vandesompel.

Van House, Nancy A. 2004. "Science and Technology Studies and Information Studies." *Annual Review of Information Science* & *Technology* 38: 3-86. doi: 10.1002/aris.1440380102.

Van Houweling, Molly Shaffer. 2009. "Author Autonomy and Atomism in Copyright Law." *Virginia Law Review* 96(549): 549-642.

Van Noorden, Richard. 2013a. "Half of 2011 Papers Now Free to Read." *Nature* 500(7463): 386-387. doi: 10.1038/500386a.

Van Noorden, Richard. 2013b. "Open Access: The True Cost of Science Publishing." *Nature* 495(7442): 426-429. doi: 10.1038/495426a.

Van Raan, Anthony F. J. 1988. *Handbook of Quantitative Studies of Science and Technology.* Amsterdam: Elsevier.

Vandewalle, Patrick, Jelena Kovacevic, and Martin Vetterli. 2009. "Reproducible Research in Signal Processing." *IEEE Signal Processing Magazine* 26: 37-47. doi: 10.1109/msp.2009.932122.

Vardigan, Mary, Pascal Heus, and Wendy Thomas. 2008. "Data Documentation Initiative: Toward a Standard for the Social Sciences." *International Journal of Digital Curation* 3(1). doi: 10.2218/ijdc.v3i1.45.

Vargas, Rodrigo, Alisha Glass, Mike Taggart, Kuni Kitajima, Michael Hamilton, and Michael Allen. 2006. "Linking Minirhizotron Images to Soil Physical Properties and Microbial Diversity (TER 2)." *Center for Embedded Network Sensing.* http://escholarship.org/uc/item/4312j473.

Vertesi, Janet, and Paul Dourish. 2011. "The Value of Data: Considering the Context of Production in Data Economies." In *Computer Supported Cooperative Work,* 533-542. New York: ACM. doi: 10.1145/1958824.1958906.

Virtual International Authority File. 2013. Home page. http://viaf.org.

Visual Resources Association. 2012. "Statement on the Fair Use of Images for Teaching, Research, and Study." http://www.vraweb.org/organization/pdf/VRAFairUseGuidelinesFinal.pdf.

Vita, Silvio. 2003. "Printings of the Buddhist 'Canon' in Modern Japan." In *Buddhism Asia 1. Papers from the First Conference of Buddhist Studies Held in Naples,* ed. Giovanni Verard and Silvio Vita, 217-245. Kyoto. ISEAS.

Vogel, Gretchen, and Jennifer Couzin-Frankel. 2013. "Europe Debates Ethics Reviews, Data Release." *Science* 339(6123): 1024. doi: 10.1126/science.339.6123.1024.

Voltaire. 1759. *Candide: Or, All for the Best.* London. Printed for J. Nourse.

Von Ahn, Luis, Benjamin Maurer, Colin McMillen, David Abraham, and Manuel Blum. 2008. "reCAPTCHA. Human-Based Character Recognition via Web Security Measures." *Science* 321(5895): 1465-1468. doi: 10.1126/science.1160379.

Waldrop, M. Mitchell. 2001. *The Dream Machine: J. C. R. Licklider and the Revolution That Made Computing Personal.* New York. Viking Penguin.

Wallis, Jillian C. 2012. "The Distribution of Data Management Responsibility within Scientific Research Groups." University of California, Los Angeles. http://gradworks.umi.com/35/13/3513859.html.

Wallis, Jillian C., and Christine L. Borgman. 2011. "Who Is Responsible for Data? An Exploratory Study of Data Authorship, Ownership, and Responsibility." *Proceedings of the American Society for Information Science and Technology* 48(1): 1-10. doi: 10.1002/meet.2011.14504801188.

Wallis, Jillian C., Christine L. Borgman, and Matthew S. Mayernik. 2010. "Who Is Responsible for Data: A Case Study Exploring Data Authorship, Ownership, and Responsibility and Their Implications for Data Curation." In *6th International Digital Curation Conference.* Chicago. Digital Curation Center. http://www.dcc.ac.uk/events/conferences/6th-international-digital-curation-conference.

Wallis, Jillian C., Christine L. Borgman, Matthew S. Mayernik, and Alberto Pepe. 2008. "Moving Archival Practices Upstream: An Exploration of the Life Cycle of Ecological Sensing Data in Collaborative Field Research." *International Journal of Digital Curation* 3. doi: 10.2218/ijdc.v3i1.46.

Wallis, Jillian C., Christine L. Borgman, Matthew S. Mayernik, Alberto Pepe, Nithya Ramanathan, and Mark Hansen. 2007. "Know Thy Sensor: Trust, Data Quality, and Data Integrity in Scientific Digital Libraries." In *Research and Advanced Technology for Digital Libraries,* ed. Laszlo Kovacs, Norbert Fuhr, and Carlo Meghini. Vol. 4675, 380-391. Berlin: Springer.

Wallis, Jillian C., Matthew S. Mayernik, Christine L. Borgman, and Alberto Pepe. 2010." Digital Libraries for Scientific Data Discovery and Reuse: From Vision to Practical Reality." In *Proceedings of the 10th Annual Joint Conference on Digital Libraries,* 333-340. New York: ACM. doi: 10.1145/1816123.1816173.

Wallis, Jillian C., Stasa Milojevic, Christine L. Borgman, and William A. Sandoval. 2006.

"The Special Case of Scientific Data Sharing with Education." In *Proceedings 69th Annual Meeting of the American Society for Information Science and Technology*. Medford, NJ: Information Today.

Wallis, Jillian C., Elizabeth Rolando, and Christine L. Borgman. 2013. "If We Share Data, Will Anyone Use Them? Data Sharing and Reuse in the Long Tail of Science and Technology." *PLoS ONE* 8(7): e67332. doi: 10.1371/journal.pone.0067332.

Wallis, Jillian C., Laura A. Wynholds, Christine L. Borgman, Ashley E. Sands, and Sharon Traweek. 2012. "Data, Data Use, and Inquiry. A New Point of View on Data Curation." Full paper (long version) submitted to the 12th ACM/IEEE-CS Joint Conference on Digital Libraries. http://works.bepress.com/borgman/280.

Watson, J. 1990. "The Human Genome Project: Past, Present, and Future." *Science* 248 (4951): 44-49. doi: 10.1126/science.2181665.

Weigelt, Johan. 2009. "The Case for Open-Access Chemical Biology. A Strategy for Precompetitive Medicinal Chemistry to Promote Drug Discovery." *EMBO Reports* 10(9): 941-945. doi: 10.1038/embor.2009.193.

Weinberg, Alvin M. 1961. "Impact of Large-Scale Science on the United States." *Science* 134: 161-164. doi: 10.1126/science.134.3473.161.

Weinberger, David. 2012. *Too Big to Know. Rethinking Knowledge Now That the Facts Aren't the Facts, Experts Are Everywhere, and the Smartest Person in the Room Is the Room*. New York. Basic Books.

Weller, Ann C. 2001. *Editorial Peer Review. Its Strengths and Weaknesses*. Medford, NJ: Information Today.

Wellman, Barry, and Caroline Haythornthwaite. 2002. *The Internet in Everyday Life*. Oxford. Blackwell.

Wells, Don C., Eric W. Greisen, and R. H. Harten. 1981. "FITS—A Flexible Image Transport System." *Astronomy & Astrophysics. Supplement Series* 44: 363. http://adsabs. harvard. edu/abs/1981A%26AS...44.363W.

Wenger, Etienne. 1998. *Communities of Practice. Learning, Meaning, and Identity*. New York: Cambridge University Press.

Whalen, Maureen. 2009. "What's Wrong with This Picture? An Examination of Art Historians' Attitudes about Electronic Publishing Opportunities and the Consequences of Their Continuing Love Affair with Print." *Art Documentation* 28: 13-22.

What's Invasive! 2010. Home page. http://whatsinvasive.com.

White, Howard D. 1990. "Author Co-citation Analysis. Overview and Defense." In *Scholarly Communication and Bibliometrics,* ed. Christine L. Borgman, 84-106. Newbury Park, CA. Sage.

White, Richard L., Alberto Accomazzi, G. Bruce Berriman, Giuseppina Fabbiano, Barry F. Madore, Joseph M. Mazzarella, Arnold Rots, Alan P. Smale, Lombardi Storrie, and Sherry L. Winkelman. 2009. "The High Impact of Astronomical Data Archives." *Astro2010: The Astronomy and Astrophysics Decadal Survey, Position Papers, No. 64.* http://adsabs.harvard.edu/abs/2009astro2010P.64W.

Whitley, Richard. 2000. *The Intellectual and Social Organization of the Sciences*. Oxford: Oxford University Press.

Whitlock, Michael C. 2011. "Data Archiving in Ecology and Evolution: Best Practices." *Trends in Ecology & Evolution* 26: 61-65. doi: 10.1016/j.tree.2010.11.006.

Whitlock, Michael C., Mark A. McPeek, Mark D. Rausher, Loren Rieseberg, and Allen J. Moore. 2010. "Data Archiving." *American Naturalist* 175: E45-E146. doi: 10.1086/650340.

Wickham, Chris, and Nigel Vincent. 2013. "Debating Open Access: Introduction." *Debating Open Access:* 4-12. http://issuu.com/thebritishacademy/docs/debating_open_access-introduction_.

Wiener, Jon. 2002. "How the Critics Shot up Michael Bellesiles's Book Arming America." *Nation* 275(15): 28-32.

Wieseler, Biete, Michaela F. Kerekes, Volker Vervoelgyi, Natalie McGauran, and Thomas Kaiser. 2012. "Impact of Document Type on Reporting Quality of Clinical Drug Trials: a Comparison of Registry Reports, Clinical Study Reports, and Journal Publications." *British Medical Journal* 344: d8141. doi: 10.1136/bmj.d8141.

Wiesenthal, Joe. 2013. "REINHART AND ROGOFF: 'Full Stop,' We Made a Microsoft Excel Blunder in Our Debt Study, and It Makes a Difference." *Business Insider* (April 17). http://www.businessinsider.com/reinhart-and-rogoff-admit-excel-blunder-2013-4.

Wilbanks, John. 2006. "Another Reason for Opening Access to Research." *British Medical Journal* 333(7582): 1306-1308. doi: 10.1136/sbmj.39063.730660.F7.

Wilbanks, John. 2009. "I Have Seen the Paradigm Shift and It Is Us." In *The Fourth Paradigm: Data-Intensive Scientific Discovery,* ed. Tony Hey, Stewart Tansley, and Kristin Tolle, 209-214. Redmond, WA: Microsoft.

Wilbanks, John. 2011. "Openness as Infrastructure." *Journal of Cheminformatics* 3(36). doi: 10.1186/1758-2946-3-36.

Wilbanks, John. 2013. "Licence Restrictions: A Fool's Errand." *Nature* 495(7442): 440-441. doi: 10.1038/495440a.

Williams, Antony J., John Wilbanks, and Sean Ekins. 2012. "Why Open Drug Discovery Needs Four Simple Rules for Licensing Data and Models." *PLoS Computational Biology* 8(9). doi: 10.1371/journal.pcbi.1002706.

Willinsky, John. 2006. *The Access Principle: The Case for Open Access to Research and Scholarship*. Cambridge, MA: MIT Press.

Willis, Craig, Jane Greenberg, and Hollie White. 2012. "Analysis and Synthesis of Metadata Goals for Scientific Data." *Journal of the American Society for Information Science and Technology* 63(8): 1505-1520. doi: 10.1002/asi.22683.

Winkelman, Sherry L., and Arnold Rots. 2012a. "Observatory Bibliographies: Not Just for Statistics Anymore." In *Observatory Operations: Strategies, Processes, and Systems IV. Proceedings of the SPIE,* ed. Alison B. Peck, Robert L. Seaman, and Fernando Comeron. Vol. 8448. Amsterdam: SPIE. doi: 10.1117/12.925207.

Winkelman, Sherry L., and Arnold Rots. 2012b. "The Chandra Observational Ontology.

Tying the Threads Together." In *Astronomical Data Analysis Software and Systems XXI*, ed. P. Ballester, D. Egret, and N. P. F. Lorente, 461: 241. San Francisco: Astronomical Society of the Pacific. http://adsabs.harvard.edu/abs/2012ASPC.461.241W.

Winkelman, Sherry L., Arnold Rots, Michael McCollough, Glenn Becker, Aaron Watry, and Joan Hagler. 2009. "The Chandra Bibliography Cataloging System: A Scientific Research Aid." In *Chandra's First Decade of Discovery, Proceedings of the Conference Held 22-25 September, 2009 in Boston, MA*, 207. http://adsabs.harvard.edu/abs/2009cfdd.confE.207W.

Wiseman, James. 1964. "Archaeology and the Humanities." *Arion* 3(2): 131-142. doi: 10.2307/20162908.

Wohn, D. Yvette, and Dennis Normile. 2006. "Korean Cloning Scandal: Prosecutors Allege Elaborate Deception and Missing Funds." *Science* 312: 980-981.

Wolf, Susan M., George J. Annas, and Sherman Elias. 2013. "Patient Autonomy and Incidental Findings in Clinical Genomics." *Science* 340(6136): 1049-1050. doi: 10.1126/science.1239119.

Wood, John, Thomas Andersson, Achim Bachem, Christopher Best, Françoise Genova, Diego R. Lopez, Wouter Los, et al. 2010. *Riding the Wave: How Europe Can Gain from the Rising Tide of Scientific Data*. Final report of the High Level Expert Group on Scientific Data. http://cordis.europa.eu/fp7/ict/e-infrastructure/docs/hlg-sdi-report.pdf.

Woolgar, Steve. 1988. *Knowledge and Reflexivity: New Frontiers in the Sociology of Knowledge*. London: Sage.

World Internet Project. 2013. Home page. http://www.worldinternetproject.net.

WorldWide Telescope. 2012. Home page. http://www.worldwidetelescope.org/Home.aspx.

Wouters, Paul, Anne Beaulieu, Andrea Scharnhorst, and Sally Wyatt, eds. 2012. *Virtual Knowledge: Experimenting in the Humanities and Social Sciences*. Cambridge, MA: MIT Press.

Wuchty, Stefan, Benjamin F. Jones, and Brian Uzzi. 2007. "The Increasing Dominance of Teams in the Production of Knowledge." *Science* 316(5827): 1036-1039.

Wynholds, Laura A., David S. Fearon, Christine L. Borgman, and Sharon Traweek. 2011. "Awash in Stardust: Data Practices in Astronomy." In *iConference: Proceedings of the 2011 iConference*, 802-804. New York: ACM. doi: 10.1145/1940761.1940912.

Wynholds, Laura A., Jillian C. Wallis, Christine L. Borgman, Ashley Sands, and Sharon Traweek. 2012. "Data, Data Use, and Scientific Inquiry: Two Case Studies of Data Practices." In *Proceedings of the 12th ACM/IEEE-CS Joint Conference on Digital Libraries*, 19-22. New York. ACM. doi: 10.1145/2232817.2232822.

Xia, Rosanna, Doug Smith, and Michael Finnegan. 2013. "UC Quake Researchers Refuse to Share Building Data with L.A." *Los Angeles Times* (October 18). http://www.latimes.com/local/la-me-concrete-quake-20131019, 0, 1097898.story#axzz2lPPa1ctb.

Yan, Koon-Kiu, and Mark Gerstein. 2011. "The Spread of Scientific Information. Insights from the Web Usage Statistics in PLoS Article-Level Metrics." *PLoS ONE* 6(5):

e19917. doi: 10.1371/journal.pone.0019917.

Yoffee, Norman, and Severin Fowles. 2011. "Archaeology in the Humanities." *Diogenes* 58 (1-2): 35-52. doi: 10.1177/0392192112441906.

Younis, Mohamed, and Kemal Akkaya. 2008. "Strategies and Techniques for Node Placement in Wireless Sensor Networks: A Survey." *Ad Hoc Networks* 6(4): 621-655. doi: 10.1016/j.adhoc.2007.05.003.

Zacchetti, Stefano. 2002. "An Early Chinese Translation Corresponding to Chapter 6 of the Petakopadesa: An Shigao's Yin Chi Ru Jing T 603 and Its Indian Original: a Preliminary Survey." *Bulletin of the School of Oriental and African Studies, University of London* 65(01): 74-98. doi: 10.1017/S0041977X02000046.

Zacchetti, Stefano. 2005. *In Praise of the Light: A Critical Synoptic Edition with an Annotated Translation of Chapters 1-3 of Dhannaraksa's Guang Zan Jing, Being the Earliest Chinese Translation of the Larger Prajnaparamita.* Open Research Centre Project. Tokyo, Japan: The International Research Institute for Advanced Buddhology, Saka University. http://iriab.soka.ac.jp/orc/Publications/BPPB/index_BPPB.html.

Zappavigna, Michele. 2011. "Ambient Affiliation: A Linguistic Perspective on Twitter." *New Media & Society* 13(5): 788-806. doi: 10.1177/1461444810385097.

ZENODO. 2013. Frequently Asked Questions. http://zenodo.org/faq.

Zerhouni, Elias A. 2006. "Report on the NIH Public Access Policy." Department of Health and Human Services, National Institutes of Health. http://publicaccess.nih.gov/Final_Report_20060201.pdf.

Zhang, Guo, Ying Ding, and Staša Milojević. 2013. "Citation Content Analysis (CCA): A Framework for Syntactic and Semantic Analysis of Citation Content." *Journal of the American Society for Information Science and Technology* 64(7): 1490-1503. doi: 10.1002/asi.22850.

Zimmer, Michael. 2010. "'But the Data Is Already Public'. On the Ethics of Research in Facebook." *Ethics and Information Technology* 12(4): 313-325. doi: 10.1007/s10676-010-9227-5.

Zimmerman, Ann S. 2003. "Data Sharing and Secondary Use of Scientific Data: Experiences of Ecologists." PhD diss., Ann Arbor, MI: University of Michigan.

Zimmerman, Ann S. 2007. "Not by Metadata Alone: The Use of Diverse Forms of Knowledge to Locate Data for Reuse." *International Journal on Digital Libraries* 7: 5-16. doi: 10.1007/s00799-007-0015-8.

Zittrain, Jonathan. 2005. *The Future of the Internet-and How to Stop It.* Cambridge, MA: MIT Press.

Zooniverse. 2014. Home page. https://www.zooniverse.org/projects.

Zorich, Diane. 2008. "A Survey of Digital Humanities Centers in the United States." Washington, DC. Council on Library and Information Resources. http://www.clir.org/pubs/reports/pub143/contents.html.

Zotero. 2013. Home page. http://www.zotero.org.

Zotero. 2014. "Zotero Style Repository." https://www.zotero.org/styles.

訳者解説

　本書の著者であるクリスティン・ボーグマンは、カリフォルニア大学ロサンゼルス校（UCLA）の情報学の特別教授（Distinguished Professor）であり、学長付チェアーである。彼女は、長年にわたって、学術コミュニケーションを中心に数多くの論文や図書を発表してきたが、中でも、*From Gutenberg to the Global Information Infrastructure: Access to Information in the Networked World.* MIT Press, 2000.（グーテンベルクから国際的な情報基盤へ：ネットワークの世界における情報へのアクセス）と *Scholarship in the Digital Age: Information, Infrastructure, and the Internet.* MIT Press, 2007.（デジタル化時代の学問：情報、インフラとインターネット）の二つがいずれも、情報科学技術協会（Association for Information Science and Technology）によるそれぞれの年の「最優秀情報科学図書」を受賞するなど、この分野を代表する研究者として名高い。なお、本書に対しても、2015 年の米国出版社協会専門・学術書出版部門によって PROSE 賞（コンピュータ・情報学分野）が授与されている。

　さて、本書のテーマである研究データへの関心は、2015 年 1 月の本書（原書）の出版後もより一層強まるとともに、範囲もより拡大している。国内においても、内閣府の国際的動向を踏まえたオープンサイエンスに関する検討会によって『我が国におけるオープンサイエンス推進のあり方について：サイエンスの新たな飛躍の時代の幕開け』（2015 年 3 月）が、日本学術会議によって『オープン・イノベーションに資するオープンサイエンスのあり方に関する提言』（2016 年 7 月）が出され、そして科学技術振興機構から『オープンサイエンス促進に向けた研究成果の取扱いに関する JST の基本方針』（2017 年 4 月）が発表される等、データの保存、公開、共有、再利用に向けた気運が高まっている。「研究データの障壁なき共有」を掲げ 2013 年 3 月に発足した研究データ同盟（Research Data Alliance）（Research Data Alliance, 2013）をはじめ、研究分野を超えた国際的な連携協力活動も活発に行われるようになっている。また、

409

Springer Nature グループの 600 以上の雑誌がデータ共有を奨励する新たなデータ共有方針を表明したことに代表されるように（Springer Nature 2016）、学術出版社による研究データに対する取り組みが相次いで打ち出されている。

こうした関心の前提には、デジタル機器の普及によって、学術研究において以前にはできなかった保存、公開、共有、再利用が、少なくとも技術的には可能となったことがある。すなわち、デジタル機器を通じて以前には不可能であった速度、密度、詳細度でデータが生み出され、そして過去のデータも印刷体やアナログ形式からデジタル化されつつある。また、データの蓄積コストの低下によって、巨大な量のデータの保存が可能となるとともに、検索、分析や可視化のツールによって研究者が従来よりも大規模なデータを解釈できるようになっている。データの公開と共有から新たな発見への道筋を期待するのは、ある意味では当然のことであろう。

しかし、こうした関心の高まりの一方で、最近の *Nature* の論説において「多くの資金提供機関がデータ共有の支援に抵抗しており、多くの研究コミュニティがその実用性に苦闘している。その結果は説得力の欠如と科学の減速である」（Nature Editorial 2017）と憂いの声が聴かれるように、現状は本書にも取り上げられている天文学やゲノム科学等の一部の研究分野を除き、実際的な取り組みは限られたままである。実際に、データ共有は難しく、共有のための誘因は限られ、そしてデータに関連する活動は分野によって大きく異なっている。この点はまさに、本書で繰り返し述べられている研究データ共有という難しさ、あるいは難問（conundrum）（Borgman 2012）とされる所以であろう。また、適切なデータを有することが、より多くのデータを持つよりも望ましい場合も多い。

本書は、「データと学問」、「データの学問の事例研究」、「データ政策と実践」という三つの部で構成される。第Ⅰ部の「データと学問」では、学術研究におけるデータの利用についての議論を触発することを意図した六つの挑戦的課題を掲げたうえで、データとは何か、データの必要性、データに関連する権利、経済財としてのデータの特性といった根源的な問題が整理される。第Ⅱ部の「データの学問の事例研究」では、科学、社会科学、人文学からそれぞれ二つ、計六つの事例研究が紹介されている。天文学、組み込み型センサネットワ

ーク、インターネット調査とソーシャルメディア研究、社会技術研究、古典研究と考古学、中国仏教研究というそれぞれ魅力的な事例であるが、共同研究者やさまざまな分野の数多くの研究者との徹底的で綿密な検討の結果が記されている。一人の研究者が、180名を超す共同研究者や研究協力者と議論し、それらを記録したというだけでも驚異的で、感動的でさえある。また、変化の激しい時代にあっては特に、変化のあり様を正確に記録することが重要であるという点でも、これらの事例研究は大きな意義があると考えられる。事例研究では、「どの例も、ある分野のすべての部分でどのように研究が行われているかの原型として読まれるべきでない」との限定付きではあるが、事例を並列的に提示することで「比較およびより大規模な一般化」が意図されている（本書p.96）。第Ⅲ部の「データ政策と実践」では、事例研究から得られた知見を基に、データの共有、公開、再利用という実践活動、データのクレジット、帰属等の政策または方針のあり方が検討される。そして、最後の章では挑戦的課題についてまとめたうえで、知識インフラへの大規模な投資の必要性が述べられる。

　知識インフラとは、ボーグマンに拠れば、「設計されるものではなく、また完全に理路整然としたプロセスでもない。むしろ、それらは生態系あるいは複雑な適応システムとしてこそ理解されるべきである」（p.38）、「有効な知識インフラとは、共通の基盤に立脚し、可能な限り特有の方法と要件を支援し、それが適切な場合、コミュニティ、文脈、時間を超えてデータ、方法、ツール、技術及び理論の移転を容易にするものである。可能な限り最善の世界では、研究者は広い範囲の専門領域で知識インフラを利用できる」（p.64）とされる。ボーグマンは、シャーロット・ヘスとエリノア・オストロムの「知識コモンズ」フレームワークと知識インフラを重ね合わせて説明している。そこには、情報の捕捉を容易化するデジタルの力によって、情報資源を非競合的かつ非排他的な「公共財」から、持続可能性と保存を確実にするために管理、監視、保護が必要な「共有資源」へと移動させることが可能となったという、根本的な変化を見出し得る。しかし、「公共財」から向かう先は「共有資源」とは限らない。「有料財またはクラブ財」、「私的財」への移動も可能であり、実際にそうした方向性も生じている。これら四つのデータのカテゴリは、データや情報

訳者解説　411

の固有の性質ではなくその利用によって決定されるからである。ここで重要なのは、「共有の学術情報資源が1980年代後半までにとても高価になり、アクセス不足により活用されない可能性が高まった。同様の懸念が、オープンデータの動きに影響を与えているように見える。デジタルデータは壊れやすく、失われやすく、持続可能性は達成し難い。人ゲノムから公共空間の地図に至るまで、商品として管理される共有の資源としては、データはあまりに貴重なのではないかという懸念が生じている」（p.84）という指摘である。

　問題は、知識インフラの課題である持続可能性、公平性、効率性をどのように確保するのか、誰がこうした知識インフラのコストを負担し、誰が利益を享受するのかということである。ボーグマンは事例研究を踏まえ、データの収集やツール、方針においてコミュニティが必要とするこの種の投資は、他の利害関係者との関係と同様、その都度変化するものであり（p.245）、ガバナンスは利害関係者間の継続的な交渉プロセスに他ならないとする。この点で、知識インフラの行方は必ずしも定まっているとは言い難い。「データの価値はその利用にある。利害関係者が何をなぜ保存するのか、そして知識インフラの維持のために必要な目に見えない作業への投資について合意することができなければ、ビッグデータもリトルデータも同じくすぐにノーデータに変わってしまうだろう」（p.345）という警告を忘れずに、研究コミュニティ、大学コンソーシアム、あるいは国全体といった集合レベルでのインフラ投資を計画し、実現することが必要であろう。

　本書の翻訳にあたり、東北学院大学教養学部准教授・村上弘志氏（X線天文学）には天文学の事例に関して、拙い翻訳原稿を丁寧に読み、専門家の立場から適切なご指摘をいただいた。また、センサネットワークの事例については、三重大学大学院生物資源学研究科教授・亀岡孝治氏（農業情報学）から貴重なご助言をいただいた。記して、謝意を表したい。ただし、言うまでもないことが、翻訳の瑕疵については全面的に訳者達に責任がある。最後に、勁草書房の藤尾やしおさんには、原著出版社との交渉の最初から出版に至るまで、細部にわたってお世話をいただいたことに、お礼を申し上げたい。

佐藤　義則

引用文献

Borgman, Christine 2007. *Scholarship in the Digital Age: Information, Infra-structure, and the Internet.* MIT Press, 2007, 336 p.

Borgman, Christine 2012. "The conundrum of sharing research data." *Journal of the Association for Information Science and Technology.* 63(6): 1059-1078, 2012. DOI: 10.1002/asi.22634.

Nature Editorial 2017. "Not-so-open data." Nature. Vol. 546, 2017.6.15, p. 327. doi: 10.1038/546327a.

https://www.nature.com/polopoly_fs/1.22133!/menu/main/topColumns/topLeftColumn/pdf/546327a.pdf.

Research Data Alliance, 2013. "About RDA." https://www.rd-alliance.org/about-rda.

Springer Nature 2016. "Over 600 Springer Nature journals commit to new data sharing policies." 2016.12, http://www.springernature.com/in/group/media/press-releases/over-600-springer-nature-journals-commit-to-new-data-sharing-policies/11111248.

索　引

アルファベット

ACM　→ Association for Computing Machinery

ADS　→ Astrophysics Data System

AHDS　→ Arts and Humanities Data Service

AHRC　→ Arts and Humanities Research Council

American Psychological Association（米国心理学会）　294-295

Ancient Lives　201-202

Anderson, Chris（アンダーソン、クリス）　10

APA　→ American Psychological Association

Art and Architecture Thesaurus　204, 225

Arts and Humanities Citation Index　293

Arts and Humanities Data Service（芸術人文学データサービス）　207, 210-211

Arts and Humanities Research Council（英国芸術人文研究評議会）　207

arXiv　46, 342

Association for Computing Machinery（米国計算機学会）　137, 184

Association of Internet Researchers（インターネット研究者協会）　162

Association of Universities for Research in Astronomy（天文学研究大学連合）　121

Astrophysics Data System（天体物理デ

ータシステム）　117-119, 123, 125-126, 275-276, 336

AURA　→ Association of Universities for Research in Astronomy

Basic local alignment search tool（BLAST）　100, 202, 222

Beazley Archive　208, 210, 213

BiblioLink　53

BLAST（basic local alignment search tool）　100, 202, 222

Bluebook　295

Bohr, Niels（ボーア、ニールス）　65

Borges, Jorge Luis（ボルヘス、ホルヘ・ルイス）　22-23

CAPTCHA（Completely Automated Public Turing test to tell Computers and Humans Apart）　200-201

CBETA　→ Chinese Buddhist Electronic Text Association

CDS　→ Centre de Données Astronomiques de Strasbourg

Celestial Empire of Benevolent Knowledge　22-23

CENS　→ 組み込み型ネットワークセンシングセンター（CENS）

Center for Embedded Networked Sensing　127-145, 150, 170-171, 179-186, 188

Centre de Donnees Astronomiques de Strasbourg　119, 145, 336-337

CfA　→ Harvard-Smithsonian Center for Astrophysics

Chandra X-Ray Observatory（チャンドラ X 線観測衛星）　276, 318-319, 331

Chinese Buddhist Electronic Text Association　225-232, 237, 284, 331

CIDOC 概念参照モデル　204, 213, 215-216, 219, 225

CLARIN（Common Language Resources and Technology Infrastructure）207, 210, 222, 237

CLAROS（セマンティックウェブ上の芸術の世界）　194, 209, 213-219, 237-238, 283

Classical Art Research Online Services（CLAROS）　→ CLAROS（セマンティックウェブ上の芸術の世界）

CLUMPFIND　124

CODATA　8, 288

CODATA-ICSTI 報告書　291-292

Common Language Resources and Technology Infrastructure（CLARIN）207, 210, 222, 237

Completely Automated Public Turing test to tell Computers and Humans Apart（CAPTCHA）　200-201

COMPLETE サーベイ　108, 122-126, 276, 330-331

ConservationSpace　208

COordinated Molecular Probe Line Extinction Thermal Emission Survey of Star Forming Regions（COMPLETE Survey）　108, 122-126, 276, 330-331

Council of Science Editors（科学編集者会議）　295

CrossRef　295, 305, 334

Cultural Objects Name Authority　204

Cuneiform Digital Library（楔形文字デジタル図書館）　206

Dance Your PhD　62

Data Citation Index　342

Data Discovery Tool　117

Data Documentation Initiative（データ・ドキュメンテーション・イニシアティブ）　24, 80, 156-157, 176

DataCite　288, 316

Dataverse　125-126, 276, 338, 342

DCC　→ Digital Curation Centre

DDI　→ Data Documentation Initiative

de Solla Price, Derek（デ・ソラ・プライス、デレク）　6, 100

Delicious　53

Digital Curation Centre（デジタル・キュレーション・センター）　81

Digital Public Library of America（DPLA）　209-210, 237

DNA 分析　100, 136, 252

DORA（研究評価に関する宣言）　321

DPLA（Digital Public Library of America）　209-210, 237

Edge, David（エッジ、デービッド）296

Edison, Thomas（エジソン、トーマス）65-66

EML（生態学メタデータ言語）　144, 278

EndNote　295

Engineering Index　320

Europeana　209-210, 219, 237

e インフラストラクチャ　36

e サイエンス　36, 343

e ソーシャルサイエンス　36

e ヒューマニティーズ　36

e リサーチ　36, 66

FigShare　342

Flexible Image Transport System（FITS）　113-114, 124, 126

Flickr　53

Galileo（ガリレオ）　100, 102, 197, 231, 243

GenBank　136

Getty Thesaurus of Geographic Names　204

Getty Trust（ゲティ財団）　204

GitHub　135

Google Books 89, 200

H-Buddhism 225

H-Net (Humanities and Social Sciences Online) 203

Harvard-Smithsonian Astrophysical Observatory-NASA Astrophysics Data System（ハーバード・スミソニアン天体物理観測所・NASA 天体物理データシステム） 117

Harvard-Smithsonian Center for Astrophysics（ハーバード・スミソニアン天体物理学センター） 102, 122, 125

Humanities and Social Sciences Online (H-Net) 203

Ibid. 315

ICPSR → Inter-University Consortium for Political and Social Research

IEEE（米国電気電子学会） 137

Incorporated Research Institutions for Seismology（大学間地震学研究所連合） 135

Infrared Processing and Analysis Center（赤外線処理・分析センター） 116

Institute for Quantitative Social Science（定量社会科学研究所） 151

Institute of Electrical and Electronics Engineers → IEEE

Inter-University Consortium for Political and Social Research（政治・社会調査のための大学連合） 24, 151, 159

International Council for Science（国際科学会議） 8

International Social Survey Programme 157

International Standard Name Identifier → ISNI

International Virtual Observatory Alliance（国際仮想天文台連合） 118

IPAC → Infrared Processing and Analysis Center

IRIS → Incorporated Research Institutions for Seismology

ISBN（国際標準図書番号） 314

ISNI（国際標準名称識別子） 312

ISSN（国際標準逐次刊行物番号） 314

ISSP → International Social Survey Programme

IVOA → International Virtual Observatory Alliance

JASON 157

JavaScript Object Notation（JASON） 157

Jisc → Joint Information Systems Committee

Joint Information Systems Committee（英国情報システム合同委員会） 288

Journal des Scavans 44

Journal of the American Society for Information Science（JASIS） 314

Journal of the American Society for Information Science and Technology（JASIST） 314

Journal of the Association for Information Science and Technology（JASIST） 314

Journal of Visualized Experiments 62

LaTeX 234

Library of Congress（米国議会図書館） 155

LibraryThing 53

Lipetz, Ben-Ami（リペッツ、ベン・アミ） 299

Long Term Ecological Research Centers（長期生態学研究センター） 278

LTER → Long Term Ecological Research Centers

MAST（Mikulski Archive for Space Telescopes） 117

Matlab 261

Mendeley 53, 295

Mikulski Archive for Space Telescopes（MAST） 117

Million Books Project　200

MLA　→ Modern Language Association

Modern Language Association（現代語学文学協会）　295

NASA　→ National Aeronautics and Space Administration

NASA Astrophysics Data System（NASA 天体物理データシステム）　117–119, 123, 275–276, 336–337

NASA Exoplanet Archive（NASA 太陽系外惑星アーカイブ）　116

NASA Extragalactic Database（NASA 銀河系外データベース）　116, 336–337

NASA 銀河系外データベース（NASA Extragalactic Database）　116, 336–337

NASA 太陽系外惑星アーカイブ（NASA Exoplanet Archive）　116

NASA 天体物理データシステム（NASA Astrophysics Data System）　117–119, 123, 275–276, 336–337

National Academies of Science（米国国立科学アカデミー）　268

National Aeronautics and Space Administration（米国航空宇宙局）　25, 31, 264, 330

National Center for Biotechnology Information（米国国立生物科学情報センター）　80

National Data Service（全国データサービス、オーストラリア）　343

National information infrastructure（全米情報基盤）　38, 54

National Information Standards Organization　→ NISO

National Institutes for Health（米国国立衛生研究所）　50, 251

National Optical Astronomy Observatory（米国国立光学天文台）　121

National Research and Education Networks（全米研究教育ネットワーク）　54

National Research Council（米国学術研究会議）　245

National Science Foundation（全米科学財団）　50, 121, 184–185, 251

NCBI　→ National Center for Biotechnology Information

NED　→ NASA Extragalactic Database

New York Times　61

NIH　→ National Institutes for Health

NISO（米国情報標準化機構）　77

NOAO　→ National Optical Astronomy Observatory

NRENs　→ National Research and Education Networks

NSA　→ US National Security Agency

NSF　→ National Science Foundation

NVivo　183–184

OAI-ORE　316, 334

OAIS 参照モデル　23–24

Object Reuse and Exchange（ORE）　316, 334

OECD（経済協力開発機構）　8, 57, 245–246, 268

OECD Principles and Guidelines for Access to Research Data from Public Funding　8, 52

OII　→ Oxford Internet Institute

op. cit.　315

Open Access Infrastructure for Research in Europe（OpenAIRE）　342

Open Knowledge Foundation（オープン知識財団）　52

OpenAIRE　342

OpenFlyData　80

ORCID（Open Researcher and Contributor lD）　312–313, 334

Organization for Economic Co-operation and Development　→ OECD

Oxford Internet Institute　164, 166, 169, 281

Oxford Internet Survey of Britain（オックスフォード・インターネットサーベイ）　150, 162-170, 188, 281

OxIS　→ Oxford Internet Survey of Britain

Pasteur, Louis（パスツール、ルイ）　65

Price, Derek de Solla（プライス、デレク・デ・ソラ）　6, 100

ProCite　53

Project Bamboo　207-208

Project Gutenberg　208

Protein DataBank（タンパク質構造データバンク）　88, 203

PubMed Central　50, 251

R（統計ソフト）　261

RDA（Research Data Alliance）　288

ReCAPTCHA　201

RefWorks　53

ResourceSync　334

Revolutionizing Science and Engineering through Cyberinfrastructure: Report of the National Science Foundation Blue-Ribbon Advisory Panel on Cyberinfrastructure　302

Rosenberg, Daniel（ローゼンバーグ、ダニエル）　19

Sage Bionetworks　281

Scholarly Contributions and Roles Ontology（SCoRO）　300

SciDrive　338

Science as an Open Enterprise　52

Science Citation Index（SCI）　293, 321

Science since Babylon　41

SDSS　→ Sloan Digital Sky Survey

Set of Identifications, Measurements, and Bibliography for Astronomical Data（SIMBAD）　115, 119, 123

Sharing Research Data　268

SIMBAD（the Set of Identifications, Measurements, and Bibliography for Astronomical Data）　115, 119, 123

SkyView　117

SlideShare　342

Sloan Digital Sky Survey（スローン・デジタル・スカイサーベイ）　105, 111, 117, 203, 331-332

Social Sciences Citation Index　293

Sorting Things Out　81

SourceForge　135

Space Telescope Science Institute（宇宙望遠鏡科学研究所）　110

STATA　166, 281

STEM（科学、技術、工学、数学）分野　99

Structural Genomics Consortium　280

STScI　→ Space Telescope Science Institute

TEI　201

Text Encoding Initiative（TEI）　201

Too Much to Know　40-41

Transactions of the Royal Society　44

Twitter　150, 154-155, 164-167, 281-282

UCLA（カリフォルニア大学ロサンゼルス校）　191

Unicode　200, 233-235

Uniform resource names　→ URN

Union List of Artist Names　204

University of California, Los Angeles　→ UCLA

University of Oxford（オックスフォード大学）　213

URN　295

US National Security Agency（米国国家安全保障局）　78

Valley of the Shadow　208-209

VIAF（バーチャル国際典拠ファイル）　312-313

Wegener, Alfred（ウェゲナー、アルフレッド）　251

White, Howard（ホワイト、ハワード）　297

WorldWide Telescope　117, 119, 275
XML 規格　134
Zenodo　342
Zooniverse　72-73, 201
Zotero　53, 295, 317

ア行

アクロポリス博物館　206
アトラス共同研究　305
アナログデータ　104-105, 114
アレクサンドリアデジタル地球プロトタイプ計画（Alexandria Digital Earth Prototype Project）　175
アンダーソン、クリス（Anderson, Chris）　10
アンチコモンズ　247
暗黙知　43
医学分類　81
遺跡冶金学　216
一次情報源　32-33, 223-224
移転可能性問題　260-261, 285-286
色のイメージ　113
インスクリプション　43-44
インターネット　54, 82-83, 88-89, 281-282
インターネット研究者協会（Association of Internet Researchers）　162
インターネット調査　150-170, 186-187
インタビュー　165-166, 173-174, 183-184
インパクトファクター　317, 319
インフラ　→：知識インフラ　9, 38-40
引用　→：データ引用　83, 266, 288-323
引用リンク　293-295, 296-298, 315-317
ウェゲナー、アルフレッド（Wegener, Alfred）　251
ウェブサイトのスクレイピング　88
ウェブページのクレジット　303
ウェブメトリクス（ウェボメトリクス）　320
宇宙望遠鏡科学研究所（Space Telescope Science Institute）　110
英国芸術人文研究評議会（Arts and Humanities Research Council）　207
英国研究委員会（RCUK）　49
英国情報システム合同委員会（Joint Information Systems Committee）　288
エジソン、トーマス（Edison, Thomas）　65-66
エスノグラフィのデータ　12, 149, 172-173
エッジ、デービッド（Edge, David）　296
応用研究　66
大型シノプティック・サーベイ望遠鏡（LSST）　105
オークション目録　218
オープンアクセス　84, 337
オープンアクセス - 雑誌論文　48-51, 90-91
オープンアクセス - 書誌　53
オープンアクセス - 政策問題　48-49, 245-246, 251-252
オープンアクセス - 博物館コレクション　89
オープンアクセス - 文献　46-48
オープンアクセス - ライセンス　90
オープンアクセスと引用　301
オープンアクセスとデータアーカイビング　338-339
オープンアクセスとデータ公開　251-252, 285
オープン技術　53-55, 58, 158
オープンソース・ソフトウェア　8, 136
オープン知識財団（Open Knowledge Foundation）　52
オープンデータ　12-15, 51-53, 58-59, 84, 339-340
オックスフォード・インターネットサーベイ（Oxford Internet Survey of Britain）　150, 162-170, 188, 281
オックスフォード大学（University of Ox-

ford）　213
オックスフォード大学インターネット研究
　　所（Oxford Internet Institute）
　　164, 166, 169, 281
オルトメトリクス　320-321
オントロジー　79-80

カ行

海洋生物学　128-129, 135
化学　13, 27
科学、技術、工学、数学（STEM）分野
　　99
科学図書館目録　175
科学編集者会議（Council of Science Edi-
　　tors）　295
学術コミュニケーション　16, 34, 45, 56-
　　62
学術出版物　→　出版物
学術闇市場（中国）　320
拡張コンテンツ　29, 201-202, 224
学問 - 定義　37
学問と知的財産権　88-91
学問とデータ　36, 62
学問の商品化　84
可視化　62
画像（天文学）　113-114
仮想エスノグラフィ　172
課題の不確定性　57
カテゴリ定義　25-31, 34
カリフォルニア大学 eScholarship システ
　　ム　133
カリフォルニア大学ロサンゼルス校
　　（UCLA）　191
ガリレオ（Galileo）　100, 102, 197, 231,
　　243
環境科学　101, 127, 131, 135-136, 171
干渉データ　149
観測データ　25-29, 73-74
キイロショウジョウバエ　80, 83, 90
機関内審査委員会（Institutional Review
　　Board）指針　185

機器のデータ　25-27, 71
気候研究　28, 66, 68-69, 93, 260
気候データ　68
技術研究　→：センサネットワークの科学
　　技術　139-140
記述メタデータ　77
技術メタデータ　77
帰属　289-292, 307, 318
基礎研究　65
脚注　315
キュレーション　→：データアーカイビン
　　グ、データコレクション、データリポ
　　ジトリ、保存　4, 15, 328
境界オブジェクト　42, 261
競争性　85
共有資源　120, 135, 145
共有資源 - ガバナンス　273
共有資源 - データの発見とアクセス
　　337
共有資源（CENS）　135, 145-146
共有資源（社会調査）　159, 177
共有資源（人文学）　210
共有資源（天文学）　145-146, 275, 331
共有資源（仏教研究）　228-229
共有資源としての図書館　85-86
局所データ　68-70, 135, 142-144
局所的知識　43
許諾　89, 338
距離　15, 74-75
ギリシアの彫像　205-206
記録　→：説明書、データの記録化、表現
　　29, 61-62, 174
記録版の資料　56, 61-62, 309
楔形文字デジタル図書館（Cuneiform Dig-
　　ital Library）　206
組み込み型ネットワークセンシングセンタ
　　ー（CENS）　→　センサネットワーク
　　の科学技術、社会技術研究　127-
　　145, 150, 170-171, 179-186, 188
組み込み型センサネットワーク　101,
　　127, 130-132, 138, 144-145

クラウドシャイン　123
クラウドストレージ　328
クラウドソーシング　39, 71, 200-201,
　204
グラウンデッド・セオリー　176
グラウンドトルーシング　130, 141
クラブ財　86, 94, 330
クラブ財（古典芸術と考古学）　211
クラブ財（社会科学）　159
クラブ財（天文学）　120
クリエイティブ・コモンズ・ライセンス
　90
経済協力開発機構（OECD）　8, 57, 245-
　246, 268
計算データ　28, 249, 339
芸術人文学データサービス（Arts and Hu-
　manities Data Service）　207, 210-
　211
携帯電話　138
計量および規範を通じて把握される学術研
　究職（ACUMEN）　321
計量書誌学　293, 320
ゲティ財団（Getty Trust）　204
ゲノミクス　10, 145, 248, 259, 279-280
検閲　164-165, 167
研究 - 定義　37
研究データ情報委員会（米国）　288
研究データ　245-246, 253, 325-328, 338
研究データコレクション　29-31, 202-
　203, 206-210, 268-269
研究データ同盟（Research Data Alliance）
　288
研究とコモンズ情報資源　84
研究の伝達　256-258
研究評価に関する宣言（DORA）　321
研究へのオープンアクセス　46-49
研究方法　15
研究方法（科学）　99-101
研究方法（社会科学）　66-67, 148-150,
　155
研究方法（人文学）　193-194

研究ワークフローの保存　83
言語学　207
言語のデータ　76, 233-234
検索エンジン　311
検索可能な表現　199-202
現代語学文学協会（Modern Language
　Association）　295
現場観察　172-175, 277
公開コレクション　202-203
公開文書　174
公開猶予期間（占有期間）　14, 120-121,
　135, 211-212, 259
工学　135, 137, 139, 267, 338-339
光学式文字認識（OCR）技術　200
公共財　85-88, 135, 159, 330
考古学　202
考古学データサービス（Archaeological
　Data Service）　210-211
控除可能性　85
コードブック　15, 157, 183
国際科学会議（International Council for
　Science）　8
国際仮想天文台連合（IVOA）　118
国際社会調査プログラム（International
　Social Survey Programme）　157
国際地球物理学年　8
国際敦煌プロジェクト（IDP）　227
国際標準逐次刊行物番号（ISSN）　314
国際標準図書番号（ISBN）　314
国際標準名称識別子（ISNI）　312
国勢調査記録　155, 307
孤児作品　89-91
個人名　309-313
個性記述的的研究　149, 170-171, 176-
　177, 192
古典芸術　202
ゴパルプールのレンガ　226
コミュニティのデータコレクション
　29-30
コミュニティのデータシステム　30-31
コモンズ情報資源　39-40, 84-90

422　索　引

コモンズの悲劇　84
金剛経　228
コンピュータ科学　135, 137-139

サ行

サーベイ　→：インターネット調査
　　148-151, 153-154, 187, 337
再現性　16, 248-251
財産権　88-91, 327-328
最終コピー協定　336
再集積　60-61
再同定　274, 282
サイバー・インフラストラクチャ計画
　　36, 302, 343
再利用可能データ　→：データ再利用
　　12-13, 15
サイロ　262
索引　41
雑誌インパクトファクター　317, 319
雑誌論文 - オープンアクセス　47-49, 90
雑誌論文 - オンライン　47-48, 61-62,
　　258
雑誌論文 - 知識表現　44
雑誌論文 - 補足資料　315-316
雑誌論文と論文／データセットのリンク
　　58
雑誌論文の構造　256-257
雑誌論文の歴史　44
査読者　250
座標系（天文学）　114-115
参考文献　→：引用　257, 294, 298-299,
　　317
三次情報源　32
参照データコレクション　29-30, 203,
　　206, 269
サンスクリット語　221
サンフランシスコ研究評価に関する宣言
　　（DORA）　321
参与観察　179-180
シェパードの引用索引　293
死海文書　212-213

識別子　→：デジタルオブジェクト識別子
　　（DOI）　60-61, 309, 312-313, 334
資産／負債としてのデータ　5, 259-260,
　　329
地震学　135-136
地震工学データ　339
自然科学　66
持続可能性　51
実験室ノート　177
質的データ　13, 149, 171
私的財　85-88, 159
自動化メタデータ　78-79
社会科学データアーカイブ　151
社会技術研究　150, 170-186
謝辞　304
10 カ年計画　103-104
重量と測定単位　31
重力波　251
受託責任　58, 276, 287, 329
出版物　→：雑誌論文（各）　ii-iii, 16-
　　17, 44, 46, 56-57, 255-258
出版物へのオープンアクセス　333-334
種の分類　80
純粋科学　66
純粋な応用研究　65-66
純粋な基礎研究　65
商業的データ　9, 87
情報 - 定義　20-21
情報インフラ　38
情報技術と商品化　9
情報システム　311-312
情報政策　→ 政策課題（各）
情報とデータ　20-22
情報の経済学的性質　84
職人的なデータ収集　70
書誌引用　→：引用　288-290, 295-296,
　　315, 318-323
処理レベル　25-26
人文学　→：考古学、仏教研究、古典芸
　　術、デジタル人文学　334
信頼性　149, 154

索　引　423

信頼の枠組み　39, 312-313
心理学　250
人類学者　172
スクエア・キロメートル・アレイ（SKA）
　106
ストラスブルグ天文データセンター（Centre de Données Astronomiques de Strasbourg）　119, 145, 336-337
スプレッドシート　4, 100, 162, 261
スペクトル　113
スモールサイエンス　6-7, 18, 67
スモールデータ　6-7
スローン・デジタル・スカイサーベイ（Sloan Digital Sky Survey）　105, 111, 117, 203, 331-332
姓　310
政策課題－インターネット　54, 282
政策課題－オープンアクセス　48-49, 245-246, 251-252
政策課題－情報の公開　9
政策課題－データアーカイビング　42
政策課題－データ共有　262
政策課題－データ公開　13, 243-248, 339
政策課題－データの学問　45
政策課題－プライバシーとセキュリティ　9
政治・社会調査のための大学連合（Inter-University Consortium for Political and Social Research）　24, 151, 159
政治学　147
政治と分類　81-82
生態学データ　244
生態学的誤謬　297-298
生態学メタデータ言語（EML）　144, 278
星表　112
政府－オンライン　56
政府－データ政策　45
生物医学データ　12, 52, 161, 337
生物科学　80, 262
生物学　217, 337

製薬産業　87-88
世界座標系（WCS）　114
赤外線処理・分析センター（Infrared Processing and Analysis Center）　116
責任　15, 327-328
説明書　338-339
絶滅危惧種　93, 137
セマンティックウェブ技術　158
全国データサービス（National Data Service; Australia）　343
センサネットワーク　101, 130-132, 141
センサネットワークの科学技術　101, 127-146
全米科学財団（National Science Foundation）　50, 121, 184-185, 251
全米研究教育ネットワーク（National Research and Education Networks）　54
全米情報基盤（National information infrastructure）　38, 54
占有期間　14, 120-121, 135-136, 211-213, 259
相互依存性　66
相互運用性　54-55, 80, 217 262
ソーシャルネットワークのデータ　92, 151, 281
ソーシャルメディア研究　62, 150-170

タ行

ダークアーカイブ　207, 283, 335
第一著者　304
大英博物館　205
大学間地震学研究所連合（Incorporated Research Institutions for Seismology）　135
大学とオープンアクセス　48-49
大学図書館　334-336
大学とデータリポジトリ　269, 334-335
大正大蔵経　225
タクソノミー　79-81
妥当性確認　249

ダライ・ラマ　229
タンパク質構造データバンク（Protein DataBank）　88, 203
『力のかけら』報告書　4, 245
地球外知的生命体探査（SETI）　26
地球科学　175
地球観測システムデータ情報システム（EOSDIS）　25-26
地球情報基盤　38, 54
知識移転　237-238
知識インフラ　→：データの学問　5, 16-18, 38-41, 58, 62
知識インフラ - 学術出版　44
知識インフラ - 書誌引用　322-323
知識インフラ（人文学）　202-203, 236, 238
知識インフラ - 知識移転　43
知識インフラ - 定義　39
知識インフラ - データ公開と再利用　267-274, 285
知識インフラ（インターネット調査とソーシャルメディア研究）　155-159, 186-187
知識インフラ（社会科学）　155, 189-190
知識インフラ（社会技術研究）　175-177, 186-187
知識インフラ（センサネットワークの科学技術）　133-134, 187-188
知識インフラ（天文学）　112-119, 122, 274-275
知識インフラ（仏教研究）　224-228
知識インフラとオープンアクセス　46
知識インフラと知識コモンズ　39
知識インフラと不可視性　40
知識インフラと来歴　82
知識インフラと論文／データセットのリンク　58
知識インフラの規範　39
知識インフラの歴史　40-41
知識インフラへの投資　286-287, 342-345

知識ギャップ理論　39-40
知識コモンズ　39, 83-88
知識とデータ　73-74
知的財産権　88-91, 247
チベット　229
チャンドラ X 線観測衛星（Chandra X-Ray Observatory）　276, 318-319, 331
中華電子仏典協会（Chinese Buddhist Electronic Text Association）　225-232, 237, 284, 331
中国語の表記法　222-223
注釈　53
長期生態学研究センター（Long Term Ecological Research Centers）　278
長期的研究　28
長寿命のデータに関するレポート　28
著作権（オープンアクセス文献）　50
地理空間データ　59
ツイート　154, 158
追試　176, 188, 248-250
デ・ソラ・プライス、デレク（de Solla Price, Derek）　6, 100
定量社会科学研究所（Institute for Quantitative Social Science）　151
定量的方法　149, 166
データ - 定義　5-6, 20-35
データ・ドキュメンテーション・イニシアティブ（Data Documentation Initiative）　24, 80, 156-157, 176
データアーカイビング　→：キュレーション、データコレクション、データリポジトリ、保存　23, 269
データが少ない分野　12
データが豊富な分野　11
データ共有　→：データ公開、データ再利用　11, 16, 45, 51
データ公開　→：データ再利用、データ共有　8-9, 45, 51, 57-58, 339
データコレクション　→：データ収集、キュレーション、データアーカイビン

グ、データリポジトリ、保存　81

データサイズ　→：ビッグデータ　67-73

データ再利用　→：データ公開、データ共有　15, 125-126, 142-143, 153

データ収集　→：データコレクション

データ収集 – 距離と起源　75, 83

データ収集 – 研究の文脈　73-74

データ収集 – 財産権　88-89

データ収集 – 情報源と情報資源　75-76

データ収集 – 人手によるデータ収集　79

データ収集 – 方法論　69-71

データ収集 – メタデータ　76-82

データ収集 – 来歴　82-83

データ収集 – 倫理　91-93

データ収集（CENS 研究）　181-184

データ収集（CLAROS プロジェクト）　215-216

データ収集（インターネット研究）　165-166

データ収集（気候科学）　68-69

データ収集（センサネットワーク）　101, 131-133, 140-141

データ収集（ソーシャルメディア研究）　165-167

データ収集（天文学）　104-105, 110, 123-124, 330-331

データ収集（仏教研究）　232-234

データ収集（有害アオコ研究）　140-141

データ集約型研究　36

データ出版　→：出版物　56-58, 77, 333-334

データ政策　→ 政策課題（各）

データの引用　→：引用　83, 301, 307, 316, 318, 320, 337

データの学問　→：考古学、天文学、仏教研究、古典芸術、インターネット調査、知識インフラ、センサネットワークの科学技術、ソーシャルメディア研究、社会技術研究　36-63, 192-193

データの価値　3-4, 8-9, 12, 36, 84-88

データの起源　27-29, 75, 82-83

データの記録化　→：メタデータ　4, 15, 328

データの誤用　37, 162, 260, 339

データの再利用　→：データ公開、データ共有　15, 126, 142-143, 153

データの市場　9

データの商品化　9

データの所有　47, 50-51, 82-83, 88-91

データの所有（社会科学）　188-189

データの所有（文化的人工遺物）　205-206

データの所有と支配　13-14, 16

データの所有とデータ公開　260, 273-274

データの所有の立証　327-328

データの速度　7, 11, 64, 196

データの妥当性　149, 154-155, 178

データの多様性　→：データ収集、メタデータ　64, 93-94

データの単位　59-61, 70-71

データの匿名化　12

データ分析　→：データ収集　71-73

データへのアクセス　17, 333-340, 342

データへのオープンアクセス　8-9, 13-14, 49-53, 245-246

データリポジトリ　→：キュレーション、データアーカイビング、データコレクション、保存　86, 271, 326

データリポジトリとしての図書館　269-270

データ量　6-11, 24, 37, 64, 67-68, 70-71

データ論文　111, 118, 307

デーチュメント　52

テキストのデジタル化　192, 195, 199-200

テキスト変換　200

テクノサイエンス　41

デジタル・データコレクション　29-31, 100, 206-210, 236-237

デジタル・キュレーション・センター

（Digital Curation Centre）　81

デジタルオブジェクト（人文学）　198-202

デジタルオブジェクト（天文学）　113-114

デジタルオブジェクト識別子（DOI）　61-62, 290, 295, 314-316, 334

デジタルオブジェクトの経済学的性質　84

デジタルオブジェクトの来歴　82-83

デジタルコレクション　29-31, 100

デジタル出版物　→：出版物　333-335

デジタル人文学　→：人文学　191-194, 196, 203

デジタル人文学 - コレクション　206-210, 221

デジタル人文学 - 利用者調査／システム研究　215

デジタルデータ　→：デジタルコレクション　4, 8, 15

デジタル保存　→：保存　325-326

天候データ　68

電子ジャーナル　46-48, 59-61, 258

電子書籍　208

電磁スペクトル　110-111, 123

天体　111-112, 115-119, 275-276

天体物理データシステム（Astrophysics Data System）　117-119, 123, 125-126, 275-276, 336

デンドログラム　124

天文学　ii, 10, 12, 99-127, 144-146

天文学研究大学連合（Association of Universities for Research in Astronomy）　121

天文サーベイ（スカイサーベイ）　105-106, 112, 116-117, 330-332

天文測定　111

統一資源名　295

同一性　309-317

ドゥームズデイ・ブック　155

動機　247

動物考古学者　164

図書館　197-198

図書館 - 図書の同定　314

図書館 - 人の同定　310-313

図書館 - メタデータ　77

図書館 - 目録作成　310-313, 335-336

図書館とデータ管理　341

敦煌　227-228

ナ行

名前空間　44, 314

名前の曖昧さ除去　303

二次資料　32-33, 223-224

2ミクロン全天観測（2MASS）　117

入手不能なデータ　12-13

人間介在型方法　133, 141

認識的文化　43

ノーデータ　i, 4, 11-15, 325-329, 342-344

ハ行

バーチャル国際典拠ファイル（VIAF）　312-313

ハーバード・スミソニアン天体物理学センター（Harvard-Smithsonian Center for Astrophysics）　102, 122, 125

ハーバード・スミソニアン天体物理観測所・NASA 天体物理データシステム（Harvard-Smithsonian Astrophysical Observatory-NASA Astrophysics Data System）　→：Astrophysics Data System　117

灰色文献　303

パイプライン処理　111-112

博物館コレクション　82, 89, 196-198, 204-206, 213

パスツール、ルイ（Pasteur, Louis）　65

パスツールの象限　65-66

ハッブル宇宙望遠鏡（HST）　109-110

パリンプセスト　202

パルテノン神殿のフリーズ　206

パンスターズ　105-106, 122
ハンドルシステム　314-315, 334
ピアレビュー　56-57, 250
光検知測距（LIDAR）　194
非干渉法　149
ピサのグリフィン　194-195, 213-220, 238, 283
ビジネスセクター　9
非集積　60-61
非消尽的利用　91
ビッグアイアン　58, 70
ビッグサイエンス　3, 6, 10-11, 100, 103
ヒッグス粒子　197
ビッグデータ　3-4, 18, 67
ヒトゲノム　247, 279
ヒト被験者データ　13, 92-93, 148, 161-162, 177-179, 274
非保存データ　325-329
秘密保持　→：プライバシー　178
病気のタクソノミー　81
表現　ii, 16, 43-44, 87-88, 94
標準　81, 204, 261-262
標本抽出　173
ファースト・フォリオ　325
フィールド生態学　59
深いリンク　315
不確実性　33
不可視性　40
不正　250
ブダペスト宣言　8
仏教研究　220-236
物理学　10, 100, 251, 305
不法行為　13
プライス、デレク・デ・ソラ（Price, Derek de Solla）　6, 100
プライバシー　7, 138, 148
プランク・ミッション　121
フリーソフトウェア　8, 136
フリーライダー　338
プレートテクトニクス　251
文化財（文化資産）　93, 196

文献学　221, 223-224, 234
分野横断的研究　28
米国科学委員会（NSB）の分類　27-31
米国学術研究会議（National Research Council）　245
米国議会図書館（Library of Congress）　155
米国計算機学会（Association for Computing Machinery）　137, 184
米国航空宇宙局（National Aeronautics and Space Administration）　25, 31, 264, 330
米国国立衛生研究所（National Institutes for Health）　50, 251
米国国立科学アカデミー（National Academies of Science）　268
米国国立光学天文台（National Optical Astronomy Observatory）　121
米国国立生物科学情報センター（National Center for Biotechnology Information）　80
米国国家安全保障局（US National Security Agency）　78
米国情報標準化機構（NISO）　77
米国心理学会（American Psychological Association）　294-295
米国電気電子学会（Institute of Electrical and Electronics Engineers）　137
ページ番号　315
ヘール望遠鏡　102
ベトナムの仏教研究　227
ペルセウスデジタル図書館　209
ペルセウスプロジェクト　209
ベルモント報告書　161
ボーア、ニールス（Bohr, Niels）　65
法則定立的研究　149, 153, 192
法律分野の引用索引　293
ホーソーン効果　172
星の形成　123
補足資料　13
保存　→：キュレーション、データアーカ

イビング、データコレクション、デー
タリポジトリ　15, 27-29, 335
ボット　262
ボドリアン図書館　325
ボルヘス、ホルヘ・ルイス（Borges,
Jorge Luis）　22-23
ボロメータ　113
ホワイト、ハワード（White, Howard）
297

マ行

マイクロブログ研究　164, 187
マイクロブログの検閲（中国）　164-165
前処理　264
マシュー効果　40
マップ作成　59
見えざる大学　6
水に関するデータ　69, 143-144
名詩選　41
名称　309-313
命名カテゴリ　31
メタデータ　76-82, 94, 272-273, 286
メタファーとしてのビッグデータ　58-
59
メディアリテラシー　40
メロン財団　207-208
モデル　12
モデル（センサネットワークの科学技術）
132, 141-142
モデル（天文学）　106-107, 111
モバイル通信技術　7, 115-116

ヤ行

野外観察図鑑　66
冶金学　216
誘因　247
有害アオコ（HAB）研究　136, 138-142
有料財　86, 88, 135, 159-160, 330
世論調査　153-154

ラ行

ライセンス　90
ライセンス・スタッキング　90
来歴　134, 272
利害関係者　12-13, 15-18, 327, 340-342
リトルサイエンス　→：スモールサイエン
ス　3, 6, 67-68
リトルデータ　→：データサイズ　i, 6-
7
リペッツ、ベン・アミ（Lipetz, Ben-Ami）
299
リポジトリ　→　データリポジトリ
リモートセンシング　101
粒度　315-316
利用不能データ　14-15
利用可能データ　15
利用メタデータ　77
利用を動機とする基礎研究　65
リンクトデータ　59-61, 265
臨床試験　12, 87, 249, 252, 279
倫理　91-93
倫理－著者クレジット　304-306
倫理（遺伝データ）　280
倫理（インターネット研究）　160-162
倫理（古典芸術と考古学）　212-213
倫理（社会科学）　160-161
倫理（社会技術研究）　178-179
倫理（センサネットワークの科学技術）
136-138
倫理（ソーシャルメディア研究）　161-
162
倫理（天文学）　121-122
倫理（仏教研究）　229-230
レフェリー　250
ローゼンバーグ、ダニエル（Rosenberg,
Daniel）　19
ロサンゼルス　339
ロボット工学　139
ロングテール　10-11, 104, 325
論理的根拠　247

ワ行

ワールド・データセンター・システム
8, 85

ワールド・インターネット・プロジェクト
164, 281
ワールドワイドウェブ　54, 281-282

訳者紹介

佐藤義則（さとう　よしのり）

1955 年生まれ

図書館情報大学大学院情報メディア研究科（博士後期課程）修了．博士（図書館情報学，図書館情報大学）

現　　在　東北学院大学文学部教授，附属図書館長

主要著作　「大学図書館のコレクション」日本図書館情報学会研究委員会編『情報の評価とコレクション形成』（勉誠出版，2015）

「電子ジャーナルの利用」日本図書館情報学会研究委員会編『電子書籍と電子ジャーナル』（勉誠出版，2014）

「e-Science と大学図書館：研究データサービスへの対応」『情報の科学と技術』2013，vol. 63, no. 9.

The changes in Japanese researchers'usage and perception of electronic resources: Result of SCREAL Survey 2011. Baltimore, 2012. 10, ASIS & T 75th Annual Meeting.（共著）

小山憲司（こやま　けんじ）

1971 年生まれ

中央大学大学院文学研究科社会情報学専攻博士後期課程単位取得退学

現　　在　中央大学文学部教授

主要著作　「デジタル時代のコレクション構築：大学図書館を中心に」『情報の科学と技術』2015, vol. 65, no. 9.

『ラーニング・コモンズ：大学図書館の新しいかたち』（共編訳，勁草書房，2012）

How the digital era has transformed ILL services in Japanese university libraries: a comprehensive analysis of NACSIS-ILL transaction records from 1994 to 2008. *Interlending & Document Supply*. 2011, vol. 39, no. 1.（共著）

著者略歴

クリスティン　L. ボーグマン（Christine L. Borgman）
カリフォルニア大学ロサンゼルス校（UCLA）、情報学・特別教授（Distinguished Professor）
本書は、米国出版社協会専門・学術書出版部門による、2015年コンピュータ・情報学部門 PROSE 賞を受賞。
またボーグマン氏は、*Scholarship in the Digital Age*（MIT Press, 2007）をはじめ、多数の著書および論文を出版している。

ビッグデータ・リトルデータ・ノーデータ
研究データと知識インフラ

2017年9月20日　第1版第1刷発行

著　者　クリスティン L. ボーグマン

訳　者　佐　藤　義　則
　　　　小　山　憲　司

発行者　井　村　寿　人

発行所　株式会社　勁　草　書　房
112-0005　東京都文京区水道2-1-1　振替　00150-2-175253
（編集）電話 03-3815-5277／FAX 03-3814-6968
（営業）電話 03-3814-6861／FAX 03-3814-6854
大日本法令印刷・松岳社

©SATO Yoshinori, KOYAMA Kenji　2017

ISBN978-4-326-00044-9　　Printed in Japan

〈㈳出版者著作権管理機構　委託出版物〉
本書の無断複写は著作権法上での例外を除き禁じられています。
複写される場合は、そのつど事前に、㈳出版者著作権管理機構
（電話 03-3513-6969、FAX 03-3513-6979、e-mail: info@jcopy.or.jp）
の許諾を得てください。

＊落丁本・乱丁本はお取替いたします。

http://www.keisoshobo.co.jp

加藤信哉・小山憲司編訳	ラーニング・コモンズ 大学図書館の新しいかたち	A5判	3900円
谷口祥一・緑川信之	知識資源のメタデータ　第2版	A5判	3500円
上田修一・倉田敬子編著	図書館情報学　第二版	A5判	3200円
倉田敬子	学術情報流通とオープンアクセス	A5判	2600円
青柳英治・長谷川昭子編著	専門図書館の役割としごと	A5判	3500円
池谷のぞみ・安形麻理・須賀千絵 編著	図書館は市民と本・情報をむすぶ	A5判	3600円
逸村裕・竹内比呂也編	変わりゆく大学図書館	A5判	2900円
柳与志夫	文化情報資源と図書館経営 新たな政策論をめざして	A5判	4400円
片山善博・糸賀雅児	地方自治と図書館 「知の地域づくり」を地方再生の切り札に	四六判	2300円
三田図書館・情報学会編	図書館・情報学研究入門	A5判	2700円
利根川樹美子	大学図書館専門職員の歴史 戦後日本で設置・教育を妨げた要因とは	A5判	7000円
林紘一郎・名和小太郎	引用する極意　引用される極意	A5判	2700円
A.ラインハート／西原史暁訳	ダメな統計学　悲惨なほど完全なる手引書	A5判	2200円

＊表示価格は 2017 年 9 月現在。消費税は含まれておりません。